赣鄱文化研究丛书

宋代临川文化研究

龙晨红·康芬·王河·真理 ◎ 编著

临川文化被称为『建构赣文化的重要支柱，华夏文化的一朵奇苑』到底是什么原因使它一夜之间，突兀而起，俨然执全国文坛之牛耳，成为全国文化中心之一呢？

中国书籍出版社
China Book Press

图书在版编目（CIP）数据

宋代临川文化研究 / 龙晨红等编著.
—— 北京：中国书籍出版社, 2017.3（赣鄱文化研究丛书. 通论卷）
ISBN 978-7-5068-6125-0

Ⅰ. ①宋… Ⅱ. ①龙… Ⅲ. ①文化研究—临川区—宋代 Ⅳ. ① K295.64

中国版本图书馆 CIP 数据核字 (2017) 第 069981 号

宋代临川文化研究

龙晨红 康芬 王河 真理 编著

责任编辑	刘 娜
责任印刷	孙马飞 马 芝
封面设计	田新培
出版发行	中国书籍出版社
地　　址	北京市丰台区三路居路 97 号（邮编：100073）
电　　话	（010）52257143（总编室）　　（010）52257153（发行部）
电子邮箱	chinabp@vip.sina.com
经　　销	全国新华书店
印　　刷	廊坊市海涛印刷有限公司
开　　本	180 毫米 ×260 毫米　　1/16
字　　数	416 千字
印　　张	28.25
版　　次	2017 年 3 月第 1 版　　2018 年 6 月第 1 次印刷
书　　号	ISBN 978-7-5068-6125-0
定　　价	85.00 元

版权所有 翻印必究

前 言

　　临川文化是最近一段时间来，研究最为热闹，成果也最多，叫得也最响的一种江西区域文化，被人们称为"建构赣文化的重要支柱，华夏文化的一朵奇葩"。临川建置于东汉和帝永元八年（96），当时称临汝县，三国时置临川郡，隋时又将临川郡易名为抚州；临汝县更名临川县，由是一直沿袭至今，已有近两千年的历史。同属于临川文化区域内，并与临川相邻的南城县，虽建置早于临川，但临川县城历来都是郡、州、路、府、区之治所，成为赣东中部地区的政治、经济、文化中心，地重名望胜于南城，更胜于本区域内任何一座县城。故冠名"临川"来表述江西此一区域的文化是最恰当不过的了。临川文化区域主要以今日抚州市的临川区及东乡、金溪、南城、资溪、南丰、广昌、崇仁、宜黄、乐安、黎川一区十县构成。在宋代，临川区域包括抚州府（辖临川、崇仁、宜黄、金溪、东乡5县）与建昌军[辖南城、南丰、新城（今黎川）、广昌4县]两个军州建置，大致在今日所框定临川区域之内。

　　虽然临川建置于汉，但临川文化在宋以前尚默默无闻，未露头角。它不仅远远落后于中国北方的燕赵文化、三秦文化、齐鲁文化，亦远远落后于南方的荆楚文化、吴越文化、巴蜀文化。就是在江西，当时的洪州、庐山、饶州、袁州诸地文化，亦略胜其一筹。宋以前，临川区文化名人可以说寥若晨星，唐代江西64名进士中，临川区未有一名。虽然王勃在《滕王阁序》中曾惊叹"邺水朱华，光照临川之笔"，似乎是在赞美临川区奇美殊异山水的文风昌盛，但这"临川之笔"实在不是本地文人才子的光辉写照，而是异地文人在临川区播芳流韵的忠实记载。有人说这"临川之笔"是指东晋时期任临川内史的谢灵运，他沉醉于临川区秀美山水中，那笔底的芬芳，口中锦绣的临川山水诗，倾泻了这位绝代风流的山水诗人对此一方风土的无限留恋。也有人说这"临川之笔"是指东晋时任临川内史的中国"书圣"王羲之，曾巩在《墨池记》中专门介绍了他在临川城东"临池学书，池水尽黑"勤练书法的事迹，那笔底的墨香，劲舞的线条，似乎在倾吐着"有志者事竟成"的千古箴言和升腾起的氤氲浓郁的翩然古风。在王勃之后，又有人将"临川之笔"与"楷书之圣"颜真卿联系起来，他花甲之年任抚州刺史，曾游历南城麻姑山，用端庄秀丽的书法写下《麻姑仙坛记》，被历代书家誉为"天下第一楷书"。甚至还有人说这"临川之笔"是指南唐时期做过临川节度使的冯延巳，这位著名词人曾开启了临川乃至江西宋代词学的大门，史书称其词作"下启晏欧"，而形成西江词学一派，"晏"指临川的晏殊，"欧"指庐陵的欧阳修。

然而，到了宋代，临川文化仿佛一夜之间突兀而起，成为江西乃至全国的文化重镇。因此，这是一个英气勃勃的文化群英竞相怒放的时代：乐史、晏殊、曾巩、王安石、李觏、陆九渊等一大串闪光的名字，以文化泰斗式的雄姿，如日丽中天闪耀于两宋三百年之文坛；各种文化精英，如南丰三曾、临川二晏、金溪三陆等，以群体性、家族性的密集形式，如群星璀璨显现在当时的历史舞台上。这也是一个各种学术流派林立耸翠的时代，如盱江学派、象山学派、临川学派、西江词派，道教流派中的天心派和神霄派，中医药中盱江医学、建昌药帮等，都在此时开宗立派，名震后世。这也是一个科技英华大放异彩的时代，宋代临川农业经济迅速腾飞，农田大量开发，先进农业技术广泛运用，使临川的粮食产量位居全国前列。鲜白的大米源源不断地运往北南京畿之地，成为名副其实的赣东粮仓。在陶瓷制作技术方面，南丰白舍窑陶瓷一点儿也不逊于天下闻名的景德镇陶瓷。在纺织技术方面，抚州的莲花纱、临川醒骨纱，以独具一格的高超制作秘诀享誉当时，其制作的夏衣，成为达官贵人的最爱。在医学方面，杏林高手陈自明编撰的《妇女大全良方》，开创了中医妇科的医学体系。盱江医学以炉火纯青的工巧医术和群体性面貌活跃于杏林医界。在天文地理学方面，宋初宜黄人乐史《太平寰宇记》更是一部包罗万象问天索地的地理名著……

是的，当我们如数家珍，将宋代临川巨大文化成就捧示在众人面前的时候，人们不禁要问，是什么原因使临川文化一夜之间突兀而起，与庐陵文化、豫章文化、饶州文化等区域文化一起，共同带动了宋代赣文化的繁荣局面，使宋代江西文化并肩齐鲁，抗衡陕晋，俨然执全国文坛之牛耳，成为全国文化中心之一呢？

作 者

2016 年 11 月

目 录

○第一章 宋代临川文化兴盛的背景

第一节 便利的交通促进了临川文化与各地的交流　｜3

第二节 文化中心南移带动了宋代临川文化的繁荣　｜12

第三节 科举制度的完善促进了宋代临川文化人才的兴盛　｜27

○第二章 宋代临川文化发展的特色

第一节 从被动地吸纳到主动地开创　｜42

第二节 临川文化人才的群体性与家族性　｜53

第三节 临川才子与临川文化　｜82

○第三章 宋代临川文化在哲学方面的成就

第一节 李觏与王安石的救弊之学　｜94

第二节 陆九渊的心学理论　｜102

第三节 朱陆学派的争锋与交融　｜114

第四节 佛道的传播　｜124

第四章 宋代临川文化在文学艺术方面的成就

第一节　西江词派临川词人　　148
第二节　曾巩与王安石诗文　　159
第三节　曾巩与王安石家族文学　　191
第四节　江西诗派临川人　　212
第五节　宋代临川戏曲之初萌　　218

第五章 宋代临川文化在史学方面的成就

第一节　曾巩的史学工作与史学成就　　232
第二节　宋代临川区史学著作述略　　240
第三节　历史遗迹的文化重量　　261
第四节　书籍典藏的文雅风尚　　279

第六章 宋代临川文化在教育方面的成就

第一节　临川区域的书院教育　　292
第二节　宋代临川区的官学与私学　　309
第三节　李觏与陆九渊的教育思想　　322

○ 第七章 宋代临川文化在科技方面的成就

第一节　临川区农业与水利技术　　　　　　　　　|336
第二节　临川区手工业技术的发展　　　　　　　　|344
第三节　临川地区的造纸与刻书技术　　　　　　　|353
第四节　临川区中医学成就　　　　　　　　　　　|359
第五节　临川区天文地理学成就　　　　　　　　　|378

○ 第八章 宋代临川区域的风俗与特产

第一节　宋代临川文化区的风俗　　　　　　　　　|388
第二节　宋代临川文化区的特产　　　　　　　　　|411

○ 参考文献

【第一章】宋代临川文化兴盛的背景

公元960年，时任后周殿前都点检的禁军头目赵匡胤在陈桥驿发动军事政变，一朝黄袍加身，建立了赵宋王朝。自此始，两宋延续近320年的时间。与其他王朝相比，它存在的时间并不算短，但盖棺尚未定论，对于它在历史上的千秋功罪，后人众说纷纭，然而有一条似乎得到人们一致肯定，那就是两宋王朝是一个文治极盛的时代。宋太祖为了根绝唐末五代以来藩镇割据，将帅骄亢，海内失驭的政治局面，使赵宋江山能千秋万代承续相传，即在建国第二年（961），采取了绵里藏针的杯酒释兵权的和平方式，富于戏剧性地解除了诸如石守信、王审琦等将帅们的兵权，又多多赐以金银财宝、良田美宅，让他们的权力欲望转化成物质欲望，日日在歌儿舞女、金樽美酒中，以终天年。同时宋太祖又采取了与杯酒释兵权相辅相成的大动作——以文治国，即在"宰相须用读书人"的口号下，大量地启用儒者文人，将他们充实到政府各部门中去。所以，何止宰相须用读书人，就是主兵的枢密使、理财的三司使、地方州郡的各级官吏，大部分都是由文人担任。在宋统治者看来，纵有百余名文官贪赃枉法，也不及一名武将兴兵作乱来得厉害。因此又强令武臣读书，使他们逐渐儒化，懂得忠君之道。

由于一味地压抑武将、重用儒者的宏观政策的实施，造成了颇为怪异和畸形的历史局面：论武功，宋王朝可以说一无是处，虽然也出现过像岳飞那样可歌可泣、英勇威猛的将帅，但从整体来说，它三百余年的历史，就是时时被动挨打的历史。且莫说那燕云十六州早已拱手相让给了辽国，辽人的几次兴兵，就叫宋朝廷晕头转向，疲于奔命。后来又被金兵赶到江南，一味地赔款称臣，而换取一隅偏安，梦里且偷欢，屈辱地延续了150余年。最后被蒙古大草原卷来的狂飙飓风，吹得个人仰马翻，最终被扫出了历史舞台。然而，论宋代的文治，却被后人津津乐道。《宋史》中有这样一段评价："宋有天下，先后三百余年。考其治化之污隆，风气之离合，虽不足以拟伦三代，然其时君汲汲于道义，辅治之臣莫不以经术为先务。学士缙绅先生，谈道德性命之学，不绝于口，岂不彬彬乎进于周之文哉！"（《宋史》卷202《艺文一》中华书局点校本）从学术思想来讲，有汉学、宋学之分，有宋明理学并称；从文学艺术来看，有唐诗、宋词之别，有宋元绘画并誉。中国历史上几个朝代相提并论的著名文化现象，似乎都少不了宋代。当然，就更莫说宋代涌现出那么多的风格各异的文化流派和群星璀璨的文化名人了。比如南宋朱熹，这位综罗百代的万世宗师，在中国文化史的地位仅次于孔孟。他的思想几乎成为宋以后历代统治者驾驭天下的工具。以他为首的"朱子学派"也风风光光流传和影响了六七百年之久，至今余波未泯，在海内外文化学术上都占有很重要的地位。还有那散文史上的唐宋八大家，令人称羡的唐代文化，也只有韩愈、柳宗元二位散文大家，其余六家都出现在宋代。这举不胜举的文化盛事，都不能不归功于宋代的极盛文治。因此近代文史大家陈寅恪指出："华夏民族之文化，历数千载之演进，造极于赵宋之世。"（《邓广铭宋史职官志考证序》，引自《金明馆丛稿二编》上海古籍出版社，1982年）然而文治的阳光应该是不分厚薄地普照两宋大地，因此临川宋代文化突兀而起地繁荣昌盛，走在全国前列，愚以为还有如下几个方面的原因。

第一节　便利的交通促进了临川文化与各地的交流

说临川区交通便利，首先要从整个江西地势交通说起。唐初年，王勃在滕王阁上，用文学家极漂亮的文字，高声赞美江西是"物华天宝，人杰地灵"的时候，他似乎敏锐地察觉到了江西优越的地理形势："南昌故郡，洪都新府，星分翼轸，地接衡庐，襟三江而带五湖，控蛮荆而引瓯越"。是的，江西位于长江中下游地区南岸，襟带长江，东连苏沪，可出东海；西接湘鄂，过高峡，可直达滇川。南引瓯越，出武夷，过梅关，与闽粤交邻；北渡长江，可长驱中原。

江西四周虽东西南三方均为高山峻岭环抱，唯独北面倚依滚滚长江，紧连长江的是我国第一大淡水湖——鄱阳湖。全省境内南宽北窄，南高北低，长江的第二大支流——赣江由南向北横贯全境，全长800多公里，流经今寻乌、会昌、于都、赣县、万安、泰和、吉安、吉水、峡江、新干、清江、丰城、南昌、新建等县市。至南昌之后，又分西、南、中、北四支流，全部汇流于鄱阳湖流域，面积近8.1万平方公里，相当于今江西全省面积的一半。赣江流水量大，除赣州至方安上游段河道狭窄、水急滩多外，其余地段多水势平缓，河面宽阔，十分利于航运，因此成为江西的母亲河。而发源于赣闽边境武夷山脉的抚河，是仅次于赣江的江西第二大河流，而它却是孕育临川文化的母亲河。它汇纳了临川区的盱江、乐安河、宜黄河，流经临川文化绝大部分区域，如广昌、南丰、南城、金溪、抚州、临川，然后流入进贤、南昌，此后分成数条支流，注入赣江和鄱阳湖，全长387.5公里，流域面积17350平方公里。而抚河上游的盱江，不仅流经南丰、南城等临川区域，而且与闽广相连，成为入闽必渡之江，也是宋代及明清赣粮入闽、闽盐入赣的主要通道。正如南宋抚州知州黄震在《建昌军溢溪桥记》一文中所说"盱江为闽广数十州往来要冲"，于是临川区又成为闽粤沿海与内地交流的交通要冲。

因此，临川文化区域河流属长江流域鄱阳湖水系，河网密布，河道宽阔，交通发达，有舟楫之利，广通四面八方，于是，大量的人流、物流，既可以从抚河北上，经赣江与鄱阳湖，与荆楚、吴越相连，再深入中原诸地，又可以南下，过盱江，与闽广相通，深入沿海诸地。所以《大清一统志》引唐宋两代作者诸文说："形势控五岭封疆之要，据江西一道东南上游，其地山高而水清，左邻盱江，右瞰麻沅，与邵武并闽楚之喉，酌诸府之中，号为'乐区'。"（《大清一统志》卷245，四库本）而这个乐区，正好处于荆楚文化、吴越文化、闽粤文化水脉网络的交叉点上。这个水脉网络可不简单，它使本多高山峻岭难于跋涉的临川交通，顿时变得便捷起来。毫无疑问，水是生命之源，无水，人类无法生存，建起的城市也归于死寂。世界上任何一种文明，起源与发展，都无一例外要受到水的滋养。然而，古代没有飞天行地的现代化工具如飞机、汽车等，单凭陆路行走，必定经常受到山高水险的阻隔，而变得异常艰险与迟滞。因此水脉网络是文明迅速传播与发展，文化交流与繁荣最为便捷、迅速的承载体。南丰人曾季狸曾作《苦竹舟行》诗，描写了临川区水路之方便快捷："船头触处浪花生，船尾随入山影行。一水到家能几远，顺流东下片时程。"所以，这也是古代世界上绝大多数人和城市都是"夹水而居"的主要原因之一。在中国更是如此，正如刘师培所说："古代之时，北方之地水利普兴，殷富之区多沿河水，故交通日启，文学易输。后世以降，北方水道淤为民田，而荆吴楚蜀之间，得长江之灌输，人文蔚起。"（《刘申叔遗书》之《南北学派不同论》）日本学者斯波义信《宋代江南经济史研究》一书也说："在中国，其城市化及移民定居的取向，一贯以水路要冲为原则的，……水，自然是提供居住环境方面的中心及首要条件，而同时也将其作为社会经济组织中枢来进行选择的。"

所以，以上述话语来检视临川区各县城，你会发现，它所辖的每一个县城几乎都是傍水而建，处在水路要冲之地。如临川县原称临汝县，就是由临水与汝水环绕其城而得名，其"地大人庶，濒汝水以为城"（宋祝穆《方舆胜览》卷21）。早在唐代这里水路就极为顺畅，唐代诗人韦庄《抚州江口雨中作》诗云："江上闲冲细雨行，满衣风洒绿荷声。金骝掉尾横鞭望，犹指庐陵半日程。"是说轻舟如快马，到达庐陵仅要半日功夫。所以唐代张保和在《抚州罗城记》会说："临川古为奥壤，号曰名区，翳野农桑，府津闌阁，北接江湖之脉，贾货骈肩，南冲岭峤之支，豪华接袂。"（《全唐文》卷819）再如金溪县城"县南盱水与清江合流于汝，名曰东漕，其地为四达之衢"（宋濂《金溪义渡记》）。如宜黄县城，宋代宜黄人乐史《太平寰宇记》卷110说："宜黄县于宜、黄水侧，以水为县名。"（四库本）"二水合流于东北，一水自南绕东趋北者，源远而流稍大；一水自西绕南趋东者，源近而流差小。"（吴澄《宜黄西恩桥记》）明代谭纶《宜黄城记》也说："宜黄居临、汝上游，当宜水、黄水合流之间。"除宜水、黄水外，宜黄城东北还有曹水，后流入县北，与宜、黄二水合流。在县东南又有漳水，与宜水合流，至当时的县郭前，又与黄水合流，形成著名港口，名东港。如崇仁县城"宝唐水在崇仁县西南一百五里，源出乐安大盘山，入县境，下流合临水"。也就是说从崇仁县宝唐水乘舟可至临川县，有元代诗人何中《由宝唐舟行至临汝》诗可证。崇仁县除宝塘水外，还有罗山水，在县城西，发源于罗山，水分二派，一入于宝塘水，一合流于临水，入临川境内。在县西五里又有西宁水，发源于华盖山，曲折流入县西，与宝塘水合。在县南，又有福水与清江水等。在县东有青田港水，流入贵溪安仁界。东乡县虽建县较晚，境内亦水网密布，有黄塘墟水、润溪水、花山港水、延桥水、三港口水等。

建昌军的南城县与南丰县均依盱江而建，盱江源于广昌，流注抚河，入鄱阳湖，抵长江，乘船可通省内许多州县，又可远走长江流域省外各州县。除盱江外，还有东江，在府城东一里，源出新城县覆船山，下流经落消石，又流经通会桥，至双港口，后与盱江合流。盱江又成为到达福建水路通道，如唐代韩偓就是乘舟经南城盱江至福建的，有李觐"韩偓当年赴七闽，舟行过此倍凝神"诗句可证。宋代江州（今九江）地处鄱阳湖旁，盛产鱼苗，鱼贩子将鱼苗运至建昌军，过盱江，到福建等地贩卖。宋周密《癸辛杂识》别集卷上云："江州等处水滨产鱼苗，地主至于夏皆取之出售，以此为利。贩子辏集，多至建昌，次至福建、衢、婺。"建昌的新城县（今黎川县）主要有三条大川，"黎为中川，五福为东川，龙安为西川。……舟楫所通。中川可达邑城，东川可达五福，西川可达龙安。"故明代涂景宁说："（新城）江闽孔道，其仕宦商贾舟车负担之往来，昼夜无停晷。"（乾隆《建昌府志》卷5、卷8）

临川区的乐安县，处于群山中，可以说是临川区交通最不便的一个县。元代吴当《题名记》说："抚之属邑五，惟乐安僻在万山中，舟楫不通，崎岖扼塞，行者病焉。"但是乐安并不完全封闭，其地有众多江水，流贯全境，并与赣江、临川水等水相连，成为外出通道。如鳌溪水，在乐安县治南，源出芙蓉山，东流至县，又西流与赣水合。如大溪源水，在乐安县西北70里，源出大盘山，北流至蛟湖，与临水合流。县南又有大溪水,源出华盖山,西流至乌水,流入永丰河。如远溪水,在乐安县南180里,分三派,至招携,与乌江水合流。最著名的例子是,被誉为"千古一村"的乐安流坑村,也处在群山之中,按说其地交通应该极为不便,幸亏其旁有一乌江水,由东南方招携、金竹一带迤逦而来,绕村西流,至恩江,又经永丰、吉水,注入赣江。由此与吉泰平原和整个赣江流域紧密联系在一起。明清时期,流坑董氏家族涌现出众多的竹木商人,他们就是从乌江上游金竹、招携等地购得竹木,经乌江,入赣江,途经樟树、南昌、吴城等埠卖出。远者甚至可经长江,达南京、扬州、常州等繁华城市。

从上面列举的临川区各县江水,大部分都会与其他江水合流,后多注入抚河与盱江,最终注入赣江与鄱阳湖。如抚州,"府境有汝水,自金溪西流府城,东抱城而北下,流南昌。临水自崇仁流至西津,与汝水合。曹水源出崇仁界双坑,至合处四十里,又东北流入临川界受禅和仙盖诸原之水,过上顿渡数里,入于临川诸水合流。由金玉台出乌鸦石,折而北,过虎头洲,至高洲港,受党溪樟源以西楮山以南之水,至金溪城,受金溪东乡西注之水,而西北略豫章,入彭泽"(清代傅泽洪《行水金鉴》卷155)。如建昌军"境有盱水,自广昌、南丰,经府城,南会新城飞鸢水,流入抚州新城县,有黎滩水,源自福山之赤苊涧,及岩岭,下流四十里,至孔家渡,即今南津双港,合流至县,又西北经硝石,至府城下一百四十里,会盱水,入彭蠡"(同上)。以上二引文,虽为清代人所述,但江水流向是不会轻易改变的,故亦可作宋代临川区众水之写照。由于运输货物与人口的需要,在沿江处还建了众多驿站港口,如金溪县就有石门驿,在县西南40里,上通盱江,下连临、汝二水。在县南有东漕港口,明代宋濂在《义渡记说》:"抚州金溪县南若干里,盱水与清江合流入于汝,名曰东漕,其地为四达之衢,人之所负,物之所载,咸出焉。"也有水陆二通的驿站渡口,宋太平祥符年间金溪县令吕若讷在厚居里建厚居驿,就可通建昌陆道。临川有孔家驿,旧名朝京驿,宋时建于文昌桥东孔家渡旁。从其旧名"朝京驿"来看,就知其交通位置是如何重要。有明代崇仁人吴与弼《发孔家渡》诗可证:"茫茫新涨漾晴洲，华发宁知非胜游。未了平生山水债，又从临汝附扁舟。"南城有盱江驿，端平元年建，景祐元年移建朝京门外。又有南城驿，在城东南。峭石驿在城东40里。城南与城北分别有曾潭驿、游源驿等驿口。临川有北津渡，上接文昌桥三里，下至吴家渡五里；又有吴家渡，上接文昌桥八里，下至章溪石渡六里。有宋代临川诗人谢逸《北津渡》《吴家渡》诗可证。

因此，以鄱阳湖与赣江为落脚点，以抚河、盱江为骨干，以众多水脉作为网络，不仅为临川大地提供了灌溉之便，绽放出绚丽的农耕文明之花，也为北人迁赣、北风南渐的文化重心南移的气象，提供了舟楫之利。这种交通之便利，引来源源不断的物质流与人流。江西所产的粮食、茶叶、瓷器、纸张、布匹、钱币纷纷运往南北各地，仅以宋代漕粮、茶叶为例，每年要从江西运120万~160万石漕粮，500万斤茶叶，正如曾巩所云："其赋粟输于京师，为天下最。"（《城东门记》）其中有很大一部分是从临川区运输出去的。北宋时仅南城县"赋米之以斛入者，岁且数万"（李觏《上孙寺丞书》）。南宋时的抚州、建昌军的粮食主要输送到建康府与池州，以供军队食用。从外地运往江西内销的大宗货物主要是食盐，这个数目也大得惊人，仅北宋元丰三年（1080）就有1000万斤广盐运往江西虔州、南安军，而618万斤淮盐是运往抚州、洪州、吉州等州。

除水路外，临川区陆路交通也很便利，《元丰九域志》记载了洪州自界首南至抚州127里，西南至洪州界285里。饶州自界首南至抚州陆路有163里。临江军自界首至抚州145里，吉州自界首东至抚州210里，抚州西至饶州界420里。吉州又有一条自界首东北至抚州244里陆路。抚州自界首至袁州150里，建昌军自界首至南康军180里，而自界首至抚州90里。于是以临川区为核心的陆路网，可以畅通江西各州，而临川区通向外省的陆路主要有三条，一是起自南昌，经进贤、临川、南城、新城至杉关，然后由光泽至福建省界；一是经抚州、临川、丰城、新喻、分宜、萍乡，最后入湖南省界；还有一条是起自南城，经南丰、广昌、宁都到赣县，然后过南康、大庾，翻越大庾岭，最后达广东省界。

由于境内江水众多，宋代临川区内又在水上建造许多桥梁，成为水路与陆路相连接的交通枢纽。仅以南城县为例，县东川门外盱江上，旧有浮桥相通，宋代嘉祐五年（1060）郡守丰有俊建石桥十三垒，在桥上架屋六十四楹，初名万寿桥，成为著名的风雨桥。由于凌空跨水，远远望去，隐隐如长虹横九霄，张达有诗云："高桥碧落苍茫际，倒影沧波荡漾中。"因此又称东郭虹桥，成为南城风景名胜之一。嘉定十三年（1220）此桥毁于火，当时县令汪黄又重建石桥，以通往来。又有龟湖桥，实为四座浮桥，一通沙溪，一通潭源，一通太源肷，一通福建。此桥不仅境内相通，而且打通了与邻省福建的通道，此桥又是通往南宋首都临安的必经之路。正因此，咸淳七年（1271），宜黄人武学谕涂演又捐俸以倡，四方纷纷响应，建龟湖石梁三百尺，与昔之四浮桥合而为一。他又将通往福建的浮桥下之舟船，从22只增益为32只，并移置溢溪渡为浮梁，成溢溪桥。当时抚州知州黄震撰《溢溪桥记》赞美说："然后闽广之道于盱，与夫盱之道而之行都者，无一不如履平地。"南城还有一座通福桥，在城东二里，跨东江，路可通福建，故名。咸淳年间，郡守方演孙建。除上述桥外，宋代在南城还建有梅溪桥，跨石头港口，宋咸淳中建；龙池桥，在东十里龙池口，宋嘉熙四年（1240）知县罗瑞常建；青麻桥，跨青麻港，宋淳熙二年（1175）知县孙基建；宋代江西德安人王韶曾任建昌军司理参军，在任上仅他一人就在南城、南丰主持建设了危公桥、江家桥、大安桥、水溅桥四座桥梁；南城又有新村桥，在东四十五里，跨蓝溪，宋淳祐二年（1242）知县赵必揆建；澳港桥，在东五十里，宋宝祐中，状元张渊微建；卢公桥，在东五十五里新城县界，宋元符二年（1099）县尉卢知原建；宝山桥，在东六十里真如寺前，宋包克莹率里人建。这里特别需要说一说南城的活水亭桥，它是南城县博物馆在文物调查中发现的一座宋代石桥。此桥坐落在南城县上塘镇活水河上，全长27.7米，宽4.6米，高4.9米。三拱二墩，桥身由青麻石砌成，桥面均用红石条横铺，桥栏杆栏板上，雕刻栩栩如生的缠枝卷草云纹，并题有"活水亭桥"四大字，为朱熹所题。全桥至今保存完好，是江西留存至今罕见的一座宋代古桥。

临川为抚州州治，抚河绕其城，抚河为连通赣闽二省大动脉，更是临川区货物集散地。于是在抚河上建桥就显得必要与急需。乾道元年（1165）知州陈森始做浮桥，以通往来。但至淳熙二年（1175）七月暴雨中，浮桥被全部冲毁。当时知州赵景明决心重修，于是部使者周嗣武捐赠经费，临川知县组织工役，费二月时间建成，"桥东西相维，其修百丈，联舟为梁，合五十有四艘"（宋吕祖谦《东莱集》卷6《抚州新作浮桥记》）。嘉泰年间，郡守王谠始为石梁，而筑屋其上，首次由浮桥变为石桥，不久此桥又遭火焚毁。王谠又重修。宝庆元年（1225），此桥又遭火，毁其半。郡守薛师旦又重修，乡贤李刘有《文昌桥记》，中云：

> 郡守寺丞薛侯师且至，顾而叹曰："不修必坏，不先从责皆在我。"乃首捐公钱，令人之旁郡擢大木。既则请乡贤达董公居谊及邦之寓客、五邑之大夫，相与劝士民佐其役，命僧妙严持簿，不从者勿强。上义下顺，乡仕党顺至，有合族相率致助者。……先是桥面平以板，遗烬透罅，江风煽之，辄不可扑。今敷土甃石，乃禁列肆，燎炉其上，维舟炊煬其下者。且置钥与城门同启闭，庶息火患。桥上创亭三，外为亭一，以备迎送；西为神祠，东为佛庐，取金溪东山寺废额扁之，予以闲田，益以弃地，就俾妙严率其徒守与领桥，以时察视而补治之。……惟是桥东联文昌，西属文昌堂，独不当以此名乎？因从侍郎董公书其榜曰文昌，又加以名亭焉。（同治《临川县志》卷7"津梁"）

此文提供了有关文昌桥的大量信息，一是文昌桥正式命名始于此次重修；二是此桥重修有其独特之处，首先是桥面从木板改成土石路，其次是桥上建有三屋，迎客亭、神祠、佛庐成为佛道场所；三是管理措施非常严密，命僧妙严率众僧专门负责管理，晨启夜闭，时常补修，严禁烟火；四是给予闲田弃地，作为桥梁维修基金。经过此次重修，文昌桥得到很好的维护，交通最为便畅，正如此文所说"万屦如行康庄"。另，此文《全宋文》未予收录，弥觉珍贵。

于是以文昌桥为中心，水路可分二，一往上九十里至南城县，一往下由北津渡一百里，至梁家渡，达南昌。陆路东可达东乡，东南可通金溪，西可通崇仁，南可通宜黄，东南可达南城，北可通进贤，至南昌。由此形成四通八达的水陆交通网络。

临川区的东乡县，虽明代正德七年析临川、金溪、进贤、余干、安仁地建置，但在宋代亦建有桥梁，如寿安桥，一名乌朱桥，宋景定中郡守家坤翁建，桥上有屋十一间，应是一座风雨桥；延寿桥，宋景定年间饶氏所建。

当然，我们并不是说交通闭塞之地没有物质交流和人货来往，但交流的频度和数量肯定远逊于交通发达之地。所以交通便利之地，为文化的交流和繁荣至少提供了两大优势，一是物质交流频繁与数量巨大的优势，物质本身属于广义的文化，作为人的本质力量的对象化，物质的生产和流通包含着人的价值观念、审美风格和文化取向，物质交流本身就是一种文化交流，尤其是在文化传媒比较单一的古代，物质交流是整个文化交流的一种重要形式。大凡交通发达的地方，便是物质交流频繁的地方；而物质交流频繁的地方，也就是文化交流活跃的地方。汉唐时的长安、洛阳，两宋的汴梁、临安莫不如此（详见曾大兴《中国历代文学家地理分布》，《学术月刊》，2003）。交通便利之地，同时也提供了人员往来频繁之优势。人既是文化创造的主体，又是文化传播的重要媒介，人员交流的广泛与频繁，乃是一个地区文化繁荣的重要推动力，一个地区一旦成为交通发达地区，各色人群均带着特有的文化信息与文化密码络绎于途。官吏的治世思想，武弁的定鼎雄姿，士子的爽朗诗文，商人的致富之术，乃至僧道的宗教道义，医卜的精湛术数，艺妓的翩翩舞姿等，无一不影响浸染、推动和潜移默化地改变当地的文化素质。唐代独孤及在《豫章冠盖盛集记》中说，由于江西交通方便，各色人流纷纷而至，"豫章郡左九江而右洞庭……由是越人、吴人、荆人、徐人，以其孥行，络绎洊至大江之涯，于是乎宏舸巨鷁，触接舻隘"。甚至还有外国人，《太平广记》卷404《岑氏》记载，临川人岑氏携两块宝石，去豫章卖给波斯商人，遂得钱三万致富。宋代临川人谢逸在《临川文集序》一文中，也谈到外地文化名人对本地文化风俗之影响："昔有王右军、谢康乐、颜鲁公之为太守，故其俗风流儒雅，喜事而尚气。有晏元献、王文公之为乡人，故其党乐读书而好文词，皆知尊礼。缙绅士大夫，自古及今，游是邦者，不知其几人矣。"仅以宋代文学家而言，陆游、张孝祥、文天祥、杨万里、朱熹等一大批著名大家，都来过临川区，或在此地游玩与任职，或在此地讲学与探亲访友，并留下众多诗文。仅陆游在抚州任职一年，就创作了174首诗歌。这对宋代临川文学的发展定然有促进作用。这些诗人，有的是走陆路来临川区，更多是走水路，如戴复古《建昌路上》诗："凛凛北风劲，行行西路赊。"这是走陆路，其另一首《访严坦叔》诗："麻姑山下泊，城郭带烟霞，携刺投诗社，移船傍酒家。"就明显是走水路了。南宋宰相周必大要从临安府归庐陵老家，主要是走水路的，部分为陆路。四月一日出发，至五月中旬到达上饶，五月二十四日到达临川区的金溪，次日至南城，二十七日至南丰，最后至广昌，出临川区界，六月二日至宁都。可见，从临安至临川区交通是比较顺畅的。当然交通发达地区不一定全是文化繁荣地区，但是文化繁荣地区则一定是交通发达地区。地理上的开放是文化开放与繁荣必备的前提，宋代的临川区正是处于地理开放、交通发达时期，因而文化繁荣的到来，就显得水到渠成了。

第二节　文化中心南移带动了宋代临川文化的繁荣

宋代临川文化之繁荣，更得益于文化重心南移这个时代大趋势。首先我们来看一看宋代临川区崇仁人吴澥是怎样论述这个时代大势的：

【东南县邑民财】自晋南渡之后，东南渐重而西北渐轻，至于宋，东南愈重而西北愈轻。自晋元（之）南渡，东南文物渐盛。至于李唐益加繁昌。安史之乱，江淮独全；历五季纷争，中原之地五易其姓，杀戮几尽，而东南之邦，民有定主，七八（十）年间，咸获安业。逮宋龙兴，伐罪吊民，五国咸归，未尝妄杀一人；自后数十百年间，西北时有少警，而东南晏然。斯民弥得休息。以至元丰中，比往古极盛之时，县邑之增，几至三倍；民户之增，几至十倍；财货之增，几至数十百倍；至于庠序之兴，人才之盛，地气天灵，巍巍赫赫，往古中原极盛之时，有所不逮。天下之势，正犹持衡，此首重则彼尾轻，故自东南渐重，则西北渐轻，以至宋东南愈重而西北愈轻。（《宇内辨》，宋章如愚编《群书考索续集》卷46）

吴澥是著名文学评论家吴沆之弟，绍兴十六年（1146），他以一介布衣身份向朝廷进献了两部地理类著作，一是《历代疆域志》，一是《宇内辨》，可惜两部书均已佚失。但上面所辑《宇内辨》的这一段佚文，已雄辩地说明，至宋代，中国的经济、文化、政治中心，已由北方中原之地移至南方。这个著名论断出自南宋当时一位临川区布衣文化人士之口，更说明此论断在当时已成为普遍被人接受的一个常识了。问题是文中所说的"东南"之地，是指哪些地方。章如愚编《群书考索续集》卷46引陈傅良之言说："夫东南，财赋之渊薮。……李吉甫作《元和国计录》，备述元和之初，藩镇瓜割，玉帛之不贡于王府者十五道，而岁租赋之所倚办者八道，实皆东南也。曰浙江东西路，曰淮南，曰湖南，曰岳鄂，曰宣歙，曰江西，曰福建。故韩愈有言曰：当今赋出天下而江南居十九，是矣！"可见东南诸地，其中就包括江西，而临川文化区是当时江西最为发达的地区之一，自然也包括在内。当然，文化中心南移不是一蹴而就的文化现象，它延绵了近八九百年的时间，其中从魏晋以来三次大规模的北人南迁，即为文化中心南移的主要标志。

第一次北人南迁浪潮主要发生于西晋永嘉年间（307—312），当时西晋王朝的统一仅仅维持了短短20年时间，由于统治者内部权力纷争和阶级与民族矛盾加剧，终酿成"八王之乱"，史称"永嘉之乱"，紧踵其后的诸胡入主中原，史称"五胡乱华"。永嘉之乱和五胡乱华使整个黄河流域成了延绵不绝的血与火的战场，而这个战场却持续了300年之久，那曾经极尽繁华之盛的偌大一个长安城，竟成了鬼哭狼嚎、户不盈百、荆棘成林之地，那辉煌灿烂的黄河流域文明，也就被撕裂成了碎片。为躲避战乱，无论是峨冠博带的世族，还是鹑衣百结的细民，都携老扶幼，纷纷南下，形成了持续百年之久的七次移民高潮大转移。据著名地理学家谭其骧统计，当时南下移民总数90余万人，占当时北方人口的1/8，南方人口的1/6。也就是说，当年北方每八个人中，就有一个南迁；南方每6个人中，就有一个来自北方。当时南方诸地江苏、四川、安徽、湖北、湖南以及江西，都是北人南迁的安置之地。东晋时，仅今九江地区的江州就设置了侨寓松滋、安丰、弘丰三郡，接纳安置南下北人逾万。《晋书·刘胤传》载："自江陵至于建康三千余里，流人万计，布在江州。"这些本想暂居一时的北方侨民，随着时间的流逝，与当地人民进行长久艰难磨合后，也就变为土著了。正如晋孝武帝时期的豫章太守范宁的一篇奏疏所云："昔中原丧乱，流寓江左，庶有旋反之期，故许其挟注本郡，自尔渐久，人安其业，丘垅坟柏，皆已成行，虽无本邦之名，而有安土之实。今宜正其封疆，以土断人户，明考课之科，修闾伍之法。"（《晋书》卷75《范、汪传》，四库本）

隋唐统一，结束了魏晋以来全国性混乱的局面，由此而出现了在政治、经济、文化等诸方面繁荣盛极并足以傲称于世界的盛唐时代，但是好景不长，"渔阳鼙鼓动地来"，天宝四年（755）开始，著名的安史八年之乱给北方人民带来了横扫秋叶般的摧残，继之而来的是大唐帝国迅速走向衰竭，出现了尾大不掉的藩镇割据动荡政治局面，唐末的黄巢起义更使这混乱动荡的政治局面雪上加霜。于是，从安史之乱开始，直至唐末共150年，为了躲避战乱，北方人民又一次携家带口，纷纷南逃，出现了"三川北虏乱如麻，四海南奔似永嘉"此起彼伏的大规模北人南迁的移民浪潮。江西与其他南方诸省一样，又一次成为北人南迁落脚安身之地。此时最明显的表现，是江西人口数量陡然大增。仅以唐代安史之乱前后江西诸地人口户数比例来看，如唐天宝元年（742），洪州豫章郡户数5530户，饶州鄱阳郡40899户，吉州庐陵郡37752户。到元和年间，时间过了60多年，以上三郡人口户数分别为91129户、46116户、41025户，分别增长90%、10%、10%。（详见许怀林《江西史稿》121页）江西全省的人口户数也由天宝元年占全国2.76%，增加到元和年的12.37%。除了当地自然人口增长外，大部分是南迁人口。其中如范阳人卢纶"天宝举进士,遇乱不第,奉亲避地于鄱阳"(《旧唐书·卢简辞传》)。明代著名宰相解缙是江西吉水人,其先祖居雁门(今山西代县),唐天宝年间,为避战乱,解禹从雁门迁居于吉水。在南迁北人中,甚至有整个家庭移居江西的,如长安人崔佑甫因"中夏覆没,举家南迁,内外相从,百有余口。长兄宰丰城(今江西丰城市)。……仲姊寓吉郡(今江西吉安)"(《上宰相笺》《全唐文》卷409,第2册第1853页)。如今江西吉安的永丰县,唐五代时期,就迁入了龙、贺、张、左、尹、段、李、胡等21个家族。

第三次大规模的北人南迁的浪潮,发生在北宋末年。由中国东北地区的女真族所建立之金朝,在公元1125年灭掉辽国以后,以迅雷不及掩耳之狂飙般的气势和金戈铁马之强悍,两次发兵攻打北宋,北宋王朝不堪一击,迅速土崩瓦解,这就是著名的"靖康之乱",后来赵构虽在临安建立偏安一隅的南宋小朝廷,但一百多年来,金朝与南宋严重对峙,时战时和。因此北人南迁的脚步也从来没有停歇过。"民皆渡河南奔,州县皆空"(《宋史》卷23《钦宗本纪》),"中原士民,扶携南渡,不知其几千万人"(李心传《建炎以来系年要录》卷86)。这次北人南迁,与前两次有明显区别,前两次尽管动乱,但政治中心一直在北方,这一次是整个国家政权的大搬迁。上至皇帝宗室、百官众僚、衣冠士族,下至士兵军卒、细民百姓,全部往南迁移。因此,无论从北人南迁的广度与深度,还是从对江西文化和经济的影响来说,均远胜前两次人口大迁移。那时北人整个文明程度与整体文化素质都远远高于南人。因此,北人对南方自然和社会环境的陌生感和对南方文化的距离感,必定要产生比较尖锐的文明冲突,注定要经过几代人的艰难磨合,才能融入当时的社会。当时南迁的北人总要在户籍炫耀地保留故地姓氏,如琅琊王氏、清河崔氏等。东晋时,甚至在南方出现以北方地命名的侨寓州县,如仅九江辖区内就建立了酉阳、新蔡、安丰、松滋、弘农、太原6个侨置郡县。南来的北族大姓,总是选择聚族而居的方式,形成南方土地上的北方孤岛,这对文化的交流、社会融合和经济发展都有很大的阻隔。

此次南北宋之际的北人南迁,这种陌生感与距离感应该是少多了,因为南方的经济与文化一点儿也不逊色于北方,甚至在许多方面超过北方。如在文学方面,北宋时期的著名诗人与文人十有八九出自南方,散文中的唐宋八大家,宋代六家欧阳修、曾巩、王安石和"三苏"全部出自南方的江西和四川;在科考进士方面,南方有进士7869人,北方仅789人,几乎是10倍之差;北宋时期儒者南方306人,北方仅125人,南北相差又一倍多。(数据引自《长江文化史》第719~728页)因此文明程度的对等性,使北人文化心理的认同感和亲切感代替了原来的疏离感和恐惧感。再加之整个国家政权的南移,由此而形成政治、经济、文化三个中心全部叠加于南方的临安(今属浙江);文化重心南移的现象到此已成鼎定趋势。因此,尽管这次北人南迁时间漫长,从靖康元年(1126)至南宋灭亡约150年,尽管南迁北人数量巨大,约500万,占当时北方人口的1/3,尽管这次移民浪潮涉及南方地区更广,甚至悬隔海天之外的海南岛也有南迁的北人,但文明冲突相对减少,南北文化的交流也就变得快速与便捷,也更加彻底。

这次南迁的北方移民多分布在南宋首都临安地区,而紧邻京畿之地的江西,也就成为接纳南迁移民最多的地区之一,出现了"流寓之人遍满"的局面。据《宋史·地理志》统计,北宋崇宁元年(1102)江西人口户数是1467289户,到南宋绍兴三十三年(1162)人口户数是1891392户,相隔60年就增加了42.4万多户,如果以每户5口计算,那就是增加了210余万人。这其中有很大一部分来自于南迁的北人,仅以赣南地区比较偏僻的石城县为例,这一时期是中原人士迁入石城最多的一段时期,有温、黄、陈、刘、赖、江、段、肖、赵、李、王等70个家族,至于赣中、赣北地区,经济与交通比较发达,更是南迁北人理想的落脚处。如司马光(河南三门峡人)之后司马括,南迁"寓居于今南昌之地";宋太尉向敏中(河南南阳人)六世孙向士凯、向士壁、向士调三兄弟徙居于今修水之地;流寓于今上饶之地的比较著名的人物有开封人韩元吉、澶州人晁谦之、洛州人韩洙、东莱人辛次膺等;迁入抚州地较著名的人物有孔子的后人"宋建炎二年,孔子四十八代孙,传与从子端友扈跸南渡,家新城"(四库本《江西通志》卷109)。从此孔子的后代在这里繁衍,至明代，还在新城县西建立了孔子家庙。明代临川著名戏曲家汤显祖，其祖先上文汤氏南迁，有一支最后迁移到临川文昌桥边定居下来，成为汤显祖的祖先。四川著名文学家魏了翁之子魏元四，因宋末兵乱，由四川浦江县迁至南昌，其后迁于抚州赤圹，再迁于南城李塔，其后代又迁于广昌，是清代江西著名文学家魏禧的祖先。

这次南迁江西的还有许多赵氏宗室，如赵景惊迁丰城、赵希伯居宜春、赵不求寓余干。另外，南昌有赵伯术、赵善括等，乐平有赵承漫等，铅山有赵汝涛等，婺源有赵与恪，新余有赵希循等，江西十余县都有赵氏宗室的记载，这些天潢贵胄占籍江西，最后也融入了当时社会，像普通的江西人一样生活，但艰难的生活并没有磨砺掉他们受过的良好教育，在科举考试中充分显示了他们丰厚的文化实力，仅嘉定四年（1211）到咸淳十年（1274）63年间，江西赵氏宗室共出了93名进士，超过了江西许多县两宋时期进士的总人数。这从一个侧面也反映出第三次北人南迁时，流寓江西的赵氏宗室不在少数。（详见《江西通史》第309～310页）

从永嘉之乱开始，到靖康之乱，时间漫漫800余年。三次大规模北人南迁浪潮，其实就是三次黄河流域文明向南流淌的文化苦旅，江西正是这中原文明之河滋养之地，具体说到临川区更是如此。由于临川与整个江西一样处于"吴头楚尾"的地理位置，交通顺畅，"山川融结，舟车云集，控带闽粤，襟领江湖"，于是成为北人南下闽粤的要道，也是吴越至荆楚的必经之途。清康熙《南城县志》卷二说：

《晋史》称：中原乱离，遗黎南渡，多侨置牧司于南城。《开庆郡志》称：建炎以来，外有边患，内有盗贼，江西诸郡邑，户口凋耗，十不五六，独建昌之民，保聚城郭。绍兴以后，他郡之流离者，聚于南城。

可见南城县从晋乱以来，至南宋绍兴时期，一直是北来移民躲避战乱安身之地。由此考之临川区在宋代著名的文化大家族，可以说大部分都来自北方。首先说一说宋代宗室子，落户在临川区的宋宗室有濮王赵允让裔孙迁居南丰，其后裔有赵崇嶓（1198—1255），一作嶓，字汉宗，号白云。太宗九世孙，宁宗嘉定十六年（1223）进士。调金溪主簿，历知石城县、淳安县，官至大宗丞。平生工字学，尤善作数尺字，笔法遒劲，江浙名匾多出其手。撰有《白云小稿》。其弟赵崇鉶，字元治，号鸥渚，以兄崇嶓荫补官，曾知都昌县，南康军司户，通判南安。宋亡隐居以终，撰有《浩荡吟稿》，今存《鸥渚微吟》。赵崇嶓子名赵必辔，应为濮王九世孙。曾登淳祐四年（1244）进士，官临江通判，撰有《云舍悦稿》。南丰还有赵崇候，字信之，从崇字辈来看，应为太宗九世孙。嘉定进士，官福建运司主管文字、权南剑州事，以清介名。南丰赵伯靖，宋宗室，以护隆祐孟太后有功，封为临达侯。南丰赵与植，一作与"稙"，宋太祖十世孙，淳祐进士，曾知临安府。赵长卿（疑名师有），宗室子，自号仙源居士，居南丰，为宋代著名词人，撰有《惜香乐府》九卷。元代南丰赵由侪《述祖诗》说："今族居燕，卜迁大梁，世系绵绵，厚德丰功，宜永其传。中罹多难，南历江沱，眷焉吾宗，丰水居多。"是说他祖先原籍开封，后经战乱，迁居到江西来的。金溪有赵必棍，字德昇，太宗十世孙，年三十五登宝祐四年（1256）进士。临川有赵必健，字自强，太宗十世孙，嘉定十年（1217）进士，曾为英德知府。其子赵良锌为端平二年进士，赵良鉎为淳祐十年（1250）进士，赵良鐔、赵良鋒为开庆元年进士。赵友溺，良鉎子，咸淳元年（1265）进士。临川又有赵崇怿，字成叔，太宗九世孙，淳祐四年进士，善诗。崇仁有赵不玭，宋宗室，建炎年间流寓崇仁铁炉桥。又有赵若流，秦王廷美后裔，南渡时，徙居崇仁东临汝门外。其子赵嗣诒、赵嗣诏、赵嗣谨先后为进士，从"嗣"字辈来看，应为赵廷美十一世孙。这些宋代宗室后裔，后来很多都考取进士，据四库本《江西通志》载，仅咸淳元年（1265），临川区就有39名赵姓进士，其中"崇"字辈就有赵崇漾（临川人，汝愃子）、赵崇燧（临川人）、赵崇段（南丰人）、赵崇祥（南丰人）、赵崇懒（南丰人）、赵崇□（南丰人）；"必"字辈有赵必棟（临川人）、赵必恪（临川人，崇燧子）、赵必□（南丰人）、赵必锐（南丰人）等，另外还有"希"字辈、"汝"字辈、"彦"字辈等，其中临川籍有15名，南丰人有21名，从他们的辈分排列看，很可能是宋宗室后裔。山东孔子的后人也有迁于临川区的，新城县有一个孔家庙，为孔子后人所建。"宋建炎二年，先师四十八代孙傅与从子端友扈跸南渡，家于衢，又二世莘夫丞临川，因家焉。四传至均宠，于元至元间徙居于此。"（清乾隆《新城县志》卷2）

再述临川区北来的著名家族，如宜黄著名地理学家乐史家族，乐史的祖父乐珵在唐僖宗时期的兵乱中被杀，乐氏在河南南阳的房屋家产也一夜之间被毁被抢。乐史的父亲乐璋只得带着家眷逃难到江西临川郡宜黄县。后来乐璋的两个兄弟也随之迁往宜黄，由此乐氏三兄弟就成为乐氏开基立业的先祖。临川籍著名词人晏殊家族，欧阳修为晏殊所作《神道碑》，将其远祖追溯至春秋时的晏子，"有姜之裔，齐为晏氏，齐在春秋，晏显诸侯，传载桓子婴，称于丘"。文中又说晏殊"高祖讳墉，唐咸通中举进士，卒官江西，始著籍于高安。其后三世不显，曾祖讳延昌，又徙其籍于临川"。如曾巩家族，原籍为山东，山东简称鲁，故曾巩在临川办兴鲁书院，以示不忘故籍之意。据其弟曾肇所撰《子固先生行状》云："曾氏姒姓，其先鲁人。至其后世，避地迁于豫章，子孙散处江南。今家南丰者，自高祖讳延铎始也。"元代黄溍《金溪曾君墓志铭》中将曾巩以前的曾氏家族源流，胪列得极为详细，认为是从汉代王莽时，因避乱来到江西的："按《曾氏世谱》，曾子后十四世当王莽时，避地豫章之庐陵，凡六世，始徙临川，今抚州也。又十二世，至康刺史司空洪立，乃徙南丰。洪立生散骑常侍延铎，延铎生仁昭、仁旺。宋中书舍人巩、尚书左仆射布、翰林学士肇，皆仁旺之后。"如王安石家族，王安石在《先大夫述》说："王氏其先出太原，今为抚州临川人，不知始所以徙，其后有隐君子某，生某，以子故赠尚书职方员外郎。职方生卫尉寺丞某，公考也。公讳某，始字损之。"太原王氏从魏晋至唐代都是十分显赫的世族，被人们称以"太原王为天下首姓"。临川县尚有一个蔡氏家族，蔡氏也是北迁至临川的大家族。其远祖出济阳，后居长安，五代时居金陵，复迁临川，临川蔡氏在宋代著名者有蔡元导、蔡承禧、蔡居厚祖孙三代。乐安县流坑有一个董氏家族，其远祖可上溯到汉代大学者董仲舒，近祖是唐代宰相董晋；唐末五代战乱，董氏家族由安徽迁至宜黄定居；南唐时期，由董合迁到抚州乐安县流坑。金溪县有陆氏家族，据宋代著名哲学家陆九渊追述，其远祖是春秋时期田敬仲，后改姓陆。唐昭宗宰相陆希声就是陆氏先祖，唐末五代时期，为避中原战乱，陆希声孙子陆德迁、陆德晟兄弟率其家族，迁居江西抚州，后定居于今抚州地区的金溪延福乡青田里，成为金溪开基之祖。陆氏家族，百余年来一直保持聚族义居的宗法体制，成为远近闻名的大族。金溪县还有一个吴氏家族，多居住吴塘里，也是在北宋灭亡后，因躲避战乱，群体性迁居此地，"南渡之乱，东北士大夫来依吴塘以居者，凡数十家"（元虞集《道园学古录》卷18《故梅隐先生吴君墓铭》）。这个家族为当时富裕大族，"吴氏家金溪吴塘里，且十世矣。家故饶财，有赡恤之德，又多醇儒，笃孝友之行，故家政之修，咸称吴氏，而五福之备乃在"（元程文海撰《雪楼集》卷22《吴隐君墓志铭》）。

这些北迁南来的家族并不仅仅是人口与家庭的艰难迁徙，由于他们多具有较高的文化素养和一定的经济与政治实力，又携带了中原文明的先进技术，他们在临川区开基立业、安身立命，一代又一代辛勤劳作，这无疑对于临川区经济与文化起到了巨大的推动作用。这也是宋代临川区文化繁荣的主要原因之一。

按照前面所引崇仁人吴澥说法，文化中心之南移，到了宋代元丰年间已达极盛之时，也就是说东南勃兴是在北宋中期，其主要表现，一是"县邑之增""民户之增""财货之增"，这是经济方面的表现；二是"庠序之兴""人才之盛"，这是教育与人才方面的表现。从时间与内容来说，临川文化之繁荣恰恰与此相契，临川在教育与人才方面的表现，我们在后文中要详细探讨，现在谈谈在经济方面的表现。

一是"县邑之增"。临川文化区在宋代主要包括抚州与建昌军两个州军。抚州原辖临川、崇仁、宜黄三县，建昌军原辖南城与南丰二县。临川区共有五县。北宋太宗淳化五年（994）增置金溪县，归抚州所辖。南宋绍兴八年（1138）又析置新城县（今黎川）、广昌县，归建昌军管辖。绍兴十九年（1149）又增加乐安县，隶属抚州。而南宋时江西所辖诸县，仅临川区就新增三县，可见临川区在南宋行政区域的位置越来越重要。也就是说，整个有宋一代，临川区在原五县基础上又增加四个县，共有九个县，增加了约百分之八十。而且上述所增四县，大部分是在抚州、建昌所辖领地内析置。金溪县是析临川的归德、顺德、顺政、归政四乡所立，只是到了真宗景德二年（1005），应饶州安仁县延福、白马、永和三乡之民之请，才将三乡划归金溪。新城县是析南城县东南丰义、旌善、礼教、东兴、德安五乡所置。广昌县是析南丰县揭坊耆、天授乡、南丰乡、兴城乡四乡所置。唯乐安县例外，除割崇仁县的天授、乐安、忠义三乡外，又将邻近吉州的云盖乡划归乐安。著名的千古一村流坑，也就是这个时候从吉州分离出来，归置于乐安的。也就是说，除四个乡属于他州外，基本上是在临川区内部辖地析置。之所以如此，主要是临川区人口数量激增，民事与经济活动过于频繁的缘故。这就涉及"民户之增"的问题。

二是"民户之增"。早在唐代，临川人口就比较繁密，有梅尧臣"临川十万户，劝我执壶浆"诗可证。北宋南城人李觏说到其家乡时说："吾邑之在江表，亦繁钜矣。户口栉比，赋米之以斛入者，岁且数万。"这个"户口栉比"，正说明南城人口稠密，但具体数字未有说明。而南宋的陈孔林《新城县署记》却有人口数字统计："南城、南丰二大县，地方绵亘数百里，户主客余四十万。"如果平均数，南城、南丰二县各20万。又据清康熙《南城县志》卷二说，南城县人口以前不可考据，至南宋庆元年间（1195—1200）"其主客户凡四万四千二百七十九，开庆元年（1259）主户四万二千二百一十一户，客户六千九十一户"。如果平均以每户4口人计算，庆元至开庆50余年间，南城约增长16万余人，开庆年间南城人口总计19万余人。与陈孔林所说20万人相差无几。从绍兴八年于南城县分置出来的新城县，最初只有人口"六万有奇"，至庆元年间，主客户户数达"二万四千四百七十"。至开庆元年，主户"一万七千四百四十八，客户一万九千四百一十二"，总计3.686万户（乾隆《新城县志》），也就是说，从庆元至开庆元年，经过60年左右的时间，新城县主客户增加了1.239万户，如果按每户4人计算，开庆元年新城人数约15万，比绍兴八年（1138）增加了9万。王安石也说其家乡"抚之为州，……为地千里，而民之男女以万数者五六十，地大人众"（《抚州通判厅见山阁记》）。也就是说，在崇宁年间（1102—1105），抚州至少有50万男女人数。经过七八十年，同治《临川县志》记载景定年间（1260—1263）抚州户数是24.7329万，丁口55.7479万，也就是说有55万多人。如果具体到抚州金溪县人口统计，据清康熙《金溪县志》记载，南宋景定年间，金溪县户3.679万户，计人口7.127万。据道光《崇仁县志》记载，南宋景定间，崇仁县户有6.8244万，人口为15.1924万。元至元二十六年崇仁只有3.9629万户，也就是说，经过19年的时间，崇仁县反而减少了2.8615万户。又据《太平寰宇记》《元丰九域志》《宋史·地理志》等书记载，宋太宗时期（960—975）抚州户数是6.1279万户，至神宗元丰三年（1080）抚州户数15.5836万户，建昌军户数太宗时期为1.8847万，元丰三年户数为11.5802万。也就是说，经过一百余年时间，抚州户数增加了9.4557万，增加了一倍多。建昌军户数增加了6955户，增加了1/2多。又据许怀林先生《南宋江西史》统计，唐朝天宝元年（742），抚州共计3万余户，宋代抚州、建昌军地域相当于唐代抚州，崇宁元年（1102），经过360年，抚州有16.1万余户，建昌军有11.2万余户，合计27.3万余，竟是天宝户数的9倍。仅以建县较晚的广昌县为例，南宋景定年间，有户3.3737万，比唐天宝时期整个抚州总户数还多出2000户。

我们之所以不厌其烦地罗列数字统计，旨在说明如下几个问题：一是"县邑之增"与"民户之增"这两个体现临川文化繁荣之表征是紧密相连的，由于民户数量激增，才有县邑之增。如绍兴八年增置新城县，是因为安抚使李纲等人上奏云："南城县县境阔远，户口繁多，难于抚字，乞析置一县。"（清乾隆《新城县志》卷1）二是说明"民户之增"，除人口自然增长外，主要与北人南迁大有干系。北人南迁，除表明文化中心南移外，更是促进宋代临川文化繁荣的主要因素之一。三是说明人口数量激增大大促进了宋代临川经济的繁荣，这就牵涉到"财货之增"问题。

三是"财货之增"。在以自然经济为主的中国古代社会，人口之多寡是衡量当地经济发展与衰落的主要标志之一。因为人是社会生产力最活跃的决定性因素，当生产技术还比较低下时，人口数量之激增，就为农田开垦、矿山冶炼与手工业制造提供了源源不断的劳动力资源，当然，社会财富也就增多起来。而临川区正是处于这种劳动力特别丰裕的经济大开发时期。首先是农田进行大规模开发，平原地带当时已开发殆尽，于是又向山地进发，临川区丘陵山地较多，适宜开垦。如建昌军在宋初，无论是平原还是山地，都"田如绮绣，树如烟云"。"稍涉腴美则鲜有旷土"（曾致尧《云庄记》），李觏也说，包括临川区的东南诸郡"山高者鲜不凿，土深者鲜不掘。……平原沃土，桑柘甚盛"（《富国策第三》）。王安石也说："抚之为州，山耕而水莳。"南宋绍兴年间，抚州与建昌军所增置的新城（今黎川）、乐安、广昌三县，都处在丘陵山区，正因为山地得到普遍开发，人口居住集中，才有可能设置新县域。仅以新城县为例，如十三都，"山清水秀，居民联络"；十四都，"居民淳朴，叠山依翠，桑麻田产，介肥瘠之中"；二十二都，"颇称沃壤"；二十三都，"泉甘土肥，诸峰环峙"；三十二都，"水清不涸，溉田万顷"；四十一都，"山谷盘郁，水石清奇，田地膏沃"；四十七都，"山峻壁立，平衍膏壤，居民亦称繁盛"。（清乾隆《新城县志》卷2）可见从宋代开始，经过大规模开发，这个丘陵山地居多的县城，已有许多地方成为沃田肥壤了。

农田得到普遍开发，自然财货也得到飞快增长。这可从赋税中看得最为明显，绍兴八年，新城析县，"阖郡税粮八万二千六百二石，夏科纳绢三万四千三百三十五匹，绵二万八千七百七两"（清乾隆《新城县志》卷3）。从"阖郡"与下面所说"县数无考"来看，这应该是整个建昌军的赋税。再以抚州金溪县为例，清乾隆《金溪县志》卷2详细记载了宋代金溪县赋税数：

宋夏税税钱4679贯468文，本色绢3164匹2尺，折帛钱8479贯480文，和买本色绢4220匹2丈8尺，折帛钱15545贯40文，绵7030两，布245匹3丈，麦792石7升，茶122贯60文。宋秋税税田苗米19070石9升，屯田苗米4305石2斗3升。

除上述外，金溪县还有榷酒七千多贯，商税二千多贯，役钱七千多贯，醋息一千多贯。仅金溪一县之赋税就如此众多，一是证明宋代赋税繁重，二也说明财货之增多。再以临川区盐课、酒课为例，宋政府对盐、酒实行管制，征以重税，熙宁九、十年，抚州盐课约8.1万贯，酒课约1.9万贯，建昌军盐课约4.7万贯，酒课约1.4万贯。仅此二税就达16万余贯。另外还有新增税种，如月桩钱，是命令各州县按月交纳的军费，这是绍兴二年新增的杂税。绍兴年间，户部收到月桩钱22.39万缗，江西地区为11.69万缗，占一半多，居各路之冠。其中临川区抚州2.5万，建昌军0.23万，总计2.73万，约占江西的1/5。除赋税外，尚有土贡，如宋初期，抚州土贡有箭竿、柘木、葛、茶杉纸、苎布；绍兴元年，抚州一次就需交纳箭杆200万根，翎毛100余万。建昌军有吴茱萸、承露仙（俗谓之白药）、麻姑酒（麻姑山取神功泉酿者佳）、金丝布。据《元丰九域志》卷6载，宋中期，抚州要贡葛30匹，建昌军贡绢10匹。而金溪县，在仁宗庆历四年（1044）五月，一次就上供"山金三百廿四两"。建昌军以产银珠米为名，虽未成岁额，当地官吏为讨好朝廷，亦经常上献，如嘉祐三年（1058），建昌太守沈造一次就上供100袋，次年杨仪也如法炮制，上供100袋。

随着物产日益丰富，财货逐渐增多，也带动了商业的繁荣，商品交易市场自然也增多起来，特别是民间交易市场纷纷建立，当时抚州农民"蔬圃莳茶为用，余者以易所乏，农家往往有之"（陆九渊《象山集》卷28《葛致政志》）。南城著名学者李觏母亲"昼阅农事，夜治女功，斥卖所作，以佐财用"（《盱江集》卷31《先夫人墓志》）。临川人伍十八是一位纱帽裁缝，因信五通神，生意日见其好（吴曾《能改斋漫录》卷18，上海古籍出版社，1984）。南宋时的抚州还出现制造贩卖红曲的专业户，他们不仅将红曲贩卖到邻近县镇，而且"公然发贩与四方民旅，如衢州、龙游，遍卖邻路"（《黄氏日抄》卷78《六月二十八日禁造红曲榜》），还有做蔬菜生意的，"临川市民王明，居廛间贩易，赀蓄微丰，买城西空地为菜圃，雇健仆吴六种植培灌，又以其余者俾鬻之"（洪迈《夷坚志甲》卷5《灌园吴六》）。据傅宗文《宋代草市镇研究》一书统计，临川区的临川县有草市6个：界山镇、丰安镇、长林镇、清远镇、上城虚、城南镇；金溪县2个：耿源市、苦竹市；崇仁县1个：詹虚。在繁忙的商业活动中，临川区也涌现出众多商人，宋代临川区最著名的商人是南城、南丰县的三位：

> （吕）南公某文所书皆建昌南城人。曰陈策，尝买骡，得不可被鞍者，不忍移之他人，命养于野庐，俟其自毙。其子与狯驵计，因经过官人丧马，即磨破骡背，以炫贾之。既售矣，策闻，自追及，告以不堪。官人疑策爱也，秘之。策请试以鞍，亢亢终日不得被，始谢还焉。有人从策买银器若罗绮者，策不与罗绮。其人曰："向见君帑有之，今何靳？"策曰："然，有质钱而没者，岁月已久，丝力糜脆不任用，闻公欲以嫁女，安可以此物病公哉！"取所当与银器投炽炭中，曰："吾恐受质人或得银之非真者，故为公验之。"曰危整者，买鲍鱼，春驵舞秤权阴厚整。鱼人去，身留整傍，请曰："公买止五斤，已为公密倍人之，愿畀我酒。"整大惊，追鱼人数里返之，酬以直。又饮驵醇酒，曰："汝所欲酒而已，何欺寒人为？"曰曾叔卿者，买陶器欲转易于北方，而不果行。有人从之并售者，叔卿与之，已纳价，犹问曰："今以是何之？"其人对："欲效公前谋耳。"叔卿曰："不可，吾缘北方新有灾荒，是故不以行，今岂宜不告以误君乎？"遂不复售。而叔卿家苦贫，妻子饥寒不恤也。（洪迈《容斋随笔》卷7《盱江八贤》）

吕南公是建昌军南城著名文学家，他在文中却记叙了三位老乡商人陈策、危整与曾叔卿，一位是骡马商人，一位是鱼商，一位是陶瓷商人。他们不计商利，甚至忍冻挨饿，也不愿损害以诚信为本的经营之道。这三位商人所言所行，在一些人眼里是天大的傻子，但就是他们维护了中国传统文化伦理的基石。所以吕南公称其为"盱江三贤"。特别是曾叔卿，他是曾巩的族叔，又中庆历四年进士，曾仕著作郎。当时人们并不因为他由文转商而鄙视他，相反因有上述卓行，吕南公为其撰文，洪迈为其纪事，《宋史》为其列传，由此可见，当时临川区商业的繁荣，而商人地位也迅速得到提高。北宋抚州的饶餗也是一位由文人转为商人的下第书生。但其经商的方法却很不地道，专门以官吏任免的小道消息，提供给过关的官员，博得信任，以此逃避关税：

> 抚人饶餗者，驰辨逞才，素捭阖于都下。……又一岁，下第出京，庇巨商厚货以免征算，自撰除目一纸，尽宰府两禁及三路巨镇除拜迁移，皆近拟议。凡过关，首谒局吏，坐定遽曰："还闻近日差除否？"仕人无不愿闻者。曰："某前数日闻镇院，临出京在某官宅恰见内探，录至遂行。"其间宁不少关亲旧者，闻之无不愿见。读讫即曰："下第穷生，弊舟无一物，致烦公吏略赐一检。"其官皆曰："岂烦如是。"言讫拜辞，飘然遂行。凡藉此术，下汴、淮，历江海，其关赋仅免二三千缗。（文莹《湘山野录》卷下）

像这种奸诈不法的商人，临川区也有不少。如南宋后期抚州有一位地主商人饶立，当年抚州遇灾，民多饿死，他却"积米累巨万"，一粒都不贷给受灾农民，"唯深其扃鐍，以待客贩"，并"纵容仓干搬贩出界"（黄震《黄氏日抄》卷75《撰乞照应本州已监勒饶县尉贷社仓申省状》）。抚州与建昌军在宋代医药业极为发达，金溪陆九渊家就开了一个很大的药铺，是一个讲诚信的药商，但也出现了一些专贩假药的不法药商，南宋抚州知州张孝祥见此情况，立刻出榜文禁止，并诅咒这些不法药商要遭天谴，不得好死。

当然，无论是良商还是奸商，都说明临川区商业的繁荣，更是财货之增的表现，尤其是宋朝廷以征税的形式，得到丰厚的财富。宋王朝的关市之税可以说无孔不入，凡是一切买卖活动，从中都要抽税，如布帛、什器、香药、宝货、羊猪、马牛等，甚至民间典卖庄田、店宅，商人贩卖茶盐等，无一不要征税。为了加强管理，宋政府在各州县及重要关口都设立商税务，如抚州，就有临川、金溪二商税务，建昌军有南城一商税务，南丰有二商税务。抚州二务，旧额征税约3.6千贯，建昌军三务征税约9.9千贯，到熙宁十年，抚州增加到近2万贯，增加了5倍多，建昌军增加到近1.5万贯，增加了5千余贯，将近一半（详细数字见许怀林《江西通史·北宋卷》第184页）。由此可见临川区商业的活跃，所以宋代祝穆在《方舆胜览》中会说："市肆繁密，邑屋华好。"

综上所述，所谓文化重心，一般来说就是人口重心，文化重心之南移，就是人口重心南移。同理，由于文化重心之南移，也带动了临川区经济之繁荣，更夯实了临川区文化兴盛的基础。所以南宋临川诗人谢邁会说："抚于江西为富州，其田多上腴，有陂池川泽之利，民饱稻鱼，乐业而易治。"（《狄守祠堂记》）北宋南丰文学家曾巩也说："抚非通道，故贵人富贾之游不至。多良田，故水旱螟螣之菑少。其民乐于耕桑以自足，故牛马之牧于山谷者不收，五谷之积于郊野者。不垣，而晏然不知枹鼓之惊，发召之役也。"（《拟岘台记》）北宋南城著名学者李觏也说其家乡"风气和平，无瘴氛毒厉之虞，无大水旱，蛰蝗不至。故岁常顺成，人足衣食。五月尽至十月，早晚诸稻随时登收。一岁间附郭早稻或再收，茶或三收"（四库本《江西通志》卷一）。甚至到了明代，南城学者罗玘还说："建昌府，抚信邵汀赣之中也。减赣之旷，几抚之饶，远信之冲，邻汀之僻。与邵并闽楚之喉焉。酌诸府之中，号为乐区。……吾邦乐区之名，天亦未忍遽夺之也。"（《送太守舒君之任建昌序》）"富州"与"乐区"，正是宋明时代临川区经济欣欣向荣的表现，更是宋代临川文化繁荣的主要原因之一。

第三节 科举制度的完善促进了宋代临川文化人才的兴盛

宋代临川文化的兴盛，与宋代科举制度普遍盛行息息相关。科举制度是中国古代影响最大的一种官吏选拔制度。在科举制度肇始之前，选拔官吏的方式主要有汉时的征辟察举制、魏晋时的九品中正制，这些制度的一个严重缺陷就是不公正性，官吏选拔大权牢牢地掌握在诸侯世族、公卿权贵的手中，讲究的是门第与出身，以致造成"上品无寒门，下品无世族"，"世胄蹑高位，英俊沉下僚"的局面。此时，对于远离政治文化中心的临川区士子来说，入仕为官，无异比登天还难。隋唐时期，科举制度刚刚建立，机制尚不完善，如允许考生结交上层官僚，这叫作"温卷"，也允许台阁近臣推荐考生，叫作"公荐"，因此未考先定进士等次的现象屡屡发生。再加上进士数额控制很严，岁取进士多者30人，少者仅数人。这对于临川区广大寒士来说，要跨入进士之门，真是难于上青天，据统计唐代289年，共取进士6642人，江西只有65名，如果算上婺源籍一名，也只有66名，百分之一也不到，而临川区却没有一名。五代时，江西大约有12名进士，临川区只有一人中南唐进士，是宜黄人乐史，而且还是状元。

但是，这种现象到了宋代得到了彻底改观，临川区以爆发态势，一时间有了近1300名进士，而且有状元、榜眼、探花。这是因为宋代统治者实行抑武兴文的基本国策，对科举制度进行了大刀阔斧的改革。首先废除了"公荐"，宋太祖"虑其因缘挟私"，于乾德元年（963）"诏礼部贡举人，自今朝臣不得更发公荐，违者重置其罪"（毕沅《续资治通鉴》卷4）。这个在宋建国之初口含天宪的诏令，无疑对科举考试的有关官员具有相当大的震慑作用。其次是采取各种办法，以防止考试作弊现象发生。如考官的"锁院制"，考生与考官绝对分离，可避免请托舞弊之事件；如考卷的"糊名"与"誊录"的方法，可防止阅卷官员凭姓名与笔迹进行作弊。其他像"别头试"和"殿试"制度的实行，更是有效阻抑特权侵入的方法。最后是规定赵氏皇族与现职官员不能取为状元，这与明清两代不同，那时现任官员是可考取状元的。《宋历科状元录》卷4载：徽宗重和元年（1118）"三月癸巳，令嘉楷赴廷对，有司以嘉王第一，帝以亲王为嫌，不欲楷先多士，遂以第二王昂易之"。宋代江西余干人赵汝愚也是如此，其七世祖赵元佐是宋太宗的长子。在科举考试中，他不仅没有托天潢贵胄之福，反而吃了皇室后裔之亏。他在乾道二年（1166）参加科考，已拟定为状元，试卷拆封后，才发现他是宗室子弟，又曾任官职，于是降为第二名，将福建的萧国梁升为状元。在宋代118名状元中，没有一名状元是从现任官员或皇室成员中选取的。

宋代统治者为了尽可能地广纳贤者，在科举制度中又采取了两种办法：一是最大限度地放宽了应试者的资格，"取士不问名第"，布衣草泽皆得充举；二是大幅度增加进士名额，唐代每岁取士一般是30人，宋代每岁取士却以十余倍数增长，如太宗太平兴国二年（977），一次取士竟达500余人。两宋通过科举共取士115427人，平均每年361人，是唐代每年取士的5倍，元代的30倍，明代的4倍，清代的3.4倍。（张希清《论宋代科举取士之多与冗官问题》，《北京大学学报》1987年5月）真是空前绝后的取士数量。

尽管五四运动以来，国人对科举考试有种种非难，但是作为青春成熟期的宋代科举考试制度，可以说是当时世界上最为先进且行之有效的文官选拔制度，说其"先进"与"有效"，是因为它充分体现了公平竞争、择优录取的原则。正因此，使宋代临川士子与其他地区士子处于同一起跑线上，激起了广大士子赴考的激情。如果中了进士，那是天大的喜事，特别是中了状元，那更是无上荣光。尹洙曾说："状元登第，虽将兵数十万，恢复幽蓟，逐强虏于穷漠，凯歌劳还，献捷太庙，其荣也不可及也。"（田况《儒林公议》，四库全书本）这种功名观，真令人目瞪口呆。而且一中进士即委以官职，据《宋史·宰辅年表》统计，仅宋仁宗在位41年间，23位宰相中，就有22位是进士，参知政事和枢密院正副职65人中，也有55人是进士。临川区有16位副宰相级以上的执政大臣，全部是进士出身。所以进士科又称将相科。陆九渊说："科举取士久矣，名儒巨公，皆由此出。"（《象山集》卷23《白鹿洞书院讲义》）于是"朝为田舍郎，暮登天子堂"，再也不是空幻的神话，而变成活生生的事实。而且这些进士，绝大部分来自普通家庭，而不是来自于世家子弟。这里我们可以举两宋临川籍状元与宰相来说明这个问题。

两宋临川区籍状元仅一名，即新城（今黎川）的张渊微，还有一位"恩榜状元"乐安董德元；宰相共3名，他们是晏殊、王安石、曾布。除晏殊外，其余四位都是经过正规科举考试，取得进士资格走入仕途的。

晏殊是以"神童"之名，推荐于朝廷的，但是却经过宋真宗亲自面试，先试《九经》，后试诗、赋各一篇，第二天又复试诗、赋、论三题，才得以通过，赐这位15岁英俊少年进士出身，并留在秘阁读书。其面试的难度，更高于正规科举考试。然而，这5位临川区籍宰相状元家庭出身并不显赫，有的还很贫寒。

晏殊家虽是北人南迁的一个大家族，但在晏殊以前，其祖先并不显赫，据欧阳修所作《晏公神道碑》称："其世次晦显，迁徙不常"，其高祖晏墉，虽为唐咸通中举进士，也仅在江西为一小官。晏墉之后三世又不显，晏殊之父晏固，仅为抚州手力节级；所谓手力节级，是唐宋时吏役之职，也就是说，是官府中担任杂役的小吏，连七品芝麻官都不是。如此贫寒出身，虽晏殊少为贵显，却不富裕，他说自己"游宦上都，二亲就养，禄廪不及周族属。由是，长兄（晏融）奉家君命，留居临川里墅，有田数亩，督童仆勤耕植"（《晏融墓志铭》）。所以晏殊自小就养成节俭风气，"奉养若寒士"。其用过的纸张，绝不随意抛弃，"皆手熨熨，置几案备用"。晏殊在《答赞善兄家书》中说："殊家间仆吏等直至今，两日内破一顿猪肉，定其两数。或回换买鱼肉，亦只约猪肉钱数，此持久之术。"很难想象，这种节俭食谱，是出自一位堂堂位极人臣的宰相之家。

王安石中庆历二年进士，他本来可考第一的，因为赋中"孺子其朋"一语犯忌，触动考官的敏感神经，与当时"朋党之争"联系起来，不敢以第一进呈，于是第四名杨寘成为状元，王安石降为第四名。王安石与晏殊家族一样，也是北人南迁家族，但在王安石父亲王益以前，其家族也不显赫，曾巩为王益所作《墓志铭》说："王氏其先太原人，世久迁徙，而今家抚州临川。公讳益，字舜良，曾祖讳某，不仕。祖讳某，以子故，赠尚书职方员外郎。考讳某，以公故，即其家拜卫尉丞。"也就是说，自王益曾祖至父亲一代，均为平头百姓，虽王益中太平祥符八年（1015）进士，但官至尚书都官员外郎，为中下级官吏，并且在46岁壮年逝世，所以生活重担均压在王安石身上。他在《上欧阳永叔书》说："亲老口众，寄食于官舟而不得躬养，于今已数月矣。"他曾感叹道："某亦以

姻事见，又田入不足，故私计亦未能不以经心。然劳逸有命，当顺以听之耳。"（《答吴子经书》）

曾布与兄曾巩、弟曾牟同为嘉祐二年进士，其家族稍好于晏、王，曾布祖父曾致尧为太宗太平兴国八年（983）进士，曾任两浙转运使。后历知寿、泰、泉、苏、扬、鄂等州。其父曾易占，天圣二年进士（1024），历任太常博士、玉山知县等职，因知玉山县受赇事，除名配广南衙前编管，并卒于流放途中。此时，曾布年仅13岁，家中只有不满30岁的继母朱夫人，以及十个多兄弟姐妹，其生活窘迫，可想而知。也就是说至曾易占，曾家就败落了，过着极为贫穷的日子。《曾巩墓志铭》说："家甚贫，奔走四方以致养。"曾布也曾语重心长地对儿子叙说那一段不堪回首的贫穷家事：

崇宁三年甲申岁，文肃（曾布）在衡阻贬所，语其子曰："汝等饮酒食肉，犹不满意。昔年，朱太夫人嫠居，家至贫。吾与内翰（曾肇）两人，牟最幼。每日令刘知婆负内翰于背，特温火少许，黎明冒寒同吾入学，夜则取归。一夕晚归，吾馁，甚无所食。刘知婆求索，仅得红米饭半椑，但以温汤渍之，又启食柜，空空如也。冥搜仅得红柿一枚，遂荐冷饭，一啜而已。（乾隆《建昌府志》卷64《南丰州志》）

建昌军新城县（今黎川）张渊微是淳祐十年（1247）状元，也是宋代临川区唯一一名状元。其先人也是从北方南迁至新城县的。其父张介为绍定二年（1229）进士，仅为一般官吏。史书记载的有关张介与张渊微的生平都不很详细，但有一点可以肯定，其家族并不很显赫。抚州乐安流坑还出现一位"恩榜状元"董德元，他曾乡试夺魁，但会试屡屡不利，只得以特恩奏名官宁远主簿。绍兴十八年（1148），他"廷试居第一，以有官之故，诏升王宣子（王佐）居上，恩例与大魁等"。这和江西余干赵汝愚遭遇一样。虽民间称"恩榜状元"，实际上此榜状元为王佐。董德元虽出于流坑董氏大家族，其家族也最多算是当地中小地主，董德元在未中进士前，生活很贫困，家"贫甚，无以自养，乃从富人家书馆"（洪迈《夷坚志丙》卷5《董参政》），充当乡先生，教书糊口。

如果按照汉时征辟察举制，或魏晋时的九品中正制，以上五位临川籍宰相与状元，由于出身一般甚至贫寒，是根本不可能出人头地的。正因如此，广大士子看到科举考试对大多数文人的公平性，才会发奋读书，纷纷赴考。宋代科考与隋唐不同的是，一旦士子成为进士，即可以授官，学而优则仕的原则在这里得到充分体现。对江西而言，这就为临川文化英才进入各级政治权力中心和文化上层领域叩开了大门。据统计，《宋史》有传的江西籍人204名（一作220名），其中注明进士出身者120多人，这120多人大部分是宋朝各级官吏（许怀林《试论宋代江西经济文化大发展》，《宋史研究论文集》，上海古籍出版社，1982年版）。其中北宋时期，江西列传的有86名，临川区就有19名，除李觏、吕南公、瞿肃三人不是进士外，其余16名均为进士。南宋临川区列传的有16名，除陆九韶、陆持之、欧阳澈、吴楚材四人不是进士外，其余12人均为进士。也就是说临川区两宋列传的进士计28名，占临川区所列传人物的80%，，占江西列传进士约23%。两宋江西进士约5751名（包括婺源），约占宋朝进士总额的1/5，这个比例是相当大的，其中建昌军为665名，抚州为628名，整个临川区进士为1293名，占宋代江西进士的41%，也就是说，宋代江西5个进士中，至少有2名为临川区人。如果以宋代江西各县城进士数量计算，第一名为建昌军的南城县，有436名；第二名为抚州临川县，有410名，第一、第二名都在临川区的县治中（以上进士统计数据均来源于夏汉宁等主编的《宋代江西文学家地图》）。这1293名临川区籍进士，绝大部分都被授予不同官职成为宋政权的各级官吏，许多人经过努力，成为宋代中枢政权的核心人物。他们不仅是政治上呼风唤雨的人物，更是文化事业的强有力推动者，从而也促进了临川文化的繁荣。我们又以临川区三位宰相为例。

晏殊是宋代临川区第一位宰相，他被称为"太平宰相"，其政绩颇有可圈可点之处，他可以说是宋代临川文化兴盛的里程碑式的人物，主要表现有三：一是以他汇集珠玑的词作和神采飞扬的诗文，成为江西宋代文坛的报春花和江西西江词派的开创者。二是他是宋代教育的开拓者，"自五代以来，天下学校废，兴学自（晏）殊始"（《宋史》卷311《晏殊传》）。他创办了应天府书院，邀请了范仲淹和江西人刘恕等一班文化名人到书院讲学，又利用自己的名望与权力，发动并推进了仁宗庆历年间大办学校的热潮。江西州县各级学校也就在这时候创办起来，其后显身于场屋和朝廷的江西士子，多出自于这些学校。江西教育事业之发达，名列全国之首，也就是从晏殊兴学开始的。三是他以宰相重臣之权，举贤荐能，提拔了众多的辅国佐君的栋梁之材，叶梦得《石林燕语》卷9说："晏元献公喜推引士类，前世诸公为第一。"如范仲淹、孔道辅、韩琦、富弼、宋庠、宋祁等，以及江西的欧阳修、王安石，也就在他特别关照下，脱颖而出。其中，范仲淹、欧阳修位至副相（参知政事），宋庠、富弼、韩琦、王安石成为一代名相，富弼甚至被他选为东床快婿，形成了庆历年间中央朝廷文化政治群英鸾翔凤集的局面，使当时的朝廷充满着勃勃生气，而被后人津津乐道。北宋学者范镇《晏元献挽词》云："平生欲报国，所得是知人。"晏殊死后，被官方追谥为"元献"，正是对其荐献人才恰如其分的盖棺定论。

紧接着晏殊为相的临川籍人士，是他的同乡，临川人王安石。这个被列宁称为"十一世纪中国改革家"的拗相公，以劲直向前无所顾忌的精神，实行变法，给整个北宋带来了掀天翻地的震动，其影响不仅在政治、经济、军事方面也包括文化和教育方面，后来人们对他的评价，可以说是连篇累牍，堆如山高。所以我们不准备狗尾续貂地细说，从文化角度来说，他是宋代江西文化的佼佼者，人们一谈起宋代江西文化的繁荣，总要提到王安石。

与晏殊、王安石相较，曾布在文化方面的贡献相对逊色。其最大功绩是坚定支持王安石变法。他不仅主持了青苗法、募役法、保甲法、农田灌溉法等许多新法的制定和实施，并且与新法反对派进行针锋相对的斗争，成为王安石进行变法的得力助手。所以王安石会说，自始至终支持新法者，只有曾布一人。后来因拥立徽宗继位有功，曾布任知枢密院事加右银青光禄大夫，守尚书右仆射兼中书侍郎，成为宰相。但因身陷朝廷权力争斗失利，官职一贬再贬，最后在润州辞世。曾布也是一位文学家，据《宋史·艺文志》记载，曾布有集 30 卷、《熙宁新编常平敕》二卷、《三朝正论》二卷、《丹丘使君诗词》一卷，但多已佚失。他也曾主持编修《神宗实录》200 卷。今《全宋诗》仅存其诗十首，《全宋文》存其文三卷，词虽也仅存《水调歌头》七首，但却是宋代戏曲史上的宝贵文献，而他所撰《曾公遗录》一书，虽仅有残卷流传，却是了解当时政治状况的珍贵史料。

除上述三位宰相外，宋代临川区还出现了 11 位副相，他们是南城的陈彭年、包恢，南丰的陈宗礼，乐安的董德元，金溪的曾渊子，崇仁的罗点，临川的聂昌，临川的吴居厚（崇宁二年其籍归进贤管辖），临川的王安礼，南城的邓润甫，南城的元绛（祖籍南城）。他们毫无例外都是进士出身。其中尤以陈彭年在文化方面贡献最大。他曾参与编修《册府元龟》，并主持编修《大宋重修广韵》五卷。后者是一部音韵学著作，更是中国古代文字音韵史中最杰出的代表作之一。宋真宗大中祥符元年至四年，陈彭年等奉诏主持编修此书。历代目录书多已著录。该书参照唐代诸家《切韵》修订增广而成。除王仁煦《刊谬补缺切韵》外，是书为我国保存完整的最早的韵书。全书共收 26194 字，注文 191692 字。依平、上、去、入四声，分为 206 韵。计平声 57 韵，上声 55 韵，去声 60 韵，入声 34 韵。同韵之字，再依声类分组，每组均为同音字，共享一个反切，谓之小韵，计 3890 个。与《切韵》一书相比，该书增加了韵部、韵字，解释更详，韵部排列亦更为严整与科学，是一部宋以前韵书集大成的语言文字音韵学的学术著作，也是研究汉语中古音系完整可靠和最重要的韵书，又是研究上古音系与近古音系的桥梁。他又主修《重修玉篇》30 卷，也是一部文字学著作。除此之外，他又奉诏编纂御集及宸章，并编辑历代妇人文集。其本人著作亦很多，有《文集》100 卷，史书有《唐纪》40 卷，但多已佚失。留存于世的有《江南别录》四卷，是我们了解南唐历史的重要参考史书。更主要的是他非常勤政廉政，由于政事烦冗，他"形神皆耗，劳瘵而卒"，年仅 57

岁。他所得俸禄，"惟市书籍"。真宗亲临其家吊唁，见其所居陋敝，叹息数四。所以史书将其列为"五鬼"之一，是有失公允的。

综上所述，我们以临川籍宰相、状元为例，说明宋代科举考试对临川文化人才的涌现和临川文化的繁荣起了多么巨大的促进作用。人们常说，文化是土，人才是树，而宋代的科举考试就是使临川区人才之树根繁叶茂的营养剂与催化剂。它不仅培养上述临川区籍宰相状元人才，而且也导致宋代临川区理学、文学、史学、艺术等各种文化学术领域中大批出色人才的涌现。我们检索临川区宋代文化开宗立派人才的履历，就不难发现，他们中绝大部分都是进士出身，如晏殊领袖的西江词派，王安石为主的临川学派，陆九渊创立的象山学派，傅梦泉、邓约礼为主的槐堂学派等。即使是未得功名的临川区宋代布衣士子，他们也在多次考场跌摸滚爬中，大大地提高了自己的文化水平，可以说在宋代几乎每一个知识分子都与科举发生过关系，正如江西宋代大理学家朱熹所说："居今之世，使孔子复生，也不免应举。"（《朱子语类》学七·力行，中华书局，1986）

因此，宋代科举考试带来的第一个结果是临川文化人才的兴盛。江西著名诗人杨万里《赠盱江谢正之》说："盱江天上银河冰，麻姑人间白玉京。不生金珠不生玉，只生命代千人英。前有泰伯后子固，后无来者前无古。"（《诚斋集》卷39）这说的是盱江旁建昌军人才兴盛。而朱熹更将建昌文化人才兴盛与科举考试联系起来。他在《建昌军进士题名记》中说："建昌之为郡，据江西一道东南上游。其地山高而水清，其民气刚而材武，其士多以经术论议文章致大名，如直讲李公、中书翰林曾公兄弟，尤所谓杰然者也。其他能以词艺致身取高科而登显仕者，亦不绝于当世。"包恢的《建昌登科录序》更点明了建昌军二百余年进士人数："皇帝淳祐七年，亲策天下士，而我盱江张君渊微实为第一，皇帝亲擢也……自太平兴国八年迄于今，八十有二科，得三百八十七人，或以文章学术名，或以气节事业显。一郡之才，一并录之。"（《全宋文》，第319册，第302页）南宋抚州知州黄震也将抚州人才之盛与科举考试联系在一起："抚州人物甲天下，故老相传，乃亦有谣曰：'文昌堰合状元生'，曰：'龟湖冲破状元生'。龟湖在州之南城县，县今别为建昌军，岁在丁未，龟湖水果冲破，是年张君渊微廷试果第一。"（《黄氏日抄》卷88，《抚州堰合楼记》）

我们又以临川区几个县为例，说明文化人才之兴盛。文天祥曾说："抚州领县五。《进士题名记》，自太平兴国乐公史始，以迨于今，班班然。"他又特别指出抚州乐安县，虽建县较晚，但后来者居上，进士人才崭露头角。"乐安自绍兴十八年始置县，于时士文富义丰，头角崭出，志气凛然，盖文物之发越久矣。三岁大比，由是而计偕者，始而二三人，继而四五六七人。擢奉常第者，始而一人，继而二三人。斯盛矣！"（《抚州乐安县进士题名记》）特别是宝祐四年（1256）与文天祥同中进士的乐安籍士子就有廖子立、何时等六人。乐安尤以何氏兄弟四人为最著，"宋之季，抚州进士科名之盛，推乐安何氏，盖一家兄弟成名者四人"（吴澄《吴文正集》卷73，《故宋文林郎道州判官何君墓碣铭》）。其中何霖，字商佐，为景定三年进士，三弟何希之，字周佐，登咸淳十年（1274）进士，撰有《鸡肋集》。次弟何尧，字唐佐，咸淳元年（1265）进士，撰有《草亭漫稿》《深衣图说》《小学提纲》《鳌溪群贤诗选》。季弟何梦午，字鲁佐，亦登咸淳元年进士。此时他们的父亲何宏中年七十，四人荣归乡里，乡人为其建"丛桂荣亲坊"，并赞之曰："双亲犹未老，四子已登科。"在临川区，一时传为佳话。而从宋初至乐安建县以前，乐安境内进士有52名，其中流坑董氏有21名，可谓人才辈出。

同治《南丰县志》曾对宋至清南丰县进士名额进行了统计，宋进士211人，元代4人，明代33人，清初至同治十年（1871）95人，宋代是元代的52.5倍，是明代6.4倍，清代的2倍。可见南丰宋代进士人才之盛。又如抚州的东乡县，是明正德八年（1513），析临川、金溪及饶州府之余干、安仁，南昌府之进贤五县部分地所置，据新修《东乡县志》统计，本县历代进士有87人，其中北宋6人，南宋40人，元代2人，明代22人，清代17人。整个宋代进士人数是元明清三代总和之数，还多5人。新城县（今黎川）也是绍兴八年（1138）建县，虽置县较晚，但科举人才却不少，光绪《江西通志》卷71说："终宋之世，乡贡士累数百，南宫首荐者三人，登进士第者六十余人。"

我们再以南丰曾巩家族为例，说明科举人才之盛。清同治《南丰县志》与乾隆《建昌府志》，曾对宋代曾巩家族科举人才进行比较详细的统计。首先是曾巩祖父辈为第一代：曾致尧，太平兴国（1983）八年进士，户部郎。曾士尧，致尧堂弟，淳化三年（1267）孙何榜进士，官滁州清流令。

第二代：曾易从，致尧长子，咸平元年（998）进士，官舒州军事推官。曾易直，致尧三子，咸平元年进士，官麻城主簿。曾易简，致尧四子，景德元年（1004）以神童荐，召试舍人院。曾易占，致尧五子，天圣二年（1024）宋郊榜进士。曾舜举，曾致尧侄，天禧三年（1019）进士，仕致率府副率。

第三代：曾畔，易直子，天圣三年（1025）进士，吉州军事推官。曾叔卿，易直季子，庆历六年（1046）贾黯榜进士。曾巩，易占次子，曾牟，易占三子，曾布，易占五子，曾阜，易占侄，四人均为嘉祐二年（1057）进士。曾庠，易占侄，嘉祐四年（1059）刘辉榜进士。曾宰，易占四子，嘉祐六年（1061）王俊民榜进士。曾幸、曾准（一作赣州人），易占侄，嘉祐八年（1063）许将榜进士。曾肇，易占六子治平四年（1067）许安世榜进士。

第四代：曾綖，曾布长子，熙宁元年（1068）以童子荐，官至通议大夫、南安抚使。曾纠，熙宁七年（1074）童子科，仕致延安部守。曾经，曾宰长子，绍圣四年（1092）何昌言榜进士。曾绎，曾阜子，绍圣三年（1096）荐博学宏词科。曾纮，曾阜长子，宣和六年（1124）特科进士。曾绮，曾阜四子，宣和六年特科进士。曾崇，曾准长子，宣和六年进士。曾楸，一作曾懋，曾准三子，元符三年（1100）进士。曾弼，曾准次子，曾开，曾准四子，均为崇宁二年（1103）进士。曾纤，曾布子，元符三年中博学宏词科。曾班，曾准侄，崇宁二年（1103）进士。曾绶，曾宰二子，政和二年（1112）荐中博学宏词科。曾统，曾肇四子，绍兴二年（1132）进士。曾绚，曾肇三子，宣和六年特科进士。曾纬，曾肇六子，宣和六年特科进士。曾纮，曾阜子，字伯容，号临汉居士，宣和六年特科进士，累官文林郎致仕。撰有《临汉居士集》。曾繐，曾肇八子，政和二年进士。曾续，曾致尧曾孙，宣和元年（1119）以荐中博学宏词科。曾釜，元祐六年（1091）马涓榜进士，官高安县丞。（四库本《江西通志》、隆庆《临江府志》均以曾釜为新淦人）曾觉，字道济，易占孙，治平二年（1065）进士，官至韶州军事判官。

第五代：曾愿，曾绶长子，政和三年（1113）荐中词学兼茂科。曾秀之，本名意，曾宰孙，政和八年（1118）进士。曾悟，曾肇孙，宣和三年（1121）进士，宣和三年以荐中博学宏词科。曾憬，曾统子，绍兴二年进士。曾景，字德夫，曾致尧曾孙，绍兴五年（1135）进士。曾恺，曾悟兄，字端伯，绍兴二年特科进士。曾协，曾繐子，曾恺从弟，绍兴二年特科进士。曾惇，曾纡长子，绍兴二年特科进士。

第六代：曾炎，曾肇曾孙，隆兴元年（1163）进士。曾晚，字茂叔，曾统孙，乾道五年（1169）进士，官吏部尚书。除上述外，同治《南丰县志》还漏载了曾钰、曾鸿子与曾渊子父子三人，曾钰为曾宰长子曾经四世孙，登嘉定十三年（1220）进士，应算是南丰曾氏第八代，曾钰生曾鸿子与曾渊子，应为南丰曾氏第九代，二人同为理宗淳祐十年（1250）进士。曾鸿子仕致吏部左朝郎官。弟曾渊子仕同知枢密院事，南宋末年景炎中，官至参知政事。自曾渊子后，南宋就灭亡了。渊子弟曾冲子，经程巨夫荐，任元代福建提刑司佥事。由上可见，南丰曾氏家族，从曾致尧至曾炎共六代，再至曾渊子兄弟共九代，二百多年时间，有51人获取功名，而且绝大部分为进士，真可谓进士家族。正如元代学者吴澄所说："凡世之望族，莫不以仕宦、科名而显。"（《吴文正集》卷32，《宜黄曾氏族谱序》）

宋代科举考试的第二个结果是推动了临川区的文化大普及，这主要表现在浓郁的读书之风，大大地提高了临川普通民众整体文化素质。科举考试考的是综合文化知识，有诗赋、策论、经义等项科目，而且随着赴考人数增多，录取又有限额，使科场考试竞争愈来愈激烈，自然使科考题目愈来愈高难，考试的知识内容越来越广阔。这就迫使临川读书人，在读书的深度与广度二方面狠下功夫，除了要滚瓜烂熟地背诵儒家经典外，对有关文学历史、政治典章制度、国计民生等方面的书籍都要熟读，才能纵横笔墨，在严酷的科举考试中取胜。据统计，仅考生必须背诵的《论语》《孟子》《书经》《诗经》《左传》诸经典，就达到四十余万字。当然考试取胜者所获得的利益是巨大的，功名利禄滚滚而来。但要获取它，首先必须以读书为基础。正如宋真宗所说："富家不用买良田，书中自有千钟粟。安居不用架高堂。书中自有黄金屋。出门莫恨无人随，书中车马多如簇。娶妻莫恨无良策，书中自有颜如玉。男女欲逐平生志，六经勤向窗前读。"（明·高拱《本语》卷6，四库本）这种世俗化和功利化的读书观念，自然成为一般人可望可及亦乐于接受的思想，更成为他们谋求幸福生活最为快捷和最为重要的手段。这首出自天子之口的读书世俗赞歌，反映了宋代整个社会读书观念的嬗变。它的影响无异于在平静的湖中，投下一块巨石，所激起的大波高浪，使整个社会文化繁荣热闹起来。临川区无异于是受影响最为深远的地区，早在唐代临川人就形成爱读书的风气。唐大历年间，临川人杨志坚家境贫寒，却酷爱读书，每当耕作之余，他总是手不释卷，诵读不已，但妻子嫌贫爱富，吵着离婚，几次劝说无效后，志坚也就同意了，并挥笔写下《送妻》七律一首："平生志业在琴诗，头上如今有二丝。渔父尚知溪谷暗，山妻不信出身迟。荆钗任意捵新鬓，明镜从他别画眉。今日别同行路客，相逢即是下山时。"其妻携此诗，上告抚州刺史颜真卿，颜真卿不仅是著名书法家，更是一位爱学爱才之人，他曾写过一首《勉学诗》："三更灯火五更鸡，正是男儿立志时。黑发不知勤学早，白头方悔读书迟。"因此看了杨志坚《送妻》诗，心中的天平自然倾向志坚，于是写下《判词》一首：

> 杨志坚素为儒学，遍览九经，篇咏之间，风骚可摭。愚妻睹其未过，遂有离心。王欢之廪即虚，岂道黄卷；朱叟之妻必去，宁见锦衣。污辱乡词，败伤风俗，若无褒贬，侥幸者多。阿王决廿年后改嫁。杨志坚秀才赠布绢各二十疋，米十石，便署随军，仍令医近知悉。（详见《全唐诗》卷158，第5册，第1016页）

判词一下，杨妻由于嫌贫厌学，遭受棰刑，临川士子更是奔走相告。如此一来，临川区刻苦读书风气就逐渐盛行起来。到了宋代，曾巩兄弟在盱江旁一个山洞刻苦读书考取了进士，当地人将这个岩洞称为读书岩。后来曾巩又写了一篇很有名的散文《墨池记》，是说晋代大书法家王羲之在临川临池学书，池水尽墨的故事。于是，读书岩与墨池就成了刻苦读书的象征，鼓励临川区士子奋发读书。临川地区读书氛围更加浓郁，在临川人的思想深层中，已经牢牢地树立起"为父兄者，以其子与弟不文为咎；为母妻者，以其子与夫不学为辱"（洪迈《容斋随笔》，《四笔》，卷5，四库本）的观念。这种以读书为荣、以不读书为耻的普遍社会风尚，使临川读书人数激增，远远超过以前任何朝代。明正德《建昌府志·风俗志》语云："艺文儒术之盛，虽闾阎处力役之际，吟咏不辍。"可见一般百姓都酷爱读书。乾隆《临川县志》曾总结临川人最大的特点是"地无城乡，家无贫富，其子弟无不学，诗书之声，尽室皆然，一善也"。于是"里闾之间，歌诵相闻"，"讽读之声，有若齐鲁"，"家能著书，人知挟册"，"比屋弦诵，与邹鲁同风"。当然读书的主要目的还是为了科举，状元张渊微《胪传写兴》诗说："读尽诗书数百担，绿袍今始换蓝衫。嫦娥问我年多少，二十年前四十三。"于是，读书—赴考—入仕，成为临川广大士子人生奋斗三部曲，即使穷经皓首，也至死不渝。但科举成名者毕竟是少数，对于大多数失意的临川区读书人，他们手无缚鸡之力，难以从事体力劳动，也只有依靠传道授业解惑之职聊以度日，这对于他们是不得已之事，但对于宋代临川文化大普及却是一件大好事，为临川文化教育提供了源源不断的智力支持，形成了良性循环的读书机制。

总而言之，科举制度推动了宋代临川文化与教育的迅猛发展，从而培养了数量巨大的文化人才，因此当临川区全境上下读书成风的时候，当各级各类学校如雨后春笋般涌现出来的时候，当众多读书士子趋之若鹜纷纷赴考的时候，文化大普及的局面已经形成，宋代临川文化巅峰的出现，就有了一个广阔坚实的平台，所以完善的科举考试制度是宋代临川文化全面繁盛的重要因素之一。

【第二章】宋代临川文化发展的特色

临川文化是在现今江西境内形成和发展起来的一种区域文化。作为一种区域文化，必定有鲜明的地域色彩。这种地域色彩，是区别于江西其他地域文化，如庐陵文化、豫章文化、饶州文化、庐山文化，更是区别于全国的其他地域文化，如荆楚文化、巴蜀文化、吴越文化、湖湘文化的根本所在。发展到宋代，临川文化已走向全面繁荣，敢与任何一种地域文化相媲美。自古以来，这块偏处于政治、经济、文化中心之外的红土地，此时以一种从未有过的高昂姿态和生气勃勃的文化气息，步入中国先进文化行列，当人们以惊喜目光关注它，用文字赞美它的时候，人们也要叩问考量它的魂灵，它的发展特色究竟在哪里呢？

第一节　从被动的吸纳到主动的开创

　　毋庸讳言，在宋以前，临川文化远远落后于北方的中原文化，虽然在远古时期，临川先民已经大量使用石器与陶器，如临川河西遗址、广昌县赤水镇商代文化遗址，都出土了大量的石斧、石磋、石凿、石刀等石器与几何纹陶片，甚至还有纺织器具。仅临川县就发现古文化遗址24处，乐安县发现新石器时代和西周时期遗址7处，南城县发现古窑址30处，这证明，早在四五千年前的新石器时代至商周时代，临川先民已在这片广袤的大地上开创古代文明了，虽步履蹒跚，但文明之火已晨光初熹。这与整个江西文化发展步伐几乎是相一致的。由于临川区紧邻当时政治经济文化中心的南昌，因此谈宋以前的临川文化，应该放在整个江西文化发展的范畴中，才更能说明问题。

可考的古代江西文化历史可以追溯到新石器时代，据现有的考古资料，江西境内新石器时代文化遗址有一百多处，其发展状况表明，早在远古时期，江西已跨入了文明社会。江西在新石器时代的全部文化积淀到商周时的青铜时代，而商周的中原文化对江西影响逐渐明朗化了。从江西清江吴城文化遗址和新干大洋洲商代大墓所出土数目不菲的器皿来看，江西已形成一支深受中原文化影响的土著文化，如鬲、豆、罐、盆等，尤其是鬲，被认为是商文化的主要标志。特别是青铜器的造型、花纹都与中原地区殷商文化有颇多相同或相似之处。同样，吴城遗址共发现160多个文字符号，其中亦有不少与中原文字符号一致。特别是在新干县西周墓葬中，出土了大小依次排列的五件铜鼎，充分显示出西周宗法"列鼎而食"的等级礼制。余干县黄金埠出土1件"雁监甗"，内壁有"雁监作宝尊彝"6个铭文，据郭沫若、李学勤等专家考证，周代已在江西境内实行监国之制，这说明中原中央政权之手已伸向偏远的江西境内，尽管这双手显得分外柔弱，但中原的文化传统正是通过它，<u>丝丝缕缕</u>输送到江西境内的。

春秋战国时期，是周朝文化礼崩乐坏的时代，列国群雄不仅逐鹿中原，问鼎北方，而且江南一带也成金戈铁马的战场。此时中原文化南传之路已被战火阻断，影响式微，代之而起的是与江西地理相邻的吴越文化与荆楚文化，它们乘隙而入，在干戈和战火的嘈杂声中，不时涂抹和熏染着江西版图。江西原属吴国之地，但因山陵纵横，森林密布，又系吴国之边远地区，吴文化虽略有施泽，但并没有全部浸润于整个江西。后越王勾践灭吴，江西又属越国之地，但越国始终将眼睛盯在北方，欲争霸中原，江西又成越国边陲，文化影响力显得微弱。后来楚国日益强大起来，在消灭南方诸国之后，江西大部分地区又尽纳于楚国版图，成为南楚之地。相较而言，楚国对江西的统治时间最长，有二百余年，而吴越控制江西，仅近百年时间。一般来说，文化的影响力与时间长短是成正比例的。二百余年来楚文化的基因，不断植根于江西大地，潜移默化，不断加深对江西固有的土著文化的影响。这在考古发现中得到不断印证。楚式墓、楚式鼎、楚式剑等楚式器物，在江西出土极为普遍。如在今高安县城郭家山墓地曾发掘楚国墓，有棺室和套箱，两重套棺，随葬品有陶器、漆器、铜器、从鼎、敦、钫、豆等陶器组合及其他文化特征，当为战国中期典型楚墓。

然而，楚文化并没有在江西占主导地位，那时的楚国主要精力亦是放在北方。北方诸大国，特别是秦国，正虎视眈眈地准备吞并楚国。楚政权也无力去全心经营江西这片广袤的土地。江西对楚文化的接受程度，也不像湖南、湖北甚至安徽等地区那样深刻，江西自始至终没有成为楚国中心地区。江西土著的百越民族文化，仍以顽强的生命力新鲜地生存下来。例如战国时期，江西贵溪的崖穴墓葬就纯粹是百越民族的文化形式，丝毫看不到楚文化对其的影响，即使是江西出土的众多楚式墓葬，楚文化的遗物也不占主导地位，如楚文化特有的小墓设壁龛和大墓出土漆器、山宇纹铜镜、镇墓兽一类的遗物，在江西就很少发现（详见钟立飞《试析江西楚文化》）。

综上所述，自远古至春秋战国时期，江西始终没有形成一个坚固的国家体制，也没有真正出现过割据一方的土著政权。政治权力也始终不青睐这块多山多水的广袤土地。政治中心的边缘化，同样也导致文化的边缘化。数千年历史风云变幻，江西一直被动地成为中原文化、吴越文化、荆楚文化的过化之地。所谓"过化"，就是上述各类文化并没有根深蒂固扎根江西，形成主导潮流的文化，但又像春风化雨，润物细无声般播撒了各种文化种粒和多样文明基因，以待生根、发芽、结果，这都对江西文化产生了一定的影响。这种文化的多元性，形成了早期江西文化兼容性的特质，尽管这种特质并不是以强悍的文化生命力，高屋建瓴的姿态去主动创造与吸取，但水往低处流、水到渠成的被动姿态显现出江西文化海纳百川的广阔胸襟，对任何一种文化都具有强大的包容性。

所以，中原文化对江西影响是巨大的，两种文化同属于农耕文化，相同范式的文化，使江西文化在吸纳中原文化的时候，并不存在较大的心理阻隔，特别是中原农耕文化的先进性，使它具有高位强势劲头，普遍施泽于四方，尤其是经过魏晋以来三次中原人士大规模南迁，中原文化可以说在江西大地普遍开花结果，无论从物质领域还是精神领域来说，中原文化已成为江西文化中的主干部分。仅以临川方言来说，既有典型的赣语言特色，又和北人南下的客家语有很多共同之处，罗常培称之为"临川音系"，在他所著的《临川音系》一书中说：临川方音系统"或许可以代表第二期客家遗传下来的语言"（详见罗传奇《临川文化史》，第364页）。也就是说发展到宋代，江西文化的主体部分就是中原文化。但中原文化毕竟是北国山水孕育出的文化类型。列宁曾经指出："地理环境的特征决定着生产力的发展，而生产力的发展又决定着经济关系的以及随在经济关系后面的其他社会关系的发展。"（《列宁全集》，第38卷第459页，人民出版社，1959年版）地理环境不仅是人类生存的基础，也是创造文化的自然前提，它是锻冶民族各地域文化合金的重要元素之一，也就是说文化亦是在一定的地理环境中展开的，地理是文化的舞台，文化是地理之骨相，刘师培曾在《南北文学不同论》中说："大抵北方之地，土厚水深，民生其间，多尚实际；南方之地，水势浩洋，民生其间，多尚虚无。民崇实际，故所著之文，不外记事、析理二端；民尚虚无，故所作之文，或为言志、抒情之体。"这里虽说是南北文学地域风格的不同，实际上也是南北文化风格的不同：北方地理形制天高地阔，一马平川，气候特质干燥爽朗，少雨而多雪，自然养成粗犷豪侠，质实敦朴之文化品格，务求实际、不尚浮华的文化精神；南方地理形制天清地秀，草木繁茂，气候特点温暖湿润，多雨少雪，自然养成柔媚文雅、细致耐心的文化品格和耽于理想、追求玄华的文化精神。因此虽说中原与江西同属农耕文化，但江西是典型南方农耕文化，至宋代江西文化虽以中原文化为主干，但中原文化中粗犷质朴的文化品格和务实求真的文化精神，似乎被江南的一湾秀水、一角青山款款摇碎，以中原文化为主的江西文化，似乎又蒙上一层淋淋水气和氤氲光华，显现出吴侬软语般的柔媚，美人淡妆素服般的清逸，文士羽扇纶巾般的文雅，这似乎形成了整个宋代文化的整体风格，而宋代江西文化之所以如此繁荣昌盛，正是与这整体风格息息相关。

吴越文化所在地域是在东南沿海的太湖、长江和钱塘三角洲地区，它和江西文化似乎有天然亲和力和渊源有自的深厚关系,这不仅仅是吴越两国,均将江西作为自己版图,进行了百余年的统治,而且同为江南水国,同属百越民族,同为相依邻居,有着共同的经济与生活范式:"江南地广,或火耕水耨,民食鱼稻。"(《汉书·地理志》)"楚越之地,地广人稀,饭稻羹鱼,或火耕水耨,果隋蠃蛤,不待贾而足,地势饶食,无饥馑之患。"(《史记·货殖列传》)它们有着共同的文化传统,如断发文身,龙蛇崇拜,干栏民居,善驭舟船,崖穴墓葬,精于制陶,擅冶青铜,等等。特别是贵溪仙岩崖穴墓葬的船形棺中,发现了春秋战国时的古琴。吴文化音乐中,古琴为主要乐器,可见此一时吴文化中音乐艺术已在江西盛行。至今紧邻浙江赣东北的上饶、玉山、广丰诸地说吴语,著名词人辛弃疾曾在上饶一带居住,留下"醉里吴音相媚好"的诗句,而在更远古时期,当时的临川方言是一种类似吴楚语言的土话,这说明江西上述地区,长久深受吴文化的影响。而临近宋代的南唐时期,江西境内,尤其是临川地区,是受吴越文化影响最深远的时期,公元937年,李昪代吴称帝于吴越中心区之一的金陵,号为南唐,当时江西大部分地区为南唐版图。以后的南唐中主李璟与后主李煜均雅爱文艺,更将吴越文化源源不断地输入江西地区,此时,临川区的少年才子陈彭年成为李煜幼子仲宣的伴读,在深厚的吴越文化氛围中成长,后成为宋初著名文学家与语言学家。临川区受吴越文化影响最著名的例子,是南唐宰相冯延巳被任命为抚州节度使,这种不经意的任命,却造就了宋初临川区词学繁荣的新天地。冯延巳是著名的花间派词人,他在抚州任职三年,当然也将词学艺术带到临川区,当时的临川才子晏殊就深受其影响。宋代刘攽《中山诗话》称:"晏元献尤喜江南冯延巳歌词,其所自作,亦不减延巳。"正因此,晏殊成为宋代词学的倚声之祖,词学中遂有西江一派。

　　当然,江西文化与吴越文化还是有区别的,吴越文化的总体风格以精致小巧的阴柔美为主要特色,无论是园林风景、锦绸刺绣,还是吴吟越吹的音乐艺术,甚至吴越方言的细软柔嫩等,都无一不体现这种风格。但江西文化在这似水柔情般阴柔美中掺和了山一般硬直凝重的特色,这也许和江西地理有关。江西的高山峻岭多于吴越地区,山民们的精硬野趣，自然会影响江西文化的总体风格，江西文化以中原文化为主干，中原文化粗犷质朴的风格也没有被江南水乡淋淋水汽完全洗磨干净，所以江西的山远比吴越地区要高大、众多，江西的鄱阳湖远比吴越地区西湖与太湖浩瀚宽大，江西的人比吴越之民在文雅中又透露几分刚直，甚至江西的赣方言和客家方言及临川方言也比吴语越言少几分柔软，所以江西的文化也在柔美之中多几分刚劲特色和活泼的野趣。

这种特色和野趣似乎也与楚文化有关。楚地是道家的发祥地，道教始祖老子就出生在楚苦县厉乡曲仁里，江西历代以来道教隆盛，这反映了两地宗教观念的一致性，由此可见楚文化对赣文化的濡染与影响。老子那种超然物外的超逸思想和神鬼相杂的神话世界，庄子那种幽远奇特、变幻莫测、汪洋恣肆的三十三篇散文所表现出的浪漫世界，以及屈原精彩绝艳的楚辞中所反映的九死而不悔，忠君爱国的精神世界，锻铸出楚国之民的强烈民族意识和尚武自信的硬派作风。"楚虽三户，亡秦必楚"这种自信刚直的豪言壮语，反映了楚文化在浪漫之中的刚劲特色。所以"爱国、忠君、念祖，在楚地翕然成风，对于先祖功业的极度崇敬、缅怀，导致楚人对于神、鬼的奉祀虔诚至极。不论宫廷、民间，'淫祀'之风极盛。与此相关，巫在楚人心目中的地位，也远高于春秋时代的其他民族。"（冯天瑜等《中华文化史》，第410页）而上述一切，似乎也渗透到江西文化的精髓之中。仅以宋代而言，江西被称为"文章节义之邦"，文天祥、胡铨、谢枋得、江万里、杨邦乂等一大批刚烈志士，正是江西人爱国忠君的典型。临川区晏殊在为相时期，于圆润中又有几分刚直不阿的特点，王安石一直被人们称为"拗相公"，更是在文化性格中显现了几丝楚地遗风。至于说到信神尚巫的淫祀之风，在宋代江西民间更是炽盛漫延，在临川区亦是如此，南宋洪迈在《夷坚志》中说："此风浸淫，被于江西抚州。"历任江西官吏均屡禁不止，这与楚风更是一脉相承。

综上所述，江西文化本以土著百越民族为主要特色，经过漫漫历史进程，中原文化、荆楚文化、吴越文化先后浸润江西大地，使江西文化由多重文化色块相叠组合，而呈现异彩纷呈的现象，江西地理位置向北洞开，临川地区亦是如此，北临鄱阳湖，东西南三面环山。所以任何一种文化都可以经长江鄱阳湖长驱直入，而不受丝毫阻挡。江西就像海绵吸水一样，尽情吸纳各类文化的芬芳；江西先民也可以突破群山封锁，开拓对外文化交流的视野。同样又由于江西地理南东西三面环山，在古时形成难于逾越的天然屏障，使各类由北而进入的文化，不全像一阵轻风一样，由南东西三方散开，转瞬即逝，而是在高山峻岭阻扼之下，慢慢沉淀积蓄下来，互相糅合，使江西文化具有农业文明的半封闭性和静态性，再加之以江西，其中也包括临川区，没有形成任何一种割据一方的政治权力中心，由地域政权所支撑的文化的排他力量显得异常势单力薄。所以秦汉统一全国以来，特别是魏晋以来三次中原人士大规模的移民浪潮，使江西文化自魏晋以来至宋形成以中原文化为主色调，又有楚越吴文化色彩的多重文化驳杂交融的局面，充分显示了江西文化海纳百川、兼收并蓄的兼容性特色。

如果说宋代以前，临川文化尚在被动吸纳各地文化芬芳的阶段，那么至宋代，情况就发生了彻底的改观，临川区已成为江西乃至全国的文化重镇，走入当时先进文化的行列，这与临川人士富于进取、勇于开创的敢为人先的文化精神是分不开的。文化的生命力就在于它的创造性，任何一种文化，任何一种地域文化，如果将其辉煌作为骄傲的资本而不思进取，缺乏鲜活的求变创新意识，久而久之，就成了文化"死海"，充溢沉沉暮气。前面所述的临川文化海纳百川的兼容性特色，发展到宋代，不仅表现在临川对任何一种异域与异质文化来者不拒的吸纳，而且从童稚时代的被动，发展到此时青春成熟时期的跃跃欲试地去草莽开创，在众多文化学术领域中，临川人无所顾忌，思想敏锐，不为成法所拘，好为惊世骇世之异论，成为新颖文化主导潮流中的领军人物，其中所迸发出的创造光芒的文化精魄，成为宋代临川文化繁荣的典型征象。这一点，当时的文化大师朱熹是看得很清楚的，他说：

江西士风好为奇论，耻与人同，每立异以求胜。如陆子静说告子论性强孟子，又说荀子"性恶"论甚好，使人警发，有缜密之功。昔荆公参政日，作《兵论》稿，压之砚下，刘贡父谒见，值客，径坐于书院，窃取视之。既而以未相见而坐书院为非，遂出就客次，及相见，荆公问近作，贡父遂以作《兵论》对，乃窃荆公之意，而易其文以诵之。荆公退，碎其砚下之稿，以为所论同于人也。皆是江西士风如此。（《朱子语类》，卷124，《陆子》）

引语中所说的陆子静，即是陆九渊，他与另一位人物王安石都是临川区人。虽然朱熹说这段话时，是带着不屑与嘲弄的口吻，但恰恰说明了临川文化人士耻与人同、立异求新的开创精神，这是需要很大勇气的。当身为宰相的王安石发现自己《兵论》书稿的观点与另一位江西人士刘贡父相一致时，尽管这是一个玩笑，他也毫不吝惜地将自己心血之作全部焚毁，正是凭着这股耻与人同的临川士风，王安石才勇往直前地掀起了震动整个南宋一代的政治风暴——王安石变法。

对于王安石变法，自宋代至今，评论连篇累牍，堆如山高，我们不准备狗尾续貂，我们只是想说，王安石变法实际上是对宋代现有政治、经济、军事和文化体制进行一场全面的革故鼎新，具有开创性的庞大改革工程。在这份开创性改革工程中，临川士风那种"耻与人同，每立异以求胜"的精神表现得最为淋漓尽致，由于立异求新，王安石变法一开始就受到保守势力排山倒海般的反对，从汴京至地方，朝野上下，互相串通，欲除新法而快的保守势力甚至将华山山崩和久旱不雨等自然灾害，都一股脑儿推到王安石身上，认为这是老天对变法的警示。司马光就一口咬定："此乃新法得罪上天所致。"当时光州大旱之后，地方官不失时机地向朝廷呈上了反映灾后流民惨状的《流民图》，并胡扯什么"旱由安石所致，去安石，天必雨"。王安石也因此两度罢相，但是这位"拗相公"，硬是以"天变不足畏、祖宗不足法、人言不足恤"的执着勇敢的精神，坚持新法改革，百折而不回，虽然变法以失败告终，但王安石立异求新的开创精神曾主导当时政坛潮流十多年之久，甚至连变法反对派也清楚认识到这一点，御史中丞吕海《论王安石疏》就说："臣究安石之迹，固无远略，唯务改作，立异于人。"（《宋文鉴》卷60）文中"固无远略",那是保守派谩骂之言,但"唯务改作,立异于人"却是说对了,这正是王安石变法的精髓所在,也是宋代临川开创性士风,在政治舞台上,以轰轰烈烈的王安石变法作为表现形式的一次最壮观的体现。

临川开创性的士风,在宋代学术研究中表现尤为突出。我们知道,儒学形成于先秦时期的齐鲁大地,孔老夫子整理《诗》《书》《易》《礼》《乐》《春秋》六种经典,以及由他的弟子整理而成《论语》等典籍文献,累积而成儒家原典,构成儒学的源头,亦成为汉代以来千古不变的教科书,但是这些儒家经典一旦被奉上神坛,其活泼灵动的智慧和富于理趣生动的生命力就慢慢被窒息,特别是汉代罢黜百家、独尊儒术以来,一代代儒士将儒家经典奉若神明,只注重对其训诂考据和收集辑佚,沉迷于一字一句的咬文嚼字,注千言,疏又万言,文山字海铸成了儒家经典铜墙铁壁般的坚硬外壳,儒生们穷经皓首,也难以走出注疏的迷宫,无法窥视一经之堂奥。这个被称为经学中的汉学,发展到宋代,已犯了无可挽回的"动脉硬化症",儒家本义之血脉显得如此微弱而气息奄奄。

宋代的儒生们清楚地看到这一点,也极不满意这种学术文化毫无生气的局面,北宋初,尤其是庆历前后,在重文的学术整体氛围中,他们以经世致用为根本宗旨,揭起了"疑经惑古"的大旗,破除了儒家经典为圣人之言的迷信,冲决了汉唐以来"疏不破注"的家法网罗,直指儒家经典之本义,以精思熟虑积极主动的自我思维,重新阐释和探究儒学深层义理,从而再次展现儒学生命活力,由此而形成与"汉学"截然不同的"宋学"。临川人王安石更是如此,他是一位矫时更俗的政治家,更清楚地知道,一套崭新的儒学理论对变法具有多么重大的指导作用,他撰写《三经新义》,虽不擅改经文,亦不讲章句,但对先儒传注,基本废而不用,而是在阐明经典大义中,发挥自己的新见解,正如苏轼所说:"网罗六艺之遗文,断以己意;糠秕百家之陈迹,作新斯人","以朝岁之间,靡然变天下之俗"(苏轼《王安石赠太傅》,《东坡全集》,卷160,四库本)。于是他将《三经新义》颁之学官,成为学生的教材,以官方强力之手,推行全国上下,成为变法强有力的理论武器,这无疑对经学是一次重大的革新,充分显示了开创性的特点,从而在六十余年时间里，主导了宋代经学的潮流。

宋学的理论范畴，不仅仅包括经学，哲学更是他的主体部分。宋明时期江西理学特别发达，被称为理学之乡，产生了众多的理学流派，汇集了众多的理学大师，理学流派和理学大师大幅度聚合在江西本土，表现了思辨逻辑与抽象思维的空前活跃。北宋时期，临川区的南城人李觏就是江西理学时期形成的一位开山哲学大师，后有王安石创建了"临川新学"。南宋时期，更有金溪人陆九渊开创了理学中的"心学"流派，被当时一些人称为"离经叛道"，甚至朱熹也指责他的思想"狂"与"怪"，这恰恰证明了陆九渊挣脱传统观念束缚，敢于突破陈规陋习的开创性精神，由此成为影响宋明清哲学主流的一代"心学"大师。

宋代临川区人在文学领域所做的一系列开创性的工作，更是引人注目。宋词是有宋一代最为光辉灿烂的文学样式，宋代江西词人也在词学领域做了许多开创性的工作。宋初词坛有"四大开祖"之说，其中除张先不是江西人，其他三位都是江西人，他们是晏殊、欧阳修与晏几道。其中晏殊与晏几道父子是临川人。晏殊是四大开祖之首，他是第一个对宋代词坛产生重大影响的人物。他上承唐末五代余风流韵，下启有宋一代词风，人们称其为"导宋词之先路者""北宋倚声家词祖"，成为雅词一派开山人物，雅词一派阴柔美的审美格调和婉约细腻的词风一直是宋代词坛的主流。比晏殊小17岁的欧阳修虽是庐陵人，但却是晏殊的门生，其词风最接近晏词，人们往往以"晏欧"并称，欧氏在词坛的最大功绩是与晏殊一起开创了宋词的江西一派。晏几道是晏殊的第七子，人称之为"大小二晏"，小晏的词风并不同于大晏，他没大晏词那雅得高贵、雅得朦胧，也不是柳永那俗得纯粹、俗得直白，他在雅与俗中间找到了一个平衡点，既俗亦雅，既雅亦俗，把握这平衡点的度主要是因为小晏以一种赤子般的真性情、真感受来写词。因而清人冯煦说小山词"淡语皆有味，浅语皆有致，求之两宋词人，实罕其匹"。因此成为宋词四大开祖之一。

宋代临川人在散文领域也取得重大成就。首先不能不提到庐陵人欧阳修与临川人晏殊、曾巩、王安石这四位江西籍文化大师。欧阳修是庐陵人，是晏殊慧眼识俊才，将其提拔上来的，由此成为晏殊的得意门生，他与晏殊是宋代临川文化开拓者一样，也是宋代庐陵文化的开拓者，而曾巩、王安石又是欧阳修的得意门生。这种师生情谊，恰恰证明江西临川文化与庐陵文化紧密无间与共同促进的关系。南宋宰相庐陵人周必大《送光禄寺丞李德远得请奉祠》诗说得好："君家临川我庐陵，两郡相望宜相亲。" 庐陵文化区西倚临川，两区一衣带水，山峦毗邻，自古以来交往深厚，互为影响，共同发展，成为江西区域文化交流的一个楷模。前面所述宋词领域的开创工作也主要是由庐陵人与临川人完成的。而欧阳修、曾巩、王安石在复古旗帜下在散文领域里的除旧布新，更是一个庞大的创新工程。散文的复古运动起源于唐代中叶以后的韩愈、柳宗元，但是到唐末五代曾一度衰歇，北宋初期虽有柳开、王禹偁、穆修等人倡导古文，但毕竟势单力薄，难成气候。相反，此一时以杨亿为领袖的西昆体雕章丽句骈体散文，以软绵富丽的风格略胜复古派一筹，《宋史》卷439说："国初，杨亿、刘筠犹袭唐文声律之体，柳开、穆修志欲变古而力弗逮。"这个局面，直到北宋中期欧阳修出现，才得到彻底改观。散文之复古，其文化倾向，表面给人以保守印象，实际上是纠正文学时弊的一种创新手段。纵览世界文化史、人类文化史每一次巨大进步，往往要追溯古代文明的源头，寻找开创新文化的精神利器，国外如西方的文艺复兴运动，就是起于对古希腊文明的重新发现，国内"宋学"代替"汉学"，亦奠基于对儒家古老原典重新解释之上。宋代散文复古与宋学的复古精神是一脉相承的，都是要恢复儒家原典义理道统和言简而明的平易文风，以反对言之无物的西昆时文和艰涩险怪的"太学体"散文。在欧阳修高举的大旗下，他的得意门生临川区的曾巩、王安石，还有四川的"二苏"，均以各自数量巨大、言之有物的漂亮诗文，给这个复古运动注入深厚的精神浓度和灵动的生命力度，与老师遥相呼应，以群体性文化效应，取得远比唐文更加辉煌的成就。这是一个在复古口号下，散文进行全面创新并获得全面丰收的时代，欧阳修，还有曾巩、王安石功不可没！

在医学领域，宋代临川人也进行了一系列开创工作，临川人陈自明是江西古代十大名医之一，撰有《妇人大全良方》，开创了中医妇科医学门类，成为中国妇科奠基性专著。另外，他所著的《外科精要》也是最早的外科著述。临川人席弘所开创的席氏针灸流派，由宋至明共流传十二代之久，直至当今，其针灸方法仍被临床应用，由此被人们称为"赣灸鼻祖"。临川区盱江流域自古至今中医药异常发达，据统计，自宋至清，有传略可考的医学人物计250人之多，仅南丰一县，就有著名医学人物50多人，流传后世的盱江医学著作一百多部。在江西历史上十大名医中，就有陈自明、危亦林、龚廷贤、龚居中、李梃、黄宫绣、谢星焕七人均出自于盱江流域（详见胡志方、黄文贤《盱江医学纵横》）。由此而形成著名的中医药学"盱江医学"流派与"建昌药帮"，而这两个流派主要是在宋代由临川区人开创的。

综上所述，临川人在宋代文化各个领域都作出了杰出贡献，表明了宋代临川区的文化群英具有极为活跃的开创精神。因此，临川文化从宋以前被动吸纳，表现兼容性特点，到宋代主动积极开创，呈现创新性特点，以此作为临川文化发展的特色，是一点儿不过分的。

第二节 临川文化人才的群体性与家族性

一、宋代临川文化人才的群体性

两宋临川文化发展的另一个主要特色是，各方面的文化人才以一种爆发式密集型的浓烈态势，如潮涌般活跃在宋代历史舞台上。之所以说是爆发式，是从时间纵向性相比。宋以前临川文化人才比较稀少，屈指可数的有三国吴时临川人邓通，字子渊，曾任曹魏冯翊郡太守。南朝临川人周敷，字仲远，曾任梁武帝时的宁州刺史，后为陈武帝时豫章太守。最著名的是乐安人黄法氍，为南北朝陈时的军事将领。唐五代时临川文化人才稀少的局面亦未改观。文学方面仅出现了寥寥可数的几位诗人，如临川人杨志坚，是唐代临川地区第一位著名诗人，但《全唐诗》仅存其一首《送妻》诗。临川人张顶，字不惑，大约生活在唐武宗、宣宗时代，虽长于诗，但多不传，《全唐诗》仅存其《献蔡京》诗一首。乐安籍的女诗人孙氏，《全唐诗》仅存其三首诗，她是临川文化区第一位女诗人，但其籍贯至今仍有争议。五代时孙鲂，一说是临川区的乐安人，一说是南昌人，《全唐诗》存其诗40首（有重复）。此一时期最值得称道的是出现了几位著名的政治人物，如南城人危全讽、危仔昌兄弟，他们先后任抚州刺史，为抚州城地域的确立立下汗马功劳。危仔昌的儿子危德昭（又称元德昭）曾任吴越时宰相，他也是历史上第一位临川籍的宰相。

但是到了宋代，临川文化人才"忽如一夜春风来，千树万树梨花开"，发生了天翻地覆的变化。仅以进士而言，说也奇怪，唐代江西65名进士，临川文化区域内竟是空白。而到了两宋时期临川区有进士1293名，而此时江西有进士5751名，占全省的五分之二，也就是说宋代江西5名进士中，就有2名是临川人，占全省第一，如果以县为计，南城县有进士437名，临川县有进士395名，分别名列全省第一、第二位（郑建明《试论江西进士的地理分布》，《中国历史地理论》，1999（4））。宋代江西有宰相15名，而临川区占3名，他们是晏殊、王安石、曾布，刚好亦占五分之一。仅以临川文化区而言，宋以前只有一名宰相，即五代的元德昭，而宋代以后，临川区仅明代就出现两位宰相，即崇仁的吴道南、金溪的蔡国用。再以相当于副宰相的执宰大臣而言，宋代临川区还出现了11位副相，他们是南城的陈彭年（真宗朝参知政事）、包恢（度宗朝签书枢密院事），南丰的陈宗礼（度宗朝权参知政事），乐安的董德元（高宗朝参知政事）、邓润甫（哲宗朝尚书左丞）、元绛（祖籍南城，参知政事），金溪的曾渊子（南宋末年参知政事），崇仁的罗点（宁宗朝签书枢密院事），临川的聂昌（钦宗朝同知枢密院事）、吴居厚（徽宗朝知枢密院事，崇宁二年其籍归进贤县管辖）、王安礼（尚书左丞，元丰改制后，尚书左丞升为执政，相当于副相）。而宋以前没有一名副宰相，宋以后仅有一名，即元代金溪危素。可见，在临川文化区历史上先后的出现18名宰辅人物，其中14名出现在宋代，是历代总计三倍以上。临川区能出现如此多的群体性政治中枢人物，也是宋代临川文化繁盛的一个典型征象。

我们又从经、史、子、集个人著作方面，来考证宋代临川文化人才的兴盛。著作是文化的载体，一个时代文化著作的多少，是衡量这个时代文化人才兴衰的主要标志。我们参考了临川区各地方志，江西省社科院图书馆编《江西著作考述》、张德意与李洪的《江西古今书目》、黄日星和姜钦云的《江西编著人物传略》、王天晴的《临川文化名人研究指要》等书，却意外发现，临川区在宋以前没有一部著作，仅《江西古今书目》著录南唐临川人邓孝甫有一部《伊周素蕴》传世。实际上，邓孝甫应为宋代临川人，《宋史》卷458《隐逸》中列其传。但是一到宋代，个人著作问世，亦像临川文化人才一样呈爆发态势，用著作如林来形容，一点儿也不虚夸。仅宋初宜黄乐史一个人著作就近千卷，他曾四次向朝廷进献自己所作著作，就达420余卷。据对《江西编著人物传略》统计，两宋著作家有558名，而临川区就有136名，约占40%，也就说宋代江西五个著作家中就有两个是临川区人。在经部著作中，宋代江西有400部，临川区就有81种，占全省的五分之一；史部著作，宋代江西有280种，临川区有70余种，占四分之一；子部著作，宋代江西有271种，临川区有68种，占全省四分之一；集部著作，宋代江西有685种，临川区有187种，占全省四分之一。据乾隆《建昌府志》卷56《艺文略》记载，仅南城、南丰二县，宋代有著作的为41家，计86种。宋以前没有著作传世。又据道光《崇仁县志》卷9《艺文·书目》载，宋以前崇仁未有著作传世，至宋代，就有22人95种著作。而且这些著作很大一部分质量极高，流传存世。仅《四库全书》收录宋代临川区作者著作，就有34人45部著作。如经部就有临川吴沆《易璇玑》3卷、临川王安石的《周官新义》16卷附《考工记解》2卷、临川俞庭椿《周礼复古编》1卷等；史部有宜黄乐史《太平寰宇记》193卷与《广卓异记》20卷、南城陈彭年的《江南别录》1卷等；子部著作有临川陈自明的《妇人大全良方》24卷、崇仁吴曾的《能改斋漫录》18卷、临川陈郁的《藏一话腴》4卷、临川邓名世的《古今姓氏辩证》40卷、临川王雱的《南华真经新传》20卷等。至于集部著作就更多，包括临川区24人27部著作，如晏殊、李觏、曾巩、王安石、曾肇、谢逸、吕南公、陆九渊等人文集、诗集、词集、总集。从宋以前临川区著作的空白，到宋代出现如此人数众多的著作家群体，也是宋代临川文化兴盛的主要表现。

再从宋代临川文学来说，更是成就辉煌，光彩夺目，不仅人才济济，而且名家辈出，大匠耸立，著作如山，宗派如林。宋代临川文化人才的群体性特色，在文学方面表现得尤为突出。据对《全宋词》和《全宋诗》统计，江西有诗人770多名，词人195名，临川文化区诗人名列全省第一，计170名，词人名列全省第二，计53名。夏汉宁先生等编写的《宋代江西文学家地图》一书曾对宋代江西文学家作品进行了详细计量统计，其中词的创作总量，属临川文化区的抚州，临川为全省第二名，计535首，第四名是建昌军南丰，计444首，两地总计为979首。诗创作总量，第二名是抚州，计5407首；第八名建昌军，计2406首。文章创作总量，第三名是抚州，计4296篇；第六名是建昌军，计2225篇。其创作数量总是紧跟第一名庐陵文化区之后。而以文学家庭而言，据王毅《宋代文学家庭》一文统计，宋代江西共有151个文学家庭，名列全国第二，其中临川区有35个，又名列江西第一，庐陵区有29个，名列第二。又以文学家个人而言，据对江西文研所编撰的《江西文学艺术家大全》统计，江西宋代文学家有252人，其中临川区有69人，名列江西第一，庐陵区有49人，名列第二。又据詹伟强硕士学位论文《宋代江西文学家的地域分布及其文学影响》统计，整个临川区有文学家301人，为全省第一，第二名为庐陵地区，为254人。两者排列位序相同，证明其数据统计的合理性，也说明庐陵文化区与临川文化区同是江西宋代文学数一数二重镇。临川不仅文学人才多，而且文学大师级人物亦较多，散文唐宋八大家，江西有三家，其中曾巩、王安石两家就花落此地。他们俩一为临川人，一为南丰人，他们不仅是散文大家，也是著名诗人。尤其是王安石，其诗1500余首开创荆公体诗体，成为后来者竞相仿效的楷模。他更是一位名震千古的政治家，熙宁改革运动就是由他领导，史称"王安石变法"，谁人不知，哪人不晓，连列宁也奉其为"改革家"的桂冠。词坛上晏殊与其子晏几道是临川人，他们以珠圆玉润的词作，筚路蓝缕开启了宋词先路，成为宋词四大开祖中二位，也被人们称为词坛父子并誉的大小"二晏"。晏殊也是一位多产的诗文大家，其文赡丽，遍及赋、颂、碑、制诏、册命、书、奏议各种体裁，每文一出，传之天下，而且尤工于诗，他的学生宋祁说他"诗见编集乃过万篇，唐人以来所未有"。(《宋景文笔记》，《渔隐丛话前集》，卷26，四库本）但留传至今，大部分已散佚，仅存160余首诗。

尤其值得称道的是，宋代江西文人，尤其是临川与庐陵文人丝毫没有门户之见，以一种共同吸引，相互提携，团结健康的心态，促使了江西文坛上各种文学群体的形成。清代临川人李绂在《南园答问》一文中谈到宋代临川文化名人师承关系："若夫晏临淄开荆国文公，李盱江传南丰子固，古今大家七有其三，文鉴佳篇，十居其五。"可见首开江西一代文风的是临川人晏殊，他将庐陵欧阳修提拔上来，从而使欧阳修不仅成为政坛上的经纶手，而且成为宋代文学盟主，欧阳修更将这种风气发扬光大。阮阅《诗话总龟》云："欧阳公喜士，为天下第一，好诵孔北海，座上客常满，樽中酒不空。"(《宋人轶事汇编》卷8，《欧阳修》）他又提携了王安石、曾巩等江西临川籍文人，逐渐形成了一个以欧阳修为领袖的江西文学群体。北宋江西文学由此出现一个空前繁荣的局面。在散文领域，欧阳修、曾巩、王安石以江西同乡之谊，以师生友之情，以复古倡道文学旨趣，以神采飞扬的散文，结成了神圣文学同盟，引导了北宋散文革新的主导潮流，他们三位的散文代表了当时最高的文学成就，由此而被列入唐宋八大家。

在宋词领域，第一个群体是以晏殊、欧阳修、晏几道、王安石等江西文人为主体的西江词派，江西古又称西江，故名。近人冯煦《蒿庵论词·论欧阳修词》说：

宋初大臣之为词者，寇莱公，晏元献，宋景文、范蜀公，与欧阳文忠并有声艺林，然数公或一时兴到之作，未为专诣。独文忠与元献，学之既至，为之亦勤，翔双鹄于交衢，驭二龙于天路，且文忠公家庐陵，而元献家临川，词家遂有西江一派。其词与元献同出南唐，而深致则过之。

冯煦所提出的西江词派，是北宋初年以晏殊、晏几道、欧阳修为主体的词派。而刘毓盘《词史》更把这个词派的队伍扩充到王安石与黄庭坚：

晏家临川、欧家庐陵，王安石、黄庭坚皆乡曲小生，接足而起，词家之西江派，尤早于诗家。

宋代早期这个西江词派是开基立业的群体，它标志着江西词人以集体性的优势，迅速登上艺坛，成为主宰当时词风流向的词坛盟主，在这个群体中，晏殊无疑是领袖人物，其他成员在词学成就上也毫不示弱。人人都是文学大家。除晏几道之外，个个也都位至高官，其中晏殊与王安石位至宰相，欧阳修为副宰相，当然高官的话语权要超过一般凡夫俗子。这个团队群体的关系也非同一般的紧密。晏殊与晏几道是父子关系，欧阳修是晏殊的门生，王安石又是晏殊、欧阳修的门生。由此而见，临川与庐陵文人以一种十分紧密的关系，共同主导了当时宋代词学潮流。

在诗歌领域，我们都知道有一个江西诗派，江西诗派是以地域为名的一个文学群体，在中国文学史中，以地域视野审视之，恐怕没有哪一个地域文学群体的影响力，能与之相比。它不仅是宋代最大的一个诗歌流派，而且沾溉元明清诸代，直至近代还荡漾它的余波远响，这是江西人的骄傲。殊不知，在江西诗派成员中，还形成一个以江西临川地域为名的临川诗人群体，他们是谢逸与谢薖二兄弟及饶节、汪革四人。临川是著名才子之乡，上述四位江西派成员，被称为"临川四才子"。他们同处一城，地域相近，交往就更加频繁，乡情加诗情，使这个临川才子群更得文采风流。吕本中诗云："畴昔交游不乏贤，二三豪客聚临川。"诗中的"贤"与"豪客"，指的是"临川四才子"。从他们四人的诗集看，他们经常在一起漫游山水，切磋诗艺，相别两地时，又多以诗代信，互致问候，诉说思友之情。仅在谢逸诗中，就有十多首是写给汪革的。其中两首诗是描写临川才子群游临川南湖事，又一首是描写汪革归临川后大摆家宴邀请谢逸等人事。而汪革现存诗仅七首，就有一首寄给谢逸的。他们甚至每月一聚，举行诗文酒会。谢逸在《宽厚录序》中说："谢子乡里诸君子每月一集，各举古人宽厚一事，退而录于简册，号曰《宽厚录》。庶几人人勉励相师成风。"这个以乡谊兄弟关系构成的临川群体，亦成为江西诗派的中坚力量。

更未料到的是，临川区还出现了一个江西续诗派，指的是南丰人曾纮、曾思父子二人诗。曾纮，字伯容，号临汉居士，宣和六年（1124）特科进士，累官文林郎致仕。撰有《临汉居士集》。其父曾阜与曾巩为从兄弟。曾纮子曾思，字显道，号怀岘居士，曾任祁阳知县。撰有《怀岘居士集》。江西著名诗人杨万里在《江西续诗派二曾居士诗集序》一文中说：

> 伯容（曾纮）放浪江湖间，与夏均父诸诗人游从唱和。其题与韵见于均父集中者三十有二篇。予每诵均父之诗云："曾侯为第一"，又云："五言类立度"，又云："秀句无一尘"，想其诗而恨不见也。行天下五十年，每见士大夫，必问伯容父子诗，皆无能传之者。此又君子之一不幸也。兹非所谓生不用于时，没又不传于后，不幸之不幸者欤？今日忽得故人尚书郎江西漕使雷公朝宗书，寄予以二曾诗集二编，属予序之，欣然盥手，披读三过。蔚乎若玉井之莲，敷月露之下也，沛乎若雪山之水，泻滟溂而东也，琅乎若岐山之凤，鸣梧竹之风也。望山谷之宫庭，盖排闼而入，历阶而升者欤！……因命之曰："江西续派"而书其右，以补吕居仁之遗云。（《诚斋集》卷83）

杨万里早年曾学江西诗派，对江西诗派诗风应该说了如指掌，他将"二曾"父子诗称为"江西续派"，应该不全是溢美之词。可惜的是，今"二曾"诗集已佚，《全宋诗》亦未收录"二曾"诗一首，仅《全宋诗订补》从《永乐大典》卷2539辑补出曾纮《题蔡昌期梅斋》诗一首。

宋代临川文化区还有一个"临川三隐"或称"临川三逸"的诗歌群体，他们中一为道人名叫黎道华，字师侯，临川人，撰有《颐庵集》；一为佛者，称文慧大师；一为儒冠，名曾季狸，字裘父，号艇斋，他虽为曾巩弟曾宰之孙，但却布衣终生，撰有《艇斋小集》与《艇斋诗话》。三人均未出仕，又俱以诗名，故称临川三隐。据《宋史艺文志》记载，姜之茂曾编有《临川三隐诗集》三卷。惜今不传。周必大在《跋抚州邬虑诗》一文中说："临川自晏元献公、王文公主文盟于本朝，由是诗人项背相望。近世如谢无逸、幼盘兄弟，及饶德操、汪信民皆杰然拔出者也。南渡以来，又得寓公韩子苍、吕居仁振而作之，四方传为盛事。其后儒冠则曾季狸裘父、释氏则文慧大师惠严、道士则黎道华师候，同时以诗名。人喜称之。"（《文忠集》，卷48）

在学术思想领域，宋代临川的文化群体性兴盛局面，丝毫不让于宋代临川文学群体，出现了数个著名的学术流派。宋代临川文化区域出现最早的学术流派，应该是被胡适称为两宋哲学的开山大师和江西学派极重要代表的李觏为首的盱江学派。李觏家乡南城有盱江绕其城，他又在南城创建盱江书院，学者尊称其为"盱江先生"，故名其学派。李觏一生大部分时间以教授为业，他创建盱江书院，曾吸引四方慕名而来的求学者，多达数千百人。其门人更是众多，据陈次公为李觏写的《墓志铭》称："门人升录者千有余人"，可见其学派力量壮大，但据《直讲先生门人录》记载，其门人有姓名可考者仅38人。就这38人而言，大部分为南城人，明显呈现临川文化地域色彩。如南城人陈次公，其父陈谬为李觏夫人伯父，由于这么一层亲戚关系，陈次公的兄弟汉公，次山三人均拜李觏为师，其中陈次公跟随李觏时间为久，总约二十年，所以李觏对其非常信任，临终前执其手，托以整理文集遗稿。还有一位南城门人傅野，与"陈次公"俱为门人称首。他曾编辑李觏文稿后集。纵观这38位门人，大多功名不显，也没有什么著作留传下来。所以在历史上没有留下多少痕迹，其门人最著者是南城人邓润甫，其年少时与弟祐甫、仲甫俱学于李觏。邓润甫为皇祐元年（1049）进士，曾官尚书左丞，是熙宁变法的一位干将，他在熙宁年间将李觏的遗稿推荐给朝廷，得到认同。李觏另一位著名门人是江西南丰人曾巩，他可是一位散文大家，但曾巩是不是他的门人，从宋代开始就有争论。南城旧志与《宋元学案》都将曾巩列入李觏门下，然而《直讲门人录》所记载38位门人中却没有曾巩的名字，李、曾二人著作也没有二人相交的文字，所以只得存疑。

　　由于门人不显，盱江学派的学术思想只能以李觏为主导，关于李觏的学术思想，我们在下面将有论述。这里不做介绍。我们只想传递这样一个观点：北宋学术史实际上是走着两条道路，一是周敦颐、张载、邵雍诸子为代表，他们刻意于究天人之际，精研身心性命之学、归并在"天道"旗帜下，另一条是临川李觏、王安石及庐陵欧阳修等江西籍学者为代表，则舍天道而谈人事，不喜玄谈而究心于礼乐刑政诸务。（详见陈钟凡《两宋思想述评》，郑晓江《论欧阳修的儒学思想》《江西财经大学学报》，2003.4）而李觏正是这条道路的开启者。但他的后继者在理论上却很少有创新。这种一枝独芳的现象，使盱江学派减色不少，也使该派学术生命之传承与延续造成致命危机。所以谈盱江学派，我们只能谈李觏，全祖望在增补《宋元学案》时，本想为盱江学派立案，而最终附于范仲淹的"高平学案"内，这可能是主要原因之一。其实李觏与范仲淹虽在学术思想，特别是政治思想有相似之处，范仲淹也积极推荐其为官，但他们之间并没有直接的师承关系，所以将李觏归入高平学派一员，的确显得勉强。然而盱江学派有了李觏一人，就足以傲然流芳于千古。可以这么说，他不仅是两宋哲学的开山大师，他所领导的盱江学派更是江西学派的开启者，是以后宋代江西各种学派众芳吐艳的第一枝报春花。

　　紧接盱江学派之后临川文化区的主要学派是王安石开创的临川学派。王安石是江西临川人，故名。王安石晚年封荆国公，故又名"荆公学派"或"荆公新学"。王安石变法期间，反对派常引经据点，不遗余力地对变法进行攻击。宋神宗从统治者角度出发，认为人们对儒家解释不一，不利于统一思想，因此设置经义局，命王安石主管经义局的工作，重新对《诗》《书》《周礼》进行训释，编成《三经新义》，以官学形式颁行全国，故又称"新学"学派。王安石自幼对诸子百家之书无所不读，但却不迷信旧学经典，又继承了欧阳修为首的庐陵学派疑经惑古的传统，以富于理性的精神和独立自主的思考能力，对汉唐被神化了的儒经传注进行分析与批判，力图在古典文本的陈迹中焕发新意，所以常以自己的真知灼见解释经典，往往发前人之所未发，成为开启新的学术思维理路的爝火萤光。于是王安石撰写的《洪范传》《淮南杂说》等书一问世，就引起轰动，学者向慕，争相传诵。后王安石居忧江宁，摆脱了繁忙政务，开始聚徒讲学，从学者甚众，临川学派的学术骨干和核心成员也在此时归聚于其门下，逐渐形成了该学派的大气候。故该学派成员众多，江西籍的成员主要有王安礼、王安国、王雱、王无咎等，外省籍成员有李惠卿、陆佃、王安中、蔡京、蔡卞等。临川学派一个最大特点是，它不仅是一个学术流派，而且是一个政治群体，因此与时政结合最为紧密，该学派成员很多都是北宋政治舞台的风云人物。临川学派的出现，为变法提供了强大的理论武器，并强化和统一了全国的思想，在熙丰年间掀起了巨大的政治波涛。从哲学思想来说，临川学派续承和完善老子朴素的唯物主义和辩证法思想，认为"元气"是万物之本原，"元气"又分出金、木、水、火、土五种物质元素，这五种物质即为"五行"，具有生生不息变化的性质，生成天地万物。而天地万事万物的无穷无尽的变化的原因，即事物内部存在"耦"与"对"，王安石说："五行之为物，……皆各有耦……耦之中又有耦，而万物之变遂至于无穷。"（《洪范传》）耦与对，即为事物矛盾的对立面。也就是说，王安石已臆测到了事物内部矛盾运动是事物发展与变化的内在原因。王安石又以"道为自然之规律，新故乡除"是事物发展之本质。正是基于这些观点，王安石大声疾呼，必须革除旧的观念，实行新法变革。

由于王安石身为宰相，此派学说成为变法的理论指导，被奉为官学，故临川学派影响不局限于临川及江西一域，已风行流传全国，造成天下"靡然而同，无有异者"，"并独行于世者六十年"。这种长达半个多世纪临川学派一统天下的局面，不仅化革人心，几乎影响北宋社会一切领域，时至今天，人们还评说纷纭。

除上述宋代临川学术群体外，尤值得临川人自豪的是，主宰宋代学术思想潮流两大主要理学流派朱子学派与象山学派，均为江西人开创。其中以金溪人陆九渊为首的象山学派，被称为"江西学派"，据清代李绂《陆子学谱》所载有名有姓的弟子门人有254人，此外有私淑90人。

这个江西学派中，江西籍门人最多，而以金溪、临川、南城等临川文化区人最著。其中尤以陆氏三兄弟为主干力量。全祖望在《梭山复斋学案》中说："三陆子之学，梭山启之，复斋昌之，象山成之。"其学派成员，除陆九渊曾在贵溪象山设帐讲学，全国各地来听者就一千多人外。下述槐堂学派江西籍60余人，全部都是他的门人。槐堂是陆九渊在金溪老家讲学的场所，他在此讲学时，来槐堂拜师问学者络绎不绝。陆九渊之后，他的弟子奉守心学体系，并创立该学派。由于都是陆九渊的弟子，故以九渊讲学的槐堂而名其学派。

槐堂学派是以江西南城人傅梦泉等人创立的学派，其代表人物中江西籍人士主要有邓约礼、黄叔丰、李缨等六十余人。他们均是心学派创始人陆九渊的门人，在传播师说的过程中，纷纷授徒讲学，亦逐渐形成自己的学派。史又称槐堂诸儒学派。傅梦泉字子渊，号若水，建昌（今江西南城）人。他年少时困于场屋，但始终不得志，后拜陆九渊为师，始知为人为德之方，他佩服陆氏心学，说："人生天地间，自有卓卓不可唐灭者在，果能于此涵养，于此扩充，良心善端，交易横发，塞乎宇宙，贯乎古今。"（《宋元学案·槐堂诸儒学案》卷77）。陆九渊学说承继孟子尚志说，提出了义利辨志的方法论，傅梦泉对此领悟最深，说："陆先生教人辨志，只有义利。"陆九渊对他特别赏识，认为是其所有门人中最为出类拔萃者。陆九渊逝世后，他"守师说甚力"，成为陆氏之后心学流派中坚力量。邓约礼亦是如此，邓氏字文范，也是江西南城人，在槐堂中称为斋长，总揽一切事务，由于对心学体悟最深，所以有拜九渊为师者，九渊总是令他们先从邓约礼学。陆九渊曾称赏傅梦泉、邓约礼这二位门人得心学之宗旨，认为"梦泉宏大，约礼细密"。

槐堂学派中另一位著名人物名叫傅子云，字季鲁，号琴山，与陆九渊一样，同为金溪人。他在童年时就拜陆九渊为师，成为诸弟子中最年少者。陆象山曾在象山讲学，一般是按年龄大小排次座位，傅子云坐末席。陆九渊特在自己身旁设一席，令子云坐，并经常令其代己讲课。有些弟子不服，陆氏说："傅子云天下英才也"。可见陆九渊对其赏识有加。后陆九渊出守荆门，他将象山书院讲课之事，全部托付给傅子云，说:"书院事,俱以相付,其为我善永薪传"。陆九渊逝世后,他没有辜负老师期望,成为象山书院山长,继续播扬陆氏心说,并培养了像叶梦得这样的著名学者。其著作颇多,有《易传》《论语集传》《离骚经解》《中庸大学解》《童子指义》等书,成为陆学门人和槐堂诸儒著书最富者。另外还有一位金溪人黄元丰,字元吉,也是金溪人,并为陆九渊仲兄陆九叙之婿。他师事陆九渊最久,深得心学精髓,陆九渊称赞他:"元吉相从一十五年,最得老夫锻炼之力。"

除上述槐堂诸儒外,尚有李缨、余廷椿、严滋、朱桴、朱泰等七十余人。他们很大一部分都是江西籍学者,其中临川区为最多,南城县有28人,临川县亦有28人,南丰县有7人,崇仁县有罗点,乐安县有董德修。(详见罗伽禄《象山江右门人》,《赣文化研究》,第15期)这些象山门人的思想均以坚守陆九渊心学为主,以"心"为本,认为心就是理,就是道。在修养方法论上,强调"发明本心",甚至发展到极端,有的"终目默坐,以求本心,更不读书穷理",有的则正坐拱手,闭目静坐,以求顿悟,全流于禅家意旨。槐堂诸儒虽为陆学宗派建立,做了不懈努力,但由于坚持门户之见,在理论上并没有多少创新,更没有留下令人醒目的理论著作,虽在江西兴极一时,后来却走向了分化,一部分人坚持陆氏心学,成为向明代王守仁心学转化的中介;另一部人放弃师说,转入朱熹与吕祖谦的理学行列。结果却被浙东地区心学继承者占尽了风头。浙东地区以杨简、袁燮、舒璘、沈焕"甬上四学者"为代表,分别创慈湖学派、絜斋学派、广平学派、定川学派。江西文天祥曾对这些学派进行了高度赞美:"广平之学,春风和平;定川之学,秋霜肃凝;瞻彼慈湖,云间月澄;瞻彼絜斋,源皆从象山弟兄,养其气翳,出其光明"(《郡学祠四先生文》),所以全祖望会说:"槐堂之学,莫盛于吾甬上,而江西反不逮。"黄宗羲也说:"陆子之在象山五年间,弟子属藉者至数千人,何其盛哉,然其学泳流传,偏在浙东"。(《宋元学案》卷77,《槐堂诸儒学案》)

值得注意的是,在宋代道教流派中,临川人还开创了两个著名流派,一是由临川人饶动天开创的天心派,一是由南丰人王文卿开创的神霄派,这两个流派信徒极众，流传有绪，一直至元代还盛行。特别是神霄派曾得到宋徽宗极度宠信，并一度左右了当时政坛，那时朝廷上下，仙风羽热，如痴如狂，由此而成为全国最著名的道教流派。

上述众多的文化群体与学术流派，其创始人均为临川文化区人，其创始地亦在临川区域，其学术骨干也多是临川区人，如此众多的学术流派、文化群体和文化精英大规模聚集于宋代临川文化大地，这是亘古未有的盛大文化现象。众多的倜傥才华，高层次的文采风流，在给宋代文化输入精神浓度的同时，也带来理性思维大解放，各种学术思想在这里进行撞击交融，各种流派群体在这里进行争锋整合，各类文化群英在这里点燃智慧火花，于是宋代临川文化区就有了一个云蒸霞蔚、文风鼎盛、学派林立的时代。

二、宋代临川文化人才的家族性

宋代临川文化人才不仅表现一种群体性特色，而且更表现一种以血缘婚姻关系为坚实纽带的家族性的特色。自先秦至宋代以前，北中国始终处于一种动荡年代，大规模的带有毁灭性的战争在群雄争霸的中原地带每隔百十年总要发生几次。特别是唐末五代，更是战祸频繁，战乱与动荡不但摧残了北中国中原文明，也摧毁了众多世代相传的门阀大族和家族精神。所以"取士不问家世，婚姻不问阀阅"（郑樵《通志》，卷25，《氏族略第一·氏族序》）已成为宋代社会的普遍现象，但数千余年来临川区域绝少战争，一直以平稳安定的态势发展着，当北方士衣冠世族为躲避战乱，纷纷南下，在临川文化区域落脚生根，安居乐业之时，他们不仅带来先进的文化和生产技术，也将产生于农耕文明基础上的家族文化与家族精神一并植根于临川大地。所以在宋代普遍淡薄了的家族精神，在临川区却显得异常坚挺。

以抚河、盱江为一线临川文化家族，早已引起史学家的注意，仅以江西曾氏家族来说，清代钱大昕指出："宋时江西有三曾，皆衣冠之族，楼大防《送无玷寺丞知池州》诗云：'我朝衣冠盛，名家数三曾。南丰暨赣川，后起参温陵。迩来螺川族，骎骎皆簪缨。'南丰之曾，显于东都，至子固兄弟名益盛，子宣遂至宰相，赣川之曾，则茶山与其兄开，皆南渡侍从。庐陵之曾，则三复三聘，宋史皆有传。所谓螺川族也。"（钱大昕《石刻铺叙》，《十驾斋养新录》卷14，上海书店，1983.12）其中南丰之曾，就是以曾巩为主的南丰家族。元代著名学者吴澄在《云盖乡董氏族谱序》一文中说：

> 唐改临川郡为抚州，疆域之广，亚于洪、吉、赣，而文物声明甲于大江以南之西。宋三百年间，一家一族，儒宦之盛，乐、曾、王、蔡、晏五姓为首。称爵位之崇，王、曾、晏最，乐、蔡次之。科名之稠曾、蔡、晏最，王、乐次之。乐安云盖乡之董，计其科名，多于曾、蔡，与晏校其爵位，亦在乐、蔡之上。（《吴文正集》，卷32）

这些家族文化人才既有父子祖孙并称的，如临川的晏殊、晏几道、晏敦复晏氏祖孙三代，南丰曾致尧、曾易占、曾巩、曾布、曾肇祖孙三代家族，临川王益、王安石、安礼、安国、王雱的王氏家族。也有兄弟同誉的，如金溪三陆等，甚至也出现了夫妻、兄妹、父女互称作家，如曾布与妻魏夫人、王安石与其妹王文淑、王安石与其女王氏，等等。现将临川文化区域著名的文化家族举例如下。

宜黄乐史家族。宜黄乐史家族曾久居河南南阳邓州府，唐末战乱，乐史祖父乐珵被乱军所杀，乐史父亲乐璋随南迁浪潮来到江西临川，由于有一身武功，被荐为临川尉，后将家安置在距临川百余里的宜黄县。成为宜黄乐氏家族始肇。乐史是南唐保大十年（952）状元，入宋后，又考取太平兴国五年（980）进士。乐史的两中进士，两次均为临川的第一位进士，成为"一枝丹桂两回春，始觉文章可致身"文林佳话。（《乐史〈再度登第志喜〉乐史家谱》）乐史的四个儿子黄裳、黄中、黄目、黄庭均为进士。再包括其孙辈共有12人中进士，因此被人称为"进士世家"。所以乐史会自豪地说："吾宗登第者，唐来数十人。我为芸阁史，又占杏园春。"（《与子黄简三试不第居长林》）在乐史家族中，以乐史文化成就最大。他撰有著作近千卷，尤以地理学著作《太平寰宇记》和小说《杨太真外传》《绿珠传》著名，是宋代著名地理学家和文学家。其三子乐黄目也是著述高手，撰有《学海搜奇录》《圣朝郡国志》和文集五十卷。《宋史》评价他"属辞淹缓"而"著述浩瀚"。乐氏家族至元代仍很兴盛。故吴澄在《跋乐氏族谱》中感叹道："《抚州登科记》：宋初自乐氏始，少保公十八世孙渊，咸淳末与余同荐名于礼部。呜呼！古人以与国咸休为期，今时代已革，而乐氏子孙福泽犹未艾，所谓盛德必百世祀，讵不信然。"（《吴文正集》卷55）

宜黄还有一个曹氏家族，是一个从宋至元传至十一世的大家族，曹氏初祖在宜黄未置县以前，曾监黄田镇，黄田镇升为宜黄县以后，曹氏遂家于宜黄县十五里，这个地方就叫曹坊。"其三世当宋熙宁间，以特恩官太常奉礼郎者，其五世有以边赏由承节郎迁保议郎者，又有一家父子三人俱以捍寇功补承节郎者。"（吴澄《宜黄曹氏族谱序》）到了七世的曹时修，终于成为崇宁五年（1106）进士。至九世曹锡，字晋伯，举嘉定元年（1208）进士，知江山县，除屯田员外郎，乞归奉祠。曹锡性刚直，文典雅。著名学者真德秀尝说曹锡"文采宜为词诰，刚介宜作言官，敏决可任监司"。至十一世曹衍，登嘉熙二年（1238）进士，仕至衡阳县令。所以元代著名学者吴澄在《宜黄曹氏族谱序》中说："曹族登科者三，入学者三，贡于乡、贡于运司、贡于国学者十三四，特科而官，荫授而官，子贵而官者，累累有在。宋季所以号宦族儒族，而望于其邑者也。"元代著名诗人虞集《跋曹氏通济仓记后》也称："临川之宜黄曹工部家，簪缨华远，乡里称之，缙绅道之，二百年来，门户弗坠。"当然，与宜黄乐史家族相较，其在文化方面的贡献相差甚远。但作为一个大家族，曹氏家族在家乡亦做了一件大善事，那就是曹锡的父亲曹尧咨建立通济仓，以救济灾年乡人，真德秀《跋曹唐弼通济仓记》说："一方之人，赖以全活者甚众。"

临川晏殊家族。晏氏家族是从晏氏高祖晏墉开始才从北方迁入江西的，晏墉，唐通年间举进士，卒官江西，始占籍江西高安，晏殊高祖延昌，又徙其籍于临川。晏殊是著名的临川才子，15岁时经宋真宗面试，赐同进士出身，官至宰相。晏殊长弟晏颖，赐进士出身，官奉礼郎，曾作《宫沼瑞莲赋》得到皇帝嘉赏。有文稿十卷，惜今不存。晏殊次子晏承裕，康定二年（1041）赐进士出身，官至司封员外郎。晏殊四子子崇让，侄孙晏升卿、晏中，曾孙绍林，敦复、敦临、肃均为宋代进士。晏殊孙晏溥，在靖康初金人南侵时，散尽家财，募兵抗敌，后与妻赵氏双双战死。曾孙晏孝广曾任扬州尉，建炎三年（1129），金兵直逼扬州，孝广率兵抵抗，最后因援兵不至，寡不敌众，英勇战死，其女仅15岁，落入金兵之手，不堪受辱，自刎而死。待制李易为孝广作传，赞曰："父死于忠，女死于烈，忠孝一门，光我简牒。"晏垚，为晏殊六世孙，登开庆元年（1259）进士。黄震在《兼江西提举举官告天文》一文中说："今举隆兴府司法臣晏垚，其人系先朝丞相元献公晏殊六世孙，今为孤寒，自擢科第，蔚有文墨，且明吏事，使之从事，必能尽赞画之职者也。"（《黄氏日抄》卷94）在文化贡献方面，晏殊与其七子晏几道尤为著名，他们都是宋代名极一时的词人，均被列入"宋词四大开祖"，后人称之为临川大小二晏。

南丰曾巩家族。曾氏家族原籍为山东，唐朝末年，南丰曾氏一世祖曾洪立，为南丰县令，殁于南丰，其后代遂占籍南丰。元代黄溍《金溪曾君墓志铭》中将曾巩以前的曾氏家族源流，胪列得极为详细："按《曾氏世谱》，曾子后十四世当王莽时，避地豫章之庐陵，凡六世，始徙临川，今抚州也。又十二世，至康刺史司空洪立，乃徙南丰。洪立生散骑常侍延铎，延铎生仁昭、仁旺。宋中书舍人巩、尚书左仆射布、翰林学士肇，皆仁旺之后。"曾氏家族可谓临川文化区甚至江西地区一大巨族，从宋初至元初绵延九代，有三十多位文学名家。而从曾巩祖父曾致尧太平兴国八年（983）为进士始，至宝祐元年（1253）止的270余年里，共有55人中进士，在朝廷为官百余人，特别是嘉祐二年（1057），曾氏一门六人皆举进士，成为轰动一时的佳话：

嘉祐初，（曾巩）与长弟（曾布）及次弟牟，文肃公妹婿王补之无咎、王彦深几，一门六人，俱列乡荐。既将入都赴省试，子婿拜别朱夫

人于堂下，夫人叹曰："是中得一人登名，吾无憾矣。"榜出唱第，皆在上列，无可遗者。（王明清《挥麈录》后录卷6，四库本）

曾氏家族中，以祖父曾致尧与曾巩、曾布、曾肇尤为著名。曾致尧是太平兴国八年（983）进士，历官著作佐郎、转运使、尚书户部郎中等职，他是宋代南丰第一位进士及第者，他为官清廉，勇言时政。他也是诗文能手，撰有《仙凫羽翼》等著作近180卷。曾致尧生七子，长子易从，次子易知均为北宋咸平进士。五子易占，北宋天圣进士，官太子中允，太常博士。易占生六子曾晔、曾巩、曾牟、曾宰、曾布、曾肇皆进士第。曾巩是曾氏家族中文化成就最大者，其成就主要在文学领域，他是唐宋八大家之一，诗歌亦很擅长。曾布的成就主要在政治领域，他是北宋宰相，坚定不移、始终如一地支持王安石变法，曾布亦擅长文学，其词《江南好》历称其妙，其妻魏夫人（魏玩）是著名女词人，朱熹将她与李清照并称为宋代两大女词人。曾肇为曾巩幼弟，治平四年（1067）进士，曾为官40余年，历事英、神、哲、徽四朝，任吏、户、礼、刑四部侍郎，两为中书舍人，践多州为地方官。曾肇曾参与《九域志》《神宗实录》《国朝会要》等官书编修工作，其散文继承了兄长曾巩的风格，具有言直而温，语曲而温的典雅风格，撰有《曲阜集》等著作百余卷。

有宋一代，曾巩兄弟的后代也是人才济济，或科场显名，或气节著称，或文场擅能。曾肇四子曾统，绍兴二年（1132）进士。曾绚，曾肇三子，宣和六年特科进士。曾纬，曾肇六子，宣和六年特科进士。曾繻，曾肇八子，政和二年进士。曾巩侄孙曾悟为苏辙外孙，宣和三年进士。曾创建溪山精舍，广储书籍，以教子弟与游学者，与曾巩孙曾忘英勇抗金，先后被俘，不屈遇难，他们的家属共40多人也被金兵所杀，真是满门忠烈。其他如曾阜之子曾纮与孙曾思，曾布之子曾纡、之孙曾惇，曾宰之曾孙曾季狸。曾肇之孙曾协等均能诗善文，多有著述，名垂当时文坛。

尤值得注意的是南丰曾氏家族曾宰这一脉支系，曾宰为曾巩五弟，字子翊，嘉祐六年进士，曾任舒州司户参军、湘潭主簿。虽官仕不显，却是一位很有名的书法家,《佩文斋书画谱》卷33称:"湘潭公书如吴兴小儿,形虽未成而骨体甚隽。"曾宰儿子为曾经,曾经四世孙曾钰生曾渊子、曾鸿子、曾冲子,渊子、鸿子均为淳祐十年(1250)进士。渊子在南宋末年知枢密院事,又拜参知政事。鸿子亦官至吏部左曹郎。冲子经程巨夫举贤,任元代福建提刑司佥事,以奉议大夫致仕。冲子这一脉,后迁至金溪,成为金溪曾氏家族。为示不忘祖先,曾冲子之孙曾元默命其子曾衍,作《南丰金溪曾氏世谱》,并请元代著名文人虞集作跋。虞集《跋曾氏世谱后》云:"曾氏自南丰而金溪,三百年间,人门并著,谱无遗阙。而按察公兄弟三人,在故宋时,并践华要,推恩先世。至于师保南丰三君子以来,金溪又其一兴也。(虞)集尝观于临川之乘,自宋初有黄门乐侍郎、晏元献公、王荆公之家、乐之子孙尚多,晏亦有之,而王氏之后分居金陵,其后人特少。南城既自为郡,南丰又别为州,其居金溪者,复为临川之大族,何其盛哉!"由此而知,曾氏家族曾宰一脉,由宋末自南丰迁至金溪,成为金溪望族,至元代。金溪曾氏一直兴盛不绝。南丰曾氏还有一脉为曾仁昭之后,早在北宋时期,曾易祥之子曾千就迁入金溪,成为另一支金溪曾氏。元代黄溍《金溪曾君墓志铭》中说:"南丰洪立生散骑常侍延铎,延铎生仁昭、仁旺。宋中书舍人巩、尚书左仆射布、翰林学士肇,皆仁旺之后。仁昭生赞尧,赞尧生易祥,易祥生千,复居抚之金溪。千生学,学生应臣,应臣生仕钦,仕钦生浚,浚生纲,纲生彦明,则君之高祖也。曾祖讳征,隐居弗仕。祖讳子良,擢咸淳龙飞进士第,终于淳安令。父讳正言,国子进士,并以文学行义,师表其乡。"(《文献集》卷9下)这一支金溪曾氏,仕宦科名均不显,其中最著名者为曾子良,曾子良,字仲材,号平山,度宗咸淳四年(1268)进士,调兴安尉,迁知淳安县,入元不仕。匾"节居"二字于堂,以示志。元世祖至元二十八年(1291)年六十八,尚在世。撰有《周易辑说》《中庸大学语孟解》《圣宋颂》《百行冠冕诗》《续言行录诗》《广崇类稿》《咸淳类稿》等,均佚。元代吴澄《吴文正集》卷二十有《周易辑说序》云:"金溪曾先生,讳子良,在宋两贡于乡,擢进士科,仕至县令。晚节隐居讲授,以通经学古、能诗能文为后进师。"今《全宋诗》

第 66 册卷 3476 第 41383 页收录其诗六首。《全宋诗订补》第 621 页辑其诗一首。《全元文》第 5 册第 156 页收录其文四篇。所以宋代著名文学家汪藻会说："南丰之曾，自国初闻天下，盖君之曾祖致尧，事太宗、真宗，有大臣之言，不克施以殁，仕至户部郎中，赠谏议大夫。君之祖易占，复以议论文章名世，卒官太常博士。有子六人，曰巩，为中书舍人，神宗时学者宗之，号南丰先生。曰布，相徽宗，谥文肃。曰肇，终翰林学士，谥文昭。同时鼎峙，为名臣。于是曾氏之名益彻于时，士大夫以氏族名家，皆出其下。"这仅仅记述了南丰曾氏三代的文化功绩，由此而见南丰曾氏家族是何等的兴旺。

南丰还有一传递有序的大家族，为江楼刘氏。江楼刘氏与南丰曾氏世代交好，从曾巩祖父曾致尧开始，至宋末元初，两家族友谊一直未断。宋末南丰曾氏后裔曾子良与江楼刘氏后裔刘壎相交甚契。曾子良为刘壎《水云村诗》作序："宋初南丰儒家望族二，曰江楼刘氏，曰密国曾氏。我密公迨江楼公相好。"刘八居士曾在家乡筑一江楼，极为雄壮，曾致尧曾作《题刘居士江楼》，诗中云："刘八江楼雅，诗家不易言。春风花对岸，夜月水当轩。"此楼亦成为南丰一大风景，故刘氏家族名为江楼刘氏。刘氏后裔刘壎曾作《刘氏族谱序》，中云：

刘氏，尧之后，散居江南者，汉高祖封其弟元王交于楚而衍之也。唐季有自鄱杖一剑，徙居南丰，又自南丰分而之广昌、之新城、之建宁。江楼八居士宝藏初徙时剑，剑长三尺许，有北斗星文，……居士作江楼。密公为赋五言长韵，见《凫绎集》。其叔子与荆公为同门婿，荆公之父益之出守韶州，居士同游石仙岩，和诗有刻石在。初庆历诏州县立学官，居士一力任其费，曾易占作《记》，实子固十八岁少笔。居士生四子，四子之子生孙，孙生子，众而多微，波流星散，谱系益落缺不能尽详。惟予大父泰夫府君与从祖光夫（讳炎，水村大父）及定夫（讳止象，山高弟）二先生，三派子孙，尚习诗书。

从《序》可知，江楼刘氏虽为南丰儒家望族，财力十分丰厚，但与南丰曾氏相较，功名一直不显。其中较有名者，有刘揆，字信翁，号方石，为刘壎族兄。侍郎张渊微荐为国史院校勘，时七十余。既入馆分校列传，未上而卒。撰有《刘氏族谱》《冰玉集》《方石漫稿》。四库本《江西通志》列有其传。另一位叫刘镗，号秋麓，为刘壎叔父。两试不利，退归故里，以读书著述为务。撰有《圣门言行录》《山鸡爱景集》。今《全宋诗》第65册卷3446第41070页收录其诗二首，残诗九首。其中所作《观傩》一诗，是目前宋代江西傩舞兴盛唯一一首诗歌。今天研究江西傩舞者，无一例外都要引用这首诗歌。因此人们记住了他的名字。江楼刘氏最著名者是刘壎，他是宋末元初著名文学家，字起潜，又字子长，号水云村，宋元鼎革后，年五十五为建昌路学正。年七十为延平路儒学教授。一生以教学著述为重，培养了众多儒生。元仁宗延祐六年（1319）卒，年八十。撰有《隐居通议》《水云村稿》《经说讲义》《英华录》等一百二十五卷。

临川王安石家族。据曾巩撰的王安石父亲王益墓志铭，我们可知，临川王氏家族其原籍在太原，大约晚唐五代时南迁临川。此一时期王氏家族并不显赫，无人出仕，至宋，王安石叔祖王贯之于咸平三年（1000）中进士起，至王庭椿中绍定五年（1232）进士止，230余年中，临川王氏家族共有10人举进士，他们是王安石叔祖王贯之，王安石父亲王益，安石从弟王沆，安石兄安仁，弟安礼、安国，子王雱，裔孙王珪。王珪玄孙王庭椿及王安石本人，可见王安石家族主要靠科举功名，致身仕途，再凭依自己治事干能和文学才华，才显赫发达起来的。

王氏家族中，王安石兄弟与子王雱是其中的佼佼者，王安石在文化与政治上的成就最大，其事迹大家耳熟能悉，毋庸多述，王安石弟王安礼是嘉祐六年（1061）进士，曾以翰林学士知开封府，后历任尚书左丞、端明殿学士、资政殿学士等职，以诗词称于世，撰有《王魏公集》。弟王安国，熙宁元年（1068）应茂才异等科，神宗赐其进士出身。曾官秘阁校理，世称王校理，能诗善文，尤以词见长，撰有《王校理集》。子王雱，治平四年（1067）进士，未冠时即撰书20万字。他是王安石变法的积极支持者，惜不幸早逝，年仅33岁，撰有《南华真经新传》《论语解》《注孟子》《佛书义释》等书。

值得注意的是，上述临川王氏，南丰曾氏，还有一个未有讲述的金溪吴氏家族，都是宋代临川文化区的望族，吴氏其始迁祖称宣公，居四川阆州，娶后蜀国主孟知祥之女为妻。后晋天福元年（936），他偕妻携三子吴纶、吴经、吴绍，东下至抚州，二儿吴经居临川，宣公随老大、老三徙居南丰，"有孙十八人，曾孙七十七人，玄孙三百余人。有良田二万七千余亩，税山一万余万亩。"其子孙又从南丰扩展至金溪，是以"抚建氏族之繁，吴氏为最。"（《疏山志略》卷13《吴宣公逸传》）后金溪吴氏中的吴德筠，其子吴敏为淳化进士。其子吴蕃，字彦弼，读书好古，王安石亟称之。其子吴芮，天圣二年（1024）进士，孙吴颐亦登进士，与荆公唱酬甚富。吴颐孙吴桌，建炎二年（1128）进士，累官中书舍人、吏部尚书。还有一位吴孝宗，为吴偭子，王安石表弟，登熙宁三年（1071）进士，仅为主簿而卒。欧阳修有《送吴生南归》诗云："自我得曾子，于今二十年。今又得吴生，既得欢且叹。古士不并出，百年犹比肩。区区彼江西，其产多材贤。"欧阳修将其与曾巩相比，对其颇为称许。可见，金溪吴氏亦为科第仕宦之家。更重要的是，吴德筠以其长子吴敏，次子吴畋，女儿吴氏三人为纽带，将曾、王两族连接成紧密的姻亲关系，吴氏嫁给了曾巩父亲曾易占，是曾巩的生母，而曾易占的妹妹又嫁给了吴敏，同样吴敏的女儿又许配给了王益，也就是王安石的母亲，而吴敏的长子吴芮的女儿又嫁给了王安石，所以王安石父亲王益应称曾巩为表弟，曾巩虽比王安石大两岁，但按辈分来讲，王安石应称曾巩为表叔，曾巩之妹又嫁给王安石弟安国，那么王安石与曾巩又成了兄弟关系。另外曾巩继母朱氏亲堂弟朱明之又娶王安石父亲王益的次女为妻，曾王两族又多了一层姻亲关系，所以曾巩《明州奏乞回避朱明之状》云："伏为本路提点刑狱朱明之，是臣母之亲堂弟，牒明州检致敕条，窃虑合该回避，须至奏闻者。"曾巩于元丰二年（1079）正月任明州知州，五月三日就改知亳州，很可能是要回避亲戚朱明之之故。这种以婚姻关系结成的盘根错节的家族大联盟，促使王、曾、吴三大家族相互交往，不仅带来了三个家族的兴旺发达，更推动了整个临川文化的发展，三个家族人才辈出，对宋代文化发展，也起到了巨大作用。在临川文化区中，像这种家族联姻例子亦不在少数，如曾布第四子曾纡又取王安国之女为妻。南城的王无咎也是一个文学大家族，王无咎先娶曾巩二妹为妻，曾巩二妹去世后，又取曾巩七妹为妻。而曾巩从兄之女又嫁于同是南丰大家族朱京之祖，而王无咎又将长女许配给南丰朱京。于是曾、王、朱三大家族又形成互为联姻的关系。临川晏殊之兄晏融之子名叫晏昭素，其娶金溪吴芮之女为妻，而此女正是王安石夫人之妹。由此，晏殊家族与王安石家族、金溪吴氏家族又形成联姻关系。正因此，晏昭素之子晏防从小即跟随王安石学习，晏防其名、字均为王安石所取。王安石有一弟叫王安礼，王安礼曾孙叫王瑊，王缄长女又嫁于金溪陆九渊五兄陆九龄。如此，临川王氏与金溪陆氏又成为姻亲关系。（详见黎清《宋代文学家族研究》）

  临川县尚有一个蔡氏家族，蔡氏也是北迁至临川的大家族。宋代苏颂撰《承议郎集贤校理蔡公墓志铭》一文中说："蔡氏出济阳，至唐弘文阁学士允恭始居长安，子孙家焉。其后，南唐清徽殿侍书士煜又居金陵。煜之子曰倚，复徙临川。倚之孙曰为政，皇朝赠尚书比部郎中职方，即其子也。自倚至浚冲，六世居临川。"（《苏魏公文集》卷57）其中蔡元导，字浚仲（浚冲），嘉祐二年（1057）进士，官终南剑州推官。元导子蔡承禧，字景繁，与父元导同登嘉祐二年进士。授太平司理，擢监察御史。撰有《论语指归》十卷、奏议诗文三十卷、蔡承禧之子蔡居厚，字宽夫，哲宗绍圣元年（1094）进士，徽宗大观初，拜右正言，迁右谏议大夫，改户部侍郎，出知泰州，坐事罢。蔡京再相，起知沧、陈、齐三州，应天、河南二府。后徙汝州。久之，知东平府，又知青州。撰有文集十二卷及《蔡宽夫诗话》。蔡孝恭，字庄叔，元导四世孙，博闻强记，以贤良荐，上《批鳞十三策》，至京师，或谓合谒当路、孝恭说："以妩媚取科第，吾不能也。"遂归不仕。由此可见其气节。

  在金溪福乡青田里，还有一个百年陆氏大族。金溪陆氏的原籍是山东，其远祖陆希声是唐昭时宰相，其后代陆德迁，为避战乱从吴地宜兴县迁入金溪青田里。金溪陆氏在陆九渊出现之前，家世不但不显赫，甚至可以说家道中落，一百多年未出现一个出仕为官者，陆九渊父亲陆贺，家中只有十几亩田地，多依靠其长子陆九叙开中药铺维持生活，虽为贫穷破落，但陆氏家族以严密的族规宗法，维持着十代聚族而居，被人称为"青田义居"。陆贺生有六个儿子，即九思、九叙、九皋、九韶、九龄、九渊，其中尤以九韶、九龄、九渊三兄弟尤为著名，人称"金溪三陆"，陆九韶虽博学多才，但不愿入仕，隐居家乡梭山钻研学问，人称"梭山先生"。陆九渊仕宦也不显赫，仅为乾道八年（1172）进士，官至知荆门军卒，但却是一个大哲学家、大教育家，其所创心学流派，影响元明清诸代。陆九龄，乾道五年（1169）进士，一生仅任军、州学教授，惜已49岁年龄英年早逝。但人品高洁，学问精深，朱熹称其"德义风流夙所称"，时人誉其为"海内儒宗"，学者称"复斋先生"。可知陆氏三兄弟并不是以功名仕宦而显于时，而是在文化学术上的贡献而流芳后世。陆氏心学流派除影响整个思想界外，对其家族影响更为深远，据清李绂《陆子学谱》称，陆九思之子陆焕之，陆九渊之子陆持之、循之、麟之，陆九韶之子陆浚之，陆九思之孙陆深甫、陆冲、陆泓，陆九渊之侄陆筠，陆九渊亲家湖南人胡大时，陆九渊妻妹婿胥训，陆九渊内弟临川县吴颢若、吴仲诗、吴叔有，陆九叙婿金溪县的张商佐、周清叟十六人，均为陆氏心学子弟，组成了心学流派家族群体。

陆九渊有一位得意门生，名叫傅梦泉，是临川文化区中南城县人，傅氏家族是南城以科第著名的望族。其始祖为傅益顺，从家谱记载，他尚未获取功名。益顺生子三人：容、野、天翼，其中傅容（1017—1078）是傅梦泉重祖，为庆历六年（1046）进士，授别驾。傅容生子名权（1043—1105），为梦泉曾祖父，曾是南城著名学者李觏学生。登熙宁三年（1070）进士，为建宁军观察推官。傅权生子傅默（1073—？）字仲言，登绍圣四年（1094）进士，授岳州教授，升至大理寺丞。其为傅梦泉祖父，生有二子，霖、锽，其中傅霖（1094—1163）为傅梦泉父，举南宋绍兴二年（1132）进士，官礼部侍郎。生子二人，泉、梦泉，傅泉（1132—1196）为梦泉兄，登乾道八年（1172）进士，授分宁主簿。升卫州太守。傅梦泉（1138—1207）为傅霖次子，字公胜，又字子渊，淳熙二年（1175）进士，官澧州、衡州博士，早年即从陆九渊学，深得九渊器重，称其"擒龙打凤手"，是自己学术传钵第一人。后梦泉又从朱熹学，朱熹也赞扬他"气质则毅，极不易得"。他曾在家乡筑曾潭讲堂，招收学生，传授陆氏心学，成为槐堂学派的掌门人。可见傅梦泉在学术上造诣颇深。傅梦泉有子名梅叟（1180—1250）字隽夫，为嘉定元年（1208）进士，任永兴县主簿。傅梅叟有子正则（1209—1268）字子法，登淳祐七年（1247）进士，官翰林院编修，傅正则有子贵早，为傅梦泉曾孙，举咸淳元年（1265）进士，任进贤县尉。可见从傅梦泉重祖始，至傅梦泉曾孙止，绵延八代均为进士，虽除傅梦泉在学术上颇有成就外，八代均宦绩不显，但在220余年时内，八代均为进士，从未中断，成为进士专业户，这在科举史上还是极为罕见的。（罗伽禄，《陆门高第傅梦泉》，《赣文化研究》，2005.12）

临川文化区还有一个以科第著名的家族，这就是乐安县流坑董氏家族，据族谱记载，其远祖可上溯到汉代大学者董仲舒，近祖是唐代宰相董晋，唐末五代战乱，董氏家族由安徽迁至江西，先是在抚州宜黄定居，后由董合迁到抚州乐安县流坑，因此董合成为流坑董氏的开基祖。这已是南唐时期了。北宋时期，董合长孙董文广虽考中大中祥符二年（1009）明法科，却不愿入仕，一心创办书院，全力培养董氏家族子弟。果然在大中祥符七年（1014），文广侄子淳、湘、滋、渊兄弟四人同时中举，次年董文广大侄子董淳进士及第，成为流坑董氏第一名进士，由此而肇兴，董氏家族以后可谓科第连绵、文风鼎盛。接着董文广的侄子洙、汀，侄孙仪、师德、师道五子联科，同时成为景祐甲戌（1034）进士，传为士林佳话，于是朝廷赐予董氏所居之地云盖乡为"五桂乡"，乡里又建五桂坊，以示旌表。后来文天祥在《上权郡陈通判启谢解》中说，"我朝科目之盛者，甲于江右未若庐陵，名耀帖金，以一门而五董。"（流坑原为庐陵属地）来称扬这个科举盛事。的确，在宋代临川文化区一门三进士、四进士的家族不算少数，如前而所述的曾巩、王安石家族。其中曾巩家族最多，一门六进士，但其中包括妹婿王无咎、王彦深两个外姓，如以同姓来讲，董氏一门五进士为最多，而且董氏家族这种科举兴盛之风至宋代终结,一直保证良好发展势头,皇祐元年(1049),董淳之子伋、尔,董渊之子偕,以及董唐臣四人,又同榜为进士。靖康元年,为了抗金需要,朝廷特设一科以谋略取士,董藻名选第一,时人称"武状元",而董德元中进士第二,赐"恩例与大魁等",时称"恩榜状元"。据统计,两宋三百余年间,流坑董氏一族有26位进士,入仕为宦,上至宰相,下至主簿教谕者,竟达百余人,所以人们会说:"江以右称文献世家,必以乐安董氏为最。"(周銮书,《千古一村》,罗伽禄、邓高平,《千年教育》)

值得注意的是,流坑村还有一支以曾丰为主的曾氏家族,据曾丰乾道二年(1166)撰的《重修族谱序》所述,其家族与泉州曾公亮与南丰曾巩系为同一宗族,而与曾巩更为亲近。其家族与董氏家族差不多都在唐末五代来流坑开基立业的。但在曾丰之前,流坑曾氏家族尚未发迹。曾丰"慨然有自愤之志,不一二年遂策名大廷。"(虞集,《曾樽斋缘督集序》)遂中乾道五年(1169)进士,曾任浦城县令、德庆知府等职。政事不算荣耀,却以文学知名于世。曾氏自后也屡出进士,如曾玠为淳熙进士,官司理参军,曾琬为淳熙八年(1181)进士,官翰林侍读。曾仲光为咸淳七年(1271)进士,官至兵部侍郎,亦可谓人才济济。曾、董二家紧为相邻,相处融洽。董氏一世祖至十世,多与曾氏通婚。特别是曾丰之妹嫁与董德修为妻,二家结为更为紧密的姻亲关系。不少董氏子弟还在曾丰所办的西山书院就读。于是曾、董二家族互为相助,相映争辉。

除上述以儒业相传的家族外,南城危氏家族是一个政治与儒业并著的大家族。危氏也是一个北迁的大家族,据《万姓统谱》卷四云:"危,汝南,宫音,又望出齐郡令,临川多此姓。"可知,危氏最初为汝南人。后南徙至江西,多为临川人。又据宋苏颂撰《太子少保元章简公神道碑》说,元绛"其先本危氏,崔琳《姓苑》:危,姬姓也。后封于新世,久寖微。秦汉以来,虽有仕者未甚显大。其一支著临川郡之南城县,世力农以,财雄乡里。"可知危氏家族后迁于临川之南城县,仕宦并不显赫,仅以力农财雄称著于南城。直到唐末五代,这个家族才重现辉煌。如果说，以晏殊为主的晏氏家族为宋代临川文化的主要开拓者之一，那么南城危氏家族就是唐末五代临川文化的主要奠基者之一。唐末时，危全讽为抚州刺史，他修建了抚州城，又大兴儒学，始立文庙，抚州文风由此而兴盛起来。其弟危仔昌与其遥相呼应，历官。衢、抚、饶、信四州刺史。危仔昌有子名危德昭，曾为吴越国宰相，他是临川区历史上第一位宰相，也是临川最著名的历史文化名人之一。然而吴越王对"危"姓非常感冒，认为危姓中下有"厄"，不吉利，于是赐姓"元"，故危德昭就成了元德昭。《全唐诗》仅录其残诗一联云："满堂罗绮兼朱紫，四代儿孙奉老翁。"并说："德昭理家以孝爱闻，每时序，置酒环列几席者凡四从。"可见其家族之繁荣富裕。元德昭生有九子，八子皆封荫为官，第九子为元守文，入宋朝，为咸平三年（1000）进士，仕至大理寺丞，知白州。元守文有子名元绛，也是一位神童，五岁能诗，十三岁以神童荐。后中天圣八年（1030）进士。官至宋神宗时副相，也是一位著名文学家。元绛曾祖辈的危全讽与危仔昌兄弟俩虽以政治名世，也是雅爱文艺之人。《全唐文》收录危全讽文章两篇，由此成为临川区最早的散文家。危昌仔也有一首《喜贼平谒李将军祠》诗一首存世。危氏或称元氏家族在宋代还有许多名人，如元奉宗，为元秀文之子，景德三年（1006）进士，官至礼部尚书。范仲淹《都官员外郎元公墓志铭》说："公讳奉宗，字知礼，其先临川大姓危氏也。皇考讳仔倡，唐信州刺史，避杨渥之乱，东依钱氏。时朝廷命讨淮南未行，而终因家于余杭。王考讳德照，为吴越王相，仅三十年，赐姓元氏。累赠太保。考讳秀文，典吴越书命，累赠太仆少卿。……公三子昞、煜、暕皆举进士。"其中元奉宗之子元暕为景祐二年（1035）进士，曾知建州，过南城，祭祀危全讽祖墓，又刻危氏家传于石。而居留于临川区的危氏子孙就更多了，如南城的危拱辰，淳化三年（992）进士，官至光禄卿。南城危之邵，元丰二年（1079）进士。南城的危祐，字梦弼，天禧三年（1019）进士，历仕邵州知州，累迁尚书都官郎中。危祐之子危固，字坚道，虽未获功名，却是一位诗人，撰有《自珍集》。临川有危积、危和兄弟，均为进士，南宋诗人。直至元明时期的金溪人危素，《明史》本传云："危素，字太朴，金溪人。唐抚州刺史全讽之后。"元代时，危素官至参知政事，是著名的文学家、史学家、书法家。由此可知，危氏家族是一个由唐五代至宋，又至元明时期传递有序、名人辈出的大家族。

临川文化区还有以众多以中医相传的世家，传统的中医最讲究父子相传，家族相授。如著名的妇科与外科专家临川人陈自明就说"仆三世学医"。陈自明幼年开始向父祖学医，勤奋好学，十四岁时即读完了四部经典著作，打下了深厚的医学基础。其所著的《妇人大全良方》中许多医疗技术与治理药方，都是参考父祖辈行医经验编撰而成。如元代的名医危亦林，字达斋，南丰人。曾任本州医学教授。其家五世行医，也就是说在宋代，南丰危氏就是当时名医，其高祖云仙游学东京（河南开封），伯祖子美从杭州田马骑学习正骨兼金镞科，伯父熙载从福建汀州路程光明学习眼科。危亦林所撰的《世医得效方》二十卷，是将其高祖以下五世所集医方编辑而成。临川文化区最著名的中医世家是南宋初年临川席坊村人席弘。他随宋高宗南渡，徙居江西临川。席氏家传针灸十二代，由宋到明，历久不衰。席弘十世孙席信卿还把针灸术传给了江西丰城人陈会（字善同，号宏纲）。后来，陈会又授徒二十四人，刘瑾是其中较为知名者。席氏门徒众多，遍及江西各地，形成了我国历史上较大的地区针灸派系。

宋代临川文化区还有许多以父子兄弟子侄并称名于世的家族。如"临川二谢"指临川人谢逸、谢薖二兄弟，他们虽科名不显，却以诗歌名世，是江西诗派重要诗人，谢逸曾作蝴蝶诗三百首，被人称作谢蝴蝶。临川还有"临川二危"，虞集《送道士危亦乐归临川并序》云："骊塘危氏，临川之望族。文学雅正之士，世世而有之。"（《道园遗稿》卷3）其中危稹与危和以科名文学著称，人称"临川二危"。危稹，原名科，字逢吉，号巽斋，又号骊塘，孝宗淳熙十四年（1187）进士，调南康教授，移临安府教授，入为武学谕，改太学录。宁宗嘉定九年（1216）建宗子学，充宗学博士。累迁著作郎兼屯田郎官。因诗送柴中行去国，忤宰相，出知潮州。移漳州。请老，提举崇禧观。有《巽斋集》《危氏诸经讲义集解》。危稹弟危和，字应详，号蟾塘，又号闲静居士。宁宗开禧元年

（1250）进士，为上元主簿，知德兴县，有惠政。撰有《蟾塘文集》。临川文化区的崇仁县有"崇仁三谢"，指崇仁人谢公旦，字清父，嘉定进士。曾任监察御史兼崇政殿说书。官终福建运使。有《类稿奏稿》六卷。公旦弟谢洪，字申父，一字景范，宝庆进士，知万安县。另一位弟谢琳，字贡父，嘉定进士。官至右司郎。公旦兄弟时称"崇仁三谢"。吴澄有《崇仁三谢逸事编序》称："三先生伯仲叔接踵擢科，伯叔以清节著闻，仲氏亦号贤今长，同门三杰，煜耀一时，盛哉！"崇仁还有父子并誉的崇仁二陈，即陈郁，字仲文，号藏一，盖取苏轼诗"惟有王城最堪隐，万人如海一身藏"之意。崇仁人，一云临川人。宋理宗时，特旨以布衣充缉熙殿应制，景定间为东宫讲堂掌书兼撰述。以诗文名世，宋度宗称其"文窥西汉，诗到盛唐"。恭帝德祐元年卒，年九十二。其子陈世宗亦有文名，陈世崇，字伯仁，号随隐，曾随父入宫禁，理宗景定四年（1263），充东宫讲堂掌书，兼椒殿掌笺。度宗咸淳元年（1265）任皇城司检法。因作诗忤贾似道，去职归里。后复职。宋亡不仕。元至大元年（1308）十二月卒，年六十四。撰有《随隐漫录》。临川文化区还有"抚州三艾"，即艾叔可，字无可，咸淳戊辰奏策入三等，撰有《文江集》。弟宪可，字元德，累举不第，以诗文自娱，撰有《蕙愁吟》三卷。侄性夫，字天谓，号孤山，宋末曾应科举，为咸淳贡生。撰有《孤山晚稿》诗集。《四库全书》收录其《剩语》二卷。《四库全书总目》认为："其诗气韵清拔，以妍雅为宗，绝不似宋末有韵之语录。五七言古体，笔力排荡，尤为擅长。曹安称其七言律太辣，五七言绝歌行语多关世教，并称其《铜雀砚》《扑满吟》《临邛道士招魂歌》三首，所论颇为得实。"抚州三艾，虽科名不显，但均以诗名世，世又称"三艾先生"。

除上述世代兴盛相传家族外，据黎清《宋代江西文学家族》一书记述，临川县尚有邓名世、汪革、孙次康等家族。崇仁县有邓䩄、吴沆、李刘、吴曾、罗点、饶延年等家族。金溪县有黄庆基、朱桴等家族。宜黄县有黄希等家族。南丰县有朱京、赵崇嶓、陈宗礼、黄大受等家族。南城县有李觏、王无咎、包恢、曾渐等家族。这些家族虽或以文学或功名或学术显，但最多延至三世而戛然中止。

另，宋末元初的著名文人吴澄曾记载了许多临川文化区大族著姓，如金溪的邓氏家族，他在《邓氏族谱后序》中说："金溪多著姓，为抚州五邑之甲，邓其一也。邓自初祖至三四世派别为六，第六派尤盛乡部所，贡士、太学弟子、贡进士科及第出身者不一，仕于邑，仕于郡为部使，为朝官俱有之。"（《吴文正集》卷32）如金溪吴氏家族，《金溪吴氏族谱序》云："今观《金溪谱》，以宋初讳词者为初祖，传至于今十有四代。……其族赀产盛，文儒盛，宋之季以科名显者相踵，而宋亡矣，诗书礼义之习，逮今犹前日其盛未替也。"（《吴文正集》卷32）如宜黄谭氏家族，《宜黄谭氏族谱序》云："宜黄谭氏之族，宋末号为盛，大家富而有贵焉。"（《吴文正集》卷32）如宜黄吴氏家族，《宜黄吴氏族谱序》云："吴为宜黄崇仁大姓也，旧矣。而宜黄之吴，自朝散大夫公以五举特奏名佐邑，奉直大夫公以一举正奏名参制置司议，遂以贵显。……吴自朝散以来，至于今殆将十世，而六世之间，正科者二，特科者二，贡者凡五，仕者凡七，富而贤者，振振如也。其族可谓盛也。"（《吴文正集》卷32）如乐安龚氏家族，《龚氏族谱序》云："乐安诸乡之族，其久且蕃者，龚坊之龚其一也。盖出宋初至于今十六传。"（《吴文正集》卷32）如乐安詹氏家族，《詹氏族谱序》："乐安多詹姓，而崇仁簿一族文物尤盛，詹族多文儒。"（《吴文正集》卷32）如乐安黄氏家族，《巴塘黄氏族谱序》云："乐安一县四乡之富家大姓非一，予幼年稔闻众口夸谈宗支之蕃衍、文物之光华、声誉之烜赫者，巴塘之黄为盛。……黄于宋祥符七年（1014）甲寅始自华容侨寓于此，盖止父子两人。……逮宋既南渡，浸浸雄大，子孙日趋于文。祥符甲寅越百九十一年，为嘉泰甲子肇端预乡贡。宝庆乙酉至咸淳甲戌五十年间而贡于乡郡者九，贡于漕司者二，升于太学者亦二，正科仕为县宰官承议者一，特科仕为县倅官从事者一，太学舍选庭对仕于京国官修职者亦一，此黄族极盛之时也。"（《吴文正集》卷32）如余氏家族，《珠溪余氏族谱序》云："华盖山之东麓有修谷曰珠溪，余氏一族居之，靡它姓间杂且三百年矣。其初一人之身，蕃衍至二三百户、六七百口，虽无甚富之家,亦无甚贫之人。皆有土田,或自食其力以给父母妻子之养,尚质实,不尚浮虚,所谓山深民俗淳,县远官事少者。……其族自祖传四世,五世二千分五支,十世而五支之分凡三十有一,亦族之盛大永久者哉!"(《吴文正集》卷32)这些临川文化区巨族大姓,有的以功名显,有的以文儒胜,也有的是自食其力的劳动者,但他们的显著特点是延绵数代、十数代,繁衍数百口大家族,正体现了临川文化区家族性的特色。

第三节 临川才子与临川文化

综上所述,宋代临川文化区真是人才荟萃,俊彩星驰,群星璀璨的地方。一个地域文化之所以辉煌,首先表现在各种杰出文化人才的大量涌现。临川这些文化人杰在一个时代里以爆发形态,密集型大幅度集合于一个地域,不仅以自己创造的丰硕文化成果,使本地文化流光溢彩,显得富有生机和活力,而且其本身就是一个重要的文化现象。这一点,早在北宋时就引起人们的注意,李觏在诗中说:"花光柳色今何限,更有才人胜古人。"(《盱江集》卷37)杨万里《赠盱江谢正之》诗云:"盱江天上银河冰,麻姑人间白玉京。不生金珠不生玉,只生命代千人英。前有泰伯后子固,后无来者前无古。"南宋时期,黄震曾于咸淳七年(1271)任抚州知州,更对这种文化现象屡屡发出感叹,他说:"抚州古名郡,至本朝而尤号人物之盛,德业如晏元献,文章如王荆公、曾南丰,儒学行谊如陆象山兄弟一门之盛,其余彬彬而出,几不容偻指。"(《抚州重建教授厅记》黄氏日抄卷88,四库本)又云:"抚州人物甲天下"(《抚州堰合楼记》,《黄氏日抄》卷88,四库本),"元献(晏殊)、荆公(王安石)之故里,人物尤盛"。(《抚州到任谢庙堂》《黄氏日抄》卷13,四库708-1000)特别是他曾看到临川一县之地,嘉定十六年(1223)考取进士12人,宝庆二年(1226)考取18名,咸淳二年(1266)考取22名,分别占全国录取进士总数士的4%、6%、7.33%,于是发出惊叹:"儒林传为美谈,公卿耸观,朝野震动,盛称临川为'人才之乡'"(黄震《黄氏日钞》），后来这个"人才之乡"逐渐演变成"才子之乡"，于是"临川才子"在此时被叫响，历经元明清，直至当代仍延绵不衰。仅以进士而言，宋、元、明、清四代，临川文化区考取进士2450名（未计武科），约占江南同期进士的四分之一。宋代出现的文化大家，我们将在下文进行介绍，元代以后还出现过著名理学家吴澄、吴与弼，地理学家朱思本，文学与戏剧学家汤显祖，抗倭名将谭纶，晚清禁烟名臣黄爵滋，佛学大师欧阳竟无等数百位文化泰斗巨匠式的人物。而"文化大革命"后，恢复高考以来，整个临川文化区就有少年大学生两百多名。因此，才子文化是宋代以来临川文化的主脉，更是临川文化的主要特色。后来，临川民间就有"临川才子金溪书"的民谚，可以与之相证。而宋代就是临川才子文化兴盛的第一个高潮的时代。

  宋代临川才子文化主要有如下几个特征：一是临川才子很多都是早慧之人，也就是我们常说的神童。这种例子举不胜举，如南城人陈彭年13岁就写下长逾万言的《皇纲论》，随即被南唐后主召入宫中，与皇子们交游，目的是想沾染一下陈彭年的神童之气，他曾骑驴出游，在驴背上构思文赋，目的地未到，就口占千言，一时传为佳话。他经过三次科考，24岁就中了进士。著名哲学家南城人李觏虽一生未考取进士，但五六岁就能"调声韵，习字书"，七八岁就写得一手好文章，十岁已"知声律而习举业"。清康熙十二年《南城县志》卷十中，专列"神童"一节，记载自宋至清康熙十二年南城神童7名，仅宋代就有4名。如南城人危拱辰，字辉卿，淳化进士。性纯孝，年十五代父为吏题《新月诗》云："未审初三月，嫦娥怨阿谁。懒开十分镜，祇画一边眉。"邑令见而异之，命危拱辰专攻儒业，后由进士官至光禄卿。与晏殊同年应试还有一位南城神童吴奎，其三岁能诗，六岁能历览子史，五行俱下，目不再睹，大中祥符二年，与临川晏殊应贤良诏，时年十一。宋真宗甚优异之，三赐玺书。可惜后来却默默无闻。南城人陈公衮，七岁能诗，博闻强记，治平年间以神童召试，当时南城郡守黄师道有诗赞之曰：

  玉皇诏我自盱城，下车期年微政声。唯得奇童在颍川，年始七岁业老成。手挥椽笔书大字，口诵五经富强记。君非祖德各余庆，来裔安能具神智。一见降羡增嗟呼，寄言昭武元正夫。长歌大轴贻褒赞，比拟刘晏李泌徒。近来诗思复清峻，辞赡格老实奇俊。居尝亲试一一精，奏达帝聪彰圣运。英庙激赏人中祥，命旨颁降政事堂。临轩未暇召入对，龙驾俄闻升上苍。举世才命各有待，俊气尚幼佳名在。

南城人元绛，生而颖悟，五岁能作诗，九岁拜见荆州太守孙冕，孙冕面试三题，惊讶其才华，以神童荐于朝。十八岁拔开封进士，荐廷试优等，以诗文声病，降同学究出仕，后为天圣八年（1030）进士，官至参知政事。工于文辞，撰有《玉堂集》与《谳狱集》。南城李觏之后李秋芳，生而颖异，十三岁善文，十八岁拔帜场屋。除上述五人外，宋代南城神童还有王向，字梦锡，生数岁，就喜读书。与曾巩交好，曾巩《与王向书》："吾子与吕南公、黄曦皆秀出吾乡，一时之俊，私心喜慰，何可胜言。"此处曾巩提到的吕南公，也是南城人，更是一位早慧才子，清乾隆《新城县志》卷九称其"生数岁，日记逾万言，少长为文章诗歌，以古道自居。"曾肇《寄吕南公》诗云："主人第一河南守，之子无双江夏才。会见吹嘘上云汉，可能憔悴隐蒿莱。风骚寓兴乘金薤，翰墨传家富玉杯。"吕南公未获功名，隐于蒿莱，但成为著名文学家。

著名政治家、文学家临川人王安石更是一位少年才子，《宋史》本传称"安石少好读书，一过目终身不忘，其属文动笔如飞，初若不经意，既成，见者皆服其精妙"。22岁即中进士。王安石弟王安国也是一位天才少年，据王安石《平甫墓志》称："自卯角未尝从人受学，操笔为戏，文皆成理。年十二，出其所为铭、诗、赋、论数十篇，观者惊焉，自是遂以文学为一时贤士大夫誉称。"曾巩《王平甫文集庐》亦称："平甫自少已杰然以材高见于世。为文思若决河，语出惊人，一时争传诵之。"吴曾《能攻斋漫录》还记载了王安国年十三，登滕王阁就写了气势不凡滕王阁诗。王安石子王雱，更是一位早慧之人，《梦溪笔谈》卷十三载："王元泽数岁时，客有以一獐一鹿同笼，以问雱：'何者是獐，何者是鹿？'雱实未识，良久对曰：'獐边是鹿，鹿边是獐。'客大奇之。"王雱数岁就能如此机敏对答，可见其智力超群。又据《长编》（卷366）记载："安石与弟安国皓穷经，夙夜讲颂琢磨，雱从旁剽闻习熟而下笔贯穿，未完已著书数十万言。"惜英年早逝。时人称为"小圣人"。临川人聂昌，原名山，少聪颖，9岁能诗，13岁通经义，14岁参加乡试，名列前茅，大观三年（1109）中进士，后位置副相。临川人过源，字道源，少颖异，笃志圣贤之学，学者称为浩斋先生。其著述甚富，惜皆不传，唯留《浩斋语录》二卷。临川人饶子仪，九岁能诗，仍力学不倦，曾向胡瑗、孙复学习经书，后杨杰授以星历诸书，也莫不洞究。王安石发现他是个人才，多次举荐，但遭到饶子仪拒绝。他结庵于凌云山，名其庵为"葆光"。在其中杜门著书。临江守王说欲迎致军学。郡守刘公臣说："吾州有士如此，令他之可乎？"于是请饶氏回家乡，躬率诸生，听其讲学。饶氏撰有《编年史要》《周易解》与《论语解》及诗文集。在当时颇有影响。陈瓘为之序，谓其书"事核旨密，有补于圣经"。临川人蔡元导，少时就博闻强记，有超人记忆力。但家里贫困，买不起书，有一位客人购买诸多书籍，路过其家借宿，就留了几部给蔡元导阅读。过了一个晚上，蔡氏将书还给客人，并说："你借给我几部书，我已全部背诵出来。"客人不信，请其背诵。果然一字不差。客人怒而焚其书。蔡氏笑着将这几部书钱给了客人。乡里人听了此事，将蔡氏住所名为"焚书丘"，一时传为佳话。后来其与弟均试茂才异等科，却报罢。张方平来别说："刘蕡下第，我辈何颜？"蔡元导应声说："雍齿且侯，吾属无患。"由此可见其机敏的文才。后与子承禧同登嘉祐二年（1057）进士，与曾巩为同榜进士，官终南剑州推官。临川人杨掞，字纯父，少能词赋，因故人举荐，年少历为杜杲、孟珙军队幕僚，出谋规划，多次出奇制胜，屡建战功。人称其为"小子房"，后弃武从文，又中进士，《宋史》为之立传。临川人章节夫，字仲制，少颖悟。曾从陆九渊学，博通诸经。尝取陆九渊与朱熹书中辞异旨同处，集而疏之成一书，名曰《修和管见》，又撰书数万言。临川人叶季兴，字英叔，幼聪敏，日诵千言。尝取诸史百家之书，撰《謍谭》，商榷评品古今人物，于是非褒贬尤严。周必大称其"识度高明，蕴蓄闳富"。临川人王克勤，字叔弼，淳熙二年（1175）中童子科，郡守于其所居处，立"瑞童坊"，由于年纪太小，他和晏殊一样，先入秘书省读书，后又登淳熙十四年（1187）进士，历任太常簿、秘书省正字等职。《永乐大典》第2949卷还记载了一位叫陈儒的才子，"字汉卿，临川人，幼聪慧，刻志于学。登绍兴十八年第，授明州推官。有盗穿库藏，久弗获，连逮无辜，公疑必守藏者，讯之果然，人服其神"。

著名哲学家金溪人陆九渊在4岁还在牙牙学语时，就"举止异凡儿"，有一天向父亲提出："天地到底有多大？哪里是它尽头（天地何所穷际）。"这是一个很深刻的哲学问题。其父也只能笑而不答，九渊遂深思至忘寝食，十三岁终于得出"人与天地万物，皆在无穷之中"的科学结论。表现了一个哲学家勤于思索，善于思索的天赋。陆九渊儿子陆持之，也是一位早慧才子，他七岁能为文。陆九渊讲学象山，学者数百人。后有初学者络绎不绝，都是由年少陆持之为之讲授学术。豫章建东湖书院，陆持之为书院山长。撰有《懿说》十篇，另有《易学提纲》与诸经杂说。金溪有一位董革，字彦孚，三岁时无人教就能写字。临川诗人谢薖说其"三岁，姆抱观壁间书，一日弄笔写十余字，乃壁间所尝见者。玉山（董革父）惊异之。四五岁诵书如建瓴水。赋五字诗，有文采可观。稍长，下笔奋迅如风霆声，观者辟易。虔州拊其背曰：'异时以文学大吾后，必此儿也。'后数从进士试，其为文汗漫，喜出怪奇语，率不合有司绳尺。益放情为歌诗，其悲欢讥骂，一于歌诗见之。"（宋谢薖撰《竹友集》卷10《董彦孚墓志铭》）金溪人吴名扬，字叔瞻，十岁能诗赋，咸淳进士，后加入文天祥抗元斗争。金溪还有一位才女名叫何师韫，是何天棐之女，她能日诵千言。其父将其比为谢道韫。撰有《何师韫诗集》，惜久不传。今有少量诗作，见存于《江西诗征》等文献中。

著名文学家南丰人曾巩幼时具有非凡的记忆力，读书一过目，便能背诵如流，十二岁就能写得一手好文章，出语惊人。一下笔就洋洋洒洒数千言。曾巩的伯父曾易简，为致尧第四子，年十三以神童荐，试《清明日赐新火》，一挥而就。后召试舍人院，卒于京师。撰有《唐臣事迹》二十卷、《两汉谏论》五十卷。曾布第四子曾纡也是一位天才少年。最得曾布宠爱，称其为"宁馨儿"。汪藻为其所作《曾公墓志铭》中说：

"公少颖悟,天资既高,又受学于贤父母。……年十三,伯父南丰先生巩授以韩愈诗,文学益进。"当时的学士邓润甫、尚书彭汝砺与之交谈,都惊叹其盖世才华。而其叔父曾肇也赞叹说:曾纡"'文章得天才,当省学问之半,吾文力学至此耳。吾家阿纡所得超然,未易量也。'故公诗文每出,人争诵之。又篆、隶、行草沉著痛快,得古人用笔意。江南大牓丰碑,率公为之,观者忘去。"曾布的曾孙曾用孙,年少有隽才,九岁就作《赤壁》诗云:"白浪高于屋,风回熨帖平。周郎呼不醒,久立听江声。"为时人所称。同是南丰人的赵与植,字德茂,淳祐进士,幼敏悟,工文章,尝知醴陵县。南丰人赵必岊,字次山,号云舍,警敏工文,年十七,即登淳祐四年(1243)进士。刘壎《云舍赵公诗》中说:"次山幼强记该洽,善辨论,每讲说经史及古今诗文,辄累千百言,成诵无凝滞。中年以后,工唐律,锻炼精深,绝出风云月露之外。平生著作极多。"南宋末年南丰人邓德秀,字元实,咸淳四年(1267)进士。刘壎《建宁推官邓公墓志铭》,称其"生而早慧,未冠,俊声著矣。性坦率不务炫饰,而谈词英发,精神流动,阅书双眸历落,数行俱下。为文飞翰翩翩,靡待构思,其明义理,推治乱皆颖出深诣。"元代崇仁著名学者吴澄称其所撰《秀山小稿》:"葩华光彩,至今晃耀人目。亦其才思之超迈而然。"

崇仁人罗点,字春伯,六岁能文,淳熙二年(1175),廷试第二人,尝以荐对策,切中时病,累官兵部尚书、端明殿学士、佥书枢密院事,卒谥文恭。崇仁人吴有邻,十岁能诗,与兄宗简齐名,登咸平五年(1002)进士,历知郁林、南雄、新道四州,所至有声,累官尚书都官员外郎分司南京。崇仁人陈规,字公式,九岁能文,天圣年间,以童子召见,宋仁宗亲出赋题《大明生于东赋》,并命小太监伺于陈规左右,随时报告。陈规出笔不凡,其首句云:"日之出也,北斗埋光南箕",小太监大惊失色,连忙报以皇上,仁宗大喜,赐其同进士出身,官太平州司法参军。崇仁人黄居仁,字德广,生而能言,凡书只听一篇,即能背诵,不脱一字。元丰七年(1084),年十二岁,以童子召试。宋庞元英《文昌杂录》卷5详记其考试情况:"礼部试抚州进士黄居仁,年十二,诵《尚书》

《毛诗》并《正义》《礼记》《周礼》《孝经》《孟子》《老子》及《太玄经》凡九经，合七十五通，又试《论语》大义三道，文理稍通，敕赐五经出身，合门送袍笏，至礼部给赐焉。"后官长沙丞、江东提刑干办，卒于官。崇仁人胡以逊字幼谦，八岁能文，年十四应举，日未昃，三策皆已完成。后登咸淳四年（1268）进士，授永福主簿，宋亡不仕，以诗文自娱，撰有《庄子补劓》十卷，所著又有《诗文》五十卷、《千金裘》与《齐瑟》各二卷、《待问》二卷。

宜黄人陈迁，字德升，少时就有超人记忆力。年十六游金陵，王安石命与陆农师遍阅蒋山碑文，总计有数十碑。及归录之，不遗一字。后因病留蒋山，究心禅学，作《续传灯录》。宜黄人李郛，字子经，观书一览辄记，为文援引浩博不能，号为书橱。撰文集数十万言，另撰有《纬文琐语》一书。广昌人何坦，少贫好学，少颖敏，尝阅书于书肆，一览辄记。淳熙十一年（1184）中进士，历官提刑广东，官至宝谟阁学士。撰有《西畴常言》。临川文化区的唯一一位状元黎川人张渊微，也是一位早慧之人，他自幼聪明颖悟，禀赋天成，每天要读书一千字，口诵手抄后，即过目不忘。宋末元初崇仁人吴澄也是一位早慧之人，他生于宋淳祐九年（1249）。危素所撰吴澄《行状》中说：

三岁，颖异日发。宣慰公抱置膝上，教之古诗，随口成诵。五岁就外傅，日受千余言，诵之数过，即记不忘。母夫人忧其过勤，夜节膏油之焚，常候母寝，复续火，读书达旦，不敢令母氏知也。七岁，《论语》《孟子》五经皆成诵能，著律赋。九岁，乡邑课试每中前列。十岁，始得朱子大学等书，而读之恍然知为学之要。日诵大学二十过，如是者三年，次第读《论语》《孟子》《中庸》，专勤亦如之昼诵夜惟弗达弗措。十三岁，大肆力于群书。家贫，常从鬻书者借读。既而还之。鬻书者曰："子尽读之乎？"先生曰："试举以问我。"鬻者每问一篇，辄终其卷。鬻者遂献其书。十四岁丱角赴郡学，补试郡之，前辈儒者皆惊其文。

神童中最著名的例子是临川人晏殊，他3岁能识字，5岁能吟诗，

7岁便能作文，13岁时，工部侍郎李虚已叹慕这位麒麟儿的盖世才华，竟将自己女儿许配给他。15岁时即被丞相张知白荐举给朝廷，宋真宗亲自主持对他的考试，先试以"九经"，晏殊有着惊人记忆力，竟口若悬河，一字不漏地背诵出来。按照一般考试常规，神童的桂冠非他莫属。真宗见其如此警绝，又诏试诗、赋各一首，晏殊也神气不慑，援笔立成，以至于龙颜大开，赐晏殊进士出身，后二日，复诏试诗、赋、论三题于殿内，他也移晷而就，于是被擢为秘书省正字，赐袍笏。景德三年（1006）晏殊16岁，迁太常寺奉礼郎，后位至宰相。

当然，才子不一定能够全部成为文化精英式人物，这主要有两方面原因：一是早夭，二是后天不努力。如《宋诗纪事》曾记载一位南城神童，名叫曾澈，当时括苍诗人鲍輗路过盱江，遇见一位童子，眉目疏朗，说起话来，滔滔不绝，说古道今，必引经据典，鲍氏惊奇异常，就问旅店老板，原来是他的儿子。第二年鲍氏又去寻访，惜曾澈已死矣！仅得其诗一首，名《九龄行》，诗云："我生九龄气食牛，喑呜顿挫无匹俦。白云无根起天末，一身万事同悠悠。低头拱手事先觉，谈笑未了成仇雠。一誉不足胜百毁，言语起灭如浮沤。圣贤可与知者道，麟凤岂在山中游。蘧然梦觉大槐国，江花昨夜生凉秋。"诗中所显露的大气与悲凉，岂是出自一位九岁的儿童之手呢？晏殊有一位弟弟，叫晏颖，也是一位早夭神童，其为童子时，就声誉在外，宋真宗闻之，召试翰林院，赋八沼瑞莲，赐出身，授奉礼郎。晏颖听说此事，日闭书室，高卧不出。家人呼之，也不答应，后砸开书房门锁一看，晏颖已经逝去。仅留一诗云："江外三千里，人间十八年。此时谁复见，一鹤上辽天。"也就是说，晏颖只活了十八岁。而才子后天不努力学习而默默无闻的最著名例子，就是王安石所写的《伤仲永》一文：

金溪民方仲永，世隶耕仲，永生五年，未尝识书具，忽啼求之，父异焉．借旁近与之，即书诗四句，并自为其名，其诗以养父母，收族为意，传一乡秀才观之。自是指物作诗立就，其文理皆有可观者。邑人奇之，稍稍宾客其父，或以钱币乞之，父利其然也，日扳仲永环谒于邑人，不使学。予闻之也久。明道中从先人还家，于舅家见之，十二三矣。令作诗，不能称前时之闻。又七年还自扬州，复到舅家问焉。曰："泯然众人矣。"王子曰："仲永之通悟，受之天也。其受之人也，贤于材人远矣。卒之为众人，则其受于人者不至也，彼其受之天也，如此其贤也，不受之人，且为众人。今夫不受之天，固众人，又不受之人，得为众人而已耶。

金溪是王安石母亲吴氏的娘家，所以对金溪方仲永情况甚熟。方仲永五岁未读书，即能写诗，那当然是神童了，其父却将儿子当可居奇货，作为赚钱工具，不让其学习，神童也就泯灭于众人之间。这个教训对临川文化区人来讲是极其深刻的，为示警训与纪念，金溪人将方仲永家旁之山，名为神童峰。明代危素《云林图记》说金溪"厓山有神童峰，方仲永者，蚤慧，生其下，荆国王文公所作《伤仲永》是也。"因为这个生动教训，所以，无论是古是今，临川区域的少年儿童，不以生以颖悟而骄傲，更以刻苦学习而著称，这就是成就临川才子之乡的根本原因。

所以，这也就形成了宋代临川才子文化的第二个特征，大多数临川才子都是刻苦学习的楷模。如南城人陈彭年，幼好学。由于只生了这一个儿子，其母担心其身体，禁其夜读。陈彭年就"篝灯密室"，偷偷夜读，不令母知。宋末元初崇仁人吴澄也是如此，五岁时就日务勤学，或至达旦。其母游夫人"虑其过勤致疾，量给膏油，仅可夜分。乃窃市油，伺母寝，复观书，且障其明，恐为母所觉。"（危素《吴澄年谱》）十岁时，每日清晨必诵《大学》二十遍，如此千余日。然后读《中庸》及诸经。如临川人晏殊，虽七岁就以神童著称于世，年轻时他在朝廷为官时，各大臣官僚日以市楼酒肆燕集为乐，他却独家居与昆弟一起读书。宋真宗表扬他说："近闻馆阁臣僚，无不嬉游燕赏，弥日继夕，唯（晏）殊杜门与兄弟读书。"（宋·江少虞《事实类苑》卷6，四库本）这种好学之风一直保持终生，《宋史·晏殊传》说晏殊"尤工诗，闲雅有情思，晚岁笃学不倦"。欧阳修为晏殊写的《神道碑》亦说晏殊"自少笃学，至其病亟，犹手不释卷"。曾肇记载其兄曾巩"平生无所玩好，顾喜藏书，至二万卷，仕四方，常与之俱，手自雠对，至老不倦。"（《曾巩行状》）曾巩曾要求其门生陈师道，"熟读《史记》三两年"，这是他的经验之谈。他曾作《读书》诗一首，中云："譬如勤种艺，无忧匮困仓。又如导涓涓，宁难致汤汤。昔废渐开辟，新输日收藏。经营但亹亹，积累自穰穰。既多又须择，储精弃其糠。"诗中以勤奋耕种粮满仓与积细流以成江海事例，说明读书贵在勤奋，功在积累。临川人王安石不仅读书刻苦，而且极为广博，勤于请教。他曾对曾巩说："读经而已，则不足以知经。故某自百家诸子之书，至于《难经》《素问》《本草》诸小说，无所不读，农夫女工，无所不问。然后于经为能知其大体无疑。"（《答曾子固书》，《临川文集》卷73）由于有临川才子与文化大师刻苦读书的榜样，临川文化区在宋代形成儒风绵绵、浓郁的文化氛围，使宋代临川人在潜移默化中产生了崇尚读书，崇尚读书人文化心理与地域民风，宋代临川文人谢逸曾说："临川，灵谷、铜陵诸峰环列于屏障，其俗风流儒雅，喜事而尚气，有晏元献、王文公为之乡人，故其党乐读书而好文词。"如临川文化区的建昌军，所辖南城、新城、南丰等五县，早在唐代刘禹锡就称赞其地之民"清慧而文"，朱熹在《建昌军进士题名记》说："其士多以经述议论文章致大名"。宋代张允修《平远台记》说该地"比屋弦诵，与邹鲁同风"。（《大清一统志》卷2，四库本）

宋代临川才子文化的第三个特征是他们中许多人都是以家族性的群体面貌出现在文化历史舞台上的，如以王安石为主的临川王氏家族，以曾巩为主的南丰曾氏家族，以陆九渊为主的金溪陆氏家族，以乐史为主的宜黄乐氏家族，以晏殊为主的临川晏氏家族，以董德元为主的乐安流坑董氏家族等等，这些家族具体情况，我们在下节详述，在此不准备充分展开。

宋代临川才子文化的第四个特征是他们都在临川文化史、江西文化史，甚至中国文化史或多或少取得一定成绩，他们中绝大部分人后来都成为文化名家，甚至是文化大师级的人物，如陈彭年、李觏、晏殊、曾巩、王安石、陆九渊等。这一点，我们上面对临川主要文化大家做了介绍，也不准备赘述。

【第三章】宋代临川文化在哲学方面的成就

哲学是文化精神之魂灵和学术思想之主干，更是文化繁荣的基础和风向标，临川区在宋代是一个哲学高度发展新兴之地。李觏与王安石，一个是贫寒儒士，一个是万尊之上的宰相，均以一往无前的勇气和自己的哲思睿智，担当起救世除弊的重担；陆九渊又别具一格，勤学思智，创建了严密心学体系。理学中两大主流陆学与朱学，在静谧信州铅山鹅湖寺展开了琅琅的辩论，晨钟暮鼓的庄严佛号声中，两种哲学思潮却是如此自由地撞击，思想的火化在这里迸发得如此灿烂绚丽。众多的江西士子以独立自主、好发异论的文化品格，挣脱信而好古桎梏，对于千古不变的儒学元典，掀起一股亘古未有的大胆怀疑思潮。佛道两教在此地得到迅速传播，建起众多的寺院道观，道教还开创了天心派与神霄派。于是学派纷起，大哲迭出，宋代的江西临川文化，思辨空前活跃，精神空前自由，迎来了一个以抽象思辨为特点的哲学世界！

第一节 李觏与王安石的救弊之学

在北宋中期，也就是在庆历新政与王安石变法期间，江西临川文化区内出现了两位哲学观点、学术理论、政治思想极为相似的饱享令誉的大哲学家，那就是南城人李觏、临川人王安石。南城与临川相去不远，均与界岭相邻，南城之盱江与临川之抚河又水脉相通，因此李、王二人可以说是山水相依的邻里与老乡。李觏字泰伯，因南城傍依盱江，也又称其为盱江先生，盱江先生生于宋真祥符二年（1009），卒于仁宗嘉祐四年（1059），比王安石（1021—1086）年长十二岁，几乎生活在同一时期，两人生前是否有过交往，至今学术界尚有争论；但至少可以肯定他们神交已久。王安石在《答王景山书》中说：

> 书称欧阳永叔（修）、尹师鲁（洙）、蔡君谟（襄）诸君以见比。此数公，今之所谓贤者，不可以某比。足下又以江南士大夫为能文者，而李泰伯（觏），曾子固（巩），某与纳焉。江南士大夫良多，度足下不遍识，安知无有道与艺闭匿不自见于世者乎？特以二君概之，亦不可也。（《临川文集》卷77，四库本）

文中所云曾子固（巩）是江西南丰人，与王安石既是姻亲，又是挚友，并是李觏的高弟，王、曾、李三人都是临川文化区的秀然杰出之士，均为邻里同乡。王安石称他俩是江南士大夫中能文的"豪士"，可见王安石对他们是极敬重的，从"某与纳焉"和"士大夫良多，度足下不遍识"的语气来看，王安石与李觏是有交往的。后李觏的得意门生邓润甫曾积极参与王安石变法，是王安石内阁中御史中丞，官至尚书，成为新党的坚定分子。李觏的遗集也是由邓润甫变法期间上奏朝廷的，因此李、王在思想上有很多息息相通之处，也是自然的。而早在90多年前的1922年，著名学者胡适在偶读《李觏文集》以后，不仅发现久湮没历史风尘李觏思想的伟大，而且鞭辟入里地指出，李觏的思想是王安石的先导，他在《记李觏学说——一个不曾得君行道的王安石》一文中说：

> 李觏是北宋的一个大思想家，他的大胆，他的见识，他的条理，在北宋的学者中，几乎没有一个对手！……近来读他的全集，才知道他是江西学派的一个极重要代表，是王安石的先导，是两宋哲学的一个开山大师。因此，我现在热心地介绍他给国中研究思想史的人们。（《胡适文存》二集卷一，黄山书社，1996年）

李觏之所以被称为"不曾得君行道的王安石"，一是他不曾像王安石一样，科场得意，仕宦显达，位至宰相，深受宋神宗宠信，得以变法。他出身贫寒，科场屡不得意，虽奔走于权贵豪门，希望以学问得到举荐，但屡屡失利，直到49岁，充太学说书，51岁权同管勾太学，不久即病归卒。所以他在生前常称自己是"南城小草民""江南贱夫"，故他不可能得到朝廷信任，皇帝隆遇而倡导改革。二是他虽为一介贫寒儒士，但他学问渊博，目光犀利，希望以自己的满腹经纶售于帝王家，在经世致用中，高扬与实现自己的生命价值，所以当范仲淹倡导"庆历新政"时，李觏是这次改革的积极支持者，他发表一系列针砭时政的政论文章与专著，成为庆历新政的理论武库。所以在思想理论方面，无论是哲学、政治、经济、军事等诸方面，其丰富的内涵，一点儿也不亚于王安石，甚至有许多相似吻合之处，所以有的学者说李觏是王安石变法的先驱，是一点不为过的。

　　李觏与王安石在哲学一些基本理论方面有许多相同的观点。任何一个睿智的哲学家，面对五彩缤纷宇宙和纷繁复杂世界万物，都不可避免要去勤勤探索世界本原的问题。李觏认为世界万物都是由气产生和形成的，气是世界的本原，是产生万物之始基。他说："夫以阴阳二气之会而后有象，象而后有形。……天降阳，地出阴，阴阳合而生五行。此理甚明白"。（《删定易图序论·论一》《李觏集》卷4，中华书局）王安石也认为世界万物是由元气产生的。他说："万物同一气""一阴一阳之谓道，而阴阳之中有冲气，冲气生于道。道者天也，万物之所自生，故为天下母"。"夫太极者，五行之所由生"。（《原生》）在李觏和王安石的眼里，"气"是万物之本体与实体，气分阴阳，由阴阳二气之交合而产生了金木水火土"五行"，由"五行"的变化而衍生世界万物。因此作为万物之母的"气"，无疑具有物质性的实体，这种朴素的唯物主义自然观是他们在哲学思想方面的共同点之一。

　　在李觏与王安石眼里，"气"不仅产生宇宙万物，而且宇宙万物处于永恒不停，生生不息的变化运动之中。李觏认为，万物都在易中，易就是变易、变化、变动不居，往来无穷。而推动事物变动和发展的原动力是矛盾的对立统一，他认为气是由阴阳两个矛盾对立面构成的，阳气的特性浮、升、动、刚；阴气的特性是沉、降、静、柔。由于阴阳二气之相交相合，由此而产生了浮与沉、动与静、刚与柔的矛盾运动，于是"地气上齐，天气下降，阴阳相摩，天地相荡，雷霆风雨，四时日月，百化之兴"。（《李觏集》，P17）所以由气构成的世界，由于矛盾双方互动的作用，才在永恒不停地变化运动，才能生成万物，如果矛盾双方不相互交合，对立统一，就不可能有衍生万物。正如他自己所说："天气虽降，地气虽出，而犹各居一位，亦未能生五行矣。"（《刑定易图序论·论一》）

基于上述认识，李觏又提出了"常"与"权"的命题，他说："常者，道之纪也。道不以权，费能济矣。是故权者，反常者也，事变矣，势异矣，而一本于常，犹胶柱而鼓瑟也。"（《易论》第八）所谓常者，是指事物的常规性，它具有稳定性的特征；所谓权者，是指事物权变性、变通性，它具有运动性特征。常与权是事物发展矛盾中的两个方面。也就是说事物不可能永恒地死守常态，只有因时制宜地进行权变"可则因，否则革"，才能适应形势发展。

王安石也认为事物是运动不止，变化不已的。事物之所以运动变化，是因为事物内部存在矛盾，他将其称为"两""耦""对"；"道立于两，成于三，变于五，而天地之数具。其为十也，耦之而已。盖五行之为物……皆各有耦。……耦之中又有耦焉，而万物之变遂至于无穷"。（《洪范传》）又说："夫美者，恶之对，善者，不善者之反，此物理之常。……有之与无，难之与易，高之与下，音之与声，前之与后，是皆不免有所对"。（《老子注》）也就是说万事万物都存在矛盾，矛盾的两个方面既相互对立，又相互依赖，而且互配为耦的两个方面，又可以再分为对立的两个方面。于是矛盾或矛盾之中的矛盾，是事物的普遍形态，即"物理之常"。矛盾的对立统一，才造成世界万物变化无穷。因此，李觏与王安石的哲学世界里，不仅有相同朴素的唯物主义观点，而且也同样有着相似的朴素辩证法思维。

同样在哲学基本理论范畴中认识论的问题上，两人都持有相同的唯物主义观。首先他们认为尽管世界万物变化无穷，但可以在不断探究中认识事物本质。李觏说:"性不能自贤,必有习也;事不能自知,必有见也。习之是而论之广,君子之所以有成也。"(《易论第四》)王安石也认为:"可视而知,可听而思,自然之义也。"(《进字说表》)"天下之事,固有可思可为者,则岂可以不知其故哉。"(《致一论》)也就是说,人们可以通过"习""见""思"等手段,可以认识万事万物之理。其次,他们都认为,人的主观意识是来自于客观存在的,是客观事物在人们头脑中的反映。李觏说:"夫心官于耳目,耳目狭而心广之者,未之有也。耳目有得,则感于心,感则思,思则无所不尽矣。"(《李觏集》,P234)又说:"耳习于闻,目习于见,心习于思"。(《李觏集》,P246)王安石也有相似的论述,他说:"人莫不有视、听、思,目之能视,耳之能听,心之能思,皆天也。然视而使之明,听而使之聪,思而使之正,皆人也。"(容肇祖:《王安石老子注辑本》,中华书局,1981年,P51)。又说:"视之能必见,听之能必闻,行之能必至,思之能必得。"(《王文公文集》,上海人民出版社,1971年,P333)。李、王两人都认为,人的认识都是由人的感觉器官,如眼、耳等与外物紧密接触后,才会产生感觉影响,再由被称为"心"的大脑进行思维而上升理性认识,而且认识客观事物的本质规律,不是一朝而蹴能成功的,必须建立在博见多闻,也就是"习之是、见之广"的基础上的。

我们知道,哲学的目的不仅是使人们如何认识世界,更主要是指导人们如何改造世界,如何进行社会实践,李觏、王安石在哲学基本理论中有许多相似观点,而更可贵的是他们二人都不是好玄言清谈沙龙式的哲学家,而是以一种对社会现实弊病种种不满的焦虑感,以一种经世致用治国平天下,舍我其谁的自负感,以一种一万年太久只争朝夕时不我待的紧张感,奋然前行,指点江山,激扬文字,像一位治国良医,为历新国家,改造社会开列出一副副良剂猛药。

平心而言,与两宋三百余年风云岁月相较,李觏、王安石生活的北宋中期,还算一个相对稳定的时代。但哲人的睿智能看清平静江河下凶险的潜流,歌舞升平后面的种种危机。李觏与王安石正是这样的哲人。他们看到了宋朝自从建国以来,由于采取"守内虚外"的政策,国家一直处于积贫积弱的劣势，由于"虚外"，北方的辽国和西北西夏时时狼奔犬突地南侵，进行大肆掠夺，北宋却毫无招架之力，只得奉送岁币玉帛以求苟安，却反而助长他们贪婪，引狼入室，终成心腹大患。同样国家内部的情况也更不容乐观。由于纵容官僚地主兼并土地，全国75%的土地全被他们兼并，造成"穷者无立锥，富者连阡陌"的严重局面。宋朝的国防虽不堪一击，但军队数量却极为庞大，达一百四十多万。军费开支竟占国家税收的六分之五。宋朝科举制度虽吸纳了大量人才，但却造成了极为庞大的官僚队伍，同样也使朝廷财政不堪重负，这就是李、王等人屡屡诟病宋朝内政的"三冗"。如何消除"三冗"弊病和内忧外患，进一步挽救大宋积贫积弱的顽势呢？

李觏、王安石相似进步的哲学思想，引导他们得出了一个共同的结论——那就是"变"，为改变现状，必须变革变法。既然二人都承认世界万物，社会万事都处永恒变化的运动状态，当旧有事物成为弊病，阻碍发展的时候，就必须改变现状，消除弊病。于是李觏提出了"救弊之术，莫大乎变通"（《易论第一》）的主张，反对袭固蹈常，尽循前代政令。在他看来，只有通变，才能救弊，救弊的目的是为了富国强民。通变之观念，自然成了他改革变法的思想基础。所以当范仲淹主持庆历改革的时候，他不顾江南草民的低贱身份，写出一系列针砭时弊的政论文章，为庆历新政夯实理论基础，提供精神食粮。虽然庆历新政在强大保守势力夹击下失败了，但无疑成为王安石变法的预演和先声，李觏也就成了"王安石的先驱"。因此，王安石变革思想虽源于他的哲学理念，与李觏思想相似，但更加丰富，他在"尚变者天道也"（《河图洛书义》）哲学观指导下，提出了"新故相除"的理论主张，他说："有阴有阳，新故相除者天也；有处有辨，新故相除者人也。"（《河图洛书义》）。"新故相除"是指事物的新陈代谢，它是自然与人类社会的普遍规律。于是面对宋代积贫积弱，百弊丛生的社会现实的时候，革除旧弊，除旧立新的变法就成了理所当然的事了。于是王安石进一步提出了"为政之道"关键在于"权时之变"，他继承了李觏"救弊之术，莫大乎通变"的救弊之学，以一种"天变不足畏，祖宗不足法，人言不足恤"的大无畏思想，主导了轰轰烈烈的王安石变法。这一点是他与李觏不同之处，李觏平民身份，使他无法跻身上层政坛，他只能是变法改革政治运动的理论倡导者、支持者、提供者，南城偏僻之乡中一位布衣变革的惊天之吼，经过范仲淹等人传递于庆历新政，变革能量毕竟要递减损失很多。王安石不仅是变法的亲自践行者，更是以宰相身份主持变法的权威者，其掀天翻地的政治能量，远胜于李觏，并在历史上留下的深深痕迹，至今都使人无法回避。

尽管如此，李觏与王安石变革思想，救弊之学有一定的相通之处。他们二人都是功利主义事功之学的积极鼓吹者。自从孔夫子说："君子喻于义，小人喻于利"以来，"贵义贱利"一直是儒家者信奉之教条。这必然与他们变革思想产生重大矛盾，因为变革不仅是政治的，而更多是经济的，要富国济民，解民倒悬，就必须言财言利，提倡事功之学，于是由李觏首倡于前，王安石继之于后，一反传统儒家轻利重义陈腐观念，主张义利双行的功利主义。李觏说："利可言乎？曰：人非利不生、曷为不言？欲可言乎？曰：欲者，人之情，曷为不可言，曷为不可言？言而不以礼，是贪与淫，罪矣，不贪不淫而曰不可言，无乃贼人之生，反人之情，世俗之不喜儒以此。孟子谓'何必曰利'，激也。焉有仁义而不利者乎？"（《原文》）在这里，李觏首先将利与欲当作人的本性，言利求欲要有礼义之规范节制，才不会滑向贪淫的罪恶深渊，所以要义利并行。那些不言利欲只求仁义儒者，才是违背人情，有害人生，不合世俗高蹈空泛之言。基于此，李觏将财利作为治国之本："治国之实，必本于财用。盖财不完；馔服车马，非财不具；百官群吏，非财不养；军旅征戍，非财不给；郊社宗庙，非财不事；兄弟婚媾，非财不亲；诸侯四夷，朝觐聘问，非财不接；矜寡孤独，凶荒札瘥，非财不恤。礼以是举，政以是成，爱以是立，威以是行。舍是而克为治者，未之有也。"（《富国策·第一》）也就是说，国家一切，无论是礼义道德的意识形态，还是政治军事外交权力机构之运行，或是一宫一室之建立，一车一马的奔驰，甚至人事婚姻亲谊，都必须建立在财利的基础上。这很像我们今天常说"经济是基础"的名言。

王安石事功之学更加丰富，他将功利主义具体化了，形成了他独具一格的理财之学，他认为"政事所以理财，理财则乃所谓义也。一部《周礼》，理财居其部半。"（《答曾公立书》）王安石实行变法，就是想将《周礼》丰富理财思想，贯彻于宋代现实之中。如他的青苗法、农田水利法、免役法、均输法、市易法、方田均税法等都是兴利理财之举措。不过他的兴利理财，其目的是为了富国裕民，这就是"义"，所以他对孟子义利观是非常赞赏的，他说："孟子所言利者，为利吾国，利吾身也。"（《答曾公立书》）。基于这个大目的，他的义利观主要包括两个方面：一是生财，二是用财，他在《上仁宗皇帝事书》："臣于财利，固未尝学，然窃观前世治财之大略，盖因天下之力，以生天生之财，取天下之财，以供天下之费。"可见生财之道，在于发展生产，聚集财富。用财之道在于广开财源，善于调配。在调配天下财富的过程中，由于向利民利国方面倾斜，必然要损害大官僚、大地主、大商人的既得利益。因此遭到他们激烈反对，苏辙就有这样的怨言："王介甫小丈夫也，不忍贫民而深嫉富民，志欲破富民以惠贫民。……设青苗法以夺富民之利"。（《诗病五事》）所以王安石变法遭受保守派攻击最激烈的一点，就是"王介甫不当言利"。由此可见，王安石事功义利之说与李觏有相近之处，却又胜过一筹。

　　综上所述，我们略略论述了李觏、王安石哲学思想以及在哲学思想指导下的经济思想相似或相同之处。这两位几乎生活在同一时期临川文化区的老乡，有一个共同点，他们都是学以致用，实践性很强的思想家。王安石不用多谈，其思想学说在风生涛长的变法实践中，得到最为淋漓尽致的光辉体现，其目的只有一个，改革旧的弊政，力挽北宋积贫积弱颓势，催生一个民富国强的新局面。更可贵的是李觏，一介南城草民；却偏要把国事天下事担当一肩，他的主要著作，如23岁所作《潜书》，24岁所作《礼论》，28岁所作《平土书》，30岁所作《广潜书》，31岁所作《富国强兵》，35岁所作《庆历民言》和《国礼致太平论》以及《常语》《易论》等，都无一不是针砭时政、批判现实之作，正如他在《潜书》序文里所说：

> 泰伯闲居，有书十五篇。愤吊世故，警宪邦国，遐探切喻，辞不柔伏。噫，道未行，速谤何也？姑待如者而之乎？

可见李觏无所畏惧他人谤言，以一种要行大道的雄心壮志，对当时社会所存在问题（世故）进行愤吊，提出尖锐批判，以达到挽损时弊"警宪邦国"的目的，这和王安石的目的是一致的。梁启超在评王安石时说："其所设施之事功，适应时代之要求而救其弊，其良法美意，往往传诸今日，莫之能废"。（《王安石评传》，海南出版社，1993年版，P204）因此将他们二人的思想学说，称为救弊之学是一点不为过的。

第二节 陆九渊的心学理论

当江西婺源人朱熹以勤奋的著述与讲学来构建理学思想体系的时候，江西的另一位学者陆九渊也在偏僻的家乡，以勤学苦求的哲思心魂，直指人的本心，独树一帜地建立了"心学"庞大思想体系，并对朱熹的理学进行了大胆的质疑与挑战。虽然陆氏心学与朱子理学同属理学范畴，其思想源流上溯孔孟，同为儒家本义。其目的均为植纲常扶名教，但其学术思想有重大差别，甚至"各成门户，几如冰炭"，出现了长久的学术论争。两大哲学流派的争鸣，不仅给江西的哲学带来分外热闹和繁荣局面，也是中国哲学史上最重大的学术事件之一。

与朱熹籍贯至今尚有争论不同，就是在宋代，陆九渊也是土生土长的江西人，具体籍贯是抚州金溪（今江西金溪县）。故陆氏心学又被朱熹等人称为"江西学"，又因陆九渊曾在江西贵溪象山讲学，自号象山居士，人又称其心学为"象山学"。陆九渊（1139—1193）字子静，号存斋，与其兄陆九韶（字子美，号梭山）和陆九龄（字子寿，号复斋）三人均以学术著名，并称"江西三陆"。全祖望认为："三陆之学，梭山启之，复斋昌之，象山成之"，将"心学"说成是"三陆之学"，是说心学体系是兄弟三人互相切磋的学术成果。因此人们认为，兄弟三人相为师友，和而不同，共同成就了江西学派。这在中国学术史上是极为罕见的。因此，无论是"江西学"，或是"江西三陆之学"，还是"象山学"，都鲜明地烙印了江西学术地域的特征，朱熹也看到这一点，说陆氏心学"引得一辈江西士人都颠了"。（《朱子语类》卷124，四库本）可以这么说，陆九渊不仅是土生土长的江西人，其心学也是土生土长的江西哲学。

之所以作如是说，还有以下两个原因，一是陆氏心学在南宋学术史上是独树一帜的，他与宋代诸儒没有直接师承关系。朱熹说陆九渊"天资也高，不知师谁，然也不问师传"。（《朱子语类》卷124，四库本）。陆九渊自小在一个家法甚严的陆氏大家族中成长起来。他的启蒙老师就是他的父亲与兄弟。主要读《论语》《礼经》《孟子》一类书籍。正如宋人袁甫所说："象山先生家学有原，一门少长，同心协力，……而伯叔之间自为师友"。（《象山书院释菜告文》，《陆九渊集》卷36《年谱》）也就是说他成年前，始终没有离开金溪家乡。成年后，陆九渊也没有拜过宋儒名家为师。但他自小就是一个思者，有一颗早慧敏感多思的心。四岁时一日，他忽问父亲，"天地何所穷际？"其父笑而不答。"遂深思至忘寝食。总角诵经，夕不寐，不脱衣，履有弊而无害，指甲甚修，足迹未尝至庖厨。常自洒扫林下，宴坐终日。立于门，过者驻望称叹，以其端庄雍容异常儿"。（《陆九渊集》卷36《年谱》）这哪里是牙牙学语的四岁小儿，俨然是一位在林下端坐沉思的大智者。四岁问天之后，其疑问一直未有解答，直至13岁，因读古书至"宇宙"二字，中曰"四方上下曰宇，往来古今为宙"，遂大省顿悟，说："原来无穷，人与天地万物，皆在无穷中也。"（《陆九渊集》卷36《年谱》）一个"天地何所穷际"的疑问，经过九年的勤思苦索得到解答，陆九渊是何等的欢心。这种自幼养成的多思顿悟治学方法，可以说是陆九渊心学产生的基础。

陆九渊34岁中进士，36岁任靖安县主簿，直至绍熙三年（1193）冬卒于知荆门军任上，其54岁年华，仅十二年在外仕宦，其余绝大部分时间都是在江西生活，或读书学习，或设帐讲学。特别是淳熙十三年

（1186），陆九渊以主管台州崇道观虚衔回乡，在金溪与江西贵溪象山开设讲席，从学弟子有千余人，一讲就是七年，是陆氏心学思想体系完全成熟自成一体的时期，也是冠名为"江西学"的象山学派名闻遐迩时期。这也就是我们说陆氏心学是江西土生土长的哲学的第二个原因。

当然，一个自成体系的思想流派都不可能是凭空产生的，他必定要汲取前贤大哲和今时大儒学说有益成分，融会贯通，再加以发展，形成自己的真知灼见。陆氏心学渊源可上溯孟子学说。袁甫说："先生之学，得诸孟子。……发明本心，嗣续遗响，以大警后学之聋聩，天下以为真孟子复出也"。(《陆九渊集》卷36《年谱》)宋人傅子云也说："先生于孟子没千有七百余年之后，当浮伪杂糅，朱紫淆乱之时，乃能独信实理，而夺于浮伪；精别古书，而不或于近似；深穷力践，天德著明，推以觉人，不加毫末。……孔子孟子之传，赖以复阐于世"。(《陆九渊集》卷36《年谱》)可见在宋代，陆氏心学上承孟子说已成为定论。就是陆子本人也坦然地承认自己学说源于孟子，其弟子詹子南有一次问陆九渊，"先生之学，亦有所受乎？"陆九渊说："因读《孟子》而自得之"。(《陆九渊集》卷35《语录》)在《与路彦彬书》中，又说："窃不自撰，区区之学，自谓孟子之后，至是而始一明也。"(《陆九渊集》卷10)在先秦众儒家中，孟子是最注重心性思想研究的哲人。《孟子》七篇，"心"字说了117次。陆子心学许多概念观点、思想方法等都直接承孟子心说。如孟子认为人的伦理道德本源是"心"，"仁义礼智根于心"(《孟子·尽心上》)；"恻隐之心，仁也；羞恶之心，义也；恭敬之心，礼也；是非之心，智也"。(《孟子·告子上》)，陆九渊也有相似的说法："仁义者，人之本心也。"(《陆九渊集》卷1《与赵监》)"苟此心之存，则此理自明，当恻隐时即恻隐，当羞恶时即羞恶，当辞让时即辞让，是非至前，自能辨之"。(《陆九渊集》卷34《语录》)在道德修养的方法论方面，陆子倡导简易功夫，所谓简易功夫，就是"发明本心"，就是"存心""养心""求放心"，而这些理论概念和名词均来自于孟子。陆子说："古人教人，不过存心，养心，求放心"(《陆九渊集》卷5)，这个古人就是孟子。因为孟子说过："人有鸡犬放，则知求之，有放心，而不知求；学问之道无他，求其放心而已。"这种相似的语言文字，在他们的著作中还可以找出很多，仅罗列几条加以比照：

1. 关于"先立乎大者"的言论

孟子说："心之富则思，思则得之，不思则不得也，此天之所与我者。先立乎其大者，则小者不能夺也。"（《孟子·告子上》）

陆九渊说："孟子曰，先立乎大者，则其小者不能夺也。人惟不立乎大者，故为小者所夺，以叛乎此理，而与天地不相似，诚能立乎其大者，则区区时文之习，何足以汩没尊兄乎？"（《象山集》卷11）

2. 关于"心之良非由非外铄"的言论

孟子说："仁义礼智，非由非铄我也，我固有之也，费思耳矣。"（《孟子·告子上》）

陆九渊说："其良知也，其良能也，我固有之，非由外铄也"。（《象山集》卷1）又说："此心之良，本非外铄"。（《象山集》卷5）

3. 关于"万物皆备于我"的言论

孟子说："万物皆备于我矣，反身而诚，乐莫大矣。"（《孟子·尽心上》）

陆九渊说："万物皆备于我，反身而诚，乐莫大焉。此吾之本心也，所谓安宅正路此也。所谓广居、正位、大道，此也。"（《象山集》卷1）

这些相似相同的语言，证明陆氏心学体系的建构是以孟子学说为基础的。除了孟子思想对陆氏具有决定性影响外，禅学对其也有影响，朱子就指责陆氏心学是"一味言禅"，当时"天下皆说先生是禅学"（《象山集》，《象山语录》卷2），可见这已成为一种普遍的看法，但陆九渊本人却坚决否定这种说法，他说："某曾以义利二字判儒释，又曰，公私其实即义利也。儒者以人生天地之间，灵于万物，贵于万物，与天地并而为三极，天有天道，地有地道，人有人道。人而不尽人道，不足与天地并。人有五官，官有其事，于是有是非得失，于是有教有学，其教之所从立者如此，故曰义，曰公。释氏以人生天地间有生死，有轮回，有烦恼，以为甚苦而求所以免之。……其教之所从立者如此，故曰利、曰私、惟义惟公，故经世；惟利惟私，故出世。儒者虽至于无声、无臭、无方、无体，皆主义经世。释氏虽尽未来际普度之，皆主于出世"。(《象山集》卷2)

可见陆氏对释氏禅学是有清醒认识并持批评态度，他站在儒家立场上，仅以义利二字，就分判了儒释两家学说本质不同。释氏是关心来世之学说，是以私为出发点，以利为指导，以出世为目的。儒氏关心现世的学说，是以公为出发点，以义为指导，以经世为目的。所以由于释氏之学的自私性，只关心个人死性命，因而"释为大偏"，而儒家大公无私，以天下国家为终极关怀，因而"儒为大中"，从而肯定自己是一个儒者，他的学术也自然是儒家学术。

然而宋代禅学极为流行，儒教合一已成为一种潮流，"修身以儒，治心以佛"，成为宋代士大夫阶层融汇儒佛基本模式。他们一方面高扬儒家治国平天下王道之志和拯民济世、俾时救俗的治世思想，一方面又极为欣赏以悟为则的禅学智慧和超世越俗的佛禅精神。无论是以辟佛自居的欧阳修，还是以天下为己任的王安石，都不同程度受佛禅思想影响。当时的哲学家在禅学风炽浸润中，也或多或少在佛陀理论武库，捡拾顺手的兵器。如周敦颐就有许多禅宗师友，并且说自己的学说，"实启于黄龙，发明于佛印"，二程也"出于老释者几十年"。甚至批评陆氏心学是禅学的朱熹，也曾拜大慧宗杲、道谦为师，学习禅学。陆九渊自然也不例外，他也坦然承认自己研读过佛学经典："某虽不曾看释藏经教，然而《愣严》、《圆觉》、《维摩》等经，则尝见之"。(《陆九渊全集》卷2《与王顺伯书》)特别是陆氏心学在方法论方面与禅学有相似之处，禅学的方法，强调内省顿悟，直指人心，见性成佛，这是一种超越经验、超越感官性直觉的方法。陆氏心学也要求生徒"澄坐内观"，终日静坐，以存本心，这与禅宗的禅定，强调直觉与顿悟，并无二致，但方法论的相似或相同，并不能说明两种学说本质与目的相同，正如陆九渊指出那样，心学是属于儒学范畴，他关心的是现世，即家国人生之事的经世致用，是为公为义之说。而禅学却恰好相反。所以只能说，陆氏心学在方法论方面汲取了禅学的有益成分。

然而，孟子尽管多次论心，但只是属于道德修养范畴，并没有建立一个完整心学思想体系。释氏禅学虽直指本心，见性成佛，有一套系统理论，但关心彼岸来世，却不能经世致用，宋代一些哲学家如二程、张载、邵雍等人，也探讨"心"的理论，但没有成为他们思想理论的主干部分。唯独陆九渊特立独行，"只管说一个心字"（《朱子语类》卷124），高扬"心学"大旗，创立了一个博大精深的思想体系。

对陆氏心学的理解，首先必须弄清楚"心"的具体含义，在中国古代，心之义极为广泛。首先指的是人的心脏。如《说文》解释说"人心，土藏，在身之中，象形"，也就是"心"是一个象形字，古人认为心脏，是心、肝、脾、肺、肾五脏之首，是人体器官的主宰，当然古人不能像今人认识的那样全面，心是人及动物循环系统的动力器官，是血液循环的枢纽。但对心的重要性却认识的很清楚，《荀子·解蔽》云："心者，形之君也，而神明之主也。"也就是说，心在人体中犹如国之君主，主宰一切，当然也主宰着人的精神与思想，感情与意念，由此而延伸，心也是主宰思维的器官，如《孟子·告子上》"心之官则思"。由于心的重要性与主宰性，因此心有本源性和根本性的意义，如《易·复》注语："天地以本为心者也。"这就有点儿哲理意味了。由此可知，古人将心作为一切意识精神活动，其中主要有思想情感、思维灵感等产生的渊薮，因而心也为灵台灵府。因此论"心"，也成为先秦以来的学者经常要触及的一个哲学命题。

陆氏心学也是在古人对心的认识基础上，加以发扬光大而建立起来的哲学思想体系。愚以为陆氏之论"心"主要抓住心为本的特质，概括出以下几个方面的内容：一是心为人身之本。陆九渊说："心者身之本也"。又说："人非木石，安得无心？"于五官最尊大，《洪范》曰：'思曰睿，睿作圣'。孟子曰'心之官则思，思则得之，不思则不得也'"。（《陆九渊全集》卷11，《与李宰》）这里所说的"心"是人体的"心"，是人与木石的根本区别，人心是人的五官的主宰，是人类思维活动的物质载体。显而易见，这里的心，指的是人的心脏，是具有思维功能的物质器官，因为心在人身上具有主宰作用，故为人身之本。

二是"心"为伦理道德之本。陆九渊说："仁义者，人之本心也。"(《陆九渊全集》卷1，《与赵监》) 又说："仁，人心也。心之在人，是人之所以为人，而与禽兽草木异焉者也。"(《陆九渊全集》卷32，《学问求放心》) 又说："四端者，人之本心也，天之所以与我者，即此心也。"(《陆九渊全集》卷11，《与李宰》) 此所说"四端"，即为孟子所讲的仁、义、礼、智四种道德观念。这些道德伦理不是后生具有的，而是天赋与人的，这也是人与禽兽草木之根本区别。所以伦理道德是人心本质最主要特征。

三是"心"为宇宙万物之本。陆九渊有一句名言："四方上下曰宇，往来古今为宙。宇宙便是吾心，吾心即是宇宙。"(《陆九渊全集》卷22，《杂说》) 又说："万物森然于方寸之间，满心而发，充塞宇宙，无非此理。"(《陆九渊全集》卷34，《语录上》) 所谓宇宙的"宇"指的是空间，宇宙的"宙"指的是时间，它们都具有无限的性质，这是陆九渊在13岁就顿悟到的哲理。心作为人的五脏之首的器官，它是有形的、物质的。此物质形体也是渺小的。但心又是伦理之本，精神思维感情之渊薮，它又是无形的、无限的。心总摄了一切，宇宙间的一切都是心的显现。充塞宇宙天地的万物、万理皆充盈于人的心中。于是宇宙与吾心，无间内外，不别大小，进入了无穷的和合境界。因此心就有了宇宙万物根源性意义。故心为宇宙之本。

正因为有了上述三种心为本的宗旨，因此陆氏心学，在宋代诸多理学家的学说中显得鹤立鸡群而别具一格，于是陆九渊心学思想体系也就是在心为本的宗旨指导下建立起来。但是，南宋是理学盛行时代，朱熹已把理学体系建构得极为完美。理的哲学概念与价值体系已被当时哲学家锻造得分外灿烂，也就是说任何一个哲学家想在理论上有所成就，就回避不了对理的看法，虽为理学家另类的陆九渊，同样对理进行了探讨，提出了"心即理"的著名哲学命题。

人皆有是心，心皆具是理，心即理也。所贵乎学者，为其欲穷此理，尽此心也。(《陆九渊全集》卷1，《与李宰》)

盖心，一心也；理，一理也。至当归一，精义无二。故夫子曰："吾

道一从贯之"。(《陆九渊全集》卷1，《与曾宅之》)

在陆氏眼里，理与心一样是宇宙之本，他说："塞宇宙，一理耳……此理之大，岂有限量？程明道所谓有憾于天地，则大于天地者矣，谓此理也。"(《陆九渊全集》卷12，《与赵昀道》之四)理充塞宇宙，又大于天地自然，是宇宙天地之本。他还认为理与心一样是伦理之本，陆九渊说："礼者，理也。"(《陆九渊全集》卷12，《与赵然道》之四)又说："爱其亲者，此理也；敬其兄者，此理也；见孺子将入井而有惊惕恻隐之心者，此理也；是知其为是，非知其非，此理也；宜辞而辞，宜逊而逊者，此理也；可羞之事则羞之，可恶之事则恶之者，此理也；敬此理也，义亦此理也。"(《陆九渊全集》卷1，《与曾宅之》)上述爱亲敬兄扶幼以及恻隐心、羞耻心、善恶心、是非心都属于伦理范畴，故云理为伦理之本。同时，理与心一样也是人身之本，陆九渊说："为政在人，取人以身，修身以道。修道以仁。仁，人心也。人者，政之本也；心者，身之本也。"这里所说的心是"仁心"，即是人的伦理道德，仁心为人身之本，即为伦理道德为人身之本，这与理为伦理之本是贯通一致。所不同的是心为人身之本，其中包括心为五官之尊主宰着人身，是有实体的，而理是形而上，是无形的。

于是陆氏心学体系中，"心为本"三项宗旨与"理为本"三项宗旨基本叠加重合，"心即理"的哲学命题是将心与理两个不同哲学范畴观念，以本源性为基点，细针绵密地缝合成一体，织成心学一天云锦，显得天衣无缝，心与理在逻辑建构上达到双向的分外畅达的圆融沟通，进入无穷的和合意境。展示出"心即理"命题的不二精义和哲思心魂的圆熟性，由此而成为陆氏心学的哲学基础，这也是对朱熹等理学家将心与理、心与性分为二的理论的直接批判。当然，陆九渊主张心与理合二为一，其根本目的还是强调心的重要性，将理统一到"心"中，从而使心学在更坚实的理论平台上，得到更高的张扬。

其实，从某种意义来说，陆九渊的心学，就是有关心灵世界的哲学，这个心灵的对象既不是木石等物，木石是没有心的；也不是禽兽，禽兽有心却没有灵。灵即灵气，主要指精神思想意识等，心灵哲学的主体指的是昂立于天地之间，与天极地极并立的"人极"，也就是说，陆氏心学就是研究人类心灵的哲学，它是探讨人的思想意识、精神品德、智慧感情的学问。

于是从心为宇宙之本、人身之本、伦理之本三项心学宗旨出发，从心即理的哲学基础出发，陆氏的心灵哲学呈现如下几个特质：

一是天赋本心说。陆九渊认为人的本心是天赋的，它不需任何外在能量，也不需要经过任何学习，就自然存在于心的。孟子曰："所不虑而知者，其良知也；所不学而能者，其良能也。"此天之所与我者，我固有之，非由外铄我也。故曰，"反身而诚，乐莫大焉。此吾之本心也。"（《陆九渊全集》卷1，《与曾宅之》）这个本心不是别的，就是人的伦理道德，它是心学之本，早在于本心中，他的显现必须经发明本心的过程，也就是发掘道德的源泉，经过自我反省，自我认识，使其本能地表现出来。

二是圣凡同心说。既然心是天赋的，那么圣人与凡人心就没差别，也就是每一个人的心都是完全一致的。所以陆九渊说："心只是一个心，某之心，吾发之心，上而千百载圣贤之心，其心亦只如此，心之体甚大，若能尽我之心，便与天同。"（《陆九渊全集》卷35，《语录下》）这个圣凡同心说很了不起。从孔子开始，历代许多学者始终高唱"上智下愚"论调。圣人与凡人是有根本区别的，陆九渊彻底清除圣人神秘的高不可攀的光环，圣人走下神坛，与凡人处于同等地位。

三是物欲邪见蔽心说。既然圣凡同心，那么为何有圣人凡人之区别呢？那是因为人的心会经常受到蒙蔽，清除了这种蒙蔽，心才灵，人能圣，陆九渊说："有所蒙蔽，有所夺移，有所陷溺，则此心为之不灵，此理为之不明，是谓不得其正，其见乃邪见，其说乃邪说。一溺于此，不由讲学，无自而复。"（《陆九渊全集》卷11，《与李宰》）陆九渊进一步认为，心蔽在愚不肖者与贤智者两种人是不同的。"愚不肖者之蔽在于物欲，贤智者之蔽在于意见，高下污洁虽不同，其为蔽理溺心，不得其正则一也。"（《陆九渊全集》卷1，《与邓文范》）愚不肖者是因物欲蔽心，贤智者是因意见而蔽心。这里所说的意见应是陆氏前面所说的"邪见""邪说"。虽心蔽的内容不同，但蔽理溺心的危害是一致的。

四是除欲扫邪的养心说。陆九渊提出了蔽心说，其目的是为了解决蔽心问题。故他提出了"养心说"，专门写了一篇《养心莫善于寡欲》的文章。

将以保吾心之良。必有以去吾心之害。何者？吾心之良所固有也。吾所固有而不能自保者，以其有以害之也。有以害之，而不知所以去其害，则良心何自而存哉？故欲良心之存者，莫若去吾心之害，吾心之害既去，则心有不期存而自存者矣。夫所以害吾心者何也？欲也。欲之多，则心之存者必寡，欲之寡，则心之存者必多。故君子不患夫心之不存，而患夫欲之不寡，欲去则心自存矣。然则所以保吾心之良者，岂不在于去吾心之害乎？

此文无疑是养心说的宣言。陆氏认为，每一个人的心都有固有良心，但有物欲等害，使其蒙蔽，要使心地恢复本来善良之面，就要养心，养心最好的方法就是寡欲。那么如何做到寡欲呢，陆九渊进一步提出扫邪去欲的具体做法，那就是剥落功夫。

人心有病，须是剥落，剥落得一番，即一番清时，后随起来，又清时，须是剥落净尽，方是。（《陆九渊全集》卷35，《语录下》）

这个剥落功夫很形象也很具体，当人们被物欲邪见层层蔽于心的时候，必须不懈地层层将它剥落清除，直到本心恢复其原有清明为止，这其实是陆氏的道德修养论，即修身养性的具体方法，只有经过这个不断地剥落，也就是我们常说的不断地进行思想改造，人的道德信念才能够确立，才能保持精神人格的纯洁性。

上述陆氏心学四说，被人形象地称为"心学四重奏"（详见吴文丁：《象山心学通解》，《抚州师专学报》，1998年第1期）是陆氏心学的主干部分，其所关注的人类心灵美和人格力量，主要涉及人的伦理道德哲学。由此可见，陆九渊的心学体系是以"人"为研究的主要对象，以人心即精神思想、伦理道德作为主要内容的哲学，因而陆氏心学满溢"人学"内容，贯穿了对人的自我价值的充分肯定和对人的心力满怀热情的赞颂，热烈地呼唤着人的主体意识的觉醒，注重人的心灵开发，高扬起了人本主义鲜艳思想大旗，由此而显现出"江西学"在思想理论中和人生践履中的特立独行的本质。

当时的程朱理学虽繁博宏富，包罗万象，但却有一个致命弱点，他们将天理作为哲学思辨的最高范畴，在伦理本体论上极力否定人的自我本体意识和个体的独立价值，造成了人欲与天理水火不兼容的根本对立。所以二程提出"灭私欲，则天理明矣"（《二程遗书》卷10）朱熹更明确表示："天理存则人欲亡，人欲胜则天理灭。"（《朱子语类》卷13）"存天理灭人欲"就成了他们道德修养与实践的最高目标。于是人作为个体存在被彻底矮化了，渺小化了；人的个体精神与主体意识也被彻底萎缩而奴化了。

但象山哲学却不同，他以"心"作为哲学思辨的最高范畴，"心即理"是他的哲学基础，心与理的一体化与同化，使心在伦理本体中具有最高地位。于是彰显了人的本心，提升了人的主体地位，激励着人作为天地主人的作用。他从儒学天人合一传统观念出发，首先肯定了人在天地间的主体地位，他只说"天地之性人为贵"，"人为万物之灵，人所以贵与灵者，只是这心"。（《朱子语类》卷124）

> 宇宙之间，如此广阔，吾身立于其中，须大做一个人。（《陆九渊集》，P439）
> 上是天，下是地，人居其间。须是做得人方不枉。（P450）
> 某岂不爱人人能自立，人人居天下之广居立天下之正位。（P456）
> 人生天地间，如何不自立？（P427）
> 天地人之才等耳，人岂可轻？人字又岂可轻（P463）
> 儒者以人生天地之间，灵于万物，贵于万物，与天地并而为三极。（卷二《与顺伯书》）

其次，陆九渊肯定了人情人欲的合理性，他虽然也说人要寡欲，但那是因为人过于溺于私欲，而心蔽有害本心，所以对恣情纵欲者要适当纠正去人病，进行拯救，但陆氏从来耻谈"灭人欲"，相反还要求人们扶持与顺着人情。

吾于人情研究得到……有扶持之方耳。（《陆九渊集》，P417）

人情逆之则难，顺之则易（P415）

须知人情之无常，方料理和人（P421）

世间一种恣情纵欲之人，虽大狼狈，其过易于拯救，却是好人铲地难理会。（P459）

世俗情欲底人病却不妨（P395）

总而言之，正因为陆九渊充分肯定人的主体性，又要扶持和顺迎合理的人情人欲，所以与当时穷理灭欲的理学家相较，其心学思想无疑鹤立鸡群而显得高明一筹，正如人们所说，佛学虽讲"唯心"，却是重死不重生，寂灭了人的主体性，归于"一切皆空"的禅境；道家也唱"内功"，却重生不重死，欺骗了人的主体性；归于"一切皆虚"的仙境；儒家知生知死，不赞"空虚"，但扼杀了人的主体，归于"一切皆礼"的奴境。他们是用圣佛神的"主体"手段，取消大凡人的"主体"说教，不允许人的"主体意识"存在。陆氏"心学"虽属儒教的理学范畴，但却烙有"另类"理学流派印记，他高扬人本主义大旗，赞同圣凡同心，提出"自立、自重、自得、自成、自道"的五自主张，以及"收拾精神，自作主宰"的具有自我人格精神的哲学意识。发挥了人的潜在能动性，解放出本已窒息活泼的人性。这种对个体存在生命本体和人性自主执着的关注和渴念，在中国哲学史中，无疑具有主体意识回归、石破天惊的启迪作用，愚以为，这正是作为心学宗师的陆九渊在中国哲学中的重大贡献，也是"江西学"的最独特之处。（详见童根：《陆象山非醇儒及其非儒说》，《抚州学刊》，1992年第15期）

第三节　朱陆学派争锋与交融

作为心学宗师的陆九渊，其哲思心魂所奉敬的一瓣心香，在当时理学论坛上氤升腾，云蒸霞蔚，卓然不群，与当时主导理学潮流朱子理学不时发生碰撞。朱熹对在学术上标新立异的陆九渊，常有"恨不识之，不得深扣其说，以献所疑"的急切之望，陆九渊也有问道四方，结识理学大师朱熹之雅意，而为两位哲学大匠相会穿针引线者是号称"东南三贤"之一的吕祖谦，吕氏是婺学流派的创立者，其学说带有浓厚调和朱陆二学折中色彩，因此"虑陆朱议论犹有异同，欲会归于一，其意甚善"。（《宋元学案》卷77，《槐堂诸儒学案》）恰在此时，吕祖谦正在福建崇安与朱熹编辑理学书籍，于是飞鸿邀约在江西金溪陆九渊兄弟，约会地点就定在鹅湖寺。

鹅湖寺在今江西上饶铅山县鹅湖山，鹅湖山是横亘于闽赣两省边境的雄伟武夷山的支脉；相传东晋人龚氏居山蓄鹅数百，又说其山形宛若冲天之鹅，展翥欲奋，故名。位于鹅湖山的鹅湖寺面对很为热闹的闽赣官道，朱熹每次出闽，几乎都要翻越闽赣的交界的分水岭，进入赣境，路过铅山县的官道。陆九渊的金溪故乡也距离铅山不远。于是这不甚为人知鹅湖寺成了朱陆二人汇合的理想落脚点。

淳熙二年（1175），陆九渊37岁，已在家乡辟槐堂讲学，其心学理论与心学流派已在此时确立。比陆氏大九岁的朱熹，更是著作等身，已编纂撰写《伊洛渊源录》《近思录》《太极图说解》《通书解》《程氏遗书》等大量理学专著，确立了理学泰斗不二地位，此年的五月底，朱熹与吕祖谦从福建出发，赶往铅山鹅湖寺，随同而来的还有他们散落于各地的各自的弟子，朱熹方面有詹仪之、刘静之、蔡元定、徐文蔚等，吕祖谦方面有赵景明、赵景昭、潘叔昌等。陆九渊与陆九龄兄弟也带领他们的弟子朱桴、朱泰卿、邹斌等从家乡启程。六月上旬，一向不染红尘清净之地的鹅湖寺，显得分外热闹，各路文化俊彦百余人共聚一堂，理学中的三大地域流派以朱熹为首的闽学，以吕祖谦为首的婺学，以陆九渊兄弟为首的赣学汇合一处，于是，中国学术史上以会讲形式的自由大辩论，在群山环抱的鹅湖寺拉开了帷幕，这就是震古烁今的"鹅湖之会"，历史上又称"鹅湖会讲"。这是一次理学盛会的黄金宴，又一次深刻地表明江西之所以被称为理学之乡，果然是名实相符！

想不到的是，探讨抽象思辨与逻辑思维理论的学术会议，却是在文雅的形象思维诗歌吟咏中开场的。陆九龄首先赋诗一首，表明心志：

孩提知爱长知钦，古圣相传只此心。
大抵有基方筑室，未闻无址忽成岑。
留情传注翻榛塞，着意精微转陆沉。
珍重友朋相切琢，须知至乐在于今。

这首诗的意思是说，人在孩提时就知道爱其亲人，长大又自然知道尊其兄长，古来圣贤传授给我们的就是这人的仁义本心，这本心犹如房屋地基，山峰的基址。做学问亦如此，对圣人经典如果专情于注疏，很是精微，但却像荆棘充塞道路，陆沉于俗一样，使圣人本意不明。今天我们在一起切磋学术，是多么快乐的事。很明显，九韶文雅诗句丝毫未减弱思辨哲理色彩，他是在讽喻朱熹一味注疏经书穷理格物治学方法，难怪朱熹听了以后，会对吕祖谦说："九龄已上九渊船了。"接着，陆九渊依九龄诗韵脚，赋诗一首：

墟墓兴哀宗庙钦，斯人千古不磨心。
涓流滴到沧溟水，拳石崇成泰华岑。
易简工夫终久大，支离事业竟浮沉。
欲知自下升高处，真伪先须辨只今。

如果说陆九龄诗只是暗讽，还比较婉转的话，年轻气盛的九渊的这首诗却笔锋犀利,口无遮拦,直指朱熹的理论为支离事业,而自赞自己的心学为易简功夫。并毫不客气地说,要经过今天的鹅湖会讲,将陆朱二家理论的高下真伪辩论清楚。朱熹听了顿变脸色,拂袖而起。第一次会讲就这样不欢而散。

接下来的两天,朱熹与陆九渊兄弟围绕十几个学术问题,展开了唇焦舌燥的争辩,辩论的气氛是极其热烈的,其结果,据陆九渊自己讲,是将朱熹彻底驳倒了,故陆门子弟以鹅湖之辩而津津乐道。但是学术问题不是一个简单的是与非的问题。想经过几天辩论就能说服对方,摧毁一个理学泰斗的理论基础,这是不可能的。也许陆九渊能言善辩,再加初生牛犊不怕虎,在气势上压倒对方是可能的。鹅湖会讲后,双方的立场均未改变,并还进行了几次论争,就是明证。实际上,鹅湖之会朱陆辩论焦点主要围绕以下为学方法开展的,陆九渊的弟子朱亨道参加了这个会议,他记述说:

鹅湖之会,论及教人,元晦之意,令人泛观博览而后归之约;二陆之意,欲先发明本心而后使之博览。朱以陆之教人为太简,陆以朱之教人为支离,此颇不合。(《宋元学案》卷77,《槐堂诸儒学案·朱亨道传》)

陆九渊一向对朱熹治学方法是嗤之以鼻的。说朱熹"簸弄经语,以自传益真",是"浮论虚说,谬悠无根之甚"。(《陆九渊集》卷1,《与曾宅之》)这也是陆九渊所说的"支离事业",即指朱熹要求通过"格物致知"和"泛观博览"去认识与掌握"天理"的治学方法。陆九渊认为自己的治学方法与朱熹的支离烦琐是根本对立的,是一种"易简功夫",也就是说治学先要教人树立一个基本立场,通过"切已自反"来"发明本心",所谓发明本心,就是开拓发掘自己的心灵世界,通过自我反省,自我认识,以达到道德的自我完善。这种方法是人人可为,处处可为,时时可为,所以称之为"易简功夫"。朱熹当然不能苟同这种方法,认为"太简",是教学生不读书,先生不讲学的方法。他曾说陆氏兄弟虽"气象甚好,却病在尽废讲学而专务践履,于践履中要人提撕省察,悟

得本心，此为病之大旨。"（《朱文公文集》卷31，《答张南轩》）

经过三天的学术会讲与辩论，尽管朱陆双方的学术观点存在明显的分歧，但他们之间的讨论仍然充满着十分自由的学术气氛，虽然辩论时情绪有时激烈，却没有出现失控的场面，骨鲠在喉的学术疑问十分坦诚地吐露出来，双方的一切观点祖示在学术桌面上，进行反复对驳互诘，这里没有泰山北斗学术权威的盛气凌人，也没有新进后生的畏缩喏嚅。一切都是那么坦坦荡荡，赤诚相见。朗朗声中，似乎春秋战国百家争鸣，魏晋名士的淋漓玄谈，又重显于江西铅山这个被翠林覆盖、群峰拥抱的佛陀世界。鹅湖寺，鹅湖寺，此时你播扬了烈烈扬扬学术生命的自由意志和充溢着精神疆域里独立自主的文化人格。这就是名震古今的鹅湖之会，中国哲学史上的一座丰碑。至今人们追忆起这一段学术史的佳话，不禁都有一种怦然心动、心向往之的温馨感觉。它给后世留下了开展学术研讨的良好传统。自此后，以会讲形式进行学术论辩，已成为中国古代书院的一种主要教育制度和教学方式。因此，鹅湖之会几乎成为中国古代学术争鸣的代名词和学术平等的精神象征。

鹅湖之会后，吕祖谦希望朱陆二说会归为一的初衷并没有达到，但碰撞出来的理性火花却照亮了各自学术系统的暗角。虽然在会上，朱熹对二陆兄弟年轻气盛咄咄逼人的话语"大不怿"，但却没有利用自己的学术威望和年长的优势压制对方。相反学术观点的歧见，反而加深双方惺惺相惜的友谊和完善各自学术理论的热情。朱熹在回闽时，又一次登上闽赣交界的分水岭，看群峰连绵，众水汇流，不禁诗兴大发，吟咏《过分水岭有感》的一首五言绝句：

> 地势无南北，水流有西东。
> 欲识分时异，应知合处同。

这首哲理小诗，深刻地表达出鹅湖之会后，朱熹要在学术上与陆氏心学求同存异的豁达态度。他后来告诫自己的子弟要吸取陆学之长，"比来深欲劝同志者兼取两家之长，不可轻相诋訾，就有未合，亦且置勿论，而姑勉力于吾之所急"（《晦庵集》卷54，《答诸葛诚之书》，四库本），同时朱熹也深刻检讨自己学说的支离毛病，他在《与周叔谨书》中说："某近日亦觉向来说语有太支离处，反身以求，正坐自己用功亦未切耳。"又在《答吕子约》信中说："觉得此心存亡，只在反掌之间，向来诚是太涉支离。若无本以自立，则事事皆病耳。又书年来觉得目前为学，不得要领。……若此如此支离，漫无统纪，辗转迷惑，无出头处"。（《宋元学案》，象山学案之"宗羲案"）相反，朱熹对陆九渊的理论与人品极尽赞誉之能事"南渡以来，八字著脚，理会功夫者，惟某与陆子静二人而已。其实敬其为人，老兄未可轻议之也。"（《复包显道书》）也就是说在南宋理学论坛上，只有朱熹与陆九渊理论才是"实功夫者"。陆九渊对朱熹也有相似评价："天地间有个朱元晦、陆子静，便添得些子；没了，便减得些子"。（《陆九渊集》卷35，《语录》）并听从了朱熹要重视读书讲学的劝告，表示："人须是读书讲论"。（朱熹《文集》卷34，《答吕伯恭》）

正因此，鹅湖之会后的三年，即淳熙五年（1175）二月，朱熹与陆九龄又有一次江西铅山的观音之会。观音寺在今铅山县的紫溪乡内，当时，朱熹被任命知南康军，出闽入赣，由于向朝廷提出辞呈，在铅山观音寺等候朝廷旨意，九龄特地从家乡赶往此寺，两人相晤三日，对一些学术问题进行了深入探讨："陆子寿自抚来信，访先生于铅山观音寺。子寿每谈事，必以《论语》为证。如曰：'圣人教人，居处恭，执事敬'。又曰：'子所雅言，《诗》、《书》、执礼，皆雅言也'。'弟子入则孝，出则弟，谨而信，泛爱众，而亲仁'，此等教人就实处行，何尝高也？先生曰："某旧间持论亦好高，近来渐渐移近下，渐渐觉实也。如孟子却是将他到底已教人，如言'存心养性，知性知天'，有说矣，是他自知得。余人未到他田地，如何知得他滋味？卒欲行之，亦未有入头处。若《论语》，却是圣人教人存心养性，知性知天实涵养处，便见得，便行得也。"（《朱子语类》卷124）与鹅湖之会不同，观音之会的气氛是相当融洽的。九龄对自己在鹅湖之会指责朱熹"留情传注"之语表示歉意，似有负荆请罪之意。并对朱熹注释《中庸》一书大加赞赏。朱熹对自己以前的理论好高骛远的毛病也做了深刻检讨，并赞赏了陆氏心学秉承孟子"存心养性"的理论。两位文化大师在学术问题上各做自我批评，似乎消弭了鹅湖之会的不快。朱熹惊喜地发现，在理论上又多了一位志同道合者，不禁有了作诗雅兴，他依照陆九渊兄弟鹅湖之会诗韵和诗一首：

    德业流风夙所钦，别离三载更关心。
    偶扶藜杖出寒谷，又枉篮舆度远岑。
    旧学商量加邃密，新知培养转深沉。
    只愁说到无言处，不信人间有古今。

  诗中称扬了陆氏兄弟的德业流风，表达了鹅湖之会后三年里对他们的关注之情。也对此次观音之会两人对各自旧学进行深入细致的探讨并大有所获，表示相当满意，而在旧学商量的基础上培养的"新知"，就有两层意思了，一是新学之意，二是新的知己之意，也就是说，朱熹视九龄为新的知己，其友谊经过对新学的研讨，已转向灵魂契合更深沉的程度了。此时朱熹觉得异常兴奋，高傲坦然地将自己博大精神世界倾泻出来："不信人间有古今！"是啊，谁说时间如流水，会冲刷古今一切痕迹，观音之会的文化意义已永远定格在中国学术史上。

  观音之会是鹅湖之会的继续，同样，观音之会又是九龄之弟陆九渊与朱熹白鹿洞之会的铺垫，白鹿洞书院在江西庐山脚下的星子县境内，正是朱熹知南康军的管辖范围。淳熙八年春二月，正是百草万花初萌之季，在星子县鄱阳湖码头上，朱熹整衣肃冠，迓迎着从金溪风尘仆仆赶来的陆九渊和他的弟子。两位哲学巨匠在鹅湖之会后的六年又一次重逢，握手言欢的寒暄，似乎要"相逢一笑泯恩仇"，扫除了鹅湖之会剑拔弩张的紧张与不悦的阴影，朱熹邀请陆九渊翻湖泛舟，显得怡然自乐。面对碧波万顷的旖旎和庐山群峰耸立的雄姿。朱熹不禁感叹："自有宇宙以来，已有此溪山，还有此佳客否？"（《陆九渊集》卷36《年谱》）哲学家的感叹的确不同凡人，宇宙是哲学家探讨的主要对象，朱熹就认为天理是宇宙的根源,陆九渊更有一段名言:"宇宙是吾心,吾心是宇宙。"可见,朱熹的思绪心意似乎要囊括悠悠时间与漠漠空间,显得如此自信与广大,鄱湖之水曾盛载过多少文化名人去攀登庐山,但哪一次能比得上这次的朱陆之会呢?佳客陆九渊是伟大的,东道主朱熹也是伟大的,伟大与伟大的秋波对接,强手与强手的握手联姻,这真是千载难逢的学术盛会啊,于是整个宇宙盛载的不是广漠,而是极为精彩的人文精神和极为自豪的生命激情。

千载难逢的学术盛会还在继续奏响华丽乐章。朱熹又恭邀陆九渊在白鹿洞书院会讲。会讲的主题是《论语》中的"君子喻于义,小人喻于利"一章。九渊登上讲席,面对黑压压一片的诸生弟子,他显得充分自信,时而朗朗激昂,时而娓娓委婉,痛快淋漓地陈述义利之辨。其主要观点和听众的感受,可通过陆九渊、朱熹的两段话来表达:

《讲义》述于当时发明精神不尽,当时说得来痛快,至有流涕者,元晦(朱熹)深感动,天气微冷而汗出挥扇。

元晦又与扬道夫云:"曾见陆子静义利之说否?"曰:"未也"。曰:"这是子静来南康,熹请说书,却说这义利分明,是说得好。如云:'今人只读书便是利,如取解后,又要得官,得官后,又要改官。自少至老,自顶至踵,无非为利'。说得来痛快,至有流涕者"。(《陆九渊集》卷36《年谱》)

可见陆九渊义利会讲,并不是对《论语》经典的空泛高议,他是结合当时科举之弊,进行批判性的发挥,所以具有很大的感染力。要知道当时是农历二月,正是春寒料峭之时,白鹿洞书院又倚近鄱阳湖和庐山,比一般地方要寒冷,朱熹与诸生听了会讲,竟激动得血脉贲张,汗出挥扇,甚至流下了眼泪,这是一场何等精彩的理论课!会讲完后,理论大家的朱熹却表示了空前的谦虚,再三地说:"熹不曾说到这里,负愧何言。"并请陆九渊亲笔书写义利讲义,刻之于石,以期作为白鹿洞书院的永久留念。朱熹还亲自为这篇《讲义》作跋,称赞此《讲义》:"发明敷畅,则又恳到明白，而皆有以切中学者隐微深痼之病，盖听者莫不悚然心动焉"。(《陆九渊集》卷23，《白鹿洞书院论语讲义》）并表示："熹当与诸生共守，而无忘陆先生之训"。(《陆九渊集》卷36《年谱》）

白鹿洞之会是南宋两位思想巨人在江西大地上的又一次握手，由于朱熹的虚怀若谷和陆九渊精彩讲演，使这次学术相会充满喜剧色彩与和谐气氛，两大对称又对立的理学潮流，在鹅湖之会发生激烈碰撞之后，在白鹿洞书院里涛歇浪消，进行了一次理论大交融、学术大交汇。但思想巨人都是有强烈的主体意识和铁肩担当道义的历史责任感的，他们对自己理论执着与自信，注定彼此理论都不会消融于对方之中。于是就有了淳熙十四年初冬开始的朱陆两人的"无极"之辩。

我们都知道，在江西开创理学的周敦颐有一篇经典性哲学著作《太极图说》；虽仅250字，却完整地构建了一个关于宇宙本原论的哲学框架，提出了"无极而太极"的著名命题，但他没有对此做详细解释，奇怪的是，在周敦颐另一部重要哲学著作《通书》里，却根本没有提及这个命题。因而成为朱陆二人辩论的核心问题。

朱熹对周敦颐《太极图说》推崇备至，认为是"千圣不传之秘"。所以他认为"无极而太极"的命题是正确的。太极本为宇宙之本原，但为什么要在太极前加一个无极呢。朱熹认为，周敦颐的本意是"恐学者错认太极别为一物，故著无极以明之"。又说："不言无极则太极同于一物，而不足为万化之根。"（《朱文公文集》卷36，《答陆子美》之一）

对朱熹观点首先提出质疑的是陆九渊的四哥陆九韶，认为"无极而太极"之说，疑非周子所为。陆九渊完全赞同四哥的意见，主动写信给朱熹，挑起了以书信形式"无极太极"的文字之辩。陆九渊首先否认"无极而太极"是周敦颐之说的真实性。他认为这很可能是后人附会篡改的，因为周敦颐在《通书》从未提及"无极"二字，即使周氏在《太极图说》有"无极而太极"的说法，当周氏在撰写《通书》时，已认识到此说之错，故在《通书》中予以改正。其次，陆九渊从逻辑上驳斥了无极而太极的荒谬性，他认为太极既是宇宙之本原，自然是形而上者，如果在太极前面再加无极，无疑是宇宙本原前面还有一个本原，形而上者前面还有一个形而上者，逻辑的荒谬必定造成"叠床上之床，架屋下之屋"的现象，完全多此一举。最后，陆九渊痛批"无极"观念的错谬，他认为无极思想来源于陈抟，而陈抟又是继承老子的《道德经》，而老子学说来路不正，完全背离圣人之书，故无极之说不可取信。

无极之辨，实质上是关于宇宙本原的一场哲学论争，历时两年，各往来书信四封，最后是各存其是，谁也说服不了谁，只得不了了之。在这个问题上我们不必苛求古人，就是当今世界，科学如此发达，宇宙本原仍是一个人类未解之谜。

就在无极之辩的同时，淳熙十五年（1188），陆九渊写了一篇《荆王文公祠堂记》，是一篇全面评价王安石和王安石变法的文章。王安石是江西临川人，临川与陆九渊家乡金溪古今都同属抚州，可以说是陆九渊的老乡。九渊对这位老乡充满赞美之情，说王安石"英特迈往，不屑于流俗，声色利达之习，介然无毫毛得以入于其心，洁白之操，寒于冰霜，公之质也，扫欲学之凡陋，振弊法之因循，勋绩必为伊周，公之志也。"（《陆九渊全集》卷19）首先称赞了王安石的人品道德。其次对王安石的改革事业和学问学术也予以充分肯定，并且驳斥了王安石变法是造成北宋灭亡等一切不实之词，将王安石与古代名相伊尹、周公相提并论。因此，可以说，陆九渊这篇文章是一篇特立独行为王安石与王安石变法翻案的文章。他自己也坦承"《王文公祠记》乃是断百年未了的大公案"。这在当时众口一词否定王安石的政治气候和浓厚的理学气氛中，无疑是大胆而可贵的见解。

此文一出，就遭到朱熹等人的强烈批判。朱熹对弟子刘公度说："临川近说愈肆，《荆舒祠记》曾见之否，此等议论皆学问偏枯，见识昏昧之故，而私意又从而激之。"（《朱文公文集》卷53，《答刘公度》之二）刘公度回信劝慰老师不必计较。哪知朱熹却将他骂了个狗血淋头："此等语言不似圣贤意，无乃近日亦为异论渐染，自私自利作此见解耶？不知圣贤辨异论，辟邪说如此之严者是为欲人人同己、人人知己而发耶？若公度之说行，则此等事都无人管，恣意横流，诚思之如何？"（《朱文公文集》卷53，《答刘公度》）表达朱熹要彻底批判的精神。

受老师影响，朱门弟子群起而攻之，但漫骂代替了理论的批判，就是显得如此苍白无力，连朱熹都看不下去，说"临川之辩，当时似少商量，徒然合闹，无益于事也。"（《朱文公文集》卷50，《答程正思》之十八）陆九渊更表示轻蔑，说他们"未尝学问，妄肆指议"。（《陆九渊集》卷1，《与胡李随》之二）最后还是朱熹自己来收场，作《读两陈谏议遗墨》，对王安石学术与政治进行了总结性的详尽批判，指斥王安石"肆情反理""迷国误朝""败国殄民""新法之祸卒至于横流两不可救""以至于鱼烂河决而后已"，（《朱文公文集》卷70）但此时，陆九渊已逝世七年了。失去了诤友的批判，犹如战场上没有了劲敌，赛场没有了对手，朱熹应该感到分外寂寞。事实也是如此。当陆九渊客死荆门，朱熹正在福建考亭编写《孟子要略》，一闻噩耗，即率门人往寺中设灵位哭拜。良久才发出悲戚的感叹："可惜死了告子！"朱熹又致书赵然道说："荆门之讣，闻之惨怛，故旧凋落，自为可伤，不计平日议论之异同也。"（《晦庵集》卷55，四库本）哲人萎谢，旧友凋零，悲伤凄凉的朱熹捐弃前嫌，不计较朱陆之学的异同了，虽然后有对王安石的批评，那也不是针对陆九渊了。

综上所述，鹅湖之会、观音之会、白鹿洞之会，中国学术史上的三大著名的学术聚会都发生江西大地上。而其中的"为学之争""无极之争""王安石之争"这三大学术大辩论都与临川文化区发生最紧密联系。朱熹一直将陆九渊学术称之为江西之学，陆九渊也反称朱熹学术为江东之学，元代学者郑玉曾总结说：

> 陆氏之称朱氏曰江东之学，朱氏之称陆氏曰江西之学，两家学者各尊所闻，各行所知，今二百余年卒未能有同之者。以予观之，陆子之质高明，故好简易；朱子之质笃实，故好邃密。盖各因其质之所近而为学，故所入之涂有不同尔。及其至也，三纲五常，仁义道德，岂有不同者哉？况同是尧舜同，非桀纣同，尊周孔同，排释老同，以天理为公同，以人欲为私，大本达道，无有不同者乎？（《师山集》卷2，《送葛子熙之武昌学录序》）

于是，主导当时理学的两大潮流朱陆之学，即江东之学与江西之学，在江西上演了近二十年恩怨情仇的学术活剧。朱熹曾说以陆九渊为首的江西学者都"颠"了，这不全是贬义，他意味着江西学者，尤其是临川学者对自己学术已成痴迷，并固守着自己的思想阵地。朱熹何尝不是如此，他对自己的学术的执着与痴迷，几乎也要"颠"了。如果以今天的籍贯来，朱熹也是江西学者，而当时的江东亦多在今天江西境内。两位江西学者带领他们的学派，在江西论坛上龙腾虎跃的鲜活思想与龙争虎斗的自由辩论，不仅是江西作为理学之乡的主要表征，也强化了江西知识群体的整体人格形象。我为学术而"颠"、我为哲学而"狂"！这就是朱熹所说"江西学问气象"（《晦庵集》卷52，《答姜叔权》，四库本），更是临川文化区学问气象！

第四节　佛道的传播

一、佛教传播

临川区早在三国时期就有佛教事迹。东吴孙权黄武二年（223），有僧真空来崇仁县巴山镇太和寺建造太和塔，建塔时已有大和寺，寺肇自何时已无考，但肯定早于建塔时间。唐代大历年间，南城饶氏子上弘居住抚州景云寺，后成为著名高僧，据白居易《唐抚州景云寺大德上弘和尚塔碑铭》称，仅经上弘一人授戒度僧者，就达15572人。唐末五代法眼宗开创人文益禅师来临川主持崇寿院，众多高僧大德来这里参学得法，于是临川崇寿禅院成为法眼宗第一道场。而有宋一代朝廷上下崇信佛教，不亚于隋唐。此时的临川文化区，亦佛教鼎盛，于是佛风禅雨，法脉流传。据人们对光绪《江西通志》"寺观"的统计，宋代临川区有佛寺148所。（详见巩丽君硕士论文《宋代江西佛教社会》）其中抚州的宜黄县曹山寺最为著名。曹山在宜黄县北三十里，旧名荷王山，山巅曰罗汉峯。昔本寂禅师因礼曹溪六祖回此，遂易名曹山。它是佛教上占有重要地位的曹洞宗的发源地之一。唐代的本寂禅师曾从江西宜丰洞山普利寺良价禅师为师，后来到曹山的荷玉观，传法31年，弟子过百，信徒数千。他继承良价师说，并多有创造，于是使曹洞宗宗风大盛，"法席大兴，弟子云萃，洞山之宗，至师为盛"。（《五灯会元》卷13）于是宜丰之洞山与宜黄之曹山，成为禅宗圣地，而为中国佛教禅宗五大派系之一。至宋代的大中祥符二年（1009），其后世子弟，为纪念本寂禅师的功德，将荷玉观改为寺，称号"宝积"。因地处曹山，信徒与乡人俱称曹山寺。后来黄龙宗的雅禅师、道震禅师相继作为该寺住持。绍兴年间，天落陨石，砸坏寺庙。当时住持了如禅师得邑人邓经全力资助，重新修复寺庙，修复后的曹山寺"雄丽靓深，为一时伟观"，"四方游客，日至千余，倍蓰他日"。时有邑人邓芭作诗赞美之："宝积重来异昔年，修廊千步阔山边。南分灵派渠行玉，北敞高台花雨天。日照青林犹带润，云收翠崦尚藏烟。庞眉老子升猊坐，不惜家风示众贤。"当时因金兵南下，庙宇多成废墟，僧人多无寺可居，有些幸存寺院，担心僧多粥少，难以为继，惧而不纳。唯曹山寺院了如禅师佛心慈悲，大开山门，容纳四方落难僧人，于是此寺僧徒激增，曹洞宗风更名声远扬。后曹洞宗又远播异域他邦，一东渡扶桑，流传日本，一传于韩国或东南亚诸国，至今信仰者甚众，仅日本就有教徒八百多万。此景此象，正如清人谢阶树诗中所说："曹山传得洞山衣，要识千丝共一机。贝叶香留荷玉观，善男今日善皈依。"

由于佛风绵绵，灯灯相续，至宋代，临川文化区亦产生了众多著名佛教人物，如大沩真如喆禅师，为南岳下十三世，翠岩真禅师法嗣。人又称之释真如，或简称沩山。他为临川人，俗姓闻，名慕喆。幼孤，依建昌永安圆觉律师学习佛法。为人刚简有高识，以荷法为志，以精严律身。后又拜翠岩真禅师为师，从游二十年。学识日见深博。此时有来学者，翠岩真禅师均令见慕喆与之讲解佛法。并谓人说："三十年后，喆其大作佛事。"翠岩真禅师殁后，遂游湘中，住大沩寺，管束众僧二千指。众僧无所约束，但人人自律。绍圣元年（1094），受宋哲宗诏见，称旨。住京师大相国寺智海禅院。京师士大夫想见其风裁，倾都来观。

均谓"一佛出世"。寺院地窄而僧徒日增，无以容，则相枕地卧。有请限之者，慕喆说："僧，佛祖所自出。厌僧，厌佛祖也。安有名为传法而厌佛祖乎？"哲宗绍圣二年（1095）卒。临终前作《示寂偈》："昨夜三更，风雷忽作。云散长空，前溪月落。" 据传其焚化后"得舍利大如豆，光洁明彻。目睛、齿爪皆不坏。门弟子分塔沩山、京师。"《禅林僧宝传》卷24、《五灯会元》卷12、《佛祖历代通载》卷19均有其传。还有一位释祖贤，金溪人，俗姓饶，饶氏世代业儒，祖贤幼弃其家，依金溪疏山寺为僧，后始游诸方。其求佛理路程极为艰苦。宋刘克庄《贤首座塔铭》说：

（祖贤）求道甚苦，坐起颠倒，若追魍魉而捕景也。既至蒋山，忽有所悟，歌哭狂怪，若获夜光而按剑也；夜造方丈，叩痴钝师，言下有省，汗流浃体，方寸豁然也。乙亥入闽，与同参僧嘉居囊山辟支岩，或强师北归至义江而返，取戒牒焚之，益上绝顶趺坐，日啖干粮，半掬既尽，代以草根木实，樵者以为鬼物。惟长老祖洪独加敬，久之嘉舍去，洪亦去，继者庸衲内訾，师遂来石室，众买藤塘废庵以居之，仅容一榻，自奉如辟支时，学者辐辏。……余友林公希逸尤重师，《诔》之曰："六经之外，得此良友。"且以《塔铭》属余，《铭》曰："师未尝蓄笔砚，一日拾炭煤磨椀底，为吾母福国太夫人书，所作《十不去偈》，其卒章曰：'十不去，即此便是诸佛土。假饶天使诏书来，向道不须生事故。'"噫！师贤于种放、常秩辈远矣。余述斯铭，以警其徒，亦所以愧学士大夫。（《后村集》卷39）

由于临川文化区在宋代文风浓郁，也出现众多诗僧。如临川人胡妙明，佛号无相，虽为染家子，但知识渊博，能诗文，名公文人多与之交，陆九渊一日讲易，问无相是否能理解。无相应声说："三画未分消息露，六爻才动错商量。"其经常面壁静坐，遂有悟顿。晚年结庵常清观之西，趺坐而化。又如文惠大师，俗姓彭，名惠严，金溪人。为宋代抚州宝应寺僧。诗人韩驹曾客居宝应寺。文惠常谛听韩驹吟诗，韩教其作诗说：

"须吟尽粗恶，而后可施箝锤。"乡人李浩在中都为侍郎，有人问他："'断沟横略约，支径入招提'，此临川惠严上人诗耶？"李答曰："是，特虎豹一斑耳！"后来，文惠认为作诗"文字特绮，语业耳！"乃弃置笔砚。南宋孝宗淳熙时，陆游为官江西守抚州，延请文惠问诗，文惠答之以笑，果不再吟。今《宋诗纪事》卷92存其《游废圃》《正觉寺》诗两首，今人所编《全宋诗》与《全宋诗订补》，不知何故，均未收录此两诗。如释正宗，字季渊，崇仁县人。俗姓陈，出家后居梅山，当时诗人吕本中、曾几、韩驹寓临川时，与之相交甚契，结为诗友。他也是一位诗僧，撰有《愚丘诗集》，但已佚。今《全宋诗》收录其诗五首，残诗三首。

临川区最著名的诗僧为如璧，姓饶，初名节，字德操，临川人。其博学能文，是江西诗派著名诗人，所著有《倚松集》。他曾为曾布门客。神宗时曾致书曾布，议论与新法不合。遂弃绝政事。有一次他在香严寺，听智海说法而悟，遂落发为僧。陈莹中与诗云："旧时饶措大，今日璧头陀。借问安心法，儒禅隔几何？"其法名如璧，驻锡杭州灵隐寺，晚年主襄阳天宁寺，又居邓州香严寺。为青原下十四世香严海印智月禅师法嗣。先是，其师有诗云："闲携经卷倚松立，试问客从何处来？"因号倚松道人。尝以诗劝吕紫薇曰："向来相许济时功，大似频伽饷远空。我已定交木上座，君犹求旧管城公。文章不疗百年老，世事能排两颊红。好贷夜窗三十刻，羌床跌坐究幡风。"表达了他为僧的决心。而最为奇怪的是，其一仆人，由于经常听佛教经说，也日有开悟。遂祝发为僧，法名如琳。

像这种听禅师说法，即皈依佛教的例子也不少。如宜黄人陈迁，字德升。年十六游金陵，以强记得王安石重视，命与陆农师遍阅蒋山碑无虑数十，及归录之，不遗一字。越二年，因病留蒋山，与勇禅师言下有契，勇与偈曰："猕狲儿子太惺惺，爱弄千年鬼眼睛。不见宰官身说法，时时求我顶头行。"即弃儒归隐，究心禅学，作《续传灯录》。

当然，佛教在临川区的传播，更主要表现在对当时文人精神世界的影响方面。在中国历史上，禅僧与文人，禅学与诗学，禅思与文思，早已结下不解之缘。宋代临川区文人亦是如此，他们惊异发现，这异域他邦精神之花高妙美丽，以百倍热情叩开这精神家园之门，充分汲取营养。最著名的例子就是临川文人加政治家的王安石，当他在以儒术治国理想失败被罢相归隐钟山之后，高妙精深的佛理禅说使他焦躁的心灵得到妥帖的舒放。他自号半山道人，虔诚地信仰佛教。当他得知禅师克文来到金陵，于是倒履出迎，十分恭敬地请教佛理，政治上失败与人生上失意的苦闷，一朝涣然冰释。于是他将其金陵的府第施舍为禅寺，并请克文为第一代住持，又奏请宋神宗赐克文真净禅师之号。而王安石之诗风也从过去的慷慨激昂、瘦硬雄直，走向闲适淡雅、细致工巧，创造了人见人赞的"荆公体"。

南宋金溪人陆九渊的心学理论更深受佛教学说影响。其家族虽以义门成为儒学之代表，但佛风禅雨，以一种润物细无声的状态悄然滋润着这个家族。陆九渊的祖父陆戬"好老释之言，不治生产"。父亲陆贺以居士自居，一生"究心典籍，见于躬行"。五兄陆九龄"出入于释老"。这对陆九渊自然有着潜移默化的影响。他在四岁时，就以禅师静默打坐的方式，思考宇宙本源的问题。有的学者总结出其心学思想与禅宗几大相似之处：一是禅宗"心即真如"与陆氏"心即理"学说，二是禅宗的"凡夫即佛"与陆氏的"满街都是圣人"之说，三是禅宗的"不立文字"与陆氏"易简功夫"之说，四是禅宗"即心即佛""见性成佛"与陆氏己自反、反身内求的认识路线。（详见黎明中等：《江西禅宗文化》，江西人民出版社，2006年，第141~150页）所以朱熹一再说"陆氏之学……他本只是禅"，陆氏之学"其宗旨本自禅学中"。

宋代临川区佛教兴盛也表现在林立的、新建的寺院方面。临川区一个极为偏远的黎川县，原称新城县，在宋代就建寺26处。主要有灵山寺，在新城县西北三里，宋建隆元年建，治平初，改为灵鹫山寺，明仍称灵山寺。觉慈寺，在新城县西十五里，宋开宝三年建，清康熙十年重建。广照寺，在城中东山下，初名新兴寺，宋皇祐间中建。治平初年，改为今名。东湖寺，在原东坊，寺前有小湖，旧称弥陀寺，宋绍兴十年建。正观寺，在县西南二十五里二十四都，宋开宝年间建，旧名院，后称寺。

净明寺，在县城南三十里七都，宋开宝中建，旧名院，后称寺。妙静寺，在县西北四十里十七都，旧名中山寺，宋治平中建，淳熙十年改为妙静院，后称寺。长宁寺，在县西南六十里五十二都，宋咸熙五年建，旧名院，后称寺。惠日寺，在县东北十里十四都，宋绍兴三年建。妙智寺，在县北七里十三都，宋开宝中建，旧名院，后称寺。超觉寺，在县东三十里三十都，旧名云峰山寺，宋治平元年改超觉院，后称寺。广福寺，在县东五十里三十三都，宋淳熙十三年建，旧名院，后称寺。资福寺，在县西三十五里，十七都，宋开宝间建，旧名院，后称寺。妙法寺，在县东南三十里三十都，旧名蝉鸣院，宋太平兴国元年建，治平初，改成今名。寺中安放无住、雪堂二僧肉身。慈明寺，在县西四十里十三都，旧名南光寺，宋开宝中建，治平初改今额。永隆寺，在县西四十里五十一都，宋开宝中建，旧名院，后称寺。普薰寺，在县西南四十五里四十四都，旧名院，后称寺。廪山寺，在县北十五里，宋光宗绍熙元年建。香山寺，在新城县北十五里，旧名再兴院，宋建隆三年建，庆历年间重建，改名香山院，今称寺，北宋南城著名文人王无咎有《香山院佛殿记》详记其事：

庆历五年，香山院僧延香会予于逆旅，从容为予言："师守能近更治其院，其堂室门庑以及器物百须，灿然一新。唯佛殿之役，力犹未暇。盖计其费，当用钠五十余万，而吾师生平所有，多委之以治院。今料其余，才能资其半。又其半，尚待香客里人赀以足之。"□□□□别十四年矣。复遇予而言："香向尝语君新佛殿，而后于闾阎间，家劝户诱而赀施之人，无论多寡，悉受而褒之。如此者逮十年而工始克兴，其培基购财、募工僦佣，周旋经始，又若干日，而其役乃成，香于此信乎其劳。初吾师劳于院事，而得今秘书陈君谏为之记。今香劳于殿事，而更欲记累于君。愿乎听之也。"今夫世之浮图，挟其法以自封于己者，踵迹相接，而劳于己以图振其法者益少。就吾里以求之，则香殆其人也。余既与之有一日之旧，而又嘉能自异于其党，故不拒其请，而书其所尝语于予者以畀之。时嘉祐三年三月望日也。（乾隆《新城县志》卷14，《香山寺》）

由此可知，香山寺于庆历五年以前，由香山寺僧人延香之师守能重建。后延香又兴修佛殿，王无咎对延香以十年时间"劳于己以图振其法"之精神，还是十分赞赏的。今新编《全宋文》却未收录此文，故全文录于此。与黎川县同样僻远的广昌县城西有一大觉寺，是北宋中叶由生员刘万年妻捐银八百两兴建，佛殿僧舍极其宏丽，仅僧人就有三百余名。另有西林寺，在新坊里，建炎元年建。

乐安县在宋代新建的寺院有禄源寺，建于北宋。乐安县有两座西隐寺，一在天授乡，唐天宝二年建，已废。一在云盖乡，宋绍兴二年建。观性寺，在乐安县云盖乡，宋乾德五年建。内有滴滴金花，宋建炎间，孟太后幸此，题绝句一首。龙回寺，在乐安县乐安乡。宋太平兴国八年建。曾艇斋、谢艮斋有诗。

崇仁县在宋代新建的寺院主要有后山寺，在崇仁县礼贤乡，宋皇祐间建，元时修，宣州刘迁有记，已废。东林寺，在崇仁县朝天门内，宋建，额曰虎溪，原为侍郎乐史读书之所，后乐史贵显，将其地捐增建寺。嘉祐八年重建，绍兴中，革律为禅，未几复。西林寺，在崇仁县巴陵门外，宋黄祥道施地创涅盘堂。乾道中改今额。清溪寺，在崇仁县青云乡，宋乾道中，里人袁休重建，陈鉴有记，已废。仰山寺，在崇仁县南阜山右，本孚惠昭烈行宫，宋淳熙间，请今额，宜春尉罗炽记，宋末赵园令新之。观音寺，在拱辰坊下，宋绍兴十年僧远建，初名富寿堂。后里人吴氏建佛殿，才改成观音寺。重兴寺，在崇仁县十三都，宋嘉祐年间建，绍定年间毁于兵，邑人徙建于官员坑。石绳寺，在崇仁三十七都，宋祥符年间建。寺内有池，池中石如绳盘结，故名寺。

南城县宋代新建的寺院主要有觉海寺，在南城县东四十五里，宋金紫光禄大夫邓某施香火田，其九世孙炼有碑记。灵峰寺，在南城县东南从姑山岭。宋绍圣初，有僧逻旱曝身，岩上雨泽沾足，因榜曰秋泽岩。元符中，道者周智方又至岩中，祷应如响，向有灵峯寺，久废，因移是额以名之。明万历六年，割南城县东北建泸溪县，因此明代泸溪县在宋代应为南城县辖地。如泽心寺，在泸溪县十六都，宋建，李山甫有记。定安寺，在泸溪县四都杜蓝，宋绍兴二年参军石松建，淳熙七年进士石致平请于朝，因以定安院匾额赐之。

抚州南丰县寺院众多，江西寺院有数十所得真宗皇帝赐寺额，南丰一地就有六所。治平年间，圆觉禅师也在南丰县建宝岩塔和寺，宝岩塔亦称"雁塔""文风塔""七层塔""南台塔"，坐落在盱江北岸岱南山，塔分七级六面，第二层有砖砌竖龛六个，每龛中藏有铁龙两条，铸工极为精致。全塔雄伟壮丽，显示出佛法无边的尊严。它在淳祐三年（1243）曾遭雷击，后至元代至正九年（1349）又重建。宋末元初南丰诗人刘壎有《南台塔》诗云："相轮级级耸苍旻，犹记当年劫火焚。绝顶焰红花绕笔，残碑浅碧鹤巢云。削平败甓真堪臆，见出层台尚不群。绍圣消沉淳祐远，又翻新景入斜曛。"诗虽写得苍凉，但南台塔之雄伟亦略可一见。南宋光宗时（1190—1194），南丰县开凿了一所石佛寺，石龛石壁上雕凿成一尊一丈六尺高的巨大弥陀佛立像，旁刻《金刚经》，引来无数善男信女顶礼膜拜。

临川县七里冈，有一明白庵，为宋代江西著名僧人惠洪所建，他撰写许多诗文记载明白庵之事，其中《明白庵铭并序》云："大观元年春，结庵于临川，名曰明白，欲痛自治也。"抚州临川还有一个名字很奇怪的寺院叫菜园院，那是抚州菜园僧可栖费十年之功，于庆历八年建成。一向辟佛的曾巩还专门写了一篇《菜园院佛殿记》，云：

庆历八年四月，抚州菜园僧可栖，得州之人高庆、王明、饶杰与率民钱为殿于其院，成，以佛之像置其中。……初，菜园有籍于尚书，有地于城南五里，而草木生之，牛羊践之，求屋室居人焉，无有焉。可栖至，则喜曰："是天下之废地也，人不争，吾得以老，斯足矣"。遂以医取资于人，而即其处立寝庐、讲堂、重门、斋袍之房、栖客之所，而合其徒入而居之。独殿之役最大，自度其力不能为，乃使庆、明、杰持簿乞民间，有得辄记之，微细无不收，期月而用以足。役以既。

可见，菜园寺院的建成，一部分是靠可栖行医之资，而主要是抚州信徒的捐款。故从中可知，抚州信仰佛教的民众不在少数。

当然，一些建于宋以前的名刹大寺，在宋代更成为佛教传播中心场地。如位于今金溪县西25公里处的疏山寺，建于唐中和二年（882），原名白云寺，由当时白云长老创建。南唐时改今名。宋时，太祖、真宗、仁宗、高宗均御书赐额，成为当时名刹之一。"江右大丛林甲天下，隆楼杰阁相望以百数，疏山盖其一也。"当时疏山寺藏有一部五千余卷的《大藏经》，放置在以旃檀众香黄金百宝装饰成大轮藏中，引起了"父老纵观涕泣作礼，以为末始见也"的轰动效应，更吸引了众多善男信女去顶礼膜拜，成为禅宗曹洞宗法场胜地。当时建此大藏的了如禅师说："自吾营此藏，凡环材巨植，级砖盖瓦，涂墍丹雘、资粮钱用之费以二千万，皆出忠信士捐弃所甚爱，成此一大因缘。"（孙觌有《抚州疏山白云禅院大藏记》）可见当时信徒之众。此寺也吸引宋代的著名文人如王安石、曾巩、陆九渊、陆游等到此游览，并留有题咏。

二、道教传播

道教是世界四大宗教之一，更是中国土生土长的宗教。到了宋代，历代皇帝大都信奉道教，特别是宋真宗，在与辽朝签订了屈辱澶渊之盟后，为了消弭镇服四海，亲自主演了一出拙劣政治把戏，说什么在异香满地，黄光盈殿中，一位星冠绛袍的道教神灵降下了《大中祥符》的天书，上面写着："赵受命，兴于宋，付于慎。居其器，守于正，世七百，九九定"的神言（《宋史》卷140），宋真宗的年号都由此而改成了大中祥符，而后的宋徽宗更是一位空前绝后的崇道皇帝，他干脆称自己为天神下凡，为解救人间苦难，才下凡到人间作为人君。甚至他作为金人阶下囚时，也仍不失道君本色，身着紫道袍，头戴逍遥巾，在冰天雪地的北国铁窗囹圄中，最后圆满他天神下凡的荒诞梦。如此皇帝如此神，由于最高统治者推波助澜，有宋一代很长一段时间内，仙风羽热，弥漫于朝廷上下，甚至达到了如痴如醉的迷狂程度。临川文化区自古以来的民风就重巫崇神，这与道教教义分外相契，临川地理形胜多名山秀水，也为道教在此安身立命创造了先决条件。如南城麻姑山、崇仁县的华盖山等都是道教极为活跃地区。

耸立于江西南城县西部的麻姑山，以景色秀美，风光迷人，并祀奉麻姑仙女而成为道教的第二十八洞天和第十福地。宋代麻姑信仰盛极一时，首先是统治阶层的重视，当时地方官员重修了仙都观、三清观、老君殿，玉皇殿、麻姑殿等道教活动场所。仅宋开庆《建昌县志》记载，当时南城道观就有14处。南城哲学家李觏在《麻姑山重修三清殿记》记载，北宋康定年间，麻姑山仅古屋就有数百楹。祀奉麻姑仙女的仙都观更是异常侈丽，仅康定二年（1041）重修麻姑殿的工程就很浩大，正如李觏所说："斩木而山空，伐石而云愁"。（《重修麻姑殿记》《麻姑山志》《记》）北宋庆历六年（1046）仙都观观主凌齐业道士认为，仙都观主体建筑甚为雄丽，但与之相配的三门却显得低矮狭小，不够气派，"是不足以称吾法与吾力"，因此凭借有丰厚田产的财力，重修三门。"其旁三门，门三途，惟王城为然。老子之教行天下，其宫视天子或过焉。其门亦三之。"（曾巩《仙都观三门之正》《麻姑山志》《记》）仙都观之门亦如王城之门那样壮丽，仙都观的宫室甚至超皇帝宫殿，由此可见，这超逾人间规制的神仙之宅，所反映的是道教在临川区是何等兴盛！这当然是得到宋代天子们首肯的。宋代真宗、仁宗、神宗、哲宗、徽宗、宁宗、理宗、高宗对麻姑仙女及仙都观都有诰封。御封麻姑仙女为"清真夫人""妙寂真人""真寂冲应元君""真寂冲应仁祐妙济元君"。其宗还赐御书百余轴，高宗也赐御书法帖十轴，藏于仙都观后的御书阁内。麻姑是道教中的女仙，麻姑信仰在临川民间极为流行。每年七月七日当地的官员和百姓都要携带供品进山朝拜麻姑。宋代许多著名文人如李觏、曾巩、杨万里、张商英、晏殊、李纲、王十朋等都相继登临麻姑山，并留下众多歌咏麻姑的光辉诗篇和文章，更使这座道教名山名闻遐迩，饮誉千古。

与佛寺相较，临川区在宋代道教所建宫观要少得多，主要有崇仙观，在宜黄县东，宋时建。仙源观，在宜黄县待贤乡，宋理宗时里人邹明善创，元代虞集有记。招仙观，在乐安县南门外，宋建。宝台观，在崇仁县礼贤乡，又名龙亭，宋建，明宣德间道士杨绍祖修复，吴敬庄书《重兴碑》，已废。灵兴观，在崇仁县石下，宋时建，元代邑人吴澄有诗记之，后圮。逍遥观，在新城县南十五里，宋开宝中建，旧名龙华，治平元年改今额。鹤仙观，旧在新城县东何家庄，宋治平元年建，绍兴中，迁环胜山下，即今所。元至正元年，道士江希逯以道术显于朝，赐剑归作高阁藏之。谢升孙有记。元末毁，明洪武中归并仙居等八观，宣德间重修。长生观，在新城县西金笼山，宋治平元年建。太乙观，在新城县北梅峰，宋绍兴中建，元至正中重建，程巨夫有记。法云观，在泸溪县西源，宋宣赞舍人石永寿建，已废。此一时期，以南丰县为最著，一县之内就有清修观、灵都观、紫霄观、炼灵观、妙灵观、南台道院等道观二十余座。如三仙祠，在南丰军山绝顶，祀晋三应真君浮邱翁及其徒王褒、郭似，三仙尝游此山，宋时建祠祀之。崇真观，在麻姑山下西二里，宋曾布建。大霄观，在华子冈，宋熙宁道士许自坚建，李山甫记，淳熙中以重建。

宋代临川文化区道教兴盛的另一个主要表现是创建了天心派和神霄派两个道教流派。在中国古代小说中，人们经常能看到有"五雷天心法"的记载。《水浒传》中就有公孙胜学习五雷天心正法并以此破敌的描述。旧时的道士们也经常以此法呼雷唤雨，驱妖伏魔，祈福禳灾。因此五雷天心法就成为古时道士们最正统正宗的法术。而创立此道法的肇始之地，就在今天江西临川地区。据宋人邓有功《上清天心正法序》记载，宋太宗淳化五年（994），抚州临川县有一位县吏名叫饶洞天，受神人指点，在抚州崇仁县的华盖山掘地得一本秘籍《天心正法》，尚不晓其义，后在抚州南丰县遇五代名道士谭紫霄，在他的指点下，顿悟玄理，于是始创天心正法，成了天心派的开山祖师，清代谢希桢《华盖山志》中的《饶洞天传》对此事记述得更清楚：

饶动（洞）天，临川人，初为县吏，淳化中，梦神人曰："汝用心公平，执法严正，名已动天矣"。梦觉，遂名动天，入华盖山，夜见上升坛，前五色宝光上冲霄汉，寻光掘地，遂获金函，开视，有篆文天经，题曰："天心正法"，动天获此灵文，莫知其妙。一羽衣人谓曰："子宜见谭紫霄先生，可师事而得其义"。自此寻历数年，乃遇紫霄于南丰，亲承道妙，顿悟元诠。紫霄携动天见东岳帝君，曰："奉三仙道旨，令授子宝印阴兵。"动天拜受之，往往制伏阴魔，降灭凶妖，祈禳水旱，救治人物，屡有明验。四方慕道者凡数百人从此游。

据上述记载可知，饶洞天后改名饶动天，他不仅是临川县吏，而且是临川人，虽托神言，在江西地得"天心正法"宝书，并得高人指点，始传新法。使新法披上神话的外衣，是道士们创宗立派惯用伎俩，据《饶动天传》云："一日，率诸弟子于华盖之巅，授以密旨，誓曰：'护气稀言，断绝声色，救人疾病，灾荒水旱，皆当引为己任，要以仁信为本'"。这可视为饶洞天为天心派制定的立教宗旨和教观，明显汲取儒家伦理纲常理论。邓有功《上清天心正法》序言中，又详细列了天心派传法谱系。说饶洞天"升天时，以法传弟子朱监观仲素，仲素次传游道首，道首传通直郎邹贲，邹贲传臣本师符法师名天信，至臣有功，传于今矣。"由上可见，饶洞天在抚州华盖山创立了一种新的符箓——天心正法。该法以天上北极为主神，所传有天罡大圣、黑煞、三光三符、北极驱邪院，都天大法主二印。古人认为北极居天之中央，故天心派道士所谓天心即北极，他们认为其道法乃是上通于天，从而能产生某种感动天心，使之做出反应的效果。据《上清北极天心正法》序说："夫天心法者，自太上降鹤鸣山日授天师。"这虽为神造假托之言，但因此可证，天心派属天师道正一派系，是正一派的一个支派。由于天心正法简略易行并屡有灵验，故流传甚广。在饶洞天初创此法时期，就有数百弟子云集影众，饶洞天之后，以行天心法而著称的道士史不绝书。如苏轼《东坡志林》卷3《记天心法咒》记载："王君善书符，行天心正法，为里人疗疾驱邪。"苏辙《龙川志略》卷10记载："成都道士寋拱辰，善持戒，行天心正法，符水多验，居京城为人治病，所货不赀。"宋诗人陈师道《后山集》卷18记道士王太初治鬼妖而闻名于世。至南宋绍兴初年，有道士叫路时中，以传天心正法名于世。方勺《泊宅编》卷7云："朝散侍郎路时中行天心正法，于驱邪尤有功。俗呼路真官。"民间俗呼路真官的路时中，其功力尤胜，为天心派兴盛时期代表人物。他可以说重编了天心正法，更新了该派的理论。他编有《无上玄元三天玉堂大法》三十卷、《无上三天玉堂正宗高奔内景玉书》二书。在《无上玄元三天玉堂大法》卷1称："道在我身，修之久则可以成真，吾之真无既成，将有余而补不足，所以莫非法也。"卷30在论炼度亡魂时，作法只要"使内气以合外，外神以符内神，则一瞬之间，报应如响矣"。可见天心派传至路时中，已从一个以符箓作法为主派别，向以内炼为基础，以道为本，以法为末的方向转变的新天心派。

为天心派在理论上做出重大贡献的，还有饶洞天的五传弟子邓有功。邓氏为南宋江西抚州南丰人，字子大，号月巢，人称月巢先生，他幼习儒术，但未登进士，故只能任抚州金溪尉。他广求异本，校对讹误，重新编定增补了《上清骨髓灵文鬼律》三卷和《上清天心正法》七卷，特别是《上清天心正法》，可以说是天心派最重要的道法道论著作。该书前两卷详细介绍了三光正气法、治病行符法、炼化大变神法、步行罡行持法、远罩法、近罩法、总真大咒法，主要总结了施用符咒以招神役鬼、驱邪治病的法术。后五卷载符箓咒诀数十种，其中"正法三符"——天罡符、黑煞符、三光符为天心正法三种主要符箓。其余符咒多出自正一、上清派道书，乃当时道人为驱邪勘祟、治病救度的法术。可见天心派不仅保持本派主要法术，还吸纳了其他道派的道术。

除上述天心派道士外，比较著名的还有雷守声，他以行天心正法名闻朝廷，被召入宫内为后妃治病立愈，赐号"洞元法师"，宋宣和五年（1123）升迁为元素大夫。南宋末期还有一位廖守真，传天心正法，并在传道中修大洞法，诵《度人经》，修炼大丹，遍历江湖，所到之处，瘟疫立灭。由此而形成天心派一个支派，而这个支派传承有序，其传七代，一直到元代延祐年间，这个支派仍在活动。宋末元初，江西南昌人雷时中（1221—1295），字可权，号默庵，又号双桥老人，早年以儒为业，后弃儒入道，又使天心正法别开生面，达到极盛阶段。据《历世真仙体道通鉴续编》卷五《雷默庵传》载：宋咸淳六年（1270）玄帝诞辰日（三月三日），当他正具表焚香，朗诵《度人经》时，有一位姓路的祖师降其坛祠，授以《混元六天如意道法》之书一卷，后昊天君又敕命他"开阐雷霆之教""大兴吾教"。从中我们可以看出，雷时中的天心道法确不同初创时期的天心正法。一是他不祖述于天心派始祖饶洞天，而是另找一位姓路的祖师。二是他所传之教，不再称为"天心正法"，而是称"混元六天如意道法，并受昊天上帝之命"开"雷霆之教"。三是以《度人经》为传法主要经典。他每次化导世人和开度弟子必须先令他们认真诵读《度人经》，然后由他讲论《度人经》。可见雷时中所付的天心法，非饶洞天一系，而是自己独创的混元法，是天心派所衍生的支派。他的道法虽也有众多符咒，但强调自己修炼，认为主要修炼自己本真，主旨在于收心养气，不假外物而成，那些"淫少女阴中之精，采室女口中之唾"等修炼方法，是不值一提的旁门左道。并作诗以表心志："人人尽有本然真，何必勤劳向外寻。但把精神如宝玉，勉教魂魄乱商参。"由于雷时中所传天心道法独树一帜的新颖性，所造成的影响巨大，入其门者日众，后来发展到有弟子数千人，分东南和西蜀两派。其中东南一派是由江西南康人查泰宇为领袖，盛行江西等地。因此天心派是一个由江西临川人开创的，影响宋、元两朝的大行其道的道派。

但是流行一时的天心派与神霄派相比，那简直是小巫见大巫。神霄派的创始人王文卿（1093—1153）正好也是天心派创始人饶洞天的同乡，他是抚州南丰人（饶是抚州临川人），自幼慕道，有方外之志。曾作诗以明心迹："红尘宝贵无心恋，紫府真仙有志攀。"于是其父逝世后，就远游四方，访道求师，自云得唐代高真汪文华能召雷祈雨，叱咤风云，驱魔降妖的雷法道功，又说得唐代天师叶法善所著雷书，虽为神托之言，但却证明神霄派的道法来源上述两位唐代高真。但主要是王文卿自创，神霄派真正的历史应从王文卿始。王文卿自得雷书秘典后，经过苦心修炼后，道法日臻精深。但不慕名利，隐居江湖。宋徽宗宠信的道士林灵素极力向朝廷推荐王文卿，于是下旨诏求凡十八次，却不其知所在。后皇叔廉访使巡历至高邮军时得病，王文卿以符水治愈其病，遂名动朝廷上下。他在一再具礼延聘下才赴京，由于祈雨治旱等方面屡应灵验，深得徽宗宠信，一再赐号授职，先封冲虚妙道先生，拜太一素大夫、凝神殿校籍；后又封为金门玉客，升凝神侍宸，赐号"冲虚通妙先生"，最后任命管教门公事，成为当时统领道教的领袖人物。

北宋末年，由于金兵入侵，国势危如累卵，王文卿审时度势，假借天意，劝宋徽宗退位，以待有道之君挽救颓势。徽宗果然让位于钦宗。王文卿看到国势无法挽回，遂上表乞还乡侍母，急流勇退，方免靖康之难，得保其身。南宋初年，虽高宗屡次下诏求请，王文卿均推辞不赴京，隐居于南丰家乡著书立说，讲道授徒，以弘扬神霄道法为己任。绍兴二十三年（1153）八日二十三日，在南丰县清都观许旌炼丹堂羽化，享年六十有一。临逝世前，作《棺木颂》："我身是假，松板非真，牢乱俗眼，跳出红尘"（《全宋诗》第32册，P20275），表达他一生一心为道的心志。

神霄派是内丹与符箓相互融合而产生符箓新道派，此派称其符法来源于高上神霄玉清真王，他是元始天王诸子之一，亦号南极长生大帝、扶桑日宫大帝，是万雷总司，故神霄派以传行神霄雷法，即五雷法为主要法术。谓行此法可役鬼神，致雷雨，除害免灾。这是神霄派区别于其他道派的主要特点。此法以中国传统的天人感应说为其道论的基础，认为天与人同为一体，人的精神与天时、阴阳五行可一脉相通。也就是说，人类宇宙之外有另一个时空，这就是神霄天，神霄天中存在着人类雷电的控制者，即万雷总司，也是神霄玉清真王。人类要与神仙天界取得联系，达到天地相通，就必须把自身内部看作一个小天地，这个人体小天地内部有五脏之气，五气也是以真心元神为主宰，人称为内神，而神霄天诸神就是外神。要达到内神与外神的契合，就必须结合内丹术，进行内丹刻苦修炼，以清除阻碍与外神相沟通的各阶层种种渣滓，如七情六欲等，回复到先天纯净的状态中，从而能畅通无阻地达到内神与外神相通感应，再加之以念念有词的符法咒术，就能呼唤神霄天的万雷总司外神的巨大能量转换成人体内神的能量，从而注入修炼者体内，由此达以修炼者的无边法力，于是就能呼风唤雨，驱雷驰电，叱咤风云，降魔役鬼，除害消灾。这正如是王文卿所说："斩勘五雷法者，以道（指内修）为体，以法（指符箓）为用。内而修之，斩灭尸鬼，勘合高强度机，攒簇五行，合格四象，水炎既济，金校并，日炼月烹，胎脱神化，为高上之仙；外而用之，则新除妖孽，勘合雷霆，混合五雷之将，所谓中理五气，混合百神。以我元命之神，召彼虚无之神，以我本身之气，合彼虚无之气，加之步罡诀目，若合符契，运雷迁于掌上，包天地于身中，日旸而旸，日雨而雨，故感应速如影响。（《道法会元》卷61《高上神霄五枢斩勘五雷大法》）可见此派非常重视内丹术，与旧符箓派有很大区别，故称为新符箓派。

王文卿可以说是神霄派理论建构者，他道术精深，又勤于著述，所撰有关雷法之书多达数十种。王文卿生前曾与弟子袁庭植讨论雷法，由此撰写了《冲虚通妙侍宸王先生家语》和《王侍宸祈祷八段锦》二书，前书详细地论述了神霄雷法四十个重大问题，后书系统地概括出雷法修炼的八个阶段。其他还有《玄珠歌》《上清五府五雷大法玉枢灵文》《高上神霄玉枢斩勘五雷大法》《雷说》《上清雷霆火车五雷大法》《火师汪真君雷霆奥旨》《中皇总制飞星活曜天罡大法》《侍宸诗诀》等雷法要典，成为神霄派理论的重要文献，是研修神霄雷法必读之书。正因为施法灵验，又有理论创新，故奠定了王文卿作为神霄派真正创始人的地位。

在北南宋交替之际，神霄派之所以风行海内，与佞道皇帝宋徽宗大有关系。宋徽宗虽对道教各派恩礼有加，但尤崇信神霄派，当时神霄派另一位干将林灵素，根据宋徽宗曾梦游神霄府之事，大肆编造，说天有九霄，神霄最高，里有神霄府，居住着神霄玉清王，他是上帝的长子，主管南方，名为长生大帝君，这个神霄玉清王不是别人，正是宋徽宗自己，并下降人世，治理大宋帝国，宋徽宗很是高兴，即顺水推舟封自己为"教主道君皇帝"。自此，徽宗神人合一，成为神权与君权合一的皇帝，宋徽宗不仅在京师建神霄宫，立神霄坛，又命天下诸州大建神霄玉清万寿宫，以祀神霄大帝，即宋徽宗自己。与此时，宋徽宗又命人广搜神霄秘籍，仅政和宣和年间，以神霄府秘藏名义编造的神霄派道书，就达一千二百余卷。所以在宋徽宗时代，在皇权极力推动下，神霄道派成为盛极一时的道派。

当然，随着北宋灭亡，徽宗被掳，神霄派势力稍稍受打击，但仍以顽强文化生命力,在长江以南广大地流传,王文卿死后,其弟子分成许多支派,出现了各师相授,符录有异,讹误失真,互相谤惑的现象。但临川区是神霄派的创始地,王文卿自北宋灭亡后,一直隐居南丰家乡著书立说,传道授徒。神霄江西一派是得王文卿真传的。据虞集《玉待宸记》,得其传授都除门徒熊山人、平敬宗、袁庭植外,尚有"新城(今江西黎川县)高子羽、高之羽授之临江(今江西樟树市)徐次举,徐次举又传给金溪(今江西金溪县)聂天锡。其后得其传而最显者曰临川谭悟真,人不敢称其名,但谓之谭五雷"。谭五雷是由宋入元神霄派高真,他又传给庐陵(今江西吉安)罗虚舟,再传萧雨轩、周立礼。周传其子,萧则传胡道玄,人称"神霄野客",行法于关陕荆襄江汉淮海闽浙之间,当然,神霄派在江西流传最广,南宋江西鄱阳人洪迈《夷坚丙志》卷14记王文卿弟子郑道士五雷法,"往来筠、抚诸州,为人请雨治祟,召乎霄霆,其响如雷。"文中所云筠州、抚州,都属江西。可见神霄雷法在江西民间盛传情况。而得王文卿真传的神霄江西一派,不仅谱系清楚,代有传人,而且横跨宋元二个朝代,香火不绝,传承久远。

三、陈景元与道书的编校

宋代临川区道教文化繁荣的一个主要表现,是对道教著作进行整理编纂与诠释方面。其中,临川区南城人陈景元是这方面的杰出代表。陈景元(1025—1094),字太初,一作太虚,赐号真靖,玄号碧虚子,建昌军南城人。陈家在南城当地也是一个延传有序的大家族。据南城人李觏说:"吾邑陈氏为富家而幅之以善,于今四五世,智不以驾愚,力不以鉏弱。官无讼牒,狱无系人。入场屋,得禄位者,磊磊相望。"(《陈府君夫人聂氏墓志铭并序》,《李觏集》,中华书局,1981年版,第353页)然而,陈氏陈景元这一支并不见得富有,也未科第磊磊相望,其曾祖父陈知逊与祖父陈令忱,均未出仕,仅以孝闻乡里,其父陈正虽中景德三年(1006)进士,仅为朐山令,于是举家迁往高邮,陈正后病于任上,因家贫,无法回南城,遂寓居高邮。陈正有子四人,陈景元为最小儿子。陈景元自幼志向迥别于常人,最好道家学说,他在《南华真经章句音义叙》中说：

> 仆自总角，好诵是经，非事趣时破卷而已，斯乃道家之业，务在长生久视，毁誉两忘，而自信于道矣，岂与有侍者同日而论哉！

于是在庆历二年（1042），他拜师于高邮天庆观道士韩知止，次年试经，度为道士。此年陈景元仅十八岁，正式开始其道家生涯。此后他负笈远游，至天台山系统学习《三洞经》，又拜高士张无梦为师，得老庄思想微旨。自此后，他隐逸于江淮间，潜心道家著作研究。由此而成为学识渊博的道学名家。中年以后的陈景元经当时翰林承旨王珪等人推荐，于熙宁元年（1068）来到京师，开始了他一生中最为辉煌的讲授道学，整理道书的生涯。他曾在宫观讲解《老子》与《庄子》诸经，滔滔不绝，义理高深，士大夫争相与之相交，如王安石、司马光、苏轼、杨杰等名公巨儒与其多有诗文往来。此一时期，他更得到皇帝赞赏，召对天章阁，赐号真靖。熙宁五年（1072），神宗在他所进献的《道德经》注释书中，御批云："陈景元所进经，厥旨详备，诚可取也。其在辈流，宜为奖论，特充右街都监同签书教门公事。"于是，"羽服中一时之荣，鲜有其比"。后又让其主持太乙宫，具体管理道教事务。元丰六年（1083），陈景元归隐茅山，刊正《三洞经法》，四方慕道者络绎不绝来茅山请教。元祐三年（1088），他又来京师，复还道职，校正道书。绍圣元年（1094）陈景元卒于中太乙宫。薛致玄《碧虚真人行事本末》中评价他说："于戏！有唐司马子微之坐忘，吴贞节之文章，杜光庭之扶教，三公异时杰出，而先生兼有之。"又说："道家之说翕然一变"，是从陈景元开始的。而叶梦得也说："自熙宁以来，学者争言老庄。"这更与陈景元讲解注释老庄的著作大有关系。

陈景元对道教的贡献，主要是在整理校正道书与撰述道教著作方面。据薛致玄《碧虚真人行事本末》中说："所著书《藏室纂微》二卷、《南华经章句》七卷、《总章》三卷、《宝珠妙义》三卷、《肤解》一卷、《翼真检后义》一卷、《续高士传》，改为《退身传集》，三注《通玄经》，四注《度人经》，解注《西升经》。"而《宣和书谱》载："凡手自校正书有五千卷，《注道经》二卷，《解庄子》十卷，编《高士传》百卷，所著文集二十卷，以至作《大洞经音义》，集注《灵宝度人经》，凡有益学者，莫不致力焉。"从上述著作看，其所撰主要是对道教经典文本进行校勘注解诠释音义方面。其中校正书五千卷，也主要是道家类书籍，仅凭一己之力，能校正如此多的道书，这不仅是道教文化的伟量工程，也是宋代临川文化史上值得大书一笔的事项。但十分遗憾的是，其大部分著作已经散佚，多亏《正统道藏》保存了其部分著作，现简要介绍如下：

（1）《道德真经藏室纂微篇》十卷。《宋史·艺文志》《遂初堂书目》等均已著录。《正统道藏》第13册"洞部玉诀类"保存全书，原为二卷，《道藏》析为十卷。此书于熙宁五年进献于宋神宗，得到嘉赏，说："陈景元所进经，厥旨详备，诚可取也。"此书主要是对老子《道德经》进行诠释的一部著作。陈景元于道已有整体理解，凡三洞四辅皆批阅，于老庄之理尤得其玄玄之旨。全书之注极圆融，引古注亦皆有据。于八十一章皆说明是章之旨，及所以继下章之理，故能贯通全书，非章句之注者可比。今除了《道藏》本外，尚有明钞本，藏国家图书馆。今新修《续修四库全书》第1291册亦收录此书，为影印民国涵芬楼影印明正统《道藏》本。此书为陈景元主要代表作，也是其著述中影响最大的一部道教经注。如南宋杨仲庚说：

碧虚子陈君景元，师事天台山鸿梦子张无梦，得老氏心印，有《道德经藏室纂微篇》。盖撷诸家注疏之精华，而参以师传之秘，文义该赡，道物兼明，发挥清静之宗，丕赞圣神之化。熙宁中召对便殿，因进所著，睿眷殊渥，宣附《道藏》，镇诸名山，四海学徒，典型是赖。仲庚西蜀末褐，访道东南，课习是经，垂髫逮白。义海重玄，望洋窃叹，幸《纂微》之要，若披云而睹日月也。（《道德真经藏室纂微篇开题》，《道藏》第13册，第655页）

此书一出，成为后世所贵重的一部道教著作，凡研究《道德经》者，多要参考此书。如南宋彭耜《道德真经集注》、董思靖《道德真经集解》、金李霖《道德真经取善集》、元薛致玄《道德真经藏室纂微手抄》、刘惟永《道德真经集义》等，皆有所称引。

（2）《庄子》注释类著作。陈景元原有《庄子注》一书，但已散佚。仅南宋褚伯秀《南华真经义海》一书保存了部分内容。据褚氏称，此书曾与《道德真经藏室纂微篇》一并进呈宋神宗，并颁行入《藏》。此书也是陈景元的主要代表作。而《正统道藏》收录有陈氏三部有关《庄子》注释类著作，一是《南华真经章句音义》，二是《南华真经章句余事》，三是《南华真经余事杂录》。《南华真经章句音义》七卷，收录《正统道藏》"洞神部玉诀类"并析为十四卷，据序称，此书作于元丰年间。主要是对《庄子》进行音训。陈氏以陆德明《经典释文》中的《庄子音义》为底本，以北宋间《庄子》古本为参照，又引录《太平经》《新论》《要览》等书辅以证明。此书在编纂体例上颇有新意，将《庄子》内七篇作为环环紧扣的整体，并对每一篇进行单元划分，如《逍遥游》篇，就分为"顺化逍遥""极变逍遥""无己逍遥""无功逍遥""无名逍遥""适物逍遥""无为逍遥"。在外、杂篇上，除了以单元分章外，还将其重新分篇以匹配内篇。表现了陈氏对《庄子》独特的理解。《南华真经章句余事》一卷与《南华真经余事杂录》二卷，可以说都是上述《章句音义》附产品，均为校对文字异同及杂抄的有关资料。因此三部书应作为一个整体来看。近人蒙文通先生据上述书陈景元有关《庄子》材料，重新编次而成《庄子注》，现收入《蒙文通文集》第六卷《道书辑校十种》中。

（3）《元始无量度人上品妙经四注》四卷。此书收入《正统道藏》第2册"洞真部玉诀类"，亦为集注类著作。陈景元对《度人经》非常重视，认为是道经之祖，于是集齐严冬、唐薛幽栖、李少微、成玄英四家之注而成。自序于治平四年（1067），首录宋真宗《御制灵宝度人经序》。考此《度人经》，系葛洪之孙葛巢甫所撰，此经一出，道教原理有明显变化。此经后有多人为注。今所存之古注，唯此四家。齐严冬之齐，当指北齐，可见《度人经》当时已由南朝传至北朝。唐仅此三家，疑已有失传。陈景元能集此四注，实由真宗之倡导。此书四卷末附有《经说》及《释音》，或系景元所加。《度人经》一般人难晓其义，而此书为最古之注，虽多后人附会加以己意，也可视为对《度人经》的发展。故此书四注，可视为研究《度人经》的入门书。

（4）《列子冲虚至德真经释文》两卷。此书是对《列子》注释校补之作，收入《正统道藏》第15册"洞神部玉诀类"。陈氏自小就好读《列子》，为其研究道家著作启蒙之书，但当时所读，未得善本。几十年来参校诸本，遂集成《讹缪同异》一卷，附于释文之后。此书编成于熙宁二年（1069）。

（5）《西升经集注》六卷。此书收入《正统道藏》第14册"洞神部玉诀类"。亦为集注类著作。《西升经》，全称《老子西升经》，为道教重要经典。作者与成书年代不详，陈氏认为该书为关令尹喜据老子所述而成。此书收华阳韦处玄、句曲徐道邈、冲玄子、任真子李荣、刘仁会诸人注，再参以己意编辑而成。

（6）《上清大洞真经玉诀音义》一卷。此书收入《正统道藏》第2册"洞真部玉诀类"。属于对《大洞真经》一书音注类著作。全书凡三十九章品目，前有作者《自序》，中云："老归茅山，结庵忏悔，自叹道缘蹇薄，尘业深重，虽孜孜教典而未遇真师，欲诵洞经，讵敢开韫。于是澡雪身心，静务恭洁。广求古本，先自考详。沉嘿批寻，反复研构，一字一句，未尝越略。或两义相乖，弥增回惑，或偏旁僛改，字体浮杂。此盖盗写私传，相承讹谬，遂将前辈修习之本及茅山藏本，比对隐书，辄撰音义，兼疏同异，粗解所疑。弗敢示诸法义，聊自记其所览，乃三月斋心，缮写《洞经玉诀》一帙。"可知，此书为作者晚年回茅山所作。不仅校勘，亦撰写音义，考证此经异同。实有功于道也。《正统道藏》第4册中，还收有《碧虚子亲传直指》一书，误为陈景元所作，其实这个碧虚子应指南宋道士方碧虚。

从上述陈景元现存著作我们可以看出，陈氏对道教文化的贡献主要是对老庄等道教经典进行诠释整理方面，这种鲜明诠释特征，并不意味着只对道教经典文本拘泥于文字章句训诂，可贵的是，他是将文字名物训诂方法与义理诠释方法相结合，以道家学说为本，参以儒学、佛学精义，互为相证，重新建构起自己的道家哲学思想构架。如对老子《道德经》进行诠释时说："此经以重渊（玄）为宗，自然为体，道德为用，其要在乎修身、治国。"明显看出儒学思想影响。其建构起的道教哲学主要表现在他对"道"论体系完整论述，如"常道者，自然而然，应感无穷"的道体论，"道以生化为先，阴阳为原"的生化论，"物有际，道无际，无际故能一切之际"的道物论；在道教修炼理论方面，他提出了"先天性命，禀气有不同"的性命论，"遗除物累，外化内不化"的修道论，"以心修性，以心修命"的工夫论；在道教实践应用方面，陈氏又提出治国论的思想，主要包括"治体用道，身国同治"的治国原则论，"不治天下，天下自治"的治国方式论，"道治为本，可道为迹"的儒道兼治论，"遵道奉天，积德长生"的神学治国论。以上诸条，可以说构建了陈景元以"道"为中心的治身与治国兼明的道学的理论体系（详见李明杰《陈景元道教哲学思想研究》，山东大学硕士学位论文）。

除陈景元外，王安石儿子王雱也对《庄子》一书作注，成《南华真经新传》二十卷。《郡斋读书后志》《文献通考》等已著录，均名为《王元泽注〈庄子〉》十卷。《四库全书总目》仍为今名，著录为二十卷。《南华真经》即为《庄子》，唐天宝元年（742），诏封庄周号为南华真人，改《庄子》为《南华真经》，于是注家蜂起，王雱即为一家。是书体例略仿晋郭象注，但不屑于诠释文字，而是站在儒家角度，着重于该书义理发挥。所注详于《庄子》的《内篇》，而略于《外篇》与《杂篇》。后附《拾遗杂记》一卷，以发挥余义，疑其书成后所补。《四库总目》称其书"往往能得其微旨"。今除《四库全书》本外，尚有《道藏》本。另有明钞本，计六册，藏国家图书馆。王雱还撰有《老子注解》两卷，《郡斋读书志》卷三上、《文献通考·经籍考》均著录为《注老子》两卷。其书已佚。但王雱《老子注解序》却存于世。书中云："今世传注释王弼、张说两家，经文殊舛，互有得失，害于理意者不一。今輙参对，定于至当，而以所闻句为之解。圣人之言，既为难尽，而又知之所及辞，有不胜览者，以意逆志，则吾之所发亦过半矣。书成于熙宁三年七月十二日。"由此可知作者撰写此书的目的与此书完成的时间。另据《文献通考·经籍考》载，王安石也撰有《王介甫注老子》两卷。《郡斋读书志》卷三上载录云："右皇朝王安石介甫注，介甫平生最喜《老子》，故解释最所致意。如无，名天地之始，有，名万物之母，常无，欲以观其妙，常有，欲以观其徼。皆于有、无字下断句，与先儒不同。他皆类此。后其子雱，其党吕惠卿、陆佃、刘仲平皆有《老子注》。"今不见王安石父子之书，估计已佚。我们也难于评说。

【第四章】宋代临川文化在文学艺术方面的成就

临川区是宋代江西乃至全国文学重镇，在这块理学思绪异常深沉、思辨智慧富于光彩的沃土上，同样涌动着水一般文学灵气和展呈着波澜壮阔的文学魅力。宋代临川文化繁荣隆盛的图景，很大一部分就是由文学这个板块拼凑而成的。在散文方面，曾巩、王安石与庐陵的欧阳修，以共同的文学旨趣和各自鲜明的风格，领导和推动了宋代古文运动的巨大潮流，披荆斩棘地去开创，使近古散文走上健康发展的道路，在中国文学史上产生重大影响。在词的方面，晏殊的闲雅清婉，晏几道的缠绵感伤，成为西江词派领袖人物，使宋代临川词达到空前绝后的艺术高峰；在诗歌方面，江西诗派的"临川四才子"以鲜明的地域风格成为江西诗派骨干力量；在笔记小说方面，乐史所撰《绿珠传》等二百余卷传奇，开创了宋代传奇小说之先声，吴曾的《能改斋漫录》等也都是名著一时的作品，宋代临川文学不仅以全方位、大规模、高成就蓬勃发展态势成为宋代文学数一数二的重镇，而且最能体现整个宋代临川文化发展的地域特色，那就是家族性与群体性，宋代临川作家队伍往往以血缘和婚姻关系为基础而形成的，呈一种井喷式的爆发态势，形成了三十多个文学家族，如宜黄的乐史家族、临川的晏殊家族、南丰的曾巩家族、临川的王安石家族、金溪陆九渊家族等，更为临川文学增添了亮丽色彩。

第一节　西江词派的临川词人

在宋代词坛上，临川文化区更取得不俗成就。据对《全宋词》的统计，全书收词人1330余家，其中江西有178家，占百分之十三以上，仅次于浙江。其中，庐陵文化区56家，约占百分之三十一；临川区36家，约占百分之二十，仅次于庐陵区。也就是说，庐陵区与临川区两地词人就占江西一半以上。（详见邹自振《临川才子论集》，P4）以词作数量称，据夏汉宁先生等撰写的《宋代江西文学家地图》统计，临川区的抚州是652首，建昌军是514首，两地总计1166首，位江西第一，庐陵区是1036首，位第二。尤值得称道的是，临川文化区词坛大家众多，特别是在宋初中期西江词派中，临川词人更是起到领袖与主力作用。

西江词派人又称前江西词派，或称晏欧词人群体，主要人物有晏殊、晏几道父子，欧阳修、王安石等江西临川籍与庐陵籍人士。而这个群体源头应追溯于南唐非江西籍人士冯延巳。冯氏是南唐宰相，虽为外籍人士，但实在与江西临川有紧密的联系，一是江西大部土地，其中包括临川区，当时属南唐管辖。二是冯延巳在政治斗争失败后，曾于保大六年（948）正月任抚州节度使，任职四年，写下不少词作，在当地广为传唱。晏殊父子、王安石正是抚州临川人，欧阳修家乡庐陵也与抚州相邻。外籍文化名人过化之地，必定撒播了文化种子，晏欧词人群体虽比冯氏晚出近百年，但文化的影响力却不会因时间长远而减弱，相反却会增强，正如当代词学专家龙榆生所说："延巳在五代为一大作家，与温韦分鼎三足，影响北宋诸家者尤巨，南唐歌词种子，向江西发展，辙迹可寻，治词史者所不容忽也。"（龙榆生《唐宋名家词选》，上海古籍出版社，1957年，P42）叶嘉莹先生更以诗歌表达了这一文化现象："罢相当年向抚州，仕途得失底须忧。若从词史论勋业，功在江西一派流。"（滕复《浙江文化史》，浙江人民出版社，1992年，P173）可见，冯延巳实为晏欧词人群体即江西词派的肇始者。正因为祖述同一源流，上承南唐词风之余绪，晏欧词人群体风格也是以婉约的阴柔美为主。但毕竟这个群体都是文学大家，个个都是才子，除晏几道之外，个个也都位至高官，其中晏殊与王安石位至宰相，欧阳修为副宰相。三是这个团队群体的关系非同一般的紧密。晏殊与晏几道是父子关系，欧阳修是晏殊的门生，王安石又是欧阳修的门生，因此这紧密无间的词坛团队在宋初文学舞台上甫一亮相，就是一个满堂喝彩，正如人们指出的那样，晏欧词人群体出现,"就不再是青春期心理尚未成熟的少女而已然是惊艳夺目的盛装美人。这样一群词人,集体性迅速登上词坛,是宋代词人引为骄傲的一大奇事。"(史仲文《两宋词史》,中国社会出版社,2005年7月,P47)

在这个群体中,晏殊无疑是领袖人物,其他成员在词学成就上也毫不示弱。在宋初词坛四大开祖中,除张先外的三位,晏殊、晏几道、欧阳修都是出自江西词派。王安石虽词作不多,但影响巨大,他的词一舍媚色柔姿,充满刚性力量,正如刘熙载《艺概·词曲概》所说:"一洗五代旧习",他可以说是这个群体中别开生面的人,也是这个群体终结式的人物。

一、晏殊与晏几道的词学成就

晏殊词风虽上承南唐冯延巳,却别有开创,唯独如此,才堪称词坛大家。刘熙载说:"冯延巳词,晏同叔得其俊",这个"俊"正是晏殊在承继冯词的基础上的再创造,这个"俊"字也概括得真好,俊是形容人物的,如"俊秀""英俊",也是说晏殊词风,亦如一位风度翩翩的俊美少年。他的词集名为《珠玉词》,"俊"就是有珠玉般的质感。观之晶莹剔透,触之温润透肤,听之清脆悦耳。如果说南唐词风是一位浓妆涂脂的贵妇人,那么晏殊词风就浑如金陵王谢子弟,秀气胜韵,得之天然。也就是说南唐词美则美矣,但却是媚艳与妖丽,固然能吸引读者眼球,但却耀人眼目,腻烦人心。晏殊词却是天生丽质,风流蕴藉,温润秀洁,秀色可餐,陶醉怡人。

晏殊悠悠仕宦五十载,英俊少年时即以神童被荐入朝,虽有几次被贬,但龙恩始终眷顾他,故晏殊一生并没有什么大的坎坷,当然也不会诗穷后工,发出愤激之言。在政治上,晏殊是一个志满意得的达官贵人。在生活上,他又"未尝一日不宴饮"。作为反映生活的文学作品,就未尝不再现这种花边月下的悠闲,偎红依翠的艳欢和酒余歌残的惆怅了。由此,我们就不难发现,在晏殊的词中主要表现出一种浓厚的雍容富贵的气象和在欢乐之极后露出的淡淡哀伤,这可以说是晏词在思想内容上的两大特色。

晏词雍容富贵的气象，前人早已看到这点，吴处厚《青箱杂记》云："晏元献虽起田里，而文章富贵，出于天然，尝览李庆孙《富贵曲》云'轴装曲谱金书字，树记花名玉篆牌'，公曰：'此乃乞儿相，未尝谙富贵者。故余每吟咏富贵，不言金玉锦绣，而惟说其气象。若：楼台侧畔杨花过，帘幕中间燕子飞；梨花院落溶溶月，柳絮池塘淡淡风之类是也。'故公自以此句语人曰：穷儿家有这景致也无？"

正因为晏殊长期处于堆金砌玉的富贵中，富贵已成为他整个生活，乃至整个灵魂的有机组成部分，他不会被金玉锦绣的浓艳光彩弄得炫目惊心，像乞儿一样在富贵的物质中赤裸裸地去追求感官的刺激，而是从心灵里去感受体验和把握富贵的气象，因而表现富贵就显得雍容文雅，含而不露，浓丽中露了清淡。例如，他的一首《浣溪沙》即是一例：

小阁重帘有燕过，晚花红片落庭莎。曲栏干影入凉波。一霎好风生翠幕，几回疏雨滴园荷。酒醒人散得愁多。

这首词通篇不言富贵，但你似乎感觉到：一个富贵之人，在一个富贵的池阁中，酒醒人散后的怅惘之情，那片片晚飞的红花，那重重风掀的翠幕，使你的视觉中，似乎顿飞起极为绚烂的色泽；那小阁重帘，那曲栏波影，那疏雨园荷，又是何等的如画美境；特别是最后一句"酒醒人散得愁多"总束全文，使人恍然大悟：原来这美丽的池阁中曾举行了一次豪华的盛筵呀！作者不正面去写盛宴的富贵场面，而是通过池阁景物的描写，通过酒醒后人之愁的结尾，富贵的气象就跃然纸上了。再加上此首词应用了特别多的双声词（即声母相同），如阁、过、干；花、红、好、回、荷；帘、落、栏、凉；莎、疏、散皆是，这仿佛使你听见"大珠小珠落玉盘"轻清宛转的声音，在听觉中，你似乎触摸到了玉润珠圆的富贵质感。

伤春光之易逝，叹人生之短暂，可以说是古代文人的一种通病，但是在他们的伤感叹息中表现出来的内容却大不相同，孔夫子说："逝者如斯夫"表现了一种在短暂飞流的时光中未竟救世之道的"圣人"哀叹；辛弃疾说："了却君王天下事，赢得生前身后名——可怜白发生！"显示出一个金戈铁马的爱国志士在倏而忽逝的人生途中未酬壮志的隐痛。晏殊却不同，富贵地位、名誉功勋他都有了。唯独飞逝的时光，他无法扼于掌心，这是一个无法抗拒的对任何人都很公平的自然规律。秦皇汉武都不能叫它驻足；唐宗宋祖也未能得之青睐，何况晏殊本人呢？所以晏殊对时光飞逝的感叹，是一个达官贵人在一切都满足之后，所显露出一种无可奈何的淡淡哀伤。翻开他一本《珠玉词》，表现这种思想内容的词几乎触目皆是："无可奈何花落去，似曾相识燕归来""时光只解催人老""人貌老于前岁，风月宛然无异""一向年光有限身，等闲离别易销魂，酒筵歌席莫辞频""座有嘉宾尊有桂，莫辞终夕醉""不向尊前同一醉，可奈光阴似水声"等等。

晏词精于炼句，一本《珠玉词》正如一盘晶莹圆润的珠玉，焕发异彩。王灼《碧鸡漫志》里说他的词"温润秀洁，亦无其比"。冯煦又说成"和婉而明丽"（《宋六十家词选例言》）都是看到他精于炼句这一点。晏殊不像花间派词人那样去堆砌富贵华丽的辞藻，显示出一种浓艳的脂粉气，而以较为疏淡和寻常的字眼表现一种情意缠绵的意绪韵致。如他的名句："无可奈何花落去，似曾相识燕归来"，对仗极为工巧精致。苦心经营刻画，又不露斧凿痕迹，而且此句又多是虚字相对，就更显出不平常的技巧了，明人卓人月评此一联云："实处易工，虚处难工。对法之妙无两。"更难能可贵的是，字为虚字，情意却更充实："无可奈何花落去"这种"流水落花春去也"的"天上人间"是何等的冷酷无情呀，但"似曾相识燕归来"那燕子在繁花扑地的时候，又来到了作者的身边，它是黎明中一片初飞的红霞，寒夜里一缕跳动的红焰，冷寂孤独的心中升起一丝温馨的希望。作者在无可奈何的春恨惆怅中，又听到旧时相识的燕子呢喃，又见到蓝天下斜飞双剪的倩影，这是何其有情！

晏词在艺术上的另一个特点是，作者在抒写情怀的时候，总是通过一个个完整的景物，把握情感的总趋势和内在的气象，以隐秀含蓄的笔法表现出来，做到景有中情，情中有景，情中有思。如《蝶恋花》：

槛菊愁烟兰泣露，罗幕轻寒，燕子双飞去。明月不谙离恨苦，斜光到晓穿朱户。

昨夜西风凋碧树。独上高楼，望尽天涯路。欲寄彩笺兼尺素，山长水阔知何处！

这首词写的是相思离别之情，它表现的总情绪是一种苦不堪言的哀怨，作者通过烟"愁"兰"泣"人格化的景物，表明了相思之人的内心哀惨；用"燕子双飞"反衬出孑然一身的相思之人的孤寂；用无情之明月衬托有情之人不能入眠的苦思。还有那"西风凋碧树"，断肠"天涯路"，都无一不烘托出离愁别恨的氛围。在这个总的氛围笼罩下，物亦人，人亦物；情融景，景有情；物我同一，情景交融，写出了具有一定美感的意境。

在晏欧词人群体中，晏殊的七子（一说八子）晏几道是唯一一位位卑职贱的词人，但在词作成就方面一点不亚于其他成员，甚至更胜一筹。在词史上他与父亲并称为"大小二晏"。晏几道，字叔原，号小山，生卒年均不详，据近人考证，晏几道约生于宋天圣八年（1030），卒于崇宁五年（1106），是一位近八十岁的老寿词人。（见夏承焘《二晏年谱》）晏几道少年时期是在得意非凡中度过，父亲晏殊身居宰相之位，六个哥哥也在朝廷担任要职。他们家里几乎每天都在大宴宾客，吟诗作词，通宵达旦，文人骚客，雅士名流趋之若鹜。叶梦得在《避暑录话》中说晏殊"喜宾客，未尝一日不宴饮"。又在《石林诗话》中说："日以饮酒赋诗为乐，佳时胜日，未尝辄废也。"这种豪华但又有文学趣味的家庭，一方面使晏几道过着衣锦绣、用金玉、食珍味的王孙公子般的生活；另一方面，也像他父亲一样，文学创作的才华在他少年时代就充分地显露出来了。他十多岁时，有一天正遇上开封府与大理寺同日奏狱空，宋仁宗煞是高兴，认为天下太平，就在宫中设宴，即命晏几道作词以示庆贺。他立笔而成《鹧鸪天·碧藕花开水殿凉》一词奏献，当即得到仁宗的称赏与欢心，眼看着一条飞黄腾达的道路，即刻就在他面前展开。

但是，命运多舛，事与愿违，晏几道二十岁之时，父亲去世，晏家突然一蹶不振，困苦与磨难，其后就时刻陪伴着他，一直到他离开人世。其中对他打击最大的有两件事，一是熙宁七年（1074）四月，郑侠上书五千言，请黜吕惠卿，被关进了牢房，晏几道亦受此牵连下狱。只因为在郑侠家中搜得晏几道的诗："小白长江又满枝，筑球场外独支颐。春风自是人间客，主张繁华得几时。"当权者极称赏之，惊叹晏几道的诗才，才把他放出牢房。一位宰相之子，一夜之间成了阶下囚，这不能不给他的生活留下阴影，也自然影响了他的前程。第二件事发生在元丰元年（1078），他的父亲晏殊的墓被盗，由于晏殊死时以薄葬从事，柩中只有木胎金裹带一条，金数两，余皆衣服，已腐朽如尘。盗墓者所获无几，十分扫兴，竟迁怒于晏殊尸骨，以刀斧破碎其骨，惨景历历，目不忍睹。在封建社会中，祖墓被盗，这是一件极为可怕的事，更何况被盗后，还被碎其骨，那更是一件天大的灾难了。晏几道不能不受到极大的刺激，其后在他五十多岁之时，才做了一个微不足道的小官——监颖昌府许田镇。《宋史·职官志》记载："诸镇置于管下人烟繁盛处，设监官，管火禁或兼酒税之事。"这官司职相当于后来的一个镇长，不久他就退休回京，住在父亲留下的邸宅中，聊度残生。在这期间，他也许还做了一任开封府推官，他的仕途如此而已。

晏几道虽然仕宦连蹇，一生贫困，甚至有时衣食不能自给，但是他生性孤傲，从不依傍贵人之门，更不愿打着父亲的招牌，招摇行骗或攀龙附凤，有一件事很能说明他这种性格。元祐中，晏几道以词名誉天下，苏东坡素慕其才，并想通过晏几道的好友黄庭坚与之相见，谁知却碰了一鼻子灰。晏几道生硬地说："今日政事堂中半吾家旧客，亦未暇见也。"硬是回绝了时任翰林学士的苏东坡。后来炙手可热的权相蔡京听说他很会写词，于是想附会风雅，在重九冬至日命他作词以捧场。他不得已写了二首《鹧鸪天》，却没有一字半句颂扬蔡京。这不能不使蔡京感到难堪与扫兴。因此，黄庭坚在《小山词序》一文中，总结他的一生，说他不仅是人中英杰，而且"其痴亦绝人"，这种绝人之痴共有四："仕宦连蹇，而不能一傍贵人之门，是一痴也；论文自有体，不肯一作新进士语，此又一痴也；费资千百万，家人寒饥，而面有孺子之色，此又一痴也；人百负之而不恨，已信人，终不疑其欺已，此又一痴也。"其实还应该加上一痴，那就是"痴书"。晏几道虽贫困，但聚书甚富，而且嗜书如命。每次遇上搬家，他总是没完没了地搬他的宝贝书。他的妻子很是讨厌，经常骂他"有类乞儿搬漆碗"。他毫不在意，依然如故，甚至作诗以戏其妻："生计唯兹椀，般擎岂惮劳。造虽从假合，成不自埏陶，阮杓非同调，颜瓢庶共操。朝盛负余米，暮贮藉残糟。幸免墙间乞，终甘泽畔逃，挑宜筇作杖，捧称葛为袍。傥受桑间饷，何堪井上螬。绰然真自许，嘑尔未应饕。世久轻原宪，人方逐子敖。愿君同此器，珍重到霜毛。"

由于晏几道位卑职小，所以史籍中对他的生平记载极为简略，只见一鳞半爪。但是他留下的一部约有250首的《小山词》，对后世产生了极为深远的影响。这些词的形式本身就需要很高超的艺术技巧。从词的内容来说，他大大超过了他的父亲，晏殊的词大部分是豪华生活的写照，具有一种富贵气象。在词中时或也夹陈乐极生悲而产生的一种无可奈何的腻烦以及对时空的无限与人生的短促，这样一对无法用金钱权力逆转的规律，所触发的一种莫可名状哀愁。晏几道所写的词，虽然并未脱离描写男欢女爱、离愁别绪的主题，但晏几道能用一种沉重的笔触，挑破了唐五代词人无病呻吟的幕纱，给这一类词增添了一种真实的悲凉沉痛的氛围，并以自己不幸多难的际遇，十分真切地描写了一些在灯红酒绿中含泪强笑的歌女们的悲惨命运，倾泻出一肚不合时宜的愤懑。另一方面从小晏词所反映的内容来说，又是他那"四痴"性格直接呈现。这种性格，活像《红楼梦》中的贾宝玉。晏几道也是在脂粉堆里长大，描写的也是她们的音容笑貌与喜怒哀乐。他虽然有时感叹："齐斗堆金，难买丹诚一寸真"，但毕竟天真到底终不悔，并在翠鬟云鬓的女儿堆里找到了坦诚。所以他总是用十分纯真的情感，追忆回味往事中的男欢女爱，表达出对美好生活的执着追求和对现实不合理的极度愤慨，正如他晚年为自己词集作序时所说的那样："追惟往昔过从饮酒之人，或垄木已长，或病不偶。考其篇中所记悲欢离合之事，如幻如电，如昨梦前尘，但能掩卷抚然，感光阴之易逝，叹境缘之无实也。"由此可见，晏几道词的内容别有一股新鲜活泼的血液，他从娱宾遣兴的旁观者成为一个深入其中的参加者，这正是区别于他以前的词人而具有一定现实感和真实感的关键所在。我们试举二例：

天边金掌露成霜，云随雁字长。绿杯红袖趁重阳，人情似故乡。兰佩紫，菊簪黄，殷勤理旧狂。欲将沉醉换悲凉，清歌莫断肠。(《阮郎归》)

日日双眉斗画长，行云飞絮共轻狂。不将心嫁冶游郎。 溅酒滴残歌扇字，弄花熏得舞衣香，一春弹泪说凄凉。"(《浣溪沙》)

前一首词写的是汴京宴饮，但丝毫没有一点欢乐气氛。那金露成霜的秋景，那云雁相长的秋空，那绿杯红袖的狂宴，等等一切，只能引作者一种"人情似故乡"的无名惆怅，难道仅因为是文人骚客所常有的那种见摇落而生起的秋悲吗？问题并不是这样简单，作者也不正面回答，作者笔锋一转，又写自己如狂欢的人们一样，佩紫簪黄，似乎要像往日一样狂欢一番，这里写的人物之盛，动作之乐，服饰之美，一切外在的、客观的都是那么美好，而内心深处却是一片悲凉，造成这内在与外在的极度不和谐，并不单单是那淡淡的一缕乡情。更重要的是作者在饱尝人世上冷暖炎凉之后，所产生的一种无可奈何的心情映照，是一种对美好往事的无限追忆和对悲哀现实的无法回避，由此产生的欲将超脱而事实无法超脱的矛盾心理。他只能"殷勤理旧狂"的"狂来"消除这种矛盾，用"沉醉换悲凉"的"醉"来排遣这种矛盾了，但这一切都是徒然，一听到红袖们的清歌，反而更要断寸寸肝肠了。难怪《蕙风词话》要说，这是"一肚皮不合时宜，发于外者也"。

后一首词写的是歌儿舞女们的生活，这些误入风尘的女子，表面上珠光宝气、锦衣玉食，物质上的丰富，却更反衬她们精神的空虚与苦闷。她们天天争妍竞艳，画眉斗长，为的是供达官贵人肆意践踏，在纸醉金迷、淫欲横流的污秽现实中，她们的心却保持一席洁净之地，那就是"不将心嫁冶游郎"且莫说："溅酒滴残歌扇字，弄花熏得舞衣香"是何等繁华热闹！她们却憎恨异常，面对百花争艳的春天，这些像花一样的人们，只能天天以泪洗面，独自话凄凉，作者以满怀觉悟之笔描写了这些被侮辱与被损害的女性，反映她们出卖欢笑与肉体的悲惨命运，窥探到她们美好的内心世界，这本身就是对不合理的现实中真善美被假丑恶所吞噬的揭露与鞭挞。

所以从小晏词所反映的内容，我们不难看到他有这样一种艺术风格：在一片低徊反复的情深意真的描叙中，表现一种哀婉凄伤、浓悲深愁的基调。陈廷焯在《白雨斋词话》中云："李后主、晏叔原皆非词中正声，而其词则无人不爱，爱以情深，情不深为词，虽雅不韵，何足感人？"且看下面一首词：

梦后楼台高锁，酒醒帘幕低垂。去年春恨却来时，落花人独立，微雨燕双飞。记得小苹初见，两重心字罗衣。琵琶弦上说相思，当时明月在，曾照彩云归。（《临江仙》）

这首词最被后人称道，也是晏几道的代表作，词采取先现实后往事的逆写追述的手法，使时空交错，寄无限委婉的相思之情于含蓄的描写之中，特别是"落花人独立，微雨燕双飞"两句，落花与孑然一身相配，已是够孤寂的事了，更反衬双燕在微雨中齐飞斜剪的情景，更是催人泪下了，无知的动物倘能双双成对，而有情的人儿却只能与落花作伴。这无言与无尽的悲哀，在直诸人们视觉的典型形象中，得到一种极大的浓缩与积淀。景极妍美，情极凄婉，难怪人们说此两句是"千古不能有二"的名句了。

二、王安石词

作为欧阳修的门生和晏殊再传弟子，王安石是一位性格中颇露峥嵘之人。王铚《默记》（中）记载这么一件事，王安石及第后，曾去拜谒时为枢密使的晏殊，晏殊对这位小老乡十分喜欢，并说："公他日名位定胜我。"临别时又赠言："望公记住二句话：能容于物，物亦容矣。"王安石回去以后，心颇不平，认为晏殊身为大臣，教人于苟且，"何其卑也！"等王安石罢相后，回忆此事，对弟弟说："当时我大不以为然。我在政府，平生交友，人人与之为敌，不知晏公何以知之？"同样，王安石对晏殊词也颇不以为然。魏泰《东轩笔录》卷5记载："王荆公初为参知政事，间日，读晏元献公小词而笑曰：'为宰相而作小词可乎？'"在王安石眼里看来，作为一个宰相的晏殊，应该在词中表现一个政治家的阔大气魄，而不应在男欢女爱的缠绵中浪费笔墨。这未尝不是王安石的词学观。虽然在晏欧词人群体中，王安石词作最少，《王临川集》收录十八首，《全宋词》也仅存二十九首，但有别具一格的词风，可以说，他是一位彻底与婉约词风说拜拜的人，其词作内容也极少有情欢意爱之态。他将宰相气魄的政治能量，牵入靡弱的词坛，更将历史烟云揽入词作笔底。于是笔底生风雷，一扫五代旧习，历史的沧桑感、兴亡感、政治家的焦灼感与失意感，取代词坛主脉的媚艳，使词作有了沉甸甸的历史与政治重量和极目远望的开阔视境；如他那首人见人赞的《桂枝香》：

登临送目，正故国晚秋，天气初肃。千里澄江似练，翠峰如簇。征帆去棹残阳里，背西风，酒旗斜矗。彩舟云淡，星河鹭起。画图胜足。

念往昔，繁华竞逐，叹门外楼头，悲恨相续。千古凭高对此，漫嗟荣辱。六朝旧事随流水，但寒烟衰草凝绿。至今商女，时时犹唱，《后庭》遗曲。

这是一首颇具有宰相气魄的咏史词，一般小肚鸡肠的人，一般依红偎绿的人，甚至是一般以风流自许的文人，都难以承担起这如椽的笔力。王安石是以政治家加文人的眼光指点江山和评点历史的。上半阕是写作者在虎踞龙盘金陵城高处观看万里长江的壮阔景色，时令虽在暮秋却无丝毫肃杀之气，地点虽在六朝故都，却没有半点艳情漫漫。他开阔胸襟只能包容千里澄江似练，簇峰如簇同样开阔的江山。于是以宰相气魄与政治家眼光打量登临送目的千古江山和画图难足的风景时，王安石的感慨不是以浪漫之情神游天地，而以冷峻之目光蹑迹千古风流，谛视深层历史的废墟。"繁华竞逐""悲恨相续""漫嗟荣辱"，那仅仅是一般的兴亡感与沧桑感，关键是"商女犹唱，《后庭》遗曲"亡国典型形象与事件，又在当今现实出现。这才是政治家高人一头的深重忧患意识和探微见著的历史责任感。王安石的咏史怀古，是透视历史烟云，去追踪兴亡的根本原因，而反哺与补救现实的缺陷。由此而产生的壮阔词学视境，使他自由走进历史，又迅速返回现实。这不能不说只有王安石才具备的宰相文人的大智慧了。

这种政治家大智慧赋予了这首咏史词豪壮风格，其笔力之俊美，意境之开阔是一般人难以企及的。《古今词话》说："金陵怀古者，诸公寄调，惟王介甫为绝唱，东坡见之，叹曰：'此老乃野狐精也。'"东坡以豪放词著称，也以才学自负，在王安石《桂枝香》面前，也只有一声佩服的感叹。所以将其称为咏史词的千古绝唱是一点不过分的。

因此对上述西江词派中临川词人群体的作品分析中，我们不难看出宋初与中期的江西词人，在宋词发展史上都具有创造性的贡献。晏殊开创了俊美如珠圆玉润的词风，晏几道拓深了词学情感世界，王安石更将媚艳赶出了词界，其笔触伸向历史的苍茫，使词有了厚重的历史分量和深度的文化感悟力，以及千古评点的壮美魄力，而王安石部分词所展现的豪放词风，亦如晨光初熹，预示着豪放派词人群体将迅速登上词界舞台。

第二节 曾巩、王安石诗文

一、曾巩与王安石的文学交游

曾巩之籍南丰，王安石之籍临川，在唐及宋初同属抚州。这是个盛产文人名儒的地方。明代邹元标在《崇儒书院记》云："抚州，海内名郡也。其先多明德大儒，如……王荆国、曾文定……诸先生者。"曾巩、王安石少年时期就有文名，可是在很长一段时间内，他俩各自在家苦学。

虽然他们有姻亲关系，而且互相"早已闻声，相思久矣"（顾栋高《王荆公年谱》），却未能相见一面。直到宋仁宗景祐三年丙子（1036），十八岁的曾巩入京赴试，十六岁的王安石恰好也随父亲入京。（"丙子从亲走京国，浮尘坌并缁人衣。"——王安石《忆昨诗》）。于是，这两位抚州府的风华正茂的才子，在远离家乡的京都乍然相遇了。虽然此次曾巩赴试落第，心中不免怅然，却意外获得王安石的友谊。他们携手而行，客庖共食，坐而论道，纷说古今，倾吐肺腑，砥砺文章。曾巩拜读了王安石的文章，不禁击节叫好，感慨地说："寥寥韩孟后，斯文大难得"（《寄王介卿》）；他们还是一对诤友，毫不隐瞒地指出对方的缺点。（绸缪指疵病，攻砭甚针石。——《寄王介卿》）京师邂逅，却使他们一见如故，相见恨晚。（嗟予见之晚，反复不能释。——《寄王介卿》）但是，相见时难别亦难。曾巩要回家乡，安石也要归江宁。离别之日就在此间，情深谊厚的曾、王两人，不禁泪打衣襟。（离歌孺子别，失泪染衣襟。——《寄王介卿》）征帆远去，天各一方。何日相逢，话说衷肠？曾巩回到家里，总是怅然有失，无以言对，他说道："出门无所抵。归卧四楹寂。术学颇思讲，人事多可恻，含意不得发，百愤注微臆。……自惭儿女情，宛转抱凄戚。"后来在庆历二年（1042），他还写了《怀友》一首寄介甫，追述了和王安石结交情形，表现了自己渴慕王安石的深情。其中云："予少而学，不得师友。焦思焉而不中，勉勉焉而不及。抑其望圣人之中庸而未能至者也。尝欲得行古法度士与之居游。孜孜焉考予之失而切劘之，庶于几而后已，予亦有以资之也。皇皇四海，求若人而不获。自得介卿，然后始有周旋激恳，摘予之过而接之以道者。使予幡然其勉者有中，释然其思者有得矣。望中庸之域，其可以策而及也。使得久相从居与游，予知免于悔矣。"

庆历元年（1041），曾巩上京游太学（见曾巩《王君俞哀辞》），王安石也于此年入京师应礼部试。（属闻下诏取群彦，遂自下国趋王畿。——王安石《忆昨诗》）二人又于京师相会。此次，曾巩应试又名落孙山，王安石却于第二年三月擢进士上第。据《宋史》记载：王安石"属文动笔如飞，初若不经意，既成，见者皆服其精妙。友生曾巩携以示欧阳修，修为之延誉，擢进士上第。"由此可见，王安石之所以考试能名列前茅，除本身能动笔如飞之外，主要是由于曾巩携王安石之文示以欧阳修，欧阳修为之延誉的结果。但是蔡上翔《王荆公年谱考略》全然反对此说："曾巩《上欧阳学士第一书》在庆历元年，至二年，再《上欧阳学士第二书》，及欧公《送曾巩秀才序》皆无一语及安石，而子固遂归临川矣。今曰介甫由欧公延誉擢第，是置子固称道介甫于欧公与欧公倾服介甫之书，皆未之入目，而于二公相见之岁月，全未之考也。"

笔者同意蔡氏之说，只是认为蔡氏的判断，还不能使人完全信服。最好的方法还是要从欧、曾、王三人的作品中找。欧阳修《赠王介甫》诗云："翰林风月三千首，吏部文章二百年，老去自怜心尚在，后来谁与子争先？朱门歌舞争新态，绿绮尘埃试拂弦。常恨闻名不相识，相逢樽酒盍留连。"这是欧阳修与王安石初次会面以后所作。这初次会面绝不会在王安石中进士第前后几年，理由有二：一是王安石中进士是在庆历二年，欧阳修只有三十六岁，决不会说"老去自怜心尚在"，因为他正值壮年时期；二是从"常恨闻名不相识"诗句可知王安石的名声已经很大，而且多次被欧阳修所闻知，但是，从庆历四年（1044）以后，曾巩给欧阳修和蔡学士的信中多次说道："居今知安石者尚少"，王安石还是一个默默无闻之人，可见在庆历元年和二年，曾巩并没有把安石引见于欧阳修。那么，曾巩是否携安石之文，以示欧阳修呢？同样也没有。曾巩给欧阳修信中谈到希望欧阳修能推荐王安石时，曾说："先生傥言焉进之于朝廷，其有补于天下，亦书其所为文一编进左右，幸观之，庶知巩之非妄也。"如果曾巩在庆历元年、二年，携安石文以欧阳修。欧又为之延誉，也就是把王安石推荐于朝廷，才使王安石中进士，那么就不要再说什么"傥言焉进之于朝廷"，也不要多此一举再书王安石文来证明曾巩自己推荐王安石"非妄"了。由此可见《宋史》的说法是错误的，蔡氏的说法是正确的。

但并不是说，曾巩压根儿没推荐王安石，事实恰恰相反，曾巩曾三次写信推荐王安石，不过时间不是在庆历元年、二年，而是在庆历四年，一年的时间里，曾巩在《上蔡学士书》《上欧阳舍人书》《再与欧阳舍人书》中，每次都推荐了王安石，而且语句都大略相同，为避免重复，我们只引《上欧阳舍人书》中一段：

巩之友王安石，文甚古，行甚称文。虽已得科名，居今知安石者尚少也。彼诚自重，不愿知于人。尝与巩言：非先生，无足知我也。如此人，古今不常有。如今时所急，虽无常人千万，不害也。顾如安石不可失也。先生倘言焉进之于朝廷，其有补于天下，亦书其所为文一编进左右，幸观之，庶知巩之非妄也。

在这里，曾巩把王安石说成是有补于天下的古今不常有的人才，可谓独具慧眼。后来王安石能身居宰相地位，轰轰烈烈地推行王安石变法，成为中国十一世纪的改革家，最初都不是和曾巩的推荐有关么？

在此，我们不得不指出的是：正因为曾巩三次写信推荐王安石的话大致相同，有些版本竟把《上蔡学士书》和《上欧阳舍人书》以上这样的话全部都删去。这是一个极大的错误。只要我们读一遍曾巩的《再与欧阳舍人书》的开头，就可以明白："巩顷尝以王安石之文进左右，而以书论之。其略曰：巩之友有王安石者，文甚古，行称其文，虽已得科名，然居今知安石者尚少也。彼诚自重，不愿知于人，然如此人，古今不常有。如今时所急，虽无常人千万，不害也。顾如安石，此不可失也。书既达而先生使河北。不复得报，然心未尝忘也。"这段荐安石语除省去"尝与巩言，非公不足知我也。"一句，再加上一、二个字略有不同以外，其余几乎全部一样。这段话明明白白告诉我们，曾巩曾写过一封信给欧阳修，并附有王安石的文章，又摘录了上封信推荐王安石的话。只是由于此年八月欧阳修出为河南转运使，所以不复得报，于是有心在这封信里重复一下荐安石语，但是在一些版本中，荐安石语，既不见于《上欧阳舍人书》，又不见于其他给欧阳修的信，岂非咄咄怪事？这只能说明删节者"盖不悦荆公，……且于子固当惓惓爱友之心，至是尽没。则亦诬子固甚矣！"（《王荆公年谱考略》）

王安石中进士第四名以后，是年签书淮南判官，八月去扬州赴任。

曾巩此时已归抚州，他得知消息，马上作《怀友》一文寄给王安石。文中对"介卿官于扬，予穷居极南，其合之日少，其离之日多"的现象感到忧痛。只得"思而不释，已而叙之"，作《怀友》一书相慰相警。曾巩又写了一首《之南丰道上寄介甫》诗寄给王安石。安石感曾巩之情意深笃，作《答曾子固南丰道中所寄诗》和之，由衷地把曾巩赞美了一番："吾子命世豪，术学穷无间。直意慕圣人，不问闵与颜。"并热情地邀请曾巩游淮上。但是曾巩在家，家事毫发都要他过问，因此没有去安石那里。

哪知，此时有人毁谤中伤曾巩，飞流短长的理由不外乎不孝不悌，不睦亲邻。王安石有一次接到段逢的信，信中把听来的诋巩之流言又重复了一遍，并责怪王安石不写信规劝曾巩，王安石见朋友被中伤，很不痛快，立即写了《答段逢书》，为曾巩辩护。信中说："巩文学议论，在某交游中不见可敌。其心通于适道，殆不可从刑祸害利禄动也。"并赞扬曾巩如何孝敬父亲，如何尊敬兄弟，是一位贤者。然后，他发出一番慷慨："天下愚者众而贤者希，愚者固忌贤者，贤者又自守，不与愚者合，愚者加怨焉。……故贤者常多谤，……谤易以传也。"最后王安石希望段逢不相信流言，毋轻言曾巩。同时王安石又写了一首诗寄给曾巩，用满腔的友情，炽热的语言赞扬了曾巩，并对造谣中伤者予以极大的轻蔑，给在困厄时的曾巩以极大安慰："曾子文章众无有，水之江汉星之斗。挟才乘气不媚柔，群儿谤作均一口。吾谓群儿勿谤伤，忌有曾子终皇皇。借令不幸贱且死，后日犹为班与扬。"

同样，有一段时间，王安石也受到一些小人攻击，说他"矫"，所谓"矫"者，不外乎两种意思：一是表里不一，喜搞阴谋诡计；二是过于刚烈，不能容人。不管怎样，反正是说王安石的坏话。当曾巩得知此事时，也奋起为王安石辩护。他在《答袁陟书》中说："辱书说介甫事，或有以为矫者，……然介甫者，彼其心固有自得，世以为矫不矫，彼不顾之，不足论也"。曾巩和王安石，这一对亲密的朋友，无论在顺境或是逆境中，都全力支持，想念和帮助对方。

庆历三年（1043）暮春三月，王安石请假回临川看望年老的祖母。

回家后，他立即去拜会朝思暮想的好友曾巩。老朋友相见分外亲热，在长时间热烈的促膝交谈中，王安石说起了他另一好友孙正之，一位"能举山丘惟笔力，可磨风云是风标"（曾巩《寄孙正之》）的高人隐士，曾巩也表示了无限倾慕的心情。在回临川之前，安石在淮南与孙正之一起，也谈起自己同乡好友曾巩，正之也表现了倾慕之情。安石惊讶地发现：曾巩与正之，虽隔千山万水，未曾相见，但他们的谈吐举止是何等相似；安石细心地探究，才知道：曾、孙二人都祖学和信仰圣人的中庸之道，由于师出一源才造成他们的思想旨趣，言谈行动的一致性。

时间过得真快，王安石暮春而来，经秋至冬，省亲假期已到，他顾念依依地告别了曾巩，并作《同学》一文给曾巩，文中，安石称曾巩为江南之贤人，称正之为淮南之贤人，并表示愿终身从事于他们的左右，"辅而进之，其可也"。

自此以后，他们又天各一方，但书信往来，赠诗酬答，从不间断。庆历七年（1047），王安石调知鄞县，再一次投诗召曾巩去鄞县，诗中道出他们之间的友情之深："吾少莫与合，爱我君为最。"由于这种思友之情，以至于几次做梦与曾巩相会，最后使得他"清瘦见衣带"，因此热情渴望曾巩来相会。同时，王安石为曾巩不被重用，仍为一布衣表示愤慨。（思君挟奇璞，愿售无良僧）这一年，曾巩到滁州欧阳修处，也写信召安石来滁州，急切地说："胸中事万万，非面不可道。"可惜二人都未赴约。这一对挚友只得在两地以书信酬诗聊解思友之情了。但是，这一对几十年的莫逆之交，似乎在王安石变法时期发生了分歧。《宋史·曾巩传》："（巩）少与王安石来游，安石声誉未振，巩导之于欧阳修。及安石得志，遂与之异。神宗尝问：'安石何如人？'对曰：'安石文学行义，不减扬雄，以吝故不及'。帝曰：'安石轻富贵，何吝也？'曰：'臣所谓吝者，谓其勇于有为，吝于改过耳。'"

从他们交游的史实来看，在治平二年（1065）冬，曾巩《与王介甫第三书》还热情地说："未知何日，得相从讲学，勖其所未及而尽其所可乐于衰暮之岁乎？"以后很少看见这样火热的语言了。李雁湖在注王安石《韩子》一诗中，曾经这样说过："余在临川闻之曾氏弟子载南丰

（曾巩）语云：介甫非前人尽，独黄帝孔子未见非。"曾巩与王安石在思想上是有分歧的，最明显的莫过于对佛教的看法上。曾巩对佛厌恶。他说："自先王之道不明，百家并出，佛最晚出，为中国之患。"（《梁书目录序》）庆历年间，信州鹅湖院佛殿成，请他作记，他在记中却把佛教大骂一顿。因此他告诫安石：佛经乱俗，千万不能读。安石不以为然，说："乱俗不在于佛，乃在于学士大夫沉没利欲，以言相尚，不知自治而已。"（《答曾子固书》）并认为曾巩这样告诫他是"非知我也"。（《答曾子固书》）而且王安石年纪越大，信佛越笃，这不能不对他们友情的破裂产生一定的影响。

他们始合终暌的最有力的证据，莫过于曾巩写的《过介甫归偶成》这一首诗了："结交谓无嫌，忠告期有补。直道讵非难，尽言竟多迕。知者尚复然，悠悠谁可语？"蔡上翔《王荆公年谱考略》把此诗定为熙宁二年（1069）所作，是为安石变法所发，但却反对是曾、王两人友谊破裂的表现，云："是时新法初行，举朝哗然。子固安得无言？……然在朝言朝，其于交游故旧何嫌何疑哉！"蔡氏又举一个有力的证据："元丰三年（1080），子固移沧州过阙上殿疏。所称道吾君吾相之美，……吾相非介甫乎？设子固果有大不悦于介甫，即不直斥其过可矣，亦何至称道其美若是。"

蔡氏的说法是完全颠倒了，其实曾巩《移沧州过阙上殿疏》，倒完全是在朝言朝的官样文章。《过介甫归偶成》是一首诗，可以不给皇上，甚至可以不给王安石本人看，就不需要文过饰非。从这首诗的题目和内容来看，可知曾巩拜见了得志的王安石，提出了许多忠言，未被接受，只得怅然而归，写下此诗的。

由此可见，曾、王始合终暌的最主要原因还是因为在变法上两人有不同意见，而安石又不听从曾巩的劝告而造成的。证此说法，还可看以下二点：王安石实行新法，正需要人才，作为挚友的曾巩，如果支持新法，那么作为宰相的王安石定要把他招至身边作为左右手，但是自从新法实行以来，曾巩一直离京外任，久不迁升达十多年之久。以致"世颇谓偃蹇不偶。一时后生辈锋起，巩视之泊如也。"虽然曾巩"泊如"也，但作为宰相加朋友的王安石为什么不提拔他呢？只有一种解释，曾巩并不支持新法。《扪虱新话》云："王荆公尝曰：吾行新法，始终认为不可者，司马光也；始终认为可者，曾布也。其余皆出入之徒。"曾布为曾巩之弟，假如他支持新法的话，王安石是不会忘记他的名字和友谊的。曾巩也可能被列入出入之徒的行列了。

但是，曾巩并不是完全反对新法的，相反他还是新法积极的实践者，也许是他看到，新法的执行，会被某些人利用一图私利，而扰害老百姓，于是他向安石提出劝告，只是王安石"吝于改过"未被接受。因此，曾巩在自己的职权范围内，在具体执行新法的过程中，总是力图反对利用新法而行私欲之人。最可靠的证据莫过于曾巩弟弟曾肇的《亡兄行状》了："巩在齐，会朝廷变法，遣使四出，公推行有方。民用不扰，使者或欲希望私欲有所为。公亦不听也。"（又见《曾巩墓志铭》）

由此可见，曾巩不是一个锋芒毕露的人。作为以朝廷名义颁布实行的王安石变法，他虽有意见，却能忠实地执行，在执行过程中，尽量使它完善，这也可以看出曾巩处世、行事、为人的一面。

二、曾巩诗文

曾巩以巨大的散文成就，名列唐宋八大家之一，从而确立了他在中国文学史上的地位，但他的诗歌创作，从北宋开始就遭到一些人的非议。他的门生秦观说："曾子固以文名天下，而有韵者辄不工。"（《东坡题跋》卷三）另一位门生陈师道也说："曾子固短于韵语"。（《后山先生集》卷二十三，《诗话》）而后赞同者有之，反驳者更大有人在。这场旷日持久的笔墨官司，至今尚余波未泯。今人钱钟书先生说："看来判他（曾巩）胜诉批评家居多数，就'八家'而论，他的诗远比苏洵、苏辙父子的诗好。七言绝句更有王安石的风致。"（《宋诗选注》）这是一段比较公允的评价。曾巩一生留下四百多首诗歌，以数量而言，也不在少数，仅以一句不会作诗就全盘否定，这未免武断。另外，诗歌最讲究抒情性和赋比兴的原则，曾巩的散文以说理见长，情感的显露，现实的真实感受，往往受到文以贯道的思想约束，但在诗歌这个形象思维的自由王国里，他的大部分诗歌都能驰骋想象，抒发真情实感，反映现实生活，或感叹人世坎坷，宦海浮沉，或抨击时弊现政，反映民生疾苦；或描写大好河山，抒发闲适之情。这个观点，曾巩也是首肯的，他在评价王平甫诗歌时说："其于诗尤自喜，其忧喜哀乐感激怨怼之情，一于诗见，故诗尤多也。"（《王平甫文集序》）这虽是评价王平甫诗，但更是曾巩的夫子自道。这正好弥补曾巩在散文创作方面的不足。例如，他的一首《追租》诗这样写道：

……国用有缓急，时议废量度。内外奔气势，上下穷割剥。今岁九夏旱，赤日万里灼。陂湖麋埃壒，禾黍死碛确。众期必见省，理在非可略。谓须倒廪赈，讵止追租阁。吾人已迫切，此望亦迂邈。奈何呻吟诉，卒受鞭捶却。宁论救憔悴，反与争合。……公卿饱天禄，耳目知民瘼。忍今疮痍痹内，每肆诛求虐。但忧值空虚，宁无挺犁鏴。暴吏理宜除，浮费义可削……

在这首诗中，作者一改那种雍容中和的风格，用一种愤怒的笔调，描绘出在旱魃为虐，十室九空的情况下，贪残官吏手执鞭捶，向老百姓追索租赋的惨不忍睹的景象。面对此景此情，一向以淡泊自励的曾巩，再也没有硕人之宽的文雅，而是愤慨地喊出"暴吏理宜除，浮费义可削"的呐喊。这种鞭挞现实，反映民生疾苦的作品，在曾巩诗中屡有所见，如《动地》一诗描写地震给人民带来的巨大危害。《边将》《胡使》《兵间》等反映了边关连年战争给人民带来的巨大痛苦。其他如五古《秋日》《咏雪》，七律《楚泽》等都是忧时忧民的作品，具有强烈的批判现实主义精神。

曾巩一生饱经风雨，经过几次赴考才于三十九岁的年纪中了进士。步入仕途后，又南迁北走，久不被升迁，"世颇谓偃蹇不偶，一时后生辈锋起，巩视之泊如也"（《宋史本传》），这种"视之泊如也"的性格，与他散文冲淡平和艺术风格极为相谐，但在他的诗歌里，人生蹇滞的慨叹，怀才不遇的悲歌，时时露其峥嵘的内容占有很大部分。如"我生智出豪俊下，远迹久出安蒿莱。譬如骅骝踏天路，六辔岂议收驽骀。"（《冬望》）在《香橙》一诗中，作者以家乡的香橙自喻，虽然香橙香甜金黄，但却"江湖苦遭俗人眼"，被人冷遇。作者希望有识千里马的伯乐，能将自己推荐于朝廷，"谁能出口献天子，一致大树凌沧波"。特别是《一鹗》更是此类诗歌的代表作：

北风万里开蓬蒿，山水汹汹鸣波涛。尝闻一鹗今始见，眼骇骨紧精神豪。天昏雪密飞转疾，暮略东海朝监洮。社中神狐倏闪闪，脑尾分磔垂弓櫜。巧兔狞鸡失草木，勇鸷一下崩其毛。窟穴呦呦哭九子，帐前活送双青猱。啁啾燕雀谁尔数，骇散亦自亡其曹。势疑空山竭九泽，杀气已应太白高。归来礧鬼载俎豆，快饮百瓮行春醪。酒酣始闻壮士叹，丈夫试用何时遭。

曾巩极言铺陈鹗之勇猛异常，上可搏击飞雪高空，下可擒捕飞禽走兽。由于鹗捕获猎物很多，主人设下庆功宴。此景此情，作者发出一番慷慨："酒酣始闻壮士叹，丈夫试用何时遭。"作者以鹗自况，希望施展才华，搏击长空，当时他的老师欧阳修看到此诗后，也有同感，因此称曾巩为"百鸟而一鹗"。其他像《咏雪》《多雨》《庭木》《落叶》等诗都是以咏物言志的手法，反映诗人对扼杀人才的不公社会的愤慨。

曾巩年少时，曾多次赴考，由江西家乡辗转赶赴京师。步入仕途后，又长久在地方任职，行南走北，游历较广，虽久不被升迁，但祖国的大好河山、瑰丽的风景，激起了他的诗情，怀才不遇的愤慨却在大自然的怀抱中得到熨平。于是他创作了许多山水风景诗，这些触景生情之作，多写得清新自然，别有一番韵味。如《出郊》："葛叶催耕二月时，斜桥曲岸马行迟。家家卖酒清明近，红白花开一两枝。"诗人用一种轻松流畅的笔调，描绘了二月郊外信马踏青之景。那葛叶催耕，斜桥曲岸，那红白花开，私家买酒，好一幅恬淡闲适的春游图。如《城南》："雨过横塘水满堤，乱山高下路东西。一番桃李花开尽，惟有青青草色齐。"也写得极为清秀可爱。又如《早起赴行香》："枕前听尽小梅花，起见中庭月未斜。微破宿云犹度雁，欲深烟柳已藏鸦。井辘声急推寒玉，笼烛光繁秉绛纱。行到市桥人语密，马头依约对朝霞。"这是一幅黎明早行图，写得极有动态感。作者以时间为顺序，用一组特写镜头，将月夜至黎明，由静谧至喧闹早行历程描写得淋漓尽致。总之，山水风景诗在曾巩的诗歌里占有一定的比重，同时也是写得较为有特色的部分。

曾巩一生交友甚广，既有官宦之交，也有师生朋友之交，因此奉和酬答之作占有很大部分。这些诗歌议论成分较多，但也有不少佳作，写得情真意笃。如欧阳修在落难时，曾巩写了一首《游琅琊山》"……先生鸾凤姿，未免燕雀猜。飞鸣失其所。徘徊此山隈，万事于人身，九州一浮埃。所要挟道德，不愧丘与回……"欧阳修是曾巩一生景仰的老师，当老师失势受困时，他不避祸及己身，挺身而出，极力推崇欧阳修人品才学，冰心可鉴，其人品当然非势利小人之可比。

综上所述，曾巩的诗歌创作的内容还是比较充实和丰富的。同样，曾诗在艺术上也有自己的特色，一般语言都比较朴素洁净，自然平实，很少有缛彩锵音，无雕琢堆砌之痕迹，多是言之有物而感情深挚之作。其表现手法，多用赋体，以铺陈为主，间或亦白描，亦夹叙夹议，来表现客观事物和抒发性灵怀抱。如《雪咏》："雪花好洁白，不待咏说知……四座且勿歌，听我白雪诗……纷纷在片缕，六出非刻削。初时漏余滴，杂雨犹可恶。迤逦纵飞洒，态状不可名。或稀若有待，或密似相萦，或弱久宛转，或狂自轩腾……"这首长达百韵之长诗，作者采用典型的赋体手法，极尽铺陈复叠之能事，将雪花的各种形态酣畅淋漓地表现出来，但语言却很朴实，不作华丽之态。篇幅虽长，但细针密线，层次分明，与他的散文"纡徐委尽，说尽事情"的艺术风格，具有异曲同工之妙。

关于曾巩诗的艺术风格，前人有不少的评价。明代的何乔新《读曾南丰诗》云："一扫西昆陋，力追骚雅遗。峻如登华岳，石磴何欹崎。壮如雷电惊，白怛腾龙螭。清如方塘水，风静绿漪漪。淡如空桑瑟。枯桐緪朱丝，雄拔追李杜，奇涩薄宗师。"这种评价虽溢美过分，但很好地概括了曾巩诗歌的两种总体的艺术风格；一个是充满阳刚之气的"峻""壮""雄""奇"；一种是表现阴柔之美的"清"与"淡"。

潘德舆在《养一斋诗话》中更看出了曾巩不同体裁诗歌所表现出的两种不同风格："五七言古体，排宕有气；近体佳句，一皆清深婉约，得诗人风旨"。因此曾巩雄奇峻壮的风格，主要表现在他的古体诗中。如前面所述的《一鹗》诗，就是这种风格的代表作，诗人用错综交织的笔势，极力渲染鹗之勇猛无比，感情的表达不作丝毫收敛，愤激抑郁之情，时时喷薄而出，跳跃在字里行间，真是痛快淋漓。我们再来看看他的几首描写麻姑山的诗歌：

霜余荆吴倚天山，铁色万仞光芒开。麻姑最秀插东极，一峰挺立高巍巍……（《冬望》）

麻姑之路摩青天，苍苔白石松风寒。峭壁直上无攀援，悬磴十步九屈盘。上有锦绣百顷之平田，山中遗人耕紫烟，又有白玉万仞之飞泉，喷崖直泄蛟龙渊……（《麻姑山送南城尉罗君》）

军南古原行数里，忽见峻岭横千寻。谁开一径破苍翠，对植松柏何森森。危根自迸古崖出，老色不畏莓苔侵……（《游麻姑山》）

麻姑山在诗人家乡附近，曾巩多次登览游玩，山之险峻崔嵬，诗人有切身感受，所以描绘起来气势开阔，场面廓大，笔力雄健，虽寥寥数语，却多出胸臆，极有气骨。如第三首，"忽见峻岭横千寻"之"横"字，"谁开一径破苍翠"之"破"字，"危根自迸古崖出"之"迸"字，"老色不畏莓苔侵"之"侵"字，用字都很平常，却都是极有力度的字眼，在一首诗同时出现，烘托出整首诗峻壮雄奇的氛围，具有阳刚之气，颇见大家风范。

与古体诗相较，曾巩的近体诗（律诗与绝句）却别有一番清淡婉约阴柔之美的意味。在古体诗中，曾巩与宋代多数诗人一样，重赋体，喜铺叙，虽气势雄健，但感情表达直率，未免浅露。元代刘壎《隐居通议》卷7中说："宋人诗体多尚赋，而比与兴寡，先生之诗亦然，故惟当赋体观之，即无憾矣。"但在大多数近体诗中，曾巩多采用比兴手法，寄情于事，寓情于景，托物言志，兴味深远，颇显诗人风旨。如《咏柳》：

"乱条犹未变初黄，倚得东风势便狂。解把飞花蒙日月，不知天地有清霜。"诗人描绘了东风吹拂、柳絮漫飞的仲春景致，但诗中隐喻得志更猖狂的势利小人，虽然能横行一时，但终究像漫飞远扬的柳絮一样，必将零落成泥，不得久长。这首绘景咏物之诗，不着一字议论，通篇比兴，显得情趣盎然，极含哲理。其他如"旱天潇洒有高情"的南轩竹（《南轩竹》），"冷香幽艳向谁开"的梅花（《忆越中梅》），"玉润冰清不受尘"的荔枝（《荔枝》）等无不寄托着诗人的情志。

曾巩大多数山水景诗都写得清新淡雅，这是因为作者避开宋诗多议论的通病。面对美丽的自然景物，诗人澄心静虑，抓住它们的特点，用朴素之中自见润泽的清新笔调，白描式地勾勒如诗如画的山水风景，给人以鲜明的印象和丰富的感受。如前面所述《出郊》《城南》等诗篇都可作如是观，其他如《夜出过利涉门》："红纱笼烛照斜桥，复观翚飞入斗杓。人在画船犹未眠，满堤明月一溪潮。"描写夜月江边所见景色，生动形象，特别是最后一句，用语虽很平淡，但极为传神。此外如"溪桥野水清犹急，海岸轻寒去却还"（《凤池寺》）；"云中一点鲍山青，东望能含两眼明"（《鲍山》）；"青螟日抱山腰阁，碧野云含石眼泉"（《圣泉寺》）；"鸟啼绿树穿花影，风出青山送水声"（《闲行》）等，都是别具剪裁，捕捉了异常新颖景物形象的诗句。

曾巩主要以散文创作确定他在中国古代文坛的地位。他一生写了近八百篇散文，体裁多样，内容丰富，风格异呈。其中杂记、序文和书信体散文写得尤为出色，最能代表的文学成就。他的杂记内容缤纷多姿，或叙事以明理，或咏物以言志，或写景以抒怀。所叙事件人物，一般不以情节取胜，更不以大手笔描写宏大的主题和场面，往往是围绕一山一木，一草一木，一人一事，以缜密的章法，层层展开，提示一个极为深刻的哲理。如他的代表作《墨池记》：

临川之城东，有地隐然而高，以临于溪，曰新城。新城之上，有池洼然而方以长，曰王羲之墨池者，荀伯子《临川记》云也。羲之尝慕张芝，临池学书，池水尽黑，此为其故迹，岂信然邪？方羲之之不可强以仕，而尝极东方，出沧海，以娱其意于山水之间，岂其徜徉肆恣，而又尝自休于此邪？羲之之书晚乃善，则其所能，盖亦以精力自致者，非天成也。然后世未有能及者，岂其学不如彼邪？则学固岂可以少哉！况欲深造道德者邪？墨池之上，今为州学舍。教授王君盛恐其不章也，书"晋王右军墨池"之六字于楹间以揭之，又告于巩曰："愿有记。"推王君之心，岂爱人之善，虽一能不以废，而因以及乎其迹邪？其亦欲推其事以勉学者邪？夫人之有一能，而使后人尚之如此，况仁人庄士之遗风余思，被于来世者如何哉。

这篇仅二百余字的精巧散文，写得极有章法，摇曳生姿。首先开门见山，切题写景，点出墨池的位置形状，但作者的本意不在写景，正面写景只有四十七个字，这与传统的"记"不甚谐和。笔法已近乎"论"。在惜墨如金，轻抹淡点以后，立即由景及人，由物叙事，记述了王羲之"临池学书，池水尽黑"的逸闻趣事。最后，作者文思喷薄，议论横生，阐发主旨，表达出要欲深造道德者，就必须要有王羲之"临池学书，池水尽黑"的坚韧不拔的精神与毅力。文章分三个层次，但每个层次的过渡都衔接得天衣无缝，由景及人，由事及理，环环相扣，层层相连。景与人相融一体，理依事阐发得更加深刻，使得这二百余字杂记散文，成为千古传诵的名篇。

《宜黄县学记》和《筠州学记》是两篇为教育立论的散文，也是古人写得最多的题材之一。林纾曾说："学记一体，最不易为，王临川、曾子固极长此种。"（《春觉斋次文论别说》）就是在这最不易为的险崛处，才最能体现曾巩以议论说理见长的风格。作者学识渊博，通古达今，经史子集，烂熟于胸，典故纪闻，了然于笔。因此两篇学记，题材相同，主旨相似，但由于曾巩能旁征博引，纵论古今，汪洋恣肆，挥洒自如，顿然见一股雄浑博厚之气。《宜黄县学记》首叙古代办学的成就，次说今天废学的恶果，正反论述，一优一劣，两两相照，对比鲜明，从而把办学教育是"正心修身为国家天下之务"的观点烘托而出，具有很强的说服力。《筠州学记》却以历史发展为线索，将秦汉以来的学者，与宋代学者的思想和学习状况，进行比较，分析了前后二者的不同与优劣，最后得出要治国平天下，就必须办学的论点。两两对比，条分缕析，议精论赅，将"一套陈旧话，却说得深入腠理，能发明其所以然"。（林纾《林氏选评元丰类稿》）

曾巩的杂记，虽以说理议论见长，给人以儒学味极浓的感觉，但亦有例外，如《拟岘台记》《道山亭记》和《游信州玉山小岩记》都是以描摹景物为主的文章，你看他描写闽地山溪："其溪行，则水皆自高泻下，石错其间，如林立，如士骑满野，千里上下，不见首尾。水行其隙间，或衡缩蟉糅，或逆走旁射。其状若旁射，其状蚓结，若虫缕，其旋若轮，其激若矢。舟溯沿者，投便利，失分毫，辄破溺。"（《道山亭记》）你看他状摹玉山小岩中的钟乳石："其下有钟乳，围五六人。凝而欲滴者，若檐溜垂空，合而外结；积而广者，若聚雪委平厓，侧崇而未浅。腻如栈凝，分如瓜形，垂如盖张，色如海波，风聚而沫。食之咁吻津舌异，异若蔗浆露蕊，殚乎美味。"（《游信州玉山小岩记》）曾巩用一连串的比喻，仅寥寥数语，就将闽地山溪之险、之曲、之激，将钟乳石之怪、之奇、之味、之色描摹得绘声绘色，给人以惊心动魄和极为新鲜的感觉，充分地表现了曾巩丰富的想象力和驾驭文字的功力。可见，曾巩在文以明道的文论思想指导下，不屑以过多的笔墨花费在描绘景物上，偶一为之，也曲尽其妙，与柳宗元山水散文相较，自有一番特色。

曾巩以说理见长的特点，特别表现在序文和书信等体裁的散文中。在这类散文中，他充分发挥自己道古之擅长，以纡徐委备，舒缓不迫之手法；以晓畅平易，明晰爽洁之言辞；以严谨奇巧，层层深入，曲折迂回的布局，来建构这类散文的框架。因此使他的散文既显得典雅平正，雍容中和，又起伏跌宕，摇曳生姿，方苞评价他此类文章，"能与欧、王并驱，而争先于苏氏也"（《古文约选序例》）。

《战国策目录序》是曾巩序文中的代表作，历来被称为峻洁典雅的典范。嘉祐五年（1060），曾巩由于欧阳修的推荐，在馆阁校勘书籍，在整理一部古籍后，曾巩总要为这些古籍写一篇目录序，这些目录序得到后人高度称赞，姚鼐认为：目录之序，子固独优。《战国策目录序》

就是曾巩校勘《战国策》以后所写的一篇序文。在这篇序文中，作者本源六经，宣传儒家传统道德为己任，从纷繁复杂的战国历史治乱得失中，窥本探源地阐述出："盖法者所以适变也，不必尽同；道者，所以立本也，不可不一"的主张，从而否定了战国时期纵横家们违背儒道的异论邪说。在否定这些"邪说"的同时，曾巩还是肯定了《战国策》的史学价值。很显然，这是一篇驳论文章，但作者并没有采取通常驳论所用的语犀词利的批驳手法，文势更不剑拔弩张，而是通过三个层次，作正面、反面、侧面论述，采用扬抑结合，正反相照的手法，将孔孟之道与战国游士邪说两相比较，悠悠道来，进行条分缕析地论证。文章写得从容不迫，雍容和缓之气宛然，虽然藏锋未露，但柔中有刚。处处本源六经，时时不违圣人之道，言不烦而理已透，辞虽约而意已腴，真见大家风范。

《寄欧阳舍人书》是被前人评为"在南丰集中，应推为第一"（《古文观止》）的优秀书信体散文。欧阳修曾为曾巩的祖父曾致尧写了墓志铭，因此曾巩写此信以示感谢，表达作者对欧阳修的赞美和钦佩之情，很显然这是一篇颂扬之文。一如上面《战国策目录序》是批驳之文一样，很容易落入俗套。批驳之文，如果一味地驳斥，就成了漫骂；颂扬之文，如果一味歌颂，就成了谀辞。那么曾巩是如何写这封信的呢？首先作者从铭文和史传的异同说起，接着又慨叹，由于不良的社会风气的影响，那种符合事实、盖棺定论的传世铭文却不可多见。行文到此，作者才提出论点，只有蓄道德而能文章者，才能写出传世永久的铭文。于此作者笔锋一转，又是一层铺垫，"然蓄道德而能文章者，虽或并世而有，亦或数十年或一二百年而有之。其传之难又如此，其遇之难又如此。"作者写到此，方正式切入题意，这数百年难逢之机遇，却让曾巩自己遇上了：

若先生之道德文章，固所谓数百年而有者也。先祖之言行卓卓，幸遇而得铭其公与是，其传世行后无疑也。而世之学者，每观传记所书古人之事，至其所可感，则往往蠹然不知涕之流落也，况其子孙也哉！况巩也哉！其追睎祖德，而思所以传之之繇，则知先生推一赐于巩而及其三世，其感与报，宜若何而图之？

文章写到此，作者对欧阳修进行热烈赞美，就显得瓜熟蒂落了：

抑又思，若巩之浅薄滞拙，而先生进之。先祖之屯蹶否塞以死，而先生显之，则世之魁闳豪杰不世出之士，其谁不愿进于门？潜遁幽抑之士，其谁不有望于世？善谁不为？而恶谁不愧以惧？为人之父祖者，孰不欲教其子孙？为人之子孙者，孰不欲宠荣其父祖？此数美者，一归于先生！

很显然，这是一篇颂扬欧阳修的优秀书信体散文，又是一篇逻辑严密有关墓志铭的学术论文，二者能有机结合，是作者紧紧围绕"蓄道德而能文章"这个论点而层层展开论述的。因此该文虽发脉高远，由古至今，由远及近，由虚到实，但句句切题，层层递进，使赞美之辞恰到好处，未有阿谀之嫌。有关墓志铭的论说，也落到实处，不显得空泛。通篇书信娓娓道来，徐徐转入，给人一种舒缓不迫，迂回曲折，曲径通幽之感。正如沈德潜所称"逐层牵引，如春蚕吐丝，春山出云，不使人览而易尽。"（《评注唐宋八大家古文》）

除上述三类体裁的散文外，曾巩其他体裁的散文也有不少佳作，如《唐论》就是一篇很著名的政论文，阐述了作者对唐太宗立法的评价，曾巩采用了多变交错的句法转相承接，句句照应，而不显零乱，铺垫陈述，而不见冗长。何焯在《交门读书记》中说："此等议论，自曾、王以外，无人道来。"又如《读贾谊传》是一篇读后感；"余读三代两汉之书，至于奇辞奥旨，光辉渊澄，洞达心腑，如登高山以望长江之活流，而恍然骇其气之壮也。故诡辞诱之而不能动，淫辞迫之而不能顾，考是与非若别白黑而不能惑，浩浩洋洋，波彻际涯，虽千万年之远，而若会于吾心，盖自喜其资之者深而得之者多也。"其文辞之奔放奇瑰，恣肆汪洋，其句法多变交错，排闼而来，使人目眩心惊，与曾巩散文雍容平和的风格大相径庭，很有点韩愈散文的风格。

三、王安石诗歌

王安石散文有近八百篇，诗词有一千五百余首，这是一个极为庞大的文学遗产，欣赏与评价这个文学遗产，决不能以一般文人的视角审视之。可以这么说，在江西历代作家中，没有任何人像他一样在政治史上留下那么浓墨重彩的一笔，一次风起云涌的王安石变法，就成为千百年来说不完道不尽的话题，所以我们要以一个大政治家大改革家的视角来看待他的文学作品。政治家自有一般文人所没有的开阔胸襟和洞察历史风云的敏锐目光，以及执着、坚韧不拔的个性，历史上人们常称之为"拗相公"，就是看到了他这个个性，所以他提出文章必须为政治服务，有补于时世的文学主张，就一点也不奇怪了：

且所谓文者，务为有补于世而已矣。所谓辞者，犹器之有刻缕绘画也，诚使巧且华，不必适用；诚使适用，亦不必巧且华。要之以适用为本，以刻缕绘画为之容而已。（《上人书》）

在此基础上，王安石又进一步提出："治教政令，圣人之所谓文也。"（《与祖择之书》）"尝谓文者，礼教治政之尔"（《上人书》），这已是将文章作为政治宣传的工具了。这种将文学作品完全政治化和功利化，忽视其审美快感的观点，未免偏狭，当时就遭到了苏轼的批评："王氏之文未必不善也，因患在好使之间，自孔子不能使人同，颜渊之仁，子路之勇，不能以相移，而王氏欲以学同天下"。（《与张文潜书》，《东坡全集》卷74，四库本）是的，诗文之家园并不仅是一片绿色，五颜六色，百花齐放才是春天，政治家的王安石希冀以文作为一统天下的工具，当然是理想化了，激进化了，但却造成了他的政论文最为出色的特点，其政论文议论风生，说理精透，笔锋犀利，逻辑性和概括力极强，往往居高临下奔泻一股英气锐力。这是宋代其他作家难以望其项背的。

王安石这种政治情结的文论思想，同样输送到诗学主张中。唐代诗人杜甫与李白是双峰并峙第一流诗人，本无高下所分，正如韩愈所说：

"李杜文章在，光焰万丈长。"但王安石却偏崇杜抑李，他曾坦承："予考古之诗，尤爱杜甫氏"(《老杜诗后集序》)，又赞美杜甫诗说："吾观少陵时，谓与元气侔。力能排天斡九地，壮颜毅色不可求。"(《杜甫画像》，《临川集》卷9，四库本)他又辛勤地在众书群籍中搜罗爬剔，续得杜甫诗二百余首，编成《杜甫诗后集》，他还编选了杜甫、欧阳修、韩愈、李白的《四家诗选》，将杜甫置于首位，却将李白置于末，反映了崇杜抑李的思想，他对李白的诗评价是不高的："其识污下，诗词十句九句言妇人酒耳。"(惠洪《冷斋夜话》卷5)之所以如此，是因为王安石的政治情结牵引了他的眼光，容不得超现实的浪漫，作为现实主义伟大诗人的杜甫，创作大量反映社会民生疾苦的诗歌，自然契合他"务为有补于世"的文学主张。身为政治家的王安石将杜甫完全偶像化和政治化了，由此而造成如下两种文学现象。一是杜甫的偶像化，正如梁启超所说，不提李杜并列："特提少陵而尊之，实自荆公始""实尊江西派之先河，而开有宋一代之风气""后此山谷更遵此道而极其妙，遂为西江之宗"。(《王安石评传》"荆公之文学下")也就是说，以黄庭坚为首的江西诗派，尊杜诗为祖，其始作俑者是王安石。因此，江西诗派在江西的兴起，王安石是功不可泯的。二是将杜甫政治化，同样也主导了王安石本人写下了大量反映社会民间疾苦的诗歌，这也是王安石诗歌在内容上的一个主要特征。而在艺术上宋人以议论为诗的特点，已在王安石诗歌中初现端倪。如《河北民》：

河北民，生近二边长苦辛。家家养子学耕织，输与官家事夷狄。今年大旱千里赤，州县仍催给河役。老小相携来就南，南人丰年自无食。悲秋白日天地昏，路旁过者无颜色。汝生不及贞观中，斗粟数钱无兵戎。

诗中写了双重苦难，一是国家与民族的苦难，堂堂大宋，每年要输送大量财物事"夷狄"，以获取一时的苟安。作为政治家王安石当然感到无比屈辱。二是百姓的苦难，由于大量输送财物"事夷狄"，这种负担最终落在百姓头上，所以河北民养子不是防老，而是学耕织事夷狄，如果是遇上大旱千里赤的灾害，官吏仍不顾百姓死活，仍然催交租赋，强迫青年服劳役，老百姓只得扶老携幼，南来乞食，但南方即使丰年也"无食"，为什么？也被"事夷狄"了。作者写到此，以一句"悲愁白日天地昏"抒发出沉重的苦难叹息，于此作者笔锋一转，穿越时空，投入莽莽苍苍历史烟云："汝生不及贞观中，斗粟数钱无兵戎。"历史上大唐贞观盛世与现实中大宋苦难衰世形成激烈碰撞和鲜明对比，双重苦难的悲剧由此而升华，凝结成一位政治家力图改变现实的焦灼感，他似乎在告诫朝廷，必须革新变法，改变现实苦难，以换大宋王朝的"贞观之治"。王安石尤推崇杜甫写过《三吏》《三别》《兵车行》等被称"诗史"的作品，他的《河北民》也是学习杜甫作为"诗史"来写的，具有很强的针砭时弊的现实意义。

像这类作品在王安石集子中几乎随时可撷，如《阴山画虎图》，从阴山健儿射虎的矫健身影说起，作者又在历史烟云中追寻抗击异族侵略英雄，他在急切地叩问历史："契丹弋猎汉耕作，飞将自老南山边，还能射虎随少年？"汉代平明射虎的飞将军李广早已是家喻户晓的抗击侵略者的英雄。有作为的政治家本身就是英雄主义者，政治家的情结总是与英雄情结相重相叠的，更是惺惺相惜的。王安石在"低徊使我思古人"中，寻找英雄，呼唤英雄，希望他们能改变当前苟且偷安，不修武备的颓势，于是历史的激情和寻找英雄的渴望，与现实的颓势发生激烈的冲撞，升腾而起的是一位政治家对国家前途的广漠而深沉的忧虑。与《阴山画虎图》相似的诗还有《白沟行》，也是王安石出使辽国的作品，白沟河是宋辽界河，本应该是剑拔弩张之地，但他目睹的是边将将守防当儿戏，麻痹苟安，很是心疼与焦虑，他又要借历史来敲打现实了，"藩马常来射狐兔，汉兵不道传烽燧。"他又要追导历史的英雄来鞭击宋朝的懦将了，"棘门霸上徒儿戏，李牧廉颇莫更论。"面对着杀机四伏的边界形势，却只有将边防当作儿戏将士，那治军整严的将军周亚夫，那大破匈奴的英雄李牧与廉颇，你们又到哪里去了呢？政治家兼诗人的王安石在这里表达的已不是一种深重的忧虑，而是一种按捺不住倾泻而出的愤怒了。

反映现实比较著名的诗篇还有《收盐》，这是王安石二十七八岁任鄞县知县时的作品，其笔触不像后来写的《阴山画虎图》《白沟行》装满的是北方肃杀之气和胡马嘶鸣，而是伸向碧波万顷的沿海。但万顷碧波下仍然藏着万顷苦难。宋代实行的食盐专卖制度，因此每当收盐时节，官差如狼似虎催缴盐税，缉拿私盐，盐户面临饿死边缘，只得铤而走险，劫杀商贾，成为官逼民反的盗贼，作者对这些盗贼却深表同情，反而严加谴责这些酷吏："一民之生重天下，君子忍与争秋毫？"年轻的知县王安石目光犀利地看到了民间苦难和造成苦难的根源，而要清除积弊。政治家勇猛无畏的精神，已在此诗中初露锋芒了。其他如《兼并》写的是土地兼并给百姓带来苦难的时弊，《冗兵》写的是如何缩减日益庞大的军队的问题。《秃山》以寓言形式，揭露了宋朝冗官现象，《促织》鞭挞了只顾享乐不顾百姓死活的贪官污吏，等等，都是现实性极强的诗篇，都折射出一个政治家要革除积弊，济救苍生，力挽国势的阔大胸襟和急切心理。

一般来说，政治家最钟情于历史，从上面反映现实民生的诗来说，王安石常从现实跳跃到历史的时空，用历史的典故、人物、史事来揭示现实的苦难，鞭挞现实的丑恶，讽喻现实的不良，因此历史濡养了他的学识，冶炼了他一双慧眼，供给了他采撷不已的创作素材，于是他创作了相当多的咏史诗。对于他来说，史见就是政见，他的政治抱负和见解，在历史源泉滋养下，得到最妥帖的释放，所产生的能量似乎都能烤灼现实，所张扬出来的史见，往往翻新诠释出独特的政治人生哲学，新意迭出，独具创见，能将盖棺定论的史评定论全部推翻，独辟蹊径，另生一番常人不可及、不能想的史论，为咏史诗贯注了一股政治家奋励用世的锐气。如《商鞅》一诗：

> 自古驱民在信诚，
> 一言为重百金轻。
> 今人未可非商鞅，
> 商鞅能令政必行。

商鞅是变法改革中悲剧式的人物，虽然他施行商鞅变法给秦国带来

"秦民大悦，道不拾遗，山无盗贼，家给人足"（《史记·商鞅传》）的兴盛局面，最后却还是被车裂而死。从诗中"今人未可非商鞅"诗句来看，当时毁伤商鞅的大有人在。作者当然是肯定商鞅的，商鞅变法的叱咤风云、可歌可泣的事迹很多，作者却没有做全景式的描写，却意外选择一个"徙木北门"的小故事来生发议论，说的是商鞅在国都南门外立了一根三丈长的木竿，并允诺谁要将此木搬到北门，就给他五十金，后果真有人搬至北门，商鞅也果然兑现了自己的诺言，这就是一诺千金的诚信美德，更是统治者驾驭时局统治人民的要求。王安石正是从这个小小角度，翻新诠释出大大的政治新意，这就是政治家超迈绝伦的史见，至于说王安石要像商鞅一样，能令政必行，雷厉风行地实行变法，那已是托物言志的弦外之音了。

王安石的《乌江亭》："百战疲劳壮士哀，中原一败势难回。江东子弟今虽在，肯为君王卷土来？"也是一首为史翻案的诗歌，楚汉之争的项羽也是一个"力拔山兮气盖世"的悲剧式英雄，人们惋惜他为什么不能突破垓下之围，渡过江东，再重起炉灶，卷土重来呢？果如此，历史也许会重写，至少不会使刘邦这样的"竖子成名"。如唐代杜牧的《乌江亭》就说："江东弟子多才俊，卷土重来未可知"。王安石之后的李清照也说："至今思项羽，不肯过江东"。王安石却反其道而行之。项羽悲剧性的结局，不在于他是否过江东，在于他以武力加暴力经营天下，而大失人心，这样的君王，即使江东弟子今天仍在，也不会为他卖命的，这就是他悲剧结局的根源所在，这样的史评史见，又是一般人难以企及的。当然，王安石咏史诗写得最好的，更被人津津乐道的是《明妃曲二首（其一）》：

明妃初出汉宫时，泪湿春风鬓脚垂。低徊顾影无颜色，尚得君王不自持。

归来却怪丹青手，入眼平生几曾有。意态由来画不成，当时枉杀毛延寿。

一去心知更不归，可怜着尽汉宫衣。寄声欲问塞南事，只有年年鸿雁飞。

  家人万里传消息，好在毡城莫相忆。
  君不见咫尺长门闭阿娇，人生失意无南北。

  昭君出塞的故事似乎成了文人创作的母题，历代文人写了不少相关诗文。在这位美丽如花，柔弱似水的汉代宫女身上，似乎寄托了他们太多情思意趣和承负了过重的政治分量，但总结起来不外乎二类，一是由于这位美丽女人的献身，给大汉帝国带来了边防的和平安宁，如"琵琶一曲干戈靖，论到边功是美人。"（郭润玉《明妃》）二是红颜薄命多怨恨，于是把她的"失身异域，制为怨调，列之恨赋"，以表达个人不幸遭遇。在这写得过滥的题材中，如何翻出新意，是考虑诗人史见高低的标准。王安石的《明妃曲二首》从总体来说，虽没有完全跳出红颜薄命的窠臼，但从怨调恨赋中所生发的高见卓识，却迥然别于一般文人，一是将昭君出塞的悲剧，归结画师毛延寿索贿画坏传统说法完全摒弃，认为"意态由来画不成，当时枉杀毛延寿"，那么悲剧的根源何在呢？从"君不见咫尺长门闭阿娇，人生失意无南北"诗句来看，王安石已将批判矛头直指君王了，由于他们的荒淫无耻才造成美丽的摧残，这个美丽在此已不全是女人的容貌，扩而言之，也包含绝代人才的埋没。这正是他别出手眼的新奇之处，因为历代昭君作品，都没有勇气去触动真命天子的神威。二是在此曲第二首诗，描绘了胡人对昭君的盛情欢迎"（明妃）初嫁与胡儿，毡车百辆皆胡姬。"与此鲜明对照的是她在汉宫多年被冷落，于是发出了"汉恩自浅胡自深，人生乐在相知心"的惊天感慨，这种感慨已超越种族畛域，无视华夷有别，君臣有序的严规戒律，"追问人的命运和精神的平等交流"，具有强烈的人生哲理的震撼力。（杨义《中国古代文学图志》，北京生活·读书·新知三联书店，2006年版，第124页）

  这就是政治家的史见与魄力，王安石又在诗中做翻案文章，因此此诗一出，轰传四方，震动文坛。有人说他"意在翻案，故遭弹射不已"（黄生《载酒园诗话》），范冲甚至"比作刘豫，斥为禽兽"。（蔡上翔《王荆公年谱考略》）当然更多的文人如欧阳修、梅尧臣、司马光、曾巩、刘敞等著名诗人都相与赓和。出现了分外热闹的昭君诗文酬唱的文化现象，当然赓和的作品没有一首超逸王安石《明妃曲二首》之上的。

总体来说，无论是政论诗、现实诗，或是咏史诗，宋人的以议论入诗、以文入诗的时代风格充分显现在王安石这类诗中。梁启超说荆公开宋诗一代之风气，启西江派之先河，的确是中肯之语，其议论之高妙，其见识之卓绝，往往在有限的诗体中，荡漾着一种瘦硬雄直的气势，但在诗中议论过多，以散文化的记述过多，就将诗贵含蓄，讲究韵味余味减了几份，虽然这类诗歌骨力是雄健的，但雄健达到瘦硬阶段，形象之灵动与丰满也就缺了几分。

政治家为政治而荣，同时也为政治所累，政治的盔甲穿戴起来固然威武雄壮，但却遮掩了真容本色，缺乏一种天女抛水袖般的灵动，这也许是造成王安石诗歌上述弊病的原因吧，但他一旦被罢相退隐钟山之后，沉重的政治盔甲一朝尽卸，政治也就远离了他，虽然落差与失衡造成了内心之空荡和焦虑之躁动，但大自然清风细雨，山山水水之明媚秀丽却迅速填补他空荡的心灵，抚平了内心的创伤，高深精妙的佛理禅说，又使他精神得到一席安静的休歇之地，过去他是在政治中寻找诗意，未免主尚意气，现在是在自然中开拓诗境，却发现生活之美色更具魅力。他常野服乘驴，任其徜徉行止。"或坐松石之下，或田野耕凿之家，或入寺。随得来尝无书，或乘而诵之，或憩而诵之"。（宋·王巩《续闻见近录》，《说乳》卷50，四库本）于是一首首清俊闲雅风景诗，像叮咚的山泉，从王安石心胸中流淌而出。因此，以熙宁九年（1076）王安石第二次罢相为分界线，其退居江宁十年中，其诗风诗意发生了明显的改变。从诗歌的思想内容来说：关心朝政民瘼的诗已寥寥无几。山水诗闲适淡雅代替了政治诗的浓烈色彩；从艺术视境来说，其诗瘦硬雄直风格也一朝褪尽，而归于水墨画的大写意，细致工巧代替了阔大与高议；讲究诗的技巧与法度，铸冶诗的字与诗眼，追求诗的意境与韵味，具有很高的审美价值，形成了令人叹赏的"荆公体"。所以宋人赵与时《宾退录》会说："（王安石）归蒋山后，乃造精绝，比少作如天渊相绝矣。"如最被人津津乐道的《泊船瓜洲》：

> 京口瓜洲一水间，
> 钟山只隔数重山。
> 春风又绿江南岸，
> 明月何时照我还？

时隔近千年，这首诗至今小娃娃也能背诵得滚瓜烂熟的，由此可见其千古不朽的生命力。其实整首诗写得极为平淡素朴，不用任何典故，不尚华丽辞藻。却被一个"绿"字撑起了千古不朽生命的半边天。王安石经过十几次反复推敲，才挑选出来这"绿"字，是何其好啊：它有着鲜明悦目的色彩感，不但绿了江南岸，也使整首诗充溢盈盈绿意，更给诗人的精神家园带来一片绿色。这个"绿"字又是形容词作使动用法，绿字的动态化，更激活了诗歌灵动鲜活的生命力，使整首诗充满一股青春的元气。于是"绿"字的推敲锤炼成为文学史上锻字炼句的千古佳话。结尾"明月何时照我还"的发问，一是表明时间跳跃，作者白天所看到满眼盈绿江南岸，此时被如水之月光笼罩了；二是推开了思归的情感闸门，乘舟一天的诗人，也被如水的月光勾引出思归的心情，诗人急不可待地要乘月归去了，不仅是回归钟山的半山园，更是回归一片绿色的精神家园。

这种一个字带活整首诗的典故，说明王安石精于锻字炼句的功力。在王安石晚年，诸多诗篇中，甚至达到换一字则不可的地步。如"物华撩我有新诗"之"撩"字，"北山输绿涨横陂"中的"输绿"二字，"日借嫩黄初着柳，雨催新绿稍归田"的"借"字、"催"字。"竹西花草弄春柔"的"弄"字、"柔"字，"踯躅风头挽醉红"的"挽"字，都是出彩生色的字眼。所以《石林诗话》说："荆公晚年诗律尤精严，造语用字，间不容发，然意与言会，言随竟遣，浑然天成，殆不见有牵率排比处"。（叶梦得《石林诗话》，四库本）

王安石不但精于炼字，更精于对偶，如"含风鸭绿粼粼起，弄日鹅黄袅袅垂"（《南浦》）就独具匠心地采用多种修辞手法而组合成极为工整的对仗。"含风"与"弄月"是拟人，风吹绿波，微微泛烂，绿波本是被动的无生命之体，一个"含"字，将绿水微波变为主动，具有人的生命活力，竟然能含风吐浪；"弄日"是指柳条在阳光照耀下来回摆动，一个"弄"字，又将柳条变为主体，竟然像人一样戏弄太阳。"鸭绿"与"鹅黄"用两种家禽的颜色（鸭头的翠柳色和幼鹅的淡黄色），借代性比喻绿水与嫩柳。"粼粼起"与"袅袅垂"，用叠词加动词，摹状了绿水与嫩柳的形态与声响。这是在炼字的基础上锻造出来分外灿烂的极为精严的对仗。其他如"细数落花因坐久，缓寻芳草得归迟"（《北山》）"新霜浦溆绵绵白，薄晚林峦往往青"（《雨花台》）"背人照影无穷柳，隔屋吹香并是梅"等都是广为传诵的对偶诗句。当然，王安石最为典型的令人拍案叫绝的对偶诗句出自于《书湖阴先生壁》诗篇中：

茅檐长扫静无苔，
花木成畦手自栽。
一水护田将绿绕，
两山排闼送青来。

湖阴先生是王安石半山园的邻居与好友。二人趣味与精神的一致性，常常引导王安石来到这个庭院，从茅檐下没有青苔，一畦畦花木成行来看，主人是以积极勤快的态度对待人生，以超尘脱俗的襟怀创造一个干净绿色的庭院，前两句突出了院内的环境的一个"静"字，而院外却是一个迥然有别的分外热闹的世界。作者将无生命的青山绿水人性化了，赋予了极强的生命力而且色彩化了，一水的曲折蜿蜒，护卫着绿色的田畴；两山殷勤推门，奉送逼人的青翠。作者虽不是画家，但对色彩的敏感与领悟力却超过了常人。前面所说："春风又绿江南岸"，是将绿色动态化了。此处的"绿"与"青"，又将视觉感转换成可称可量的触觉感，一个"送青来"，将青色变成要移动的物体，一个"将绿绕"，又将绿色化着可值护卫的宝物。这种通感似的深度直觉，流泻出来的是作者精神与境物瞬间相遇时所产生出一种冰雪聪明的艺术感悟。尤值得称道的是，这种妙不可言的艺术感悟力是在极为工整的，甚至可以说是在鬼斧神工般对偶的形式美中，充分展呈开来的。你看，"一水"对"两山"，"护田"对"排闼"，"将绿绕"对"送青来"，对仗得是何等妥帖，特别是"护田"与"排闼"一对，其实是在用典，"护田"来源于《汉书·西域传》，是说汉朝在西域设有校尉官职，领护屯田事宜；"排闼"也来自于《汉书·樊哙传》，是说汉高祖病卧禁中，不见君臣，樊绘领群臣"排闼直入"。这两个用典为读者提供了多角度视境，熟悉此典者会发出会心一笑，历史旧典在客观景物描绘中，化着了一种崭新的文化意义。陌生此典者，也会了惊妙一叹，客观景物在拟人化的比喻中，升腾起一种旺盛的生命活力。正如钱钟书先生所说："不知道这些字眼和句法的'来历'，并不妨碍我们了解这两句的意义和欣赏描写的生动；我们只认为'护田'与'排闼'是两个比喻，并不是古典，所以这是个比较健康的'用事'例子……，符合中国古代修辞学对于'用事'最高的要求"。（《宋诗选注》，P56）这种化古典以通俗，化艰深以寻常的艺术功力，将这精妙的对偶提供给不同文化层次的读者都能会心欣赏广为传诵的诗句，是这位社稷重臣的政治家，在锻造治国平天下的利剑失败之后，在青山绿水中，将政治智慧转化文采风流的文人大智慧的结晶，这就是广为人称道的"荆公体"的文化含义。

四、曾巩、王安石与欧阳修散文艺术风格比较

欧阳修是一位全才式的人物，不仅是当时文坛盟主，而且又是开一代书卷风流的文学大家和古文运动的领袖，他虽是庐陵人，但临川区的曾巩、王安石在散文创作中受他的影响极为深厚。在数十年交往中，他们多次相见，书信不断，互相交流创作经验，由于这种在文学创作中志同道合的交往，使他们的散文都有一个共同的特色，那就是自然简约，明白晓畅，平易疏放。这个由欧阳修率先提出与践履，并得到曾巩、王安石共同赞同和效法的文学主张，使整个宋代中叶的散文播扬出一股郁郁生气，形成了宋代散文时代风格。所以，欧阳修、曾巩、王安石的散

文，既继承了唐代韩愈、柳宗元散文具有载道言志的社会内容以及精炼凝蓄的传统特点，同时又摈弃了险奇怪涩的通病，使之向通俗平易、自然普及的方向健康发展。

然而欧阳修、王安石、曾巩之所以被奉为散文大家，主要是因为他们的散文有自己独特的艺术风格。如欧阳修以情韵胜，王安石以气势胜，曾巩以说理胜。

欧阳修的散文一直被美称为"六一风神"。即是说，他的散文主要不是表现对客体事物的单纯的模拟和精雕细琢上，而是通过对客体事物的描绘、记叙，用追光蹑影之笔表现出作者内在的气质风貌。这种风格的散文，往往表现出言近旨远、以少胜多的灵感气韵，更具有诗歌的氛围、气质与韵律。因此，他和王安石、曾巩散文相比，更能表现有宋一代散文的美学特征。也就是说，欧阳修的散文，在自然简约的总体风格下，又表现出委婉含蓄而又情韵独至的艺术特色。这正如他自己所说的那样："诗人之意，责之愈切，则其言愈缓"。（《论尹师鲁墓志铭》）无论何种散文样式，表达何种激烈情感，在欧阳修笔下，都能摧刚为柔，而色笑如花。他的笔有如此巨大的神力，仿佛是分洪的闸门，使滔滔不绝、汹涌澎湃的江河，化成缓缓平流汩汩清泉。

王安石的散文有着与人截然不同的风格。作为一个大改革家、政治家、思想家、他的胸襟怀抱，自然非一般文人士子相比。他的理想是要做一个时代的经纶手，清理积贫积弱的宋代社会的经纬。他的思想往往能高视一时，跨越今古，因此表现在散文内容方面是奇思横出，议论超群，往往惊世骇俗。《四部备要书目提要》称其"文章拗折峭深，世以大家目之"。他有种突破羁勒的一往直前的气势美，表现出那种剑拔弩张的紧张之感。它是力量与感情高度凝聚沉淀后的总爆发，具有一种强大的能量和力度，给人一种昂扬飞上的动态感和咄咄逼人的灼热感。这是欧阳修、曾巩的散文所远不能相比的。

然而，曾巩的散文正如《宋史》所云："曾巩立言于欧阳修、王安石间，纡徐而不烦，简奥而不晦，卓然自成一家，可谓难矣！"曾巩一生饱经风雨，三十九岁才中进士，并且官运又不亨通，一直离京外任十余年，久不升迁，以至"世颇谓偃蹇不偶，一时后生辈锋出，巩视之泊如也。"（《宋史本传》）因此，在他的散文中也体现出了一种独立的人格，他把一切都淡化了。什么浓烈的色彩、蓬勃的气势、激烈的节奏，甚至柔媚的情感，在他的笔下难以见到。他冷静得出奇，仿佛是一位睿智的老人，理智公正地评价某一事物，娓娓动听地发表议论。因此，刘熙载的《艺概》说："曾文穷尽事理，其气味尔雅深厚，令人想见硕人之宽。"这话确实很有道理。

现在，我们来探讨这三个散文大家艺术风格的差异性，试析其形成的主要因素。

一是在表情方式方面，欧文表现为"隐"，王文表现为"热"，曾文表现为"冷"。

欧阳修的大部分散文都是有感而发的。它具有丰富的现实内容，而且总是包含着一种主观炽热的情感。但是，他的情感表达总是遵循一个"情贵隐"的原则。他不是直抒胸臆，直致其情，而是欲藏还露，欲说还休，吞吐深浅，情韵独厚。其情蕴于言中，其意妙于言外。即使是"气尽语极，争言竭论"，情感比较激烈的政论文，欧阳修也是委婉道一，不露焦灼之状。如《与高司谏书》就是这样一篇文章。当时刚正不阿的范仲淹，因触怒权贵而被贬，许多正直之人上书论救，但身为谏官的高若讷，非但不谏，反而附庸权势，落井下石，毁谤范仲淹。于是欧阳修写了这封信，对高进行谴责。这本是一篇声色俱厉、感情淋漓的痛斥之文，但是整篇没有一句骂人的刺激性语言。作者只是通过高司谏身为言官而不敢谏，与范仲淹刚正直言形成强烈对比，把对高司谏的愤怒之情，对范仲淹的热爱之意，委婉而从容地表达了出来。

要使情感更为委婉含蓄地表达出来，欧阳修的散文，特别是游记，总是采取一种写景寓情，情景交融的手法。在这一点上，王安石与曾巩是远不如他的。他们就是在游记和景物描写的立意中也不太注重对客观景物的描写，而主要是深得其中的理趣，给人以哲理启迪。如王安石的《游褒禅山记》与曾巩的《墨池记》均是如此。欧阳修对客观景物的描写，不是彩笔浓绘式的倾墨而出，而主要是通过形象体系的多层次探索与充溢感情逐步升华产生一种情景交融的意境。如他著名的《醉翁亭记》，作者采取移步换形的手法，极有层次地描绘出滁州山间朝暮变幻与四时景色。整个画面由远到近，由大到小，最后焦点都集中在醉翁亭上。这样就制造出一种极为浓厚的抒情氛围，使我们不由自主地步入其中，感受到作者敞开的欢乐跳动的心灵，接收到丰富的情感信息：作者是以"乐"为主要情感线索，先写禽鸟之乐，再写游人之乐，最后是太守之乐。这种乐，是乐在山水，乐在美酒，而主要是乐在与民同乐，情感逐步升华，最后聚"大守"之一身。此时，欧阳修大笔一收，以点睛之笔说："太守为谁，庐陵欧阳修也"，文章戛然而止。但欢乐之情已跃于言外，注入人们的心田。

和欧阳修委婉含蓄、不留意脉的表情方式完全相反，王安石散文感情抒发则是赤裸裸地向外倾泻。他无所顾忌，劲气直前，他激情如瀑，任其纵横。情之所钟，爱则爱之极深，恨则恨之极绝，怒则冲冠，喜则欢颜。这种澎湃的情感，造成如霆如雷，浪拍云天的阳刚之美，形成一种不可阻扼的气势。如《祭欧阳文忠公文》有一段赞美欧阳修的文字："如公器质之深厚，智识之高远，而辅以学术之精微，故形于文章，见于议论，豪健俊伟，怪巧瑰琦。其积于中者，浩如江河之停蓄；其发于外者，烂如日星之光辉。其清音幽韵，凄如飘风急雨之骤至；共雄辞闳辩，快如轻车骏马之奔驰"。文字是何等的漂亮，感情是何等的激烈，气势是何等的雄迈！江河日星，轻车快马等，都是在力量与速度上表现为崇高的事物，王安石用它们组成一连串的比喻，真使人目眩心惊，同时也把对欧阳修无限热爱赞美之情，淋漓尽致地表现出来。

王安石这种感情激烈的特点，特别表现在他的政论中。这和曾巩、欧阳修相比，他写得最为出色。他不仅能够站在历史的高度，高屋建瓴地把握现实，表现出深刻的思想内容，而且爱憎分明，理直气壮，具有强烈的战斗精神和磅礴的感情气势。如著名的《答司马谏议书》，就开门见山、旗帜鲜明地指出和司马光政治观点不同，并对司马光说的变法是侵官、生事、征利、拒谏、致怨五条罪名，针锋相对地一一加以批驳，表达了自己坚定不移实行变法的决心和对反对派阻挠变法的极大愤怒。

王安石这种激烈的感情，甚至对于皇上都没有丝毫收敛的迹象，如《上仁宗皇帝言事书》，这洋洋万言文章，自始至终以充沛的感情一以贯之。文章一开头几乎是大声疾呼：大宋王朝处已处在危机四伏的境地："顾内则不能无以社稷为忧，外则不能无惧于夷狄，天下之财力，目以究困，而风俗日以衰坏。四方有志之士，諰諰然常恐天下之久不安。"这种针砭时弊，揭露黑暗的文章，没有极大的勇气和激情是难以成文的。

曾巩的散文在表情方式上却自出机杼。他最缺少王安石那种激情喷涌，所向披靡的战斗精神，倒有点类似欧阳修委婉含蓄的特色。但他把一切情感都净化了，然后进行"冷处理"，再将它溶于说理之中，这种澄净精纯的藏情于理的特点，使他的散文显得平和与清淡，充分地表达了他高远的襟怀。主要原因是，他完全不是一个矫世变俗的政治家，而是一个正统的道道地地的儒学家。以孔孟为代表的儒学，经过长时间的历史演进而形成的传统理性化的心理结构，如伦理观点、道德理想、人格人品，在曾巩身上表现得特别突出。因此，在三人之中，曾巩散文的儒学气味最为深厚。儒学最强调温文尔雅的中和之美。曾巩散文在感情表达上继承了这一特色。如《寄欧阳舍人书》是一篇被人称为"感情真挚有体，在南丰集中应推为千年绝调"的文章。这是曾巩为感谢欧阳修为自己祖父写了墓志铭而致的一封答谢信。他在这篇文章中，做到了感情真挚而郑重有体。也就是说，在赞美之情表达里，不失雍容温雅的儒者风度。作者紧紧抓住"蓄道德而能文章"这通篇命脉的论题进行反复论证、萦纡说理。从千百年来，上至公卿大夫、下至里巷之士均墓志有铭，但传世者甚少以慨叹为起笔，然后围绕这个命题进行仔细阐述，并由衷地对欧阳修进行赞美。真可谓颂而不谄，叙而不乱，明理抒情，兼而有之。达到了如"春蚕吐丝，春山吐云，不使人览而易尽"（沈德潜《评注唐宋八大家古文》）的艺术效果，再如他的代表作《墨池记》也作如是观，一个临川之东的小小墨池，只传说是著名书法家王羲之临池学书的地方，本无史据可考，但王羲之"临池学书，池水尽墨"的刻苦精神，使曾巩油然而生钦佩之情。于是他把这种情意寄托在"学非天成而是精力致之"这个道理中，进行一番即物明理的阐述。因此明理即抒情，议论即生情，正是这篇散文的又一特色。

二是从谋篇布局上来讲，欧、曾文均以结构谨严，纡徐委备而著称。但不同之处是，欧文主要以情感为线索来构成文章的框架，往往使文章显得丰满充实，意悠情长，穆穆有余韵；但情感跌宕动荡，却时时难把握其意脉。曾文则以事理为线索来布置文章的结构，做到事有前后，理有深浅，围绕一事一理，层层展开，往往显得字字有法度，段段有来历，但有时难免情少理多，显露筋骨，而泛于浅近。因此朱熹说："南丰文字说通透，如人会相论底，一齐指摘说尽了。欧公却不尽说，含蓄无尽意"。（王柏《鲁斋集》卷5）这种特点，在一些史论性的文章的谋篇布局上表现得相当充分。

欧阳修《五代史·伶官传序》是一篇史论文章，它通过唐庄宗得而失天下的史实，阐述了"忧劳兴国，逸豫亡身"的道理。文章的结构是"总—分—总"。首先，他以情感色彩极为浓厚的词句提出论点："呜呼！盛衰之理，虽曰天命，岂非人事哉？"然后又以唐庄宗得天下和失天下的事实进行分叙，形成强烈的比照。进而回舒倒卷，进行议论，最后高度概括，得出"祸患常积于忽微，而智勇多困于所溺，岂独伶人也哉！"的结论。这一句含有无限感慨之意。用者旨在说明，像唐庄宗这样逸豫亡身的例子，在历史上屡见不鲜，提醒最高统治者应当引以为戒。特别是以反问句作为结束，情感与意蕴全在其中了。曾巩的《战国策目录序》也是一篇史论文章，但结构布局不同于《五代史·伶官传序》，作者紧紧抓住"盖法者，所以适变也，不必尽同；道也，所以立本也，不可不一"的道理进行阐述。文章结构是"分—总—分"。文中的情感色彩并不浓厚，只是一味地说理叙述，是一篇代圣贤立言的论理文章。

王安石的大部分散文的结构明显不同于欧阳修、曾巩。他的结构特点是善变。在一篇文章中，往往是一波三折、层见叠出。如他的《读孟尝君传》也是一篇史论文章。它紧紧围绕批判世传孟尝君能得士的俗见，来发展文章的轨迹。全文不满百字，却尺幅万里，容纳了一个多变复杂的结构，内含一个震世骇俗的主题，展出了一个广阔无垠的空间。全文只四句，但每一句都是一个转折，每一个转折都涌出一层新意。这和欧阳修、曾巩散文多层次、多段落，进行从容不迫的论述特点大相径庭。他的节奏极快，跳跃性极大，并且环环紧扣，层层进逼，盘旋曲至，显示出了以气势胜的拗折峭深的艺术风格。

三是从语言特色来讲，欧、王、曾文均以文字简洁而著称，这是他们的共同点，但他们也仍有各自的语言特色。欧阳修的散文以情韵胜，这就决定了他的散文语言一般比较华美。曾巩的散文以说理胜，所以他的散文语言非常质朴，洗尽了一切铅华凡艳。许多时候，他是一味地说理，又绝少抒情。这就使他的文章产生一种"典雅有余而文采不足"的疵病。王安石的散文语言，也有同样的毛病。他把文章当作政治斗争的工具，过分重视文学的功利主义价值，而忽视文章要给人以审美快感的特点。所以他深恶痛绝一切粉墨青朱的语言，认为它们虽"鲜缛可爱"，却无关根柢济用。因此，虽然他的文章"篇无余语，语无余字，往往束千百言，十数转于数行中"。（《王荆公年谱考略》）能做到"只下一二语，便可扫却他人数大段"的功效。读他的文章，虽然会为他那种瘦硬通神拗折峭深的风格所惊叹，被他的澎湃气势所震服，但总觉得缺少一种余味。因此，从语言特色来说，曾巩、王安石的散文与欧阳修相比，还是略逊一筹的。当然，作为散文大家来说，他们的作品往往因为年龄、时间、经历、题材、主题等的不同而呈现不同的特色。正是因为它们有共通之处而又独树一帜，才使之立足于文坛而经久不衰，延誉于世。

第三节 曾巩与王安石家族文学

一、曾巩家族文学

我们在前面说过，曾巩生长在书香门第，文学气氛极为浓厚，其祖父曾致尧，其兄弟曾布、曾肇都为进士出身，并以各自的文学创作和不同的艺术风格出现在宋代江西文坛上，形成了独特的曾氏家族文学创作

群体。据统计，其家族文学共绵延八代，直到宋末元初，共出现31位文学家。（详见黎清《宋代家族文学研究》）

曾巩的祖父曾致尧（947—1012），字正臣，太平兴国八年（983）进士，历仕秘书丞、两浙转运使、扬州知州等职。致尧为政能体恤民情，宽民力，免苛税，得到百姓爱戴。他离任寿州时，寿州百姓拦马阻行数日，希望他不要离任。他为人刚直，性格直率，虽官居高位，却清廉正直。对于贪官污吏，勇于秉公执法。他在任两浙转运使时，对于时任谏议大夫魏庠的恶政，进行大胆的揭露，直言上书朝廷，连宋太宗都感到惊讶，说："是敢治魏庠，可畏也！"（欧阳修《曾致尧神道碑》）最终罢免了魏庠。致尧知识渊博，著述丰富，有《仙凫羽翼》30卷、《西陲要纪》20卷、《清边前要》50卷、《广中台志》80卷、《为臣要纪》3卷、《四声韵》5卷，总共188卷，皆刊行于世，惜大多散佚。

致尧散文，能真实反映现实，尤以奏议最著，均系论治乱得失兴坏之言，文风闳深隽美，而长于讽喻，但散佚过多，今人难窥全貌。今《全宋文》仅存四篇，其中《春日至云庄记》一文，描写作者与家人春游云庄之事，却别具一番清新闲适风格："厨人驱羊，仆夫载酒，亦或命酎。境土田亩，人家园林，罔不周览焉。夫前引宾客，后拥儿侄，中载酒肴，而吾与群弟缓辔从容其间，亦太平时幸事耳。"在《齐云院碑》一文中，作者描写南丰军山和齐云院，也时有佳句出现，如写军山，"高万余仞，翠压五岳，根盘万里，奇峰怪石，灵草异药，罔不在焉"。如描写齐云院，"堂深则晓蓄风云，檐峻则夜碍星斗"都是可圈可点的句子。

相对而言，致尧的诗歌文学价值更高，他作诗特别讲究音韵的抑扬顿挫，并且颇有心得。同时，也将自己的心得传授给门人。陆游《老学庵笔记》卷5云："李虚己侍郎，字公受，少从先达学作诗，后与曾致尧倡酬。曾每曰：'公受之诗虽工，恨哑耳。'虚己初未悟，久乃造人。以其法授晏元献，元献授二宋，自是遂不传。然江西诸人，每谓五言第三字，七言第五字要响，亦此意也。"由此可见，曾致尧作诗的经验，对宋代江西诗人有极深的影响。他自己的诗歌用语一般朴实无华，不多用典，但写得清新隽永，情趣横生。如《崇觉寺》："水深花影地莓苔，春色烘人若不开。走报鸰原无别事，远将歌管酒壶来。"短短四句，明丽简洁，却将人们欢庆新春到来，那喜悦之情表现得极为酣畅淋漓。那春天暖烘烘的气息仿佛在歌弦管乐中，在晶莹的酒杯中，腾腾升起，迎面扑来，好一幅新春明丽的图画。

致尧的诗歌尤擅长状物绘景，他善于即景生情中去发掘山水风物潜在诗意和丰富的内涵，准确细致地道出当前景物的曲折情状。用语虽朴实，浅显易懂，但却是在千锤百炼的锻字铸句后，返璞归真去呈现一种别具风味的淡雅诗境。如《题刘居士江楼》诗：

刘八江楼雅，诗家不易言。春风花对岸，夜月水当轩。帘卷青山入，窗开白浪翻。画来须妙手，梦去亦清魂。吟称云初满，登宜雪正繁。鱼龙惯灯火，鸥鹭识琴樽。波动檐摇影，潮回砌露痕。势雄邻碧落，景好怕黄昏。未许凡踪到，宁教俗态存。主要凭槛处，寥廓共谁论。

这首被曾肇誉为"当年太史谪仙翁，笔落江楼气吐虹"世称名笔之诗，的确出笔不凡。他把"诗家不易言"的江楼景致，描绘得极有声色。纵观全篇，议论抒景与写情状物有机结合在一起，议论则简要精当，笔无虚发。如起笔"刘八江楼雅，诗家不易言"虽是平常之言，但为全诗作了一个铺垫，说明状摹江楼之景之难，因而反衬诗人描绘景物具有深厚的功力。诗中绘景则声情并茂。语言求精而不务雕琢，求美而不流浮艳。如"春风花对岸，夜月水当轩""帘卷青山人，窗开白浪翻""波动檐摇影，潮回砌露痕"，语言虽很平常，但却造就了十分壮美的诗的意境。特别是"帘卷青山入，窗开白浪翻"两句，一句之中，出现两个动词，富有动态感，真是意象飞动，满篇生色，的确是"世称名笔"的佳作。

曾布（1036—1107），字子宣，仁宗嘉祐二年（1057）与兄曾巩同登进士第。历任集贤院校理、翰林学士等职。曾积极参与王安石变法，与吕惠卿等人共同创青苗、助役、保甲、农田之法，后因与王安石、吕惠卿意见不合，长期贬官在外。哲宗时召为翰林学士承旨，知枢密院。

徽宗立，任右仆射，独当国政。后因与蔡京政见不合，屡被放逐。徽宗大观元年（1107）卒于润州。有《曾公遗录》残卷行世。

曾布不以诗文名世，其所作大多已散佚。《全宋诗》仅录其诗十首。其中像"晓出东郊信马蹄，青梅墙角两三枝。竹鸡啼罢雨来急。杜宇声干月落迟。山店煮烟缫丝日，野田锄水插秧时。农桑劝课非无力，为报新安太守知。"描写诗人早晨信马由缰郊游，所见农村景色，写得清秀淡雅，饶有情趣。特别是《梅花》一诗，是他所存诗中写得最好的一首："海边憔悴多情客，想见一枝寒玉色。愿君攀折赠余香，勿使随风自狼藉。"这首托物言志之作，很明显是诗人以梅花自况。作者是位极有政治抱负的人，位至宰相之尊，在北宋政坛上也是一位风云际会角色，但官场上互相倾轧，也使他数次贬谪。于是这位被贬"海边憔悴多情客"与飞雪迎春中，独放冷香、无人赏识的梅花亦有息息相通之感。"愿君攀折赠余香，勿使随风自狼藉"，更是诗人心底切切期望，希望有朝一日又得君王赏识，而重返政坛，全诗写得含蓄蕴藉，不着一个"梅"字，但通篇是写梅花。以梅花自喻，以梅言志，婉转言情，自得风流。

曾布的词今仅存八首，其中《水调歌头》七首，均记魏游侠儿冯燕之故事。词是抒情之作，以词演义故事，这在词坛中也是罕见的。曾布的文章，《全宋文》辑录三卷，中多奏议制表之作，文学价值不是很高。其中《议立新法疏》说："陛下以不世出之资，登延硕学业远识之臣，思大有为于天下，而大臣玩令，倡之于上，小臣横议，和之于下。人人窥伺间识，巧言丑底诋，以哗众罔上，是劝阻之术未明，面威福之用未果也。陛下诚推赤心以待遇君子而厉其气，奋威断以屏小人而消其萌，使四方晓然皆知主不可抗，法不可侮，则何为而可，何欲而不成哉？"反映了当时变法的艰难，表达曾布变法的决心，语词简洁明了，是一篇珍贵的有关变法的文献。

魏夫人，名玩，字汝玉，湖北襄阳人，文学家魏泰之姐，因嫁与曾布为妻，故占籍江西南丰。曾布曾为宰相，因此她被封为鲁国夫人，人称魏夫人。魏夫人自幼博览群书，工于诗。陆游《老学庵笔记》卷 7 记载她曾以诗戏曾布，说："曾子宣丞相，元丰间帅庆州，未至，召还；

至陕府,复还庆州,往来潼关。夫人魏氏作诗戏丞相曰:'使君自为君恩厚,不是区区爱华山。'"虽为伉俪相谐之语,但在轻松之中,着实透露出贵夫人一丝独守空房之无奈。

魏夫人以词名于世,朱熹曾把她和南宋著名词人李清照相提并论:"本朝妇人能文者,唯魏夫人及李易安二人而已。"(《词林记事》卷19)虽然魏夫人和李清照同为大家闺秀,词作均以婉约抒情著称,但在反映生活的深度和广度,特别是以一己凄凉之晚景,表达亡国之痛方面,魏夫人远不及李清照。魏夫人生于北宋承平之时,其生活因丈夫仕途升迁沉浮而屡有波折,但大体安适闲逸,相夫教子式的贤妻良母的生活是她一生的轨迹。但在这种生活的范畴里,她却把闺阁之妇的悲欢离合之情描绘得极为细致酣畅,在北宋女词人中,她当然是佼佼者。请看她的代表作《菩萨蛮》:

溪山掩映斜阳里,楼台影动鸳鸯起。隔岸两三家,出墙红杏花。绿杨堤下路,早晚溪边去。三见柳絮飞,离人犹未归。

这是首写离情、怀良人之作,上阕是写春景,远处青山,在一脉斜晖的映照中时隐时现。近处的清清溪水,在春风中泛着涟漪。岩畔的楼台影子倒映在水中,随风晃动,惊动了对对相戏鸳鸯。隔岸人家里,红杏出墙,绽放出妖艳的姿影,好一派艳丽春光。下阕转入抒情。那绿杨掩映的溪堤之路,每日早晚只见一位贵夫人在那儿徘徊。三年了,春去春回,三见柳絮飘飞,但宦游的丈夫却迟迟未能回归。这首充满诗情画意之词,写得极为含蓄蕴藉。上阕写景是何等的艳丽,下阕写人又是何等的凄苦。情与景、景与人,两两对照,一乐一悲,一正一反,形成巨大的反差,离情别恨也在这种反照中显得更加婉曲绵绵。真是以乐景写哀情,倍增其哀矣。"离人犹未归"是全词最后一句,更是全词的主旨和重心,所有的描写都是突现这一句词,全词在情结最深处作结,当然更有极强的感染力。这是作者独具匠心的艺术功力的表现,更是女词人自己切身感受,丈夫曾布长期宦游在外,天南海北奔走,当然就是苦了独守空房的妻子。如前面所述,"使君自为君恩厚,不是区区爱华山"是魏夫人在诙谐相戏中,表达对丈夫宦游不归的无奈的话,那么这一首词却是将这种无奈之情,化着一溪春水,漫天柳絮,既深沉又缠绵。这不是苦思之后的高声呐喊,而是苦念之中的淙淙细语。将那温柔纯厚之情感,在雅正之间中表现得极有分寸。

魏夫人的词大多是表现闺怨之情的,在狭窄的生活空间里,女词人的生花妙笔却将那似水柔情表现得极为清圆流转,细致幽雅,无丝毫雕镂痕迹。如"雨后晓轻寒,花外早莺啼歇。愁听隔溪残漏,正一声凄咽。不堪西望去程赊,离肠万回结,不似海棠阴下,按凉州时节"。(《好事近》)全首词流露出对离别人的哀怨,给人如梦似幻的伤痛之情。"西楼明月,掩映梨花千树雪,楼上人归,愁听江城一雁飞"。(《减字木兰花》)"夕阳楼外落花飞,晴空碧四垂,去帆回首已天涯,孤烟卷翠微"。(《阮郎归》)将那愁思百结之情,寓托于景物的描绘中,写得隽雅含蓄。

如果上面所述闺怨之词,是用含蓄的笔法表现温柔敦厚传统女性的离愁别恨的话,那么魏夫人下面两首同样题材的词,却别具一格:

别郎容易见郎难,几何般?懒临鸾。憔悴容仪,陡觉缕衣宽。门外红梅将谢也,谁信道,不曾看?

晓妆楼上望长安,怯轻寒。莫凭栏,嫌怕东风,吹恨上眉端。为报归期须及早,休误妾,一春闲。(《江城子》)

灯花耿耿漏迟迟,人别后,夜凉时。西风潇洒梦初回,谁念我,就单枕,皱双眉。

锦屏绣幌与秋期,肠欲断,泪偷垂,月明还以小窗西。我恨你,我忆你,你争知。(《系裙腰》)

在这二首词里,女词人尽脱浓艳脂粉之气,更不追求镂金错彩雕饰,一扫婉约绮丽之风,以一种罕见的大胆直率,明白如话地直抒胸臆,将那刻骨之爱,铭心之情,千般愁思,万种离情,赤裸裸地全盘托出,使人感到一种热辣辣的气息。特别是"休误妾，一春闲"，"我恨你，我忆你，你争知"等句，全然没有典雅风格，完全口语化，很明显是受民间乐府词的影响，具有明快简洁的民歌风味。这种不避俚俗，以浅显自然的口语入词的手法，使这两首词自成一格，使人耳目一新，在宋词中也是不可多得的作品。

曾肇（1047—1107），字子开，曾巩的幼弟，治平四年（1067）进士。为官四十余年，事英宗、神宗、哲宗、徽宗四朝。历任吏、户、礼、刑部侍郎，两为中书舍人，在十四州任过地方官，曾参与《九域志》《神宗实录》《国朝会要》等书的编修工作。著有《曲阜集》四十卷，以及《奏议》《西掖集》等书共百余卷，但多已散佚，今仅存《曲阜集》四卷。

曾肇的诗歌（包括残句）今仅存四十余首（见《全宋诗》）。就所存诗来看，大多为咏物怀友之作。如写欧阳修"万壑千岩花草香，醉翁此地昔徘徊。不离燕雀知鸿鹄，但见鸱枭笑凤凰。平日声名追屈贾，暮年勋业佐虞唐。神清洞府今何处，故事空留楚天傍。"（《二贤堂》）很明显可以看出是从其兄赞美欧阳修诗"先生鸾凤姿，未免燕雀猜，飞鸣失其所，徘徊此山隈"（《游琅琊山》）中衍化而来，但对欧阳修崇敬之情，显得真实自然，曾肇写了许多咏物诗，如《凌霄花》《紫薇花》《灵寿木》《龙眼》等。这些咏物诗大多写得平易自然，不追求深奥的哲理，如《詹卜花》："林兰擅孤芳，性与凡木同。不受雪霰侵，自是中和气。欲知清净身，即此林间是。"赞美詹卜花的孤芳高洁的本性，文辞不求华丽，近于口语。曾肇《出门寄家》一诗是写离别之情的，生动形象，堪称他的代表作：

出门日日念归期，恐过归期未得归。画角数声来别浦，孤帆一点背斜晖。行逢山树秋前落，坐见江云水上飞。尽是南人好风景，客心惊此却依依。

起首两句立意，然后统起全篇，表达诗人刚一出门就念家的心情，中间四句写景：画角数声，孤帆一点，山树秋落，呈现一派寥廓江天秋万里的情景。"坐见江云水上飞"表现行船速度飞快，也就是随着时间推移，诗人离家越来越远了，这和诗人希望早日归家的心情形成巨大的矛盾。所以很自然地有了结尾两句抒怀的议论，而对如此美好的江南秋景，诗人却无心欣赏，一想到离家越来越远了，心情就分外沉重。全诗情景结合，十分真切地描绘出游子对家乡思念之情。其中"背斜阳"是全诗警策之句。"孤帆一点"写出了江天浩茫寥廓之状，一个"背斜阳"之"背"字，不仅写出了夕阳斜照之景，更给人一种沉甸甸的感觉，与诗人离家惜别之沉重心情相契，使整首诗意象生动飞扬起来。

曾肇的散文一如其兄的一样，以宣扬儒学之道为己任。《四库总目提要》认为其散文"虽深厚不及其兄巩，而渊懿温纯，犹能不失家法"。可见其散文风格与曾巩相近，表现一种"言直而温，语曲而瞻"（《曾文昭公集》序）的艺术风格。作为散文体裁来说，曾肇的奏议留存于世的比较多，写得也比较好。曹丕《典论论文》说："奏议宜雅"，曾肇的奏议正体现了这种雅正的文风。如曾肇曾为谏官王觌因上书言及本朝大臣而削职一事，写了一篇奏议，其中说："陛下寄腹心于大臣，寄耳目于台谏，二者相须，不可缺一。今觌一言论通及执政，即去之，是何异爱腹心而涂耳目？岂不殆哉！"（《上哲宗皇帝缴王觌外任词头》）简短几句，不仅说理温雅平正，绵密周详，而且不失儒家温柔敦厚之旨。哲宗看了之后，觉得很有道理，所以王觌不但没有被罢职，反而官加直龙图阁。

除上述曾氏家族文学成员外，如曾巩的伯父曾易简、父亲曾易占，曾巩的长兄曾晔、曾巩弟曾宰、曾巩从弟曾阜、曾巩侄曾觉、曾布四子曾纡、曾肇四子曾统与七子曾续和幼子曾繐、曾阜长子曾纮与次子曾绎、曾肇孙曾协、曾布孙曾惇、曾阜孙曾思、曾宰孙曾晦之、曾宰曾孙曾季貍、曾宰五世孙曾极等均以文学名世，他们或多或少都有诗文留存下来。其中尤以曾纡、曾协、曾惇、曾季貍、曾极最为著名。

曾纡（1073—1070），字公衮，一作公卷，晚自号空青老人，曾布第四子。初以荫补官，绍圣中坐党籍贬零陵。建炎中，为两浙转运副使，绍兴二年（1132），除直显谟阁，历知抚、信、衢三州，官终直宝文阁。

善词翰，工书法，其所著《南游记旧》一卷为笔记小说著作。《直斋书录解题》卷11小说家类已著录。原书已佚，涵芬楼《说郛》本收录十一条，署"鲁纡"，重编《说郛》据以收录，署"曾纡"，均误，字形相近故也。现存佚文，记北宋时君臣遗闻，或有小说故事。如记王安石以次女适蔡卞，奢侈已极，被神宗责问事，可见豪族贵盛之风。又记曾巩病中，王安石探视云及蔡京，不无揶揄，可见政客间排抑之状。所记多生动有趣。另所著《空青遗文》十卷为诗文集。孙觌《鸿庆居士集》卷30《曾公卷文集序》曰："公文章固守家法，而学诗以母夫人鲁国魏氏为师。句法清丽，绝去刀尺，有古诗之风。黄鲁直迁宜州，道出零陵，得公《江越》《书事》二小诗，书团扇上，诸诗人莫能辩也。"可知其诗文艺术感染力。又云："公中子忻，奉议郎兴化军通判，集公诗文为十卷，诒书老友孙某为之序。"宋马廷鸾《碧梧玩芳集》卷12《曾空青文集序》中云："有集藏于家，余方谋传抄，而公之诸孙今广德郡侯太博公寄余新刊集本，且征言焉。"又云"今其遗文，如鲁殿秦碑，见者珍惜"，可知其集初由其中子曾忻所编，名为《曾公卷文集》。南宋末年，曾氏后裔曾刻其集，名《曾空青文集》。其书已佚，今《全宋诗》收录其诗十首，残诗四首。《全宋诗订补》辑补诗一首。《全宋文》收录其文十篇。《全宋词》收录其词九首。为目前仅存诗文。

曾协（1116—1173），字同季，号云庄，曾肇孙，曾繐子。绍兴中，举进士不第，以世赏得官。初为长兴丞，迁嵊县丞，继为镇江通判，迁临安通判。孝宗乾道九年（1173）知永州卒。有《云庄集》五卷，为诗文集。《千顷堂书目》卷29已著录，题为二十卷，清修《四库全书》时，云已佚，四库馆臣从《永乐大典》辑出，厘为五卷，究其诗，源出苏轼、陈与义；其文颇雅饬有法，有唐人遗韵；其赋语词伟丽，颇具大家风范，尤以《宾对赋》为集中巨篇，但夸张过分，《四库全书总目》称"夸大其词，有以文偏安之陋"。今《全宋诗》收录其诗二百零九首，其中新辑集外诗三首。《全宋文》收录其文五十五篇，其中新辑佚文五篇。《全宋词》第2册第1356页收录其词十四首。

曾惇，字钦（宏）父，曾纡子。高宗绍兴三年（1133）官太府寺丞，十二年知黄州，十四年知台州，十八年知镇江府，二十六年知光州。其所撰《曾纮父诗词》一卷，《直斋书录解题》卷20已著录，并云为曾惇知台州时所作。今其集不见。《全宋诗》收录其诗四十首，残诗五首。《全宋文》收录其文三篇。《全宋词》收录其词六首。《全宋词补辑》收录其词一首。宋曹勋《送曾纮父还朝》诗云："诗源正嗣江西派，句律先空冀北群。从此金门玉堂去，持归词禁启吾君。"可见其诗有江西诗派诗风。曾惇尤以词名，谢伋《曾使君新词序》云：其"词播在乐府，下至流传平康，诸曲皆习歌之，以是乐府尤著。盖识其小者，轻千金重然诺，夸承平公子之豪；而见其大者，英妙卓绝，可继门户钟鼎之盛"。

曾季狸（1120—约1177），字裘父，号艇斋，曾巩弟曾宰之曾孙。尝举进士不第，终身不仕。多与江西诗派人物徐俯、韩子苍游，又与朱熹、陆游相交，有声于乾道、淳熙间。诗于吕本中为宗，与黎道华、谢逸以诗名世，并称为临川三隐。撰有《艇斋杂著》《艇斋小集》《艇斋诗话》。宋人陈思编《两宋名贤小集》，以《艇斋小集》名，仅收录其诗二十三首。今《全宋诗》收录其诗三十一首，残诗七首。《全宋诗订补》辑补其诗四首。季狸诗近江西诗派，陆游对其诗评价甚高："感激悲伤，忧时悯己，托情寓物，使人读之，至于太息流涕，固难矣。至于安时处顺，超然事外，不矜不挫，不诬不怼，发为文辞，冲澹简远，读之者遗声利，冥得丧，如见东郭顺子，悠然意消，岂不又难哉。如吾临川曾裘父之诗，其殆庶几于是乎？"曾季狸另撰有《艇斋诗话》一卷，为诗歌评论专著。作于绍兴二十六年（1150）前后，有一卷三百多条，多记录江西诗派诗人的诗文逸事，对杜甫、苏轼、黄庭坚、韩驹、吕本中、徐俯评论尤多，是研究江西诗派重要参考文献。又撰有《艇斋师友尺牍》两卷，为书信集。《艇斋杂著》一卷，为文集。但均已佚失，今亦不见其佚文传世。《全宋文》仅载《李殿撰浩行状》《读许右丞哀辞》文两篇。

曾极，字景初，号云巢。曾宰五世孙，曾滂子。布衣终生。撰有《舂陵小雅》，已佚。今存《金陵百咏》一卷，为诗集。《千顷堂书目》卷29已著录。此集为作者游金陵时，咏怀古迹而作，皆七言绝句，凡一百首（实际九十五首）。故称百咏。多为抒情感怀，词旨悲壮，淋漓感慨，多寓乱世之感，有磊落不羁之气，不徒以模山范水为工。如《古龙屏风》一首云："乘云游雾过江东，绘事当年笑叶公。可恨横空千丈势，翦裁今入小屏风。"是说南渡时，高宗所携宣和旧物已坏烂，宫官惜之，剪裁成屏风，立于殿上之事，词中所含偏安一隅之讽喻，所寓黍离之感，不言自明。由此激怒了权臣史弥远而煅成诗案，曾极遭遇流放之罪，最终卒于流放之地。故罗椅云："不知景建是何肺腑，能办此等恼人语于千载下。"可见《金陵百咏》影响之大。朱熹《答曾景建》信中说其："文词通畅，笔力快健，蔚然有先世遗法。……所示佳篇，句法高简，亦非世俗所及，然愤世太过，恐非逊言之道。千万谨之，尤所愿望。"结果不幸言中了。今《全宋诗》收录其诗一百二十三首。《全宋诗订补》辑补其诗二首。

二、王安石家族文学

在今江西抚州地区，曾巩家族与王安石家不仅有姻亲关系，而且以孝友治家，成为封建社会典范性家族。曾巩在父母双亡后，倾其全力，支撑这个艰难的家族。奉养继母，抚养弟妹，使曾氏家族走向兴盛，不仅有五十多人成为进士，更以文学家族名著于世。王安石家族亦是如此，王安石十七岁而孤，幸亏他二十二岁就走入仕途，以俸禄奉养祖母、母亲、寡嫂及弟妹，看王安石集，其与弟安礼、安国唱和诗极多，可见他们兄弟的关系非常融洽。所以梁启超在《王安石评传》会赞叹道："荆公以孝友闻于时，其家庭，实可为家庭之模范者也。"与曾氏家族一样，不仅进士盈门，而且以文学家族名世。

其家族文学的发源，应该从王安石父亲王益说起，王益（993—1038），字损之。年十七，即以文章得张咏赏识，为其改字舜良。真宗祥符八年（1015）中进士，曾任建安主簿，改殿中丞，后历知新繁、韶州、临川等州县，史称"能吏"。王益早年即以文名知于世，惜其四十六岁英年早逝，诗文多不传。据王安石《先大夫集序》记载，王益有"歌诗百余篇",曾编选成集存世,至今也失传。今《全宋诗》仅录其诗五首,思想性与艺术性一般,但屡有为人眼睛一亮的警句出现。如"云气昼闲侵尘柄,薜痕春老上铜瓶"(《和梅公仪留题重光寺罗汉院曾宪上人》),不仅对仗工整,寥寥两句,却道尽了寺院的荒凉与寂寞。"石发雨梳鸡苑寂,风梭春织鹫山凉"(《和梅公仪新繁县显曜县》)将春雨喻梳,梳理崖石上的如发的草木;将春风当梭,织成鹫山的分外凉爽的春景。比喻奇特又极为形象,真沁人心脾。又如"山光远如画,秋色老于人"(《灵公》)以人之苍老喻秋之憔悴,秋色就人性化了,悲秋之情亦油然升起,具有一种难以言说的沧桑感。

相较而言,《全宋词》虽仅存王益《诉衷情》词一首,但却写得较有特色,"烧残绛蜡泪成痕,街鼓报黄昏。碧云又阻来信,廊上月侵门。愁永夜,拂香拭,待谁温。梦兰憔悴,掷果凄凉,两处销魂。"没想到一向以不惧权贵,刚直不屈,忠于职守的能吏著称的王益,也在词的文学范式中,放驰了心情,将一个相思之离愁别情写得风情万种,颇有南唐词风的余绪,所以王安石听人们议其父其词,也赶快离席而逃,这不是笔者杜撰,其事见于吴曾《能改斋漫录》卷17:"晁以道云:杜安世词:'烧残绛蜡泪成痕,街鼓报黄昏。'或讥其黄昏未到,焉得烧残绛烛?或云:'王荆公父益都官所作,曾有人以此问之,答曰:'重檐邃屋,帘幕拥密,不到夜已可燃烛矣。'韩魏公以此赏杜公,杜云:'乃王益作'。荆公时在坐,闻语离席。"可见该词在文人士大夫中产生了一定影响。

王益曾生七子,名安仁、安道、安石、安国、安世、安礼、安上。其中安仁、安道为徐氏所生,为安石之兄,从王安石以下五子均为吴氏所生。七子大都有功名,多以文学名世。王安仁(1015—1051)字常甫,皇祐元年(1049)中进士下科,曾任宣州司户参军等职,惜以三十七岁年华早逝。由于父亲王益早逝,长兄如父,王安仁虽比王安石大七岁,却成了王家的顶梁柱,他对王安石诸弟照顾有加,故王安石对这位同父异母的长兄,感情至深。王安石诗集中有多首诗是写给安仁长兄的,其中《宣州府君丧过金陵》诗云:"百年难尽此身悲,眼入春风只泫洟。

花发鸟啼皆有思，忍寻棠棣脊令诗。"这是安石赴安仁亡兄丧事时所作，感情之真挚与深厚，真是"令人读之而有余悲"。王安仁曾刻苦自学二十年，学问渊博，庆历年间，江淮人士趋之若鹜，争以为师。王安仁亦善文学，王安石在安仁亡后，曾为其编定文集十五卷，并在王安仁《墓志铭》中说："先生之道德蓄于身而施于家，不博见于天下；文章名于世，特以应世之须尔"。（王安石《亡兄王常甫墓志铭》，《临川文集》卷96，四库本）可见王安仁的文章内容以切中时事实际为主，并名扬于当世，惜其诗文今不存，我们也无法评说。

王安石二兄王安道（约1017—1052）（其生卒年考证详见汤江浩《北宋临川王氏家族及文学考论》，第61页），也为徐氏所生，其字仁甫，《三公王氏族谱》曾说他任衡州军司法参军兼衡州州学教授。并说他"善属文，精于琴"，可见其文学音乐都颇有造诣。其诗文今亦不传。

王安石幼弟王安上（1037—1103）字纯甫，与王安石同为吴氏所出。熙宁八年（1075）为右赞善大夫，权发遣度支判官，权三司使。晚年管勾江宁府集禧观。王安上亦有诗才，《全宋诗》曾辑有他的诗及残句三首，另据《舆地纪胜》卷48，曾载有王安上《历溪》诗，云："泠泠一带清溪水。远远来穿历阳市。涓涓出自碧湖中，流入楚江烟雾里。"为《全宋诗》所未录。王安石的集子，有许多与王安上互相唱和的诗，但王安上此类诗却一首不存，可知王安上的诗歌散佚不少。王安石《寄阙下诸父兄兼示平父兄弟》诗中说："父兄为学众人知，小弟文章亦自奇"，可见王安石对小弟王安上的文章是极其称赏的。当然就现残存的诗歌来说，其艺术性也仅一般，其文学成就远不及王安石。下面介绍王安国和王安礼。

王安国（1036—1076）字平甫，王益第四子，王安石同母长弟。熙宁元年（1068）赐进士及第，历任西京国子教授，崇文院校书，秘阁校理等职。王安国是一位早慧的文学天才。他十一岁时（一云十三岁）以亲归故里临川，经洪州，登滕王阁，浏览唐以来题滕王阁诗百余篇，觉得皆类世俗气，不足矜爱，故赋诗一首，榜于阁之西楹：

> 滕王平昔好追游，高阁依然枕碧流。
> 胜地几经兴废事，夕阳偏照古今愁。
> 城中树密千家市，天际人归一叶舟。
> 极目沧波吟不尽，西山重叠乱云浮。

此诗一出，惊动历代不少文人，它在历代咏滕王阁诗中不能说拔得头筹，至少也是第一流的作品。如果说此诗意境之阔大，是这位少年才俊指点江山，激扬文字中，以一股青春锐气铸就的话，那么诗中所体现厚重历史沧桑感，又岂是一位十一岁宁馨儿所能领悟到的呢？这诗好亦好在这里，奇也奇在这里。难怪此诗赋就之后"郡守张候见而异之。为启宴张乐于其上"。（何汶《竹庄诗话》卷16）当然更奇怪的尚在后面。王安石《平甫墓志》说："自艸角未尝从人受学，操笔为戏，文皆成理。年十二，出其所为铭诗赋论数十篇，观者惊焉。自是遂以文学为一时贤士大夫誉叹。盖于书无所不读，于词无所不功。"这并不是王安石的王婆自道，曾巩《王平甫文集序》也说："平甫自少已杰然以材高见于世。为文思若决河，语出惊人，一时争传诵之"。如果说，曾巩之妹为王安国的夫人，他对王安国的评价，有溢亲之美，尚不足凭信的话，那么我们再看下面诸位名人的评价：一向以慧眼识才著称的欧阳修，当得知王安国应试落第时，写了一首《送王平甫下第》诗，中云："自惭知子不能荐，白首胡为侍从官。"表达了对王安国才学的赏识，并对落第表示深深遗憾。陈师道《题王平甫贴》云："可恨此朝无此老，却嫌晚进不同生，足知落笔千言疾，尚想挥毫一坐倾。"苏轼《和王游二首》也称赏王游父亲王安国"异时长怪谪仙人，舌有风雷笔有神。"这些诗歌都是称赞王安国具有文思敏捷，笔走风雷，文若决河泉涌的才华。正因为王安国是文人才子典型，故宋人众多笔记亦将艺术化了，说他诗名远播域外，高丽使者入宋苦寻其诗，又说他才名惊动了天上仙班，其卒后亦升仙而去。虽为荒诞，但王安国以文学才子之名见称于世，是铁的事实。这又回到我们前面所做出一个论断：江西宋代文化一个地域特色是临川多才子，而且多出早慧的文化才子。江西临川人王安国就是一个鲜明例子。

虽然，王安国以文学才子名著一世，但留下的文学作品并不多。曾巩云其有文集一百卷，王安石却说其"有文集六十卷"，《宋史·艺文志》载："《王安国文集》六十卷，又《序言》八卷，'但留于今'。"据对《全宋诗》《全宋文》《全宋词》，其诗连残句算在一起仅62首，文19篇，词三首。可见其作品散佚甚多。就其现存的文学作品，我们很难对他的文学风格做出全面的评价。但当时看过他的一百卷诗文集的曾巩，对其诗文风格有一个总体评价："其文闳富典重，其诗博而深矣"。（《平甫文集序》）吴处厚《青箱杂记》卷5说："本朝夏英公亦尝以文章谒盛文肃，文肃曰：'子文章有馆阁气，异日必显。'……王安国常语余曰：'文章格阁调，须是官样。'岂安国言官样，亦谓有馆阁气耶？"又南宋方回在《瀛奎律髓》卷一说王安国"诗佳者不可胜算，而富于风月"。笔者觉得以上三种评价有某种一致性。宋代馆阁是当时国家图书馆代称，主要包括昭文馆、史馆、集贤院、秘阁等，而以各馆阁设立的馆阁之官职，成为宋代文人孜孜以求的目标。馆阁之职不仅清显贵要，能"跃身入三馆，烂日阅四库"（《景宫送孙何入史馆》，《宋诗钞》，第8页），整日与图书文献打交道，在学问上能得到迅速提高，而且成为入仕文人飞黄腾达的终南捷径和高级跳板。据统计，宋代太宗时期50%，仁宗时期的70%，英宗时期的67%，神宗时期的85%的执宰大臣均来源于馆职人员。正如欧阳修所说："自祖宗以来，所用两府大臣多矣。其间名臣贤相出于馆阁者十常八九也。"（《又论馆阁取士札子》，《欧阳文忠全集》，卷114）宋代江西许多文化名人如在王安国之前的晏殊，与王安国同时代的欧阳修、王安石、曾巩、刘敞，以及王安礼，在王安国之后的黄庭坚等都曾任馆阁之职。王安国本人也多次任馆职，如崇文院校书、秘阁校理等。

因此，所谓"馆阁之气"和"文章"格调须是官样，在文学作品的思想内容上体现的是入仕文人群体揽治天下的雄心壮气；在艺术上洋溢的是一种浓郁的书卷风流之气和典雅富丽的风格。其峨冠博带官样化的风范和高雅化的趣味，表明其文化空间不属于山林草野，而在于廊庙台阁。所以他们的诗文多以光霁日月的温润清丽见长，亦少了几份凄苦哀怨憔悴之情。王安国诗风文骨正是如此。请看他的《杭州呈胜之》诗：

> 游览须知此地佳，纷纷人物敌京华。
> 林峦腊雪千家水，城廓春风二月花。
> 彩舫笙歌吹落日，画楼灯烛映残霞。
> 如君援笔宜摹写，付与尘埃北客夸。

这是描叙暮冬春初杭州胜景之诗，一句"纷纷人物敌京华"的议论，显现了南方都市旺盛人气可与北方政治首都汴京媲美。作者又借用"千家水""二月花""彩舫笙歌""画楼灯烛"等自然与社会的典型物象，组合推拥出杭州一派繁华，但这种繁华并不是金缕玉缀的浓艳，经过作者白描式的大写意，过滤了金玉锦绣的浓烈色彩，"腊雪千家水"与"春风二月花"是杭州清淡二组图景，而"彩舫笙歌吹落日"与"画楼灯烛映残霞"又是杭州艳丽的二组图画，清与丽的组合，不仅完全勾勒出杭州性的繁华城市风韵，也十分透彻地表现出王安国诗歌清丽的艺术风格。再看王安国《清平乐·晚春》词：

> 留春不住，费尽莺儿语。满地残红宫锦污，昨夜南园风雨。
> 小怜初上琵琶，晓来思绕天涯，不肯画堂朱户，春风自在梨花。

人说诗庄词媚，词是文人放纵心情的文化空间，易走入男女狎昵的俗态和华艳藻丽的魔界。王安国这首惜春词却写得委婉含蓄，透露出一股清丽新风。词的上片四句是写残春景象，其叙事结构颇为特异，作者将时空结构与因果关系倒置，起首两句是写今晨莺语殷勤留春，却挽留不住春光逝去的脚步。其原因是昨夜南国骤雨急风，摧残树上的红花狼藉成泥。这种倒置突兀牵连出作者的时间意识与生命意识，在时间意识与生命对撞中，叩响出作者春光难再的无可奈何的沉重叹息。词下片却别写一番图景，由写景继而写人，作者描写了一位在舞榭歌台上初试锋芒的琵琶少女，在获得满堂喝彩之后，却不愿将自己的生命与幸福系于画堂朱户，其天涯思绪牵引着她一心扑向大自然的自由天地，那烂漫如银、皎洁如雪的春风中的梨花，正是她青春的象征和生命寄托。于是上阕的残春与景物、下阕的盛春与人物在一个"春"字的牵系下，又连接成一体，显得分外对立又分外和谐，其关键就在结句"春风自在梨花"，《谭评词辩》卷2称"结笔品格自高"，所言不虚也。

王安礼（1034—1095）字和甫，王安石六弟，嘉祐六年（1061）进士，曾任著作佐郎，崇文院校书。后历知开封府、江宁府、太原府等职。《宋史·艺文志》著录其有文集二十卷。已佚。清编修四库全书时，从《永乐大典》中辑为《王魏公集》七卷，其中诗一卷。据对《全宋诗》《全宋文》统计，现王安礼留存于世的诗有43首，文近340篇，词3首。

王安礼长期在中央和地方为官，具有极干练的吏材和果断刚直行事作风，再加以自幼熟读经史，精于儒学，并受乃兄安石影响，其文学作品之风格，亦近似于王安石，长于道古，精于说理，以文入诗，却没有王安石诗文峭拔瘦硬，激情如火的气势。楼钥《王魏公文集序》中说："其称公之文，则曰踔厉峻发，卒归于道。制诰温润丰美，得中和之气；而属辞赡洽，成于口授，上数称之。诰命有可能通行者，俾公为定辞以新之。……其后既为丞弼，每下大诏令，与通好夷狄，多属于公。"这一段记述，反映了王安礼文章的两个特点，一是内容上，他擅长撰写制诰、诏令、诏书、表章、奏疏等应用公文的创作，我们阅读王安礼的文章，你就会惊讶地发现，其340篇文章中，就有300余篇是应用公文的作品。二是这应用公文作品，体现了一种"温润丰美，得中和之气"的美学风格。这就不简单了，应用公文是每一个入仕文人都必须撰写的，在历代文人的文集中大量存在，这类体裁的文章文学性较差，易走入千人一面的死角，但王安礼却写出了自己的风格，可见其文学功力高超。但文章体裁规制狭隘，文学气味之不浓，也决定了王安礼的文章难以在文学史上占有重要地位。

王安礼的诗，虽逊于王安石，但多数亦写得自然平实，构思也颇为精细，多以议论与散文笔法入诗，显示出宋代诗歌的时代风格，如《梦长》诗：

> 梦长随永漏，
> 吟苦杂疏钟。
> 动盖荷风劲，
> 沾裳菊露浓。

长长之永夜，长长之幽梦，伴随着单调的永漏，伴随着间隔的钟声，外面秋之劲风掀动了亭亭的荷叶，外面秋之寒凉凝结成颗颗菊花上的露珠，诗虽短小，语句朴实，但借景牵情，寄物托思，精细构筑了十分凄苦无奈的梦境，屋内单调的永漏与屋外苍凉的晚钟，似乎将时间意识与梦的意境抽引得很长很长，而秋风掀花菊露沾衣，同样投射的是长长的无奈与凄苦的心境，将"梦长"这个主题真是体察得极为精微，也抒写得极为出彩。

从上面记述中，王安石的六个兄弟，除二弟王安世之外，都是能诗擅文的高手。而王安石的儿子王雱与王旁也是极有才华的文学才俊。王雱（1044—1076）字元泽，治平四年（1067）进士。历任崇政殿说书，尤图阁直学士等职。惜以三十三岁年华早逝。王雱也是一位天才少年，未冠已著书数十万言。进士及第后，又作《策》三十余篇，"极论天下事，皆王安石辅政所施行者"（《长编》卷226），成为推行新法的干将。王雱的学术成就较高，先后对《孟子》《庄子》《老子》《论语》做过注释，又对《尚书》《诗经》做过全新解释，并精通佛教，著有《佛书义解》和《南华真经》二十卷。可见其学术成就已兼贯儒、释、道三家。时人称之为"小圣人"。

王雱留存于世的文学作品不多，宋刘克庄《后村诗话》续集卷4云："王元泽诗不满百"。但流传于今，据对《全宋诗》统计，包括残篇仅八首，其中《度关山》尤为精警："万马度关山，关山三尺雪。马尽雪亦干，沙飞石更裂。归来三五骑，旌旗映雪灭。不见去进人，空留碛中血。"描写了关山雪岭边关战争的惨烈悲壮，具有极强的震撼人心的悲剧力度，将其放在唐代边塞诗相较，也丝毫不逊色。故《后村诗话》称此诗"古乐府无以加"。而其描写春景的绝句，又写得颇为清新灵巧："一双燕子语帘前，病客无聊尽日眠，开遍杏花人不见，满庭细雨绿如烟。"王雱是一多才多病之身，诗中的病客，也许是王雱自道，病人对生命的体悟，对充满生机春景的敏感，是常人难以达到的。"杏花人不见""细雨绿如烟"，在生趣与活力的春景里，似乎投射一缕雾蒙蒙的淡淡春愁，飘忽出一种细雨如烟般的朦胧之美。刘克庄说其诗"殊有乃翁之思致"，这是一点儿也不错的，但诗中对生命意识的深深体悟，却超迈于其父之上。

王雱词作留传更少，《全宋词》仅录其一首《倦寻芳慢》，另据《东皋杂录》载，王雱尚有《眼儿媚》词，陈善《扪虱新话》下集卷4云："世传王元泽一生不作小词，或者笑之，元泽遂作《倦寻芳慢》一首，时服其工。……些词甚佳，今人多能诵之，然元泽自此亦不复作。"请看《倦寻芳慢》：

露晞向晚，帘幕风轻，小院闲昼。翠径莺来，惊下乱红铺绣。倚危槛，登高榭，海棠经雨胭脂透。算韶华，又因循过了，清明时候。

倦游燕，风光满目，好景良辰，谁共携手？恨被榆钱，买断两眉长斗。忆高阳，人散后，落花流水仍依旧，这情怀，对东风，尽成消瘦。

这一首偶一染指的春愁词，的确写的颇为工致，与王安国的《清平乐·晚春》有异曲同工之妙。两词所描写时间与物象基本相同，时间是夜晚至白昼，物象都有庭院、乱红、燕子，所咏吟的情怀都是春愁，不同的是安国词以歌女寄托情怀，结局一片光明；王雱词仅抒写一己春愁，结局更为缠绵与深沉，王雱将春愁更具象化了，说双眉紧锁之愁容，是"恨被榆钱，买断两眉长斗"，说春愁情怀是"对东风，尽成消瘦"。这"消瘦"是为"伊人消得人憔悴"之瘦。将春景易老与韶华难再交织一起，化着一声流水落花春去也的无奈与沉重叹息，这是一位绝世才华的青年的敏感多思之心灵，对易逝的生命风姿，惊鸿一瞥的无限眷顾和涌生而出的至大悲情。难怪王安石对儿子的华年早逝表达了无限悲痛。

说是"凤鸟去""梁木摧",说王雱是上天偶尔降世的天才,这位早慧早熟的哲学家与文学家,似乎承担了过重的生命负荷。故悲之啼血,哀之泣涕。

王安石尚有一次子五旁,其生平未详,历来多将其与王雱混为一人,就是今人所编的《全宋诗》也说王雱和王旁为一人,并张冠李戴将王旁诗录于王雱名下。纠正此错误的最雄辩的事实,莫过于王安石的自道。《王临川全集》卷70:"题旁诗仲子正安。旁近有诗云:'杜家园上好花时,尚有梅花三两枝。日暮欲归岩下宿,为贪雪故来迟。'"王安石题曰:"俞秀老一见,称赏不已,云:'绝似唐人。'旁喜作诗,如此诗甚工也。"可见王旁确系王安石次子,并喜作诗,而且写得不赖,有的诗颇有唐人风致,惜因其早逝,诗多不存。

王安石家族不但男性多为文学家,而且巾帼不让须眉,其家族妇女也多能诗善文,形成中国古代罕见的女性文化家庭。开启王氏家族女性文化之门的,是王安石的外祖母黄夫人,她一生"喜书史,往往引以辅导处士,信厚闻于乡,子为士无亏行,系夫人之助"。黄夫人之女吴氏,也就是王安石的母亲,自幼受黄夫人熏陶,养成"好学强记"的习惯,而且"至老不倦"。可见其文化素养不低。王安石的父亲王益死得早,吴氏一人承担起教育王安石兄弟姐妹的重担,由于她有文化,教育方法得当,其儿子也从小养成刻苦读书的习惯,因此不但王氏家族男性在政治学术与文学上形成云蒸霞蔚的大气候,而且王氏家族女性文学也开始崭露头角。

首先是王安石夫人吴氏,"封吴国夫人,工文学,尝有小词约诸亲游西池,句云:'待得明年重把酒,携手,那知无雨又无风'一时传诵之。"(梁启超《王安石评传》,P201)吴氏所作词牌名为《定风波》,虽为残句,亦可知其文学素养不低。王安石还有三个妹妹,个个都能诗善文。大妹王文淑(1025—1080)是王安石家族中最有名的才女,曾封为长安君。王安石为其所作的墓表中称之"工诗善书,强记博闻,明辩敏达,有过人者"。王安石与其唱和最多,如《示长安君》《次韵张氏女弟》《同长安君钟山望》等。但王文淑奉和诗句多数未流传下来,仅有两句"草草杯盘供笑语，昏昏灯火话平生"，不知什么原因，又窜入王安石《示长安君》诗中。《宋史·艺文志》曾著录《王氏诗》一卷，现已散佚，很可能就是王文淑诗歌的结集。王安石二妹与三妹经他介绍，分别嫁给了朱明之和沈季长，所以王安石又称其为朱氏妹与沈氏妹。现存王安石与二妹唱和诗有《寄朱氏妹》《寄虔州江阴二妹》《游赏心亭寄虔州女弟》等，与三妹唱和诗有《逆沈氏妹于白鹭州遇雪作此诗》等，但二妹与三妹奉和诗也没有留传下来，甚为可惜。

王安石有三个女儿，除长女早夭外，二女儿嫁与宰相吴充的儿子吴安持。三女儿嫁与门生蔡卞为妻。蔡卞虽后被列为奸臣，但却是王安石变法的积极拥戴者，二女儿吴王氏、三女儿蔡王氏虽均为王安石所生，但性格却大相径庭。吴王氏性格内敛，感情细腻，多愁善感，颇有大家闺范。三女儿蔡王氏性格泼辣，醉心政事，颇有乃翁之风。但她们有一个人共同点，都擅长文学。 王安石与二女儿吴王氏感情深厚，二人常书信往来，唱和诗歌。今王安诗集中有《寄吴氏女子》《送和甫至龙安微雨因寄吴氏女子》《寄吴氏女》等诗，都是王安石与二女儿唱和的诗。特别是《次韵吴氏女子韵二首》，明显地告诉我们，二女儿曾写诗给王安石。但吴王氏与父亲唱和诗多已失传，仅留存一首《寄父》："西风不入小窗纱，秋气应怜我忆家。极目江南千里恨，依然和泪看黄花。"诗写得哀婉凄苦，表达了对父亲一片深爱赤情，另据《墨庄漫录》记载，她还有一首《戏咏白罗系髻》诗存世："王荆公女适吴丞相之子，封长安（按：应为蓬莱）县君者，能诗，尝见亲族妇女有服者还白罗系头子，因戏为诗云：'香罗缕雪缕新裁，惹住乌云不放回，还似远山秋水际，夜来吹散一枝梅。'"。吴王氏不但能诗，也善文，从王安石《寄吴氏女子》一诗中"伯姬不见名，乃今始七龄。家书无虚月，岂异常归宁。"看，父女七年不见，每月都有书信往来，那也有八十多封书信了，可惜吴氏书信一篇不存。

王安石三女儿蔡王氏也能诗善词,宋人笔记载："蔡卞妻七（疑为王）夫人，颇知书，能诗词 ，蔡每有国事，先谋之于床第，然后宣之于庙堂，时执政相语曰：'吾辈每日奉行者，皆其咳唾之余也。'"（周辉

《清波杂志》卷3）但蔡王氏诗也没有流传下来。除王安石之女外，其弟王安国有一位女儿也能诗。魏泰《临汉隐居通话》云："刘天保妻，平甫女也，句有'不缘燕子穿帘幕，春去秋来那得知。'"（《渔隐丛话·前集》卷60，四库本）虽为残句，但能流传至今，已实不易之事了。综上所述，王安石家族文学，不是男人一统天下，妇女也撑起文学半边天。故史书多有定评，"近世妇人多能诗，往往有臻古人者，王荆公家最众"。（魏泰《临汉隐居诗话》）"吴、王两家妇女，多知书能诗。"（蔡上翔《王荆公年谱考略》）妇女能诗善文，虽不是王安石家族所独有文化现象，但如此众多地集聚在一个时代的一个家族，在宋代可以说是凤毛麟角了，更为宋代的临川文学增添一抹亮丽色彩。

第四节 江西诗派的临川人

江西诗派是以地域为名的一个文学群体，在中国文学史中，以地域视野审视之，恐怕没有哪一个地域文学群体的影响力，能与之相比。它不仅是宋代最大的一个诗歌流派，而且沾溉元明清诸代，直至近代还荡漾它的余波远响，这是江西人的骄傲，也是一个值得人们更加深入探讨的课题。江西诗派并不是一朝突兀而起的诗派，也不仅仅是黄庭坚个人艺术成就和文学威望使然。在他之前，江西诗文大家晏殊、晏几道、欧阳修、王安石、曾巩等都以诗文领袖和干将的身份活跃在宋代文坛上，经过多年打拼，已将江西地域文学这块金字招牌打造得分外晶亮，也为江西诗派的兴起打造了一个广阔坚实的平台，在他同时与之后，也有江西籍的江西诗派诗人，以群体优势为江西诗派的兴起起到推动作用。

在江西诗派成员中，还形成一个以江西临川地域为名临川诗人群体，即谢逸、谢薖、汪革、饶节四人。临川是著名的才子之乡，上述四位江西派成员，被称"临川四才子"。他们同处一城，地域相近，交往就更加频繁，乡情加诗情，使这个临川才子群更得文采风流。从他们四人诗集看，他们经常在一起漫游山水，切磋诗艺，相别两地时，又多以诗代信，互致问候，诉说思友之情。仅在谢逸诗中，就有十多首是写给汪革的。其中两首诗是临川才子群游南湖事，又一首是汪革归临川后大摆家宴邀请谢逸等人事。而汪革现存诗仅七首，就有一首寄给谢逸的。吕本中与谢逸游诗"畴昔交游不乏贤，二三豪客聚临川"，可见临川已成为江西诗派主要活动聚集地。

在这四人当中，"临川二谢"，即谢逸、谢薖是从兄弟关系，体现出家族性特点。兄谢逸（1068—1112）字无逸，号溪堂居士，两举进士不第，布衣终生，撰有《溪堂集》十卷，现存于《全宋诗》诗，包括残句，近250首。弟谢薖（1074—1116）字幼盘，号竹友居士，也因进士不第，布衣终生。撰有《竹友集》十卷，现存于《全宋诗》诗近280首。兄弟两人自小一起读书，关系极亲，大谢虽比小谢大七岁，却常以学问教之，又多了一层师友关系。小谢在《祭无逸兄文》深情地说道："某也晚生，少兄七岁。读书相从，兄冠我稚。凡视我为，不曰儿戏。教之诲之，以俟其成。待我既冠，待以友朋，欢然之恩，不唯兄弟。"在这种浓郁的家族文化环境里，自然培养了他们的诗艺能力。成年后，他们又与江西诗派成员吕本中、饶节、李彭、洪朋、洪刍、徐俯、汪革、王直方等人交游倡和，自然走入江西诗派群体。并盛负诗名，有"逸似康乐，薖似玄晖"之誉。

谢逸的诗歌佳话不少，并被撰成故事，广为传诵。他曾作《咏蝶诗》300首，同一题材能翻出那么多新意，可见其有敏锐的观察力与驾驭文字的能力和超凡的诗才，因此被人称为"谢蝴蝶"。据《苕溪渔隐丛话》载，谢逸曾在黄州一个馆驿墙里题写《江城子》词一首：

杏花村里酒旗风，烟重重，水溶溶，野渡舟横，杨柳绿阴浓。望断江南山色远，人不见，草连空。

夕阳楼外晚烟笼，粉香融，淡眉峰，记得年年相见，相见画屏中，只有关山今夜月，千里外，素光同。

这首词糅合了唐诗的意境，苏轼词的感悟，甚至西昆体的吟唱，而且糅合得行云流水般的自然。当然也吸引了不少文人的目光,纷纷向馆卒索讨笔墨,或抄录,或倡和。疲于应付的馆卒一恼之下用泥巴遮盖了这首词,但斑驳的泥粉岂能阻挡词意翩然的真容,他早已随着文人的口耳笔墨传向四方,留载千古。

稍有古代文学知识的人,都知道"满城风雨近重阳……"虽然这句诗作者是江西诗派成员潘大临,但也和谢逸大有关系。潘谢二人诗友相重,关系极好,有一次谢逸写信向潘索诗,潘回信说:"秋来景物,件件是佳句,恨为俗气蔽翳。昨日清卧,闻搅林风雨声,欣然起,题其壁曰:'满城风雨近重阳……'忽催租人至,遂败兴,止此一句奉寄。"潘大临死后,又是一年重阳将至日,又闻风雨大作,谢逸不禁思绪绵绵,作三首绝句纪念潘大临。而且每一首都用"满城风雨近重阳开头"。其一云:

满城风雨近重阳,无奈黄花恼意香。雪浪翻天迷赤壁,令人西望忆潘郎。

续诗本是难以写好的,何况"满城风雨近重阳"已是名句,续写不好,就会有狗尾续貂之感。但谢逸续写缝接得非常自然,主要是他将对朋友的思念,化着诗歌流转的主脉,追思的沉痛与诗中的物象既相同又相反,秋菊黄花的芬芳本能引人愉悦,但作者却只感到"无奈"与"恼意",两相比较,形成极大反差。愉悦之物反生哀思,这是作者将沉重投放给愉悦,将黄花清香调理成人生的苦涩,于是以喜写悲,悲之更悲矣。而"雪浪翻天迷赤壁"却与诗人心境相同,"赤壁"暗指潘大临家乡黄州,黄州相传是赤壁之战发生地,也就是指潘大临了。"雪浪翻天"却蕴涵三个物象意脉: 一是长江之水,二是自然的风雨,三是追思朋友的情感波澜,而三个物象意脉重叠之后的一个"迷"字,就更有深意了。这个"迷"不是迷人之迷,而是迷茫之迷,既是自然景物之迷茫,更是天人永隔,朋友诀离的情感之迷茫,是"令人西望忆潘郎"之迷茫。于是人生无常与思念无涯的沉重,锻造出诗意完整连贯的诗篇。谢逸是续写潘大临的名句,但他把潘的名句与诗意完全铸熔成自己的诗魂中,不分彼此。并将此诗化着一瓣心香,反献给潘大临在天之灵。

谢逸是注重江西诗派之间的友情的,在他250首诗中,有很大一部分是与他们的倡和,如《寄洪驹父戏校其体》《怀汪信民》《寄洪龟父戏校其体》《嘲潘邠老未娶》等,他的这些赠友诗都写得极有感情,其中《寄徐师川》堪称这方面的代表作:

司业端能乞酒钱,谁忧坐客冷无毡。相望建业只千里,不见徐候今七年。

江水江花同臭味,海南海北各山川。试问烟波何处好,老夫欲理钓鱼船。

这首诗是写给庭坚之甥徐俯的,造语措意,警拔超俗,颇近山谷。尤其是中间两联,是直接从山谷《次韵裴仲谋同年》《次元明韵寄子由》两诗中化用的,但化用中翻出新意,把对徐俯真挚友情与思友之苦写得极为出彩。其他诗句如"老凤垂头噤不语,枯木查牙躁春鸟""贪夫蚁旋磨,冷宫鱼上竹""苔干石骨瘦,水落溪毛凋"等明显可看出具有山谷体的瘦硬生新的诗风。难怪黄庭坚看到这些诗大为惊叹:"晁(无咎,张(耒)之流也,恨未识耳!"

"小谢"谢薖的诗并不比乃兄差,其诗歌内容也多以模范山水,赠友酬答为主,表现了一介布衣以山水为乐,安贫乐道的闲情雅致。诗风以清新为主。正如谢逸说其弟诗是"细读清诗艳如雪"。如《喜晴》:

十月江村烟雨蒙,晓来初快日升东。
挼莎蕉叶展新绿,从臾榴花开晚红。
得句又从山色里,发机浑在鸟鸣声。
披衣出户眖田野,好在良苗怀晚风。

这是山村田园布衣诗人生活的真实写照。他以欢快的笔调描写久雨新晴的典型情景：旭日东升、蕉叶展绿、榴花晚红，这初晴景物叠现与铺垫，为的是突现喜晴的两个目的，一是"好在良苗怀晚风"，良苗在雨霁后长势很快，丰收在望了，这句诗明显化用陶渊明"平畴交远风，良苗亦怀新"的诗句，化用得不露斧凿痕迹，却移植了渊明范式的田家喜悦；二是文人诗兴因喜晴而勃发，晴朗的山色点化了诗意，欢快鸟鸣唤出了智慧。全诗不着一"喜"字，但通篇洋溢着喜意，正是此诗的成功之处。

像这种的清新佳句在小谢诗中随时可见，如写秋花"篱落秋花未得霜，嫣然一笑媚秋阳"（《山间》）秋花就有了美人之娇态，赋予了人的灵性。写苍松"古貌苍髯十八公，巍巍独出众材中，朝来挽致茅堂下，为我商量送好风"。苍松又成可挽、可致、可以商讨的佳朋良友。写黄柑，不直接写其可口芳香，却说："甘寒定可锦绣口，看吐新诗泣鬼神。"（《送黄柑与彦孚》）黄柑之甜之甘竟能化着口中锦绣文章和泣鬼诗的新诗芬芳，那么黄柑之美之好也就不言而喻了。其他的诗句，如"寻山红叶半旬雨，过我黄花三径秋""楝花净尽绿阳满，才见一枝节安石榴""往闻淮北雪花大，归值江南梅雨时""绝顶迥分双塔秀，层楼危立一僧清"，都写得极有风致，颇为精警。所以清人王士禛会说："非苏黄门庭中人不能道也。"

汪革（1071—1110）字信民，他是临川四才子中唯一一位入仕之人。哲宗绍圣四年（1097）进士，因不满蔡京当国，仅任长沙、宿州、楚州教授，撰有《青溪类稿》，已佚。《全宋诗》收录其诗，包括残句，也只有九首。《寄谢无逸》堪称代表作：

> 问讯江南谢康乐，溪堂春木想扶疏。
> 高谈何日看挥麈，安步从来可当车。
> 但得丹霞访庞老，何须狗监荐相如。
> 新年更励于陵节，妻子同鉏五亩蔬。

诗中将谢逸比作六朝著名诗人谢灵运，未免溢美，但也看出汪革对谢逸诗的赞赏，但他更赞赏谢逸安贫乐道的高雅志趣，此诗虽为直抒胸臆，但却洒脱闲雅，诗中大部分都在用典，如"谢康乐""挥麈""安步""当车""荐相如""访贫老""于陵节"，但却用得自然，无生僻之感，明显受山谷体的影响。据《吕紫薇诗话》载，饶节见此诗，谓汪革曰："公诗日进而道益远。"饶节信佛，此所说道即佛道。虽然他赞扬了汪革诗艺日进，又为其远离佛道而觉得遗憾，这是朋友间的心腹之言，由此亦看出临川四才子交谊之深。

饶节（1065—1129）字德操，他早年颇有以儒治国之大志，也以诗名成为宰相曾布的座上客，但对新法不满，特别要求引用苏轼、黄庭坚等人，与曾布议论不合，遂落魄不遇，出家为僧，释名如壁，自号倚松老人。他与江西诗派成员吕本中，潘大临等人相交，尤与汪革，谢逸兄弟等临川人关系密切。早年他与汪革、吕本中等人一起在安徽宿县苦练诗文，并规定每十日作杂文、四六表启、古律诗各一篇，句终时大家传观所作文字，未完成者罚钱二百。这不仅使他们诗文大进，主要是江西诗派群体形成的基础。他有一首《戏汪信民教授》，很能看出临川四才子至深关系。

> 汪候思家每不寐，颠倒裳衣中夜起。
> 岂作蓐食窘僮奴，颇复打门搅邻里。
> 凉风萧萧月在庭，老夫醉着呼不醒。
> 山童奔走奉佳客，铜瓶汲井天未明。

诗写汪革因思家难眠，半夜衣裳不整来到饶节家倾衷肠，但饶节大醉未醒。家童却无须吩咐，主动提瓶汲井水，为这位常客服务。主客之间已进入无拘无束的随便状态，可见其两人相交至深。

饶节是临川四才子中唯一一位僧人，也是江西诗派中"三僧"（祖可、善权）之一，尤以其诗学成就最高。陆游曾指出："饶德操诗为近时僧中之冠"。吕本中也说："江西诸人诗，如谢无逸富赡，饶德操萧散，皆不减潘邠老大临精苦也。然德操为僧后，诗更高妙，殆不可及。"

江西诗派喜禅语，这也是不争事实，他与其他二位诗僧为诗风慕禅江西诗派之潮流，自然起了推波助澜的作用。他的《偶成》一诗写得极有韵味：

> 松下柴扉久不开，
> 只有蝴蝶双飞来。
> 蜜蜂两脾大如茧，
> 应是山前花又开。

不写山前花开如何，却只写蝴蝶双飞忙碌，蜂脾采蜜如茧，由此可推知山前花开得如何烂漫，这种别笔曲意，颇为高妙。难怪张邦基《墨庄漫录》会说此诗句法之妙，可以嗣响唐人七绝。

第五节　宋代临川戏曲之初萌

临川地区，宋代文化异常昌盛的表现之一是其歌舞戏曲艺术也毫不逊色。曾巩就有"翠幕管弦三市晚，画堂烟雨五峰秋"的诗句，记载了临川地区入夜时分的歌舞盛况。也就是说，在北宋时期临川地区歌舞表演就异常丰富多彩，当时建城东门外设有"勾栏""瓦舍""杏楼"，并于淳化五年（994）兴建了名为"三忠祠"的戏台，专供歌舞百戏上演。人们祭祀山神也要音乐舞蹈作伴，如曾肇《南丰军山庙碑》中说："吹箫考鼓，声逢逢兮"，乾隆《建昌府志》卷5说："好事者或鼓吹上道，终夜有声"。说的就是祭祀军山神歌舞鼓吹情况。至于民间驱疫之傩舞，那更是临川区百姓最钟爱的舞蹈。今抚州乐安县招携镇，相传南唐帝王后裔隐居于此，亦将宫廷戏剧带于此。招携镇有一"瓦子场"，即是当时，特别南宋时期表演百戏歌舞技艺的瓦舍勾栏遗址。乐安县在1978年出土了宋代百余窖藏银器，其中有一楷书"林隐"的银盘上，刻有三人在亭台楼阁中击鼓吹乐，更是临川区歌舞行欢的实证。宋代临川诗人谢逸在一首《望江南》词中说："临川好，柳岸转平沙"。其中临川好处之一是"行乐处，舞袖卷轻纱"，可见观看歌舞是临川人最喜爱快乐之事。当然表演歌舞的场所也就成了临川人寻乐之地。南宋时，临川南湖旁有一芙蓉堂，就是这样一个最佳之地。芙蓉堂为绍兴年间抚州太守晁谦之所建，此处不仅成为抚州风景游览名胜区，更是歌舞表演场所。宋代诗人徐恢所作《临川洪守游南湖命予赋诗》生动描写了此处的歌舞胜况：

芙蓉堂前春水绿，芙蓉堂后春花开。芙蓉堂中醉歌舞，芙蓉堂下车如雷。轻舟弄水买一笑，游人竞逐墙阴来。浪痕不受尘涴溅，东风吹入黄金杯。秋千欲上采绳稳，老翁稚子连声催。遨头春思浓似酒，剧饮谁能问升斗。博山香炉珠帘低，坐客请行时被肘。觥筹交错兴未已，更着山肴并野蔌。归来门巷影散乱，舍南舍北黄埃走。轻衫短帽亦不恶，追欢岂落醉翁后。小姬顾盼扬秋波，十十五五细马驮。红旗夹道映斜日，金钗坠处肩相摩。旁观定处双眼饱，但见两脸生微涡。从今湖上愈清好，纤腰长袖成奔梭。冥搜付与纸上语，朱颜为我商声歌。愿公归侍玉皇侧，更向西湖弄春色。

这是一幅临川太守与民歌舞尽欢的同乐图，人们在"芙蓉堂中醉歌舞"后，在春花怒放映照下，或去南湖轻舟弄水，或在湖旁秋千舞姿。斜日余晖中，无论是老翁还是稚子或是少女，都摩肩接踵，踏着歌声尽兴而归。由此而见，南宋时临川地区歌舞表演是多么盛行。

宋代临川文化区的宜黄县还盛行一种砑鼓舞，这是一种化装表演舞蹈，舞者扮成男女僧道及各行业的人物形象，群起而舞。朱熹《朱子语类》用它来比喻写作说："今人文字全无骨气，便似舞砑骨者，涂眉画眼，僧也有，道也有，妇人也有，俗人也有，官人也有，士人也有，只不是一本样子，然皆足以惑众。"可见砑鼓舞的装扮范围很广，都要经过化装，并且娱乐性很强，多在社日中演出。宋代江西文学家洪迈曾说：

> 胡五者，宜黄细民，每乡社聚戏作砑鼓时，则为道士，故曰为胡道士。

这位在砑鼓舞中扮演道士的宜黄胡五，平时却是以"煮螺蛳为业"，是一位道地的"细民"。可见砑鼓舞是宋代民间自娱性的，群众参与性极强的舞蹈。但它创始时却是一种军舞，创制这种舞蹈者，竟也是江西德安人王韶。王韶（1030—1081）字子纯（醇），嘉祐二年（1057）进士。曾任经略安抚使兼熙州知州。在熙州河之役中曾收复洮、岷、岩等五州。砑鼓舞就编制于熙河之役。《类说》卷47《砑鼓戏》云：

> 王子纯初平熙河，教军士为砑鼓戏，遂盛行于世。其举动舞按之节与优人之词，皆子淳所制也，或云子淳与西人对阵，命军士百人装为砑鼓队出军前，虏见皆惊愕，乃进兵奋击大破之。

宋代陈正敏《遁斋闲览》和彭乘《续墨客挥犀》也有同样记载，从上述记载我们可以看出，砑鼓舞从舞蹈动作到演唱的歌词都为王韶所创，宋王朝终三百载一世，其军事战争鲜有不失败的，而熙河战役却是一次难得的打败西夏军队的胜仗，是整个宋王朝最为扬眉吐气的军事胜利。而王韶所创制的砑鼓舞为打赢这一仗立下了汗马功劳，这在中国舞蹈史上是值得大书一笔的，也是宋代江西舞蹈最为光辉的一页。由于有了这么一段传奇经历，这个由江西人创制于北宋年间军队中的舞蹈，很快就流传于世，自然也传到了临川文化区，成为民间社日迎神赛会和重大节日表演的舞蹈，又由于它是一种化装性的舞蹈，无须专业性舞者，细民百姓均可参加，所以具有广泛的群众基础，成为民间百姓喜闻乐见的舞蹈。《宣和遗事》前集《十二月预赏元霄》载："砑鼓通宵，华灯竞起"，在元霄佳节通宵达旦地表演砑鼓舞，可见其在民间深受欢迎的程度。后来砑鼓舞逐渐演化成杂剧，南宋周密《武林旧事》卷10之《官本杂剧段数》中就记载有《砑鼓熙州》《砑鼓孤》等剧目。

唐宋时代，还兴盛一种歌舞相结合的艺术形态，名叫大曲，正如王国维所说："大曲皆舞曲也。洪适《盘州集》有薄媚舞，降黄龙舞，史浩《鄮峰真隐漫录》有采莲舞，陈氏《乐书》谓优伶常舞大曲。"(《唐宋大曲考》)虽然大曲的渊源最早可追商周乐舞，而汉代相和大曲，实际上是商周乐舞与战国楚声的继承与发展，唐代是大曲最为兴盛的时代，它吸取了西凉、色兹、高昌等西域少数民族音乐和天竺、高丽等外国音乐的滋养，形成具有新鲜活力的"杂用胡夷里巷之曲"的大曲。与唐代相较，宋代大曲明显走向衰落。一是大曲的数量远不如唐代，据唐代崔令钦《教坊记》等书记载，唐代大曲有 60 余曲，而宋代大曲仅据《文献通考》记载仅 40 余曲。而这 40 余曲大曲绝大部分来源于唐。正如洪迈《容斋随笔·大曲伊凉》中说："今乐府所传大曲，皆出于唐，而以州名者：伊、凉、熙、石、渭也。"然而这 40 余大曲，其内容几乎全部失传，仅留曲名，唯一被完整保留下来的两套北宋大曲，却都出自于江西文人之手，一是曾布《双调·水调歌头》，一是董颖的《道宫·薄媚》(《西子词》)，而这两套大曲也是宋人为数不多的所作的新声。虽然唐宋大曲都是宫廷中规模宏大的大型歌舞，但这两套大曲对唐大曲的庞大结构并未全部采用，却用其部分称为"摘遍"。它们与唐大曲另一个不同点是，唐大曲的歌词，多由若干首五言、七言律诗相间组合而成。这些歌词均出自于唐代著名诗人之手，而这两首大曲歌词为长短句，以词体入曲，不仅充分体现宋词兴盛的时代特色，宋词本身就是可以歌唱的，以词入曲，当然与唐代格律诗入曲不同，歌词格律的改变，与乐句结构的改变有关。使宋大曲"折慢叠既多，尾遍又促"，(陈旸《乐书》卷 157)可见宋大曲乐句的句法结构较复杂，曲调也比较细致。

王国维曾说过："现在大曲，皆为叙事体，而非代言体，即有故事，要亦为歌舞戏之一种，未足以当戏曲之名也。"又说："宋人大曲，就现存者观之，皆为叙事体。"曾布与董颖的大曲正是长篇叙事体的歌舞结合的大曲，曾布是江西南丰人，是著名文学家曾巩之弟，他本人生平也不简单，曾位至宰相，是王安石变法的坚定支持者，在文学上虽稍逊于乃兄，但也颇有造诣。其所著的《双调·水调歌头》大曲，正如《玉照新志》卷 2 说："元祐中，曾文肃帅并门，感叹其义风，自制水调歌头,以正大曲。"将历史上游侠儿冯燕的故事演绎得有声有色。

排遍第一

魏豪有冯燕,年少客幽并,击球斗鸡为戏,游侠久知名,因避仇、来东郡。元戎留属中军,直气凌貔虎,须臾叱咤风云。凛凛坐中生。偶乘佳兴。轻裘锦带,东风跃马,往来寻访幽胜。游冶出东城。堤上莺花缭乱,香车宝马纵横。草软平沙稳。高楼两岸春风,语笑隔帘声。

排遍第二

袖笼鞭敲镫。无词独闲行。绿杨下、人初静。烟澹夕阳明。窈窕佳人,独立瑶阶,掷果潘郎,瞥见红颜横波兮,不胜娇软倚银屏。曳红裳,频推朱户,半开还掩,似欲倚、咿哑声里,细说深情。因遣林间青鸟,为言彼此心期,的的深相许,窃香解佩,绸缪相顾不胜情。

排遍第三

说良人滑将张婴。从来嗜酒,还家镇长酩酊狂醒。屋上鸣鸠空斗,梁间客燕相惊。谁与花为主,兰房从此,朝云夕雨两牵萦。似游丝飘荡,随风无定。奈何岁华荏苒,欢计苦难凭。唯见新恩缱绻,连枝并翼,香闺日日为郎,谁知松萝托蔓,一比一毫轻。

排遍第四

一夕还家醉,开户起相迎。为郎引裾相庇,低首略潜形。情深无隐。欲郎乘间起佳兵。授青萍。茫然抚叹,不忍欺心。尔能负心于彼,于我必无情。熟视花钿不足,刚肠终不能平。假手迎天意,一挥霜刃。窗间粉颈断瑶琼。

排遍第五

凤凰钗、宝玉凋零。惨然怅,妖魂怨,饮泣吞声。还被凌波呼唤,相将金谷同游,想见逢迎处,揶揄羞面,妆脸泪盈盈。醉眠人、醒来晨起,血凝蓁首,但惊喧,白邻里、骇我卒难明。思败囚推究。覆盆无计哀鸣。丹笔终诬服，圜门驱拥，衔冤垂首欲临刑。

排遍第六 带花遍

向红尘里，有喧呼攘臂，转声辟众，莫遣人冤滥、杀张室，忍偷生。僚吏惊呼呵叱，狂辞不变如初，投身属吏，慷慨吐丹诚。仿佛缧绁，自疑梦中，闻者皆惊叹，为不平。割爱无心，泣对虞姬，手戮倾城宠，翻然起死，不教仇怨负冤声。

排遍第七 颠花遍

义城元靖贤相国，喜慕英雄士，赐金缯。闻斯事，频叹赏，封章归印。请赎冯燕罪，日边紫泥封诏，阖境赦深刑。万古三河风义在，青简上、众知名。河东注，任流水滔滔，水涸名难泯。至今乐府歌咏。流入管弦声。

（以上见《玉照新志》卷 2）

词中所谓的"排遍"，又称"叠遍"，是唐宋乐舞的专用名词，唐宋大曲每套包括十余遍，分别归入散序、中序、破三大段。王国维《唐宋大曲考》认为："中序一名拍序，即排遍。"又说："排遍又谓之歌头，[水调歌头]即[新水调]之排遍也。"曾布用七个排遍，亦即七首《水调歌头》词，敷演成具有完整故事情节和戏剧动作的歌舞大曲。意思是说，魏地游侠少年冯燕因讲义气，搏杀不平逃亡滑州，一次在游玩之中，见一妇人异常冶艳，受妇人勾引，与其私通。一日妇人丈夫张婴醉饮归来，冯燕恰在室中。妇人开门迎来，以裙裾掩蔽冯燕，入门后躲藏，却发现头巾落在枕下，正在佩刀旁。此时张婴已昏睡，冯燕指头巾，示意妇人递过来，妇人误解，却递上了佩刀。冯燕接刀，愤怒异常，认为此妇人是蛇蝎心肠，要他杀其夫，心想今日你能忍心杀夫，将来也一定会负心于我，于是手起刀落，杀妇人而去。后张婴醒来，发现妻已被杀，被邻人当作杀妻犯绑送官府，张婴有口难辩，被官府判死罪送赴刑场。正在众人围观行刑时，冯燕排众而入，坦然自首，竟被当作"义杀淫妇"的英雄，而被赦罪，成为千古讲义气的佳话。当然，以今人的眼光看，这只是由婚外恋引起的一桩血案,冯燕肯定要受到惩处。古今价值观与道德观的殊异,不是本文讨论的范畴,我们关注的是这支大曲歌舞的表演形式,惜其当时舞蹈之类表演已成往事鸿飞,今人已无法窥探,但曾布将本为抒情之词连缀成具有完整故事性的大曲,其叙写之精彩,具有极大的戏剧张力。"曾、董大曲开董解元之先。此曲则为元人套数杂剧之祖。"(《王国维遗书》15册)清代无名氏所撰《曲谈》更详细地论述曾布等大曲歌舞对戏曲的深远影响:

宋时大曲,流传至今者,有曾布所作《水调歌头》大曲,咏冯燕事。董颖所作《道宫·薄媚》大典,咏西子事。虽用词调,而其字数韵数,均与词合,又有平仄通押之处,实已开元曲之先声。……曾布,据《宋史》,生于景祐、大观间。董颖,据陈振孙《书录解题》,为绍兴时人。亦俱在董解元数十年以前。由此可知,杂剧之兴,确在北宋无疑。其时杂剧之体裁,尚与元人不同,而与《董西厢》则相近,特宋人之歌曲,多用词调,金人已改曲牌耳。

曾布(1035—1107)是北宋时南丰人,董颖是宣和六年(1124)年进士,为德兴人,生活在北南宋之际。虽两人均为江西人,但曾布之大曲要早于董颖大曲数十年,其先创之功及对杂剧的影响,当然要大于董颖,因此"元代套数杂剧之祖"的桂冠,当荣属于曾布无疑。由此而见,临川文化区文人对戏曲的重大影响。

南宋江西人洪迈写了一部《夷坚志》,虽为志怪小说,但却以百科全书式的恢宏目光,探索鬼怪世界,更观照于社会现实世界,在真假之中,成为宋代政治、经济、文化、风俗的重要参考文献。其中记载的有关宋代临川戏曲活动的文献,更是宋代临川区文化史中难得一见的史料。如《合生诗词》:

江浙间路伎伶女,有慧黠知文墨,能于席上指物命辄成者,谓之合生;其滑稽含讽者,谓之乔合生。盖京都遗风也。张安国守临川,王宣子解庐陵郡印归次抚，安国置酒郡斋，招郡士陈汉卿参会。适散乐一妓言学作诗，汉卿语之曰："太守呼为五马，今日两州使君对席，遂成十马，汝体此意做八句。"妓凝立良久，即高吟曰："同是天边侍从，江头相遇转情亲。莹如临汝无瑕玉，暖作庐陵有脚春。五马今朝成十马，两人前日压千人。便看飞诏催归去，共坐中书秉化钧。"安国为之嗟赏竟日，赏以万钱（《夷坚志》卷6）

这段记载完全可以作为宋代江西戏曲信史看待，因为记叙中的主人公张安国与王宣子确有其人，也均在江西任职，张安国即张孝祥（1132—1170），其字安国，南宋著名文学家，和州乌江人（今安徽和县人），绍兴二十四年（1154）状元。三十二年（1162）二月知抚州，王宣子即王佐，也在三十二年左右知庐陵。张孝祥《于湖集》卷15《赠时起之》一文中云："某守临川，同舍郎王宣子守庐陵。"次年即隆兴元年（1163）三月张孝祥改知平江府。因此，洪迈所记"合生诗词"之事，发生在绍兴三十二（1162）年二月以后至隆兴元年（1163）三月以前。

"合生诗词"提供了丰富的宋代临川区戏曲活动信息。一是有关合生在江西活动记载。合生又作"合笙"，其名称见于唐代，《新唐书·武平一传》："始自王公，稍及闾巷，妖妓胡人，街童市子，或言妃主情貌，或言王公名质，咏歌蹈舞，号曰合生。"可知它是一种有表演的歌舞戏。虽然关于"合生"的具体含义众说纷纭，笔者同意这样一种说法："合生是一种伎艺，施之于表演，便是戏剧；施之于应酬，便是应命咏诗；插入勾栏说话，便是'说话四家之一'。"（刘晓明：《"合生"与唐宋伎艺》，《文学遗产》，2006年第2期）以此观点看上述记载，在临川张孝祥招待王佐的宴会上所表演的合生，应是应酬中应命咏诗的内容。这种合生比较文雅，充分显示出女伶的文才和随机应变的能力。另外，宋代还有一种"滑稽含玩讽"插科打诨式的"乔合生"。可见宋代合生的表演内容比唐代更加丰富了。二是提供了浙赣戏曲交流的明晰路线与时间，洪迈说合生是"京都遗风"，这个京都应指北宋首都汴京，否则不会说"遗风"，也就是说合生是从汴京传到浙江的杭州，再从杭州由浙江艺人传入江西抚州，而这个时间应该早于张孝祥知抚州的绍兴三十二年（1142）以前。也就是说"早在南宋初年，浙赣艺术交流便已开始，而且很频繁了"。（详见龚国光：《江西戏曲文化史》，江西人民出版社，2003年）下面我们再来看看《夷坚志》有关江西临川文化区三条戏曲史料：

一是《陶氏疫鬼》条："宜黄詹庆者，初业伶伦，深村人也。贫甚，兄嫂稍赡足，不肯相容，乃谋往郡下，其居城百五十里，临去，乞米一升不获，行丐而前，既抵城中，适一官族高宴，其夫妇皆坐听吹笛，聆其过度一字，工妙之极，主妇至啮夫臂大叫曰：'奇哉！'自是从技得名，渐亦温饱。"（《夷坚三志壬卷第四》）二是我们前面已引录的《胡道士》条："胡五者，宜黄细民，每乡社作迓鼓时则为道士，故曰为胡道士。"（《夷坚丁志》卷8）三是《邓兴诗》条："建昌邓希坦，……次男名兴诗，……梦为人召至一处，高闳华宇，三美男子坐庭上，置酒张乐，侍姬十数辈，皆顶特髻，衣红宽袍，如州郡官妓，分立左右，或歌舞。……须臾，一男子呼兴诗来，命击戏鼓，辞以素为书生，略不谙此艺，其人强之曰：'但随汝意挝击，虽不合音调，无害也。'"

我们之所以罗列三条戏曲史料，是想和"合生诗词"集中在一起加以研究。细心读者也许会发现，"合生诗词"发生在临川，《陶氏疫鬼》《胡道士》讲的是宜黄艺人，《邓兴诗》中的邓兴是建昌军人，从江西地域来说，这四条戏曲史料均发生在临川文化区域内，我们在前面说过，临川文化是宋代江西最为发达的区域文化，但从戏曲领域来说，最为鼎盛时代并不在宋代，而是在明代的临川文化区，其中宜黄腔的产生和宜黄人谭纶对宜黄戏曲的大力扶持以及汤显祖的《临川四梦》就是明代临川戏曲文化鼎盛的标志。但明代临川戏曲文化的鼎盛，绝不是无源之水，空穴来风，它早在宋代已奠定了厚实的人文基础。而洪迈《夷坚志》上面所记载临川文化区的四条戏曲史料，即是最好的证明。

我们再引录南宋崇仁县诗人何异《彩衣堂》诗三首，此三首诗是关于提线傀儡戏的珍贵史料：

（其一）

腰金曳紫麒麟楦，
刻木牵丝傀儡棚。
一等世间儿戏事，
彩衣起舞是真情。

（其二）

弟兄碧海戏群鸿，
喜奉亲颜一笑中。
真实不须看外貌，
孝心原自与天同。

（其三）

将母南来托郑乡，
无功雀鼠耗官仓。
见他桃李思归去，
梦想婆婆戏彩堂。

　　所谓彩衣堂，是古代孝亲故事，传说春秋时老莱子，事父母孝顺，年已七十，常穿儿童所着的五彩衣，作婴儿戏，上堂，故意仆地，以博父母一笑。后来诗文常以"彩衣娱亲"作为孝亲的典故。宋代江西安仁县就有一个著名的彩衣堂，说的是龙塘周氏，五世同时，子养其父，而逮养其祖之祖。熙宁六年（1073）杨杰作《彩衣堂记》赞其事，说其堂有乐有舞，稚子嬉戏于堂下，所以后来为博父母欢心，彩衣堂又成为家族歌舞戏曲之地。而此三首诗写的就是在彩衣堂上演提线木偶戏之事。但三首诗《全宋诗》与《全宋诗订补》均漏载，是为刘洪辟纂修的民国版的《昭萍志略·艺文志》所辑录，昭萍即江西萍乡，南宋初期，何异任萍乡知县时作此诗，描述的是萍乡某一家族彩衣堂演木偶戏的故事。

其实这也未尝不是何异崇仁家庭彩衣堂演戏的写照。这可从第三首诗看出,"将母南来托郑乡","郑乡"是仕宦之乡之意。王子年《拾遗记》曰:"魏文帝所爱美人薛灵芸,常山人。父业经为郑乡亭长,母陈氏随业舍于亭傍。灵芸年十七,生居贫贱,至夜每聚邻妇夜绩,以麻蒿自照。"这句诗的意思是说,诗人带着母亲来到仕宦之地萍乡。而后面三句就好理解了,由于未有政绩,就想回归家乡,梦里常见与婆婆在彩衣堂观看演戏。而提线傀儡戏,据南宋《都城纪胜》记载"凡傀儡敷演烟粉灵怪故事、铁骑公案之类,其话本或如杂剧,或如涯词,大抵多虚少实,如巨神灵、朱姬大仙之类。"可见提线傀儡戏,应是有故事情节的综合性说唱表演艺术。

我们前面论述了曾布创作《双调·水调歌头》大曲是"元代套数杂剧之祖",而其家乡南丰也是戏曲兴盛之地。在南宋咸淳年间(1265—1273),发源于浙江永嘉的南戏,已准确无疑地深入到江西腹地的南丰县,而反映南戏入赣的重要文献,是由宋末元初的南丰籍文学家刘壎写的《词人吴用章传》:

吴用章,名康,南丰人,生绍兴间。敏博逸群,课举子业,擅能名,而试不利。乃留情乐府,以舒愤郁。当是时,去南渡未远,汴教正音,教坊遗曲,犹流播江南。用章博采精深,悟彻音律,单词短韵,字徽协谱。……其赋此也,年逾强仕矣,不知父逾几年而终。子孙无述焉。悲哉!用章殁,词盛行于时,不惟伶工歌妓以为首唱,士大夫风流文雅者酒酣兴发辄歌之。由是与姜尧章之《暗香》《疏影》,李汉老之《汉宫春》,刘行简之《夜行船》并喧竞丽者殆百十年。至咸淳,永嘉戏曲出,泼少年化之。而后淫哇盛,正音歇,然州里遗老犹歌用章词不置也。(《全元文》第10册,江苏古籍出版社,1998年版,第401页)

这是一篇中国戏曲史和临川区戏曲史上的重要文献。一是将"戏曲"这个专用名词的最早出处,至少提早了六十年的时间,在刘壎《词人吴用章传》未被人引用前,一般认为"戏曲"一词最早出现是在元末明初陶宗仪《南村辍耕录》一书。《大百科全书·戏曲曲艺卷》前序说：

历史上首先使用"戏曲"这个名词的是元代的陶宗仪，他在《南村辍耕录·院本名目》中写道："唐有传奇，宋有戏曲、唱诨、词说。金有院本、杂剧、诸宫调。"但这里所说的戏曲是专指元杂剧产生以前的宋杂剧。

刘壎《词人吴用章传》说："至咸淳，永嘉戏曲出，泼少年化之。"咸淳年是南宋度宗的年号，共有十年即公元1265年至1274年。刘壎（1240—1319）字起潜，江西南丰籍，他是宋末元初人，而陶宗仪是元末明初人，也就说由于《词人吴用章传》记载，至少将"戏曲"一词提早了一个朝代。而且陶宗仪的"戏曲"是指宋杂剧，而刘壎的"戏曲"名含义是指永嘉南戏，是纯粹的戏剧样式，更符合戏曲的定义，（详见洛地《一条珍贵资料发现——"戏曲"和"永嘉戏曲"的首见》，《浙江艺术研究》第19辑。龚国光，《江西戏曲文化史》，江西人民出版社，2003年，第14页）

当然不能否认，"戏曲"一词在陶宗仪那个时代，已成了常用名词，陶宗仪在《南村辍耕录》卷27《杂剧曲名》云："稗官废而传奇作；传奇作而戏曲继，金季国初，乐府犹宋词之流，传奇犹宋戏曲之变，世传谓之杂剧。"此处的"戏曲"之义，指的也是宋杂剧。其实，早在陶宗仪的《南村辍耕录》一书以前，"戏曲"一词已在其他文献出现。如陶宗仪曾编撰过一部《说郛》，收录历代文献尤多，其中卷78收录了署名为"元　黄雪蓑"的《青楼集》一书，是一部记载元代杂剧及诸宫调艺人史料之书，是为戏曲史研究的珍贵资料，据人们考证此书为元代夏庭芝所撰，夏庭芝字伯和，号雪蓑钓隐，华亭人，但不管《青楼集》作者究竟是谁，该书由陶宗仪收录，此书撰写肯定早于陶宗仪的《南村辍耕录》。另据《青楼集》末尾有夏邦彦《题跋》中云："观全盛时，风尘中人物尚如此。呜呼，盛哉！余于青楼集不能无感云尔。至正丙午夏郡人夏邦彦书于风月楼中。"可知《青楼集》完成时间应早于元至正丙午年，即元朝至正二十六年（1366）以前。在《青楼集》有一篇《龙楼景丹墀秀》中云：

> 皆金门高之女也，俱有姿色，专工南戏，龙则梁尘暗簌，丹则骊句宛转。后有芙蓉秀者，婺州人，戏曲小令，不在二美之下，且能杂剧，尤为出类拔萃云。（《说郛》卷78，四库本）

从上文的内容来看，此处的"戏曲"，不是指元杂剧，也不是宋杂剧，而是指南戏，即永嘉戏曲了。

《词人吴用章传》一文对江西戏曲史贡献尤大，我们在前面说过，宋代江西临川文化史异常兴盛，当今也出现过众多临川文化史专著论文，但在戏曲文化方面，主要是谈明代的汤显祖、谭纶和宜黄腔，对宋代临川戏曲文化大多都语焉不详，这大概与没有阅读《词人吴用章传》有关。吴用章是南宋绍兴年间江西南丰人，是曾巩、曾布的老乡。南丰是宋代临川文化最为发达地区，从此文看，当时临川戏曲歌舞文化发达表现在如下几个方面：一是北宋教坊遗曲，其中包括宫廷雅乐歌舞，如曾布《水调歌头》，董颖《道宫·薄媚》之类的大曲，也就人们所说的汴都正音在江西南丰等江南地区流播传芳；二是当时著名词章如姜夔的《暗香》《疏影》成为南丰文人士大夫和伶工歌妓在宴会酒席上的必备节目，而且"并喧竟丽者殆百十年"；三是南戏，即永嘉戏曲在南丰盛行，并为当时追求时髦的"泼少年"改编成适合南丰本地上演的戏曲，也就是永嘉戏曲南丰化了，表现了南丰人创新求异的艺术精神；四是南丰地区在南宋时已形成两个年龄鲜明的不同戏曲歌舞艺术阶层，一个阶层是年龄大的"遗老"，他们以歌唱表演正音为主；另一个是年轻人阶层，他们追求时髦，对新兴的永嘉戏曲特别钟情，并且将它本地化。正是这四个方面，形成了南丰戏曲文化的兴旺景象。（详见龚国光：《江西戏文化史》"江西戏曲发展轨迹"，江西人民出版社，2003年版）

【第五章】

宋代临川文化在史学方面的成就

从文化史的角度，我们来审视宋代临川区的史学，你就会惊讶地发现，这也是一个硕果累累的文化园地，其主要表现是史学名家与史学著作迭出。如乐史、陈彭年、曾巩、吴曾等，都是宋代一流的史学大家。在宋以前，整个临川区历史园地一片荒芜，未出现一部历史著作。参考临川区各地地方志，又依据江西社会科学院所编的《江西著述考》与张德意、李洪编撰的《江西古今书目》统计，宋代三百年余年时间，临川区共有百余部史学著作问世，这是一个了不起的变化。所以，宋代临川区文化繁荣，亦得益于史学的昌盛。

第一节 曾巩的史学工作与史学成就

曾巩是著名文学家，也是一位著名史学家，只是因文名所掩，人们不太熟悉罢了。他自从嘉祐二年（1057）中进士为官以来，直至元丰六年（1083）逝世为止，其为仕生涯二十六年，其中有近十一年时间充任史学有关职务。嘉祐二年中举后，即授太平州司法参军，第二年就召回京师，编校史馆书籍，迁馆阁校勘、集贤校理、英宗实录院检讨官，前后达九年之久。元丰四年（1083）曾巩又任史馆修撰，判太常寺兼礼仪事，预修五朝国史，近一年时间。由于长期从事史学有关工作，成为朝廷上下一致公认的史学行家。连他的老师欧阳修也佩服他的史学造诣，其所撰《五代史》曾请曾巩提意见，曾巩提出了许多中肯意见，欧阳修感叹地说："《五代史》，昨见曾子议，今却重头改换，未有了期。"

（《欧阳文忠集》卷105）曾巩之弟曾肇也说：

> （神宗）一日诏中书门下曰："曾巩以史学见称士类，宜典五朝史事。"遂以为修撰。既而复谕公曰："此特用卿之渐尔。"近世修国史，必众选文学之士，以大臣监总，未有以五朝大典独付一人如公者也。（《子固先生行状》，《曲阜集》卷3，四库本）

嘉祐三年（1058），他第一次调回京师从事史学工作以来的九年时间，其史学成就主要是在古籍整理方面做出了巨大贡献。如汉代刘向所编的《战国策》三十三篇，是先秦纵横家游说活动的记录，传之宋代已散佚不少。宋国家藏书目录《崇文总目》记载：《战国策》第十一篇，缺。后清代《四库总目》卷51亦说，曾巩校书之时，"官本所少之十二篇"。曾巩访求了不少士大夫藏书家，才尽得其书，然后校正讹谬，使《战国策》三十三篇复完。又如《鲍溶诗集》，史馆所藏仅五卷，凡二百篇。史馆及《崇文总目》皆认为是鲍防所作，曾巩根据《文粹》《唐诗类选》等书考证，知为鲍溶所作。曾巩又求寻到欧阳修所藏《鲍溶诗集》，其中三十三篇是史馆所藏版本所无，曾巩别为一卷附于后，使《鲍溶诗集》增为六卷。又徐干的《中论》一书，内容主要是阐明儒家经义之作，当时馆阁所藏和世上认为只有二十篇。曾巩考证了《贞观政要》和《魏史志》等史籍，得知《中论》有二十余篇，因此他指出，当今流行的《中论》，"非全书也"。又如刘向所著的《说苑》，原有二十篇，《崇文总目》说，只存五篇，余皆散佚。又是曾巩辛苦访求，从士大夫间找到十三篇，合为十八篇。然后正其脱误，疑者存阙，整理成书。曾巩等人在整理《陈书》的过程中，颇花费了一番心血。此书是姚思廉父子更数十岁乃成。到了曾巩之时，此书"世亦罕传"，而馆阁所藏，又多脱误，恐不足以作为定本。于是曾巩等人上奏皇上，诏谕京师及州县的藏书之家，使献其上。然后经过近二年的收集整理，于嘉祐八年（1063）七月，才将《陈书》三十六篇校定出来，而对于其中疑惑之处，曾巩抱着严肃的态度，不妄作损益，特各附写于篇末。原《陈书》无篇目，列传名氏亦多阙谬，曾巩又特整理出目录一篇，方便读者阅读查寻。在整理《礼阁新仪》一书时，曾巩发现各版本篇目不但多少不一，而且前后次序也很混乱。于是曾巩定其次序，正其脱误，重新编写目录，使《礼阁新仪》三十篇复完。另在《南齐书》《列女传》《唐令》等古籍中，曾巩等人也做了整理工作。此后至熙宁二年二月，英宗实录院成立，曾巩为检讨官，负责《英宗实录》编写工作，这种为己逝皇帝一生历史做总结，当然是一件极为严肃极为重大的事情。正当此项当代史编修工作如火如荼开始时，他却被罢免职务，外迁越州通判。结束了他第一次史学工作。此时他五十一岁。以后他一直在地方任职，计十二年时间。

曾巩在整理古籍的同时，还为每部古籍写了目录序。如《陈书目录序》《梁书目录序》《鲍溶诗集目录序》《列女传目录序》《礼阁新仪目录序》《战国策目录序》《南齐书目录序》《唐令目录序》《徐干中论目录序》《说苑目录序》等。这些目录序得到后人高度赞赏。如姚鼐云："目录之序，子固独优。"那么，曾巩的"目录序"为什么独优呢？方苞说得最很清楚："南丰之文，长于道古，故序古书尤佳，而此篇（指《战国策目录序》）及《列女传》《新序》目录尤胜，所以能以欧、王并驱，而争先于苏氏也。"这些评论，都是从文学角度赞赏曾巩目录序，认为这些目录序写得淳古明浩，神采飞扬，使曾巩成为能与欧阳修、王安石并列并超过了苏轼的散文大家。而章实斋独以慧眼，看到了目录序在史学方面的成就。他在删订曾巩《南齐书目录序》中说："古人序编史事，无若曾氏此篇之得要领者，盖其窥于本源者深，故所发明，直起古人之大体也。先儒谓其可括十七史之统序，不止为《南齐书》一书而作，其说洵然。"

这说明曾巩目录序，所阐述之史见史识，高于一般常人。他能从历史上治乱得失、是非成败中窥探本源，来揭示深刻道理。如《南齐书目录序》中，曾巩提出"古之所谓良史者，其明必足以周万事之理，其道必足以适天下之用，其智必足以通难知之意，其文必足发难显之情"的著名论断。从而阐明了作为一个优秀史学家必须具备"明""道""智""文"四个方面的条件。如《梁书目录序》，从圣人之道，表明了他对佛教的看法:"自先王之道未明,百家并起,佛最晚出,为中国之患。"在《战国策目录序》中,曾巩提出了"盖法者,所以适变也,不必尽同;道者,所以立本也,不可不一,此理之不易者也"的主张,并围绕这一主张,用正反历史事实进行条缕细分的论证,使得此文不仅严谨醇正,而且分析深刻。另外,曾巩的目录序,在中国目录学史上,可以说占有十分重要的地位,这一点很少有人论及。中国目录学史至宋代已发展到繁盛局面,出现了一大批目录志书,如国家藏书目录《崇文总目》,如私人藏书目录晁公武的《郡斋读书志》、陈振孙的《直斋书录解题》与尤袤《遂初堂书目》等,这些书目的一个最大特点是在前人的基础上,形成了一种更符合书目的特点的"叙录体"的解题形式。但宋代众多目录书对每一本书籍的解题叙录,无论怎样完善,与曾巩的目录序比较,可以说是小巫见大巫。其学术价值,不仅是著录每本书的书名、作者、卷次、版本、校勘成果,而且详述学派之渊源,书中要指,以及自己学术见解。可以说每一篇都是精彩的学术论文,批评深刻,论述精辟。曾巩的每一篇目录序,虽为古籍整理成果,实为目录叙录体解题提供了经典型范文,这种范式后被清代《四库全书总目》完全继承。

宋神宗元丰四年(1081),曾巩以六十三岁高龄,重新回到中央,为史馆修撰,这一次他受神宗重视,重任独托,诏修太祖、太宗、真宗、仁宗、英宗《五朝国史》,正当他已开始撰写部分内容时,却未料皇恩难猜,次年四月,宋神宗突然下诏罢修《五朝国史》,陆游曾说:"元丰中,命曾巩独修《五朝国史》,责任甚重,然亦仅《进太祖纪叙论》一篇,纪亦未及进,而巩以忧去,史局遂废。"(《老学庵笔记》卷3)也许是对曾巩所写的《太祖纪叙论》不太满意,所以才使史局遂废。此时,曾巩写了一篇《拟辞免修五朝国史状》,从中我们可以看出一些端倪:

自到局以来,仰尊圣训,且将三朝国史,先加考详。伏见祖宗以来,神功圣德,巍巍之烈,至于历世,将相文武士吏言行声实,殊尤之迹,至高至大,已非愚臣所能究尽。况两朝国史,臣所未见。窃惟五世百有余年,圣贤事业,本末闳大。臣之浅薄,加以齿发衰晚,诚恐不能发明论次，以称陛下显扬褒大之心。虚食大官，汗青无日，以负陛下任属之意，此臣之所大惧也。况五朝旧史，皆累世公相卿士、道德文学、朝廷宗工所共准裁，既已勒成，为国大典。臣以至孤至远之迹，出深忌积毁之余，材质驽下，岂宜辄议损益？使臣仰恃日月之照，不知自任之妄，贪慕恩待，趣之以就事，诚恐黑白不当，律吕失次，方于旧史有失无得，以负陛下任属之意，此又臣之大惧也。若不早具上陈，自求罢退，至于岁月寖久，不职之罪已不可逃，虽欲乞身，已无可及。是以不避万死之责，敢干圣听。

在曾巩之前的淳化年间，李至等修《太祖国史》，咸平中，宋白等修《太祖国史》，最终都未能成功。因为太祖赵匡胤身上始终存在"黄袍加身"与"烛光斧影"的政治流言，对这段历史如何评价，如何做到既隐恶扬善，又不太背悖史事，是当时修史者颇费周折之事。也许曾巩所写的《太祖纪叙论》，也未能完美解决此事，所以他觉得自己"材质驽下，岂宜辄议损益？"使得"黑白不当，律吕失次"，于是提出辞呈。但不可否认的是，曾巩修史工作前后仅十个月时间，就十分遗憾地戛然中止了。

然而这十个月史料准备与撰写工作并没有白费，成为他撰写《隆平集》史书的最基本的史料。《隆平集》全书为二十卷，属于纪传体史书，《文渊阁书目》《郡斋读书志》《遂初堂书目》等目录书已著录。该书卷一至卷三记载宋太祖至宋英宗五朝一百零六年间史事，分成圣绪、符应、都城、官名等二十六门，每门又分若干条，不具首尾，颇似随笔札记，体例接近会要；卷四以下人物列传，分宰臣、参知政事、枢密、宣徽使、王后、伪国、侍从、儒学行义、武臣、夷狄、妖寇等十一类，立传二百八十四篇，三百一十一人，约十万余字。关于该书作者，历来都有争议。晁公武《郡斋读书志》认为该书"记五朝君臣事迹，其间记事多误，如以《太平御览》与《总类》为两书之类"，故怀疑非曾巩所作。《四库全书总目提要》也称，曾巩弟曾肇作曾巩行状，韩维撰《曾巩神道碑》胪述曾巩著作甚备，却无《隆平集》记载。恐非曾巩所作。然近人余嘉锡等认为《隆平集》确为曾巩所作。曾巩曾在元丰四年（1081）七月奉诏修《五朝国史》，至次年四月去职，从事编纂历时八月，未及撰成全书。《隆平集》当为《五朝国史》之底稿或草稿。该书所载章疏有《宋史》不备者，议论亦往往出于《宋史》之上，常被后人引用，可补正史之不足，有重要参考价值。此书初刊于南宋绍兴十二年（1142），有赵伯卫序。序中说：

> 南丰曾巩子固为左史日，尝撰《隆平集》以进。自太祖至于英宗五朝，圣君贤臣，盛德大业，文明宪度，更张治具之体，文武废置，军政大小之务，郡县户口，风俗贡职之目，柴燎祠祀学校科选之设，宰相百官降王外彝之事，分门列传凡一百六年，为书二十卷。当时号为审订，颁付史馆，副存于家。虽非正史，亦草创注记之流也。世之学者，前古之事，靡不历览，至于皇朝典故，则往往不知其源，或年代差舛，或名号错误，事辞失据，前后抵牾。盖其所传不审，而外之故事杂录，各附闻见，国史法禁，世莫得闻。每缙绅之士，文涉典故，则含毫犹豫，况于考著谱牒，载述碑颂，可使是非无准厚诬，当时致惑来世，今斯集所载，五朝之事，炳然在目。

所以，至少在南宋初期，此书就以曾巩所撰写史书名于世。宋人章如愚在《群书考索续集》卷16中干脆将此书说成《五朝国史》："《五朝国史》成于曾巩，一事迹之未究，不敢书也；一语之褒，春风和气；一字之贬，秋霜烈日；公论之在史笔，昭昭乎其不可揜也。"由此可见此书的学术价值与曾巩严谨的史学态度。

金石学是以古代金石器物作为研究对象的一门学科，也是近代考古学的前身，更是史学重要组成部分。在宋代文化学术范型中，金石学可以说是仅在宋代兴起和完成的一门最年轻的学问。王国维说："虽谓金石学为有宋一代之学无不可也。"金石学开山之作是欧阳修的《集古录》，朱熹说："集录金石，于古初无，盖自欧阳文忠公始。"紧踵老师之后，曾巩也作《元丰金石录跋尾》五百卷，曾肇《子固先生行状》云："集古今篆刻为《金石录》五百卷。"王士禛《池北偶谈》卷14《二金石录》也云:"曾子固亦集古篆刻作《金石录》五十(百)卷,见子开所撰《行状》。今《元丰类稿》第五十卷所载《金石录跋尾》仅十五条,曾未竟之书也。曾书在赵前,而世罕知者。"可见曾巩《金石录跋尾》在赵明诚《金石录》前所作。是继欧阳修《集古录》以后,又一部金石学力作,惜已散佚。今查中华书局点校本《曾巩集》卷五十,仅存十四条。就这十四条来看,曾巩开展了史学多方面的研究:一是以金石文献考订史书与前人记载之缺误。如《汉武都太守汉阳阿阳李翕西狭颂》,欧阳修认为是李会所作,曾巩见此碑,才确定作者为李翕,曾巩说:"欧阳永叔《集古目录跋尾》以为李会,余亦意其然。及熙宁十年(1068),马城中玉为转运判官于江西,出成州,所得此颂,始知其为李翕也。永叔于学博矣,其于是正文字尤审,然一以其意质之,遂不能无失。则古人之所以阙疑,其可忽欤!"此文又考证出史书漏载李翕史事:"翕治峙崄、西狭、郙阁之道,有益于人,而史不传,则颂之作,所以备史之阙。"像这种指出欧阳修《集古录》错误尚有几处,如《襄州兴国寺碑》:"欧阳永叔云:'兴国寺碑不知所在,特见其模本于太学官杨褒家。'"而曾巩却发现此碑在襄城西兴国寺中,曾巩高兴地说:"得之自余始,世盖未有传之者也。"再如《桂阳周府君碑并碑阴》,欧阳修说:"今碑文磨灭,云府君字君光,而名已讹缺不辨。《图经》但云周使君,亦不著其名,《后汉书》又无传,遂不知为何人。"而曾巩从韶州知州王之材求得此本,并从王之材来信中得知,周府君名昕,字君光,"则永叔云《图经》不著其名者,盖考之未详也。又有碑阴,列故吏及工师官号、州里、姓名,之材并模以来,永叔盖未之得也。"由此补正了欧阳修《集古录》之《后汉桂阳周府君碑》的遗漏与错误。二是以金石文献开展对中国书法史的研究。金石文献,几乎每一篇都是精美的书法作品。曾巩本人是一位书法家,他收藏金石文献的一个主要目的,就是保存与研究前世的书法作品。如在《尚书省郎官石记序》跋说,此序为唐代著名书法家张旭所书,张旭以狂草名世,人称张颠,此序却以楷体写就,尤为难得。所以曾巩说:"张颠草书见于世者,其纵放可怪,近世未有。而此序独楷字,精劲严重,出于自然,如动容周旋中礼,非强为者。书一艺耳,至于极者乃能如此。其楷字盖罕见于世,则此序尤为可贵也。"由此指明了草圣张旭楷书研究的方向。在《襄州偏学寺禅碑》跋,曾巩介绍了唐代赣州籍著名书法家钟绍京的作品,"其字画妍媚遒劲有法,诚少与为比。然今所见,特此碑尚完,尤为可爱也。"三是从文字学的角度来考证金石文献,如在《桂阳周府君碑并碑阴》跋中说,此碑将曲江、苍江、江夏之"江"字均写成"红"字,这是因为"盖古字通用,不可不知,此学者所以贵乎博览也。"又如刘敞曾得一商洛之鼎,其铭文云:"惟十有二二月旁死魄",连一向博识的蔡襄也觉得奇怪,他将"二二"相加,得出"四",一年只有十二月,蔡襄问刘敞,"十四月者何谓?"刘敞与欧阳修也不知道什么原因。于是曾巩又从文字学角度考证,他说,古人书写碑文,常将一个字重叠书写,如二、亦、人诸字,往往书写成上下两个"二"、两个"亦"、两个"人"字。"如此者甚从,则此文作'二二'者,特'二'字耳。永叔、原父、君谟皆博识,而亦有所未达,学者又不可不知,故并见于此。"(《桂阳周府君碑并碑阴》)

曾巩还撰有一部史学笔记类著作《南丰杂识》一卷。该书宋代目录书多未著录,仅南宋尤袤《遂初堂书目》著录为《南丰杂志》。元代不撰人《群书通要》卷9已集引录佚文,也作《南丰杂志》,元代脱脱《宋史·艺文志》著录有曾巩《杂职》一卷,中华书局《宋史》校勘记说:"《遂初堂书目》有《曾南丰杂志》,或即是书,疑'职'为'识'之误。"此意见相当正确。"职"与"识",无论繁体与简体字都极为相似,容易引起混淆。何况《杂职》作为书名,显得很生僻,另从所辑该书佚文来看,多作《南丰杂识》,故以此名。近代学者余嘉锡《四库提要辩证》卷5《隆平集》条,对此书进行详细考证:

《宋史·艺文志》"小说家"有曾巩《杂识》("识"原误"职")一卷,《遂初堂书目》作《南丰杂识》,刘壎《隐居通议》卷十四谓《元丰续稿》有《杂识》二三兵事,然朱子固未见《续稿》者,而其所编《名臣言行录》引《南丰杂识》多至七条，则不只《续稿》所收二三兵事而已。余若《宋文鉴》卷百二十六有曾巩《杂识》二首，《老学庵笔记》卷四引《杂识》一条，施注《苏诗》，亦引有《杂识》。张淏《云谷杂记》卷四云："吴曾《能改斋漫录》载王安国梦游灵芝宫，此事本曾子固所记，见于《南丰杂识》中。"皆不称为《元丰续稿》。可见《杂识》一编，在南宋时犹有单行之本。

由此而见，《南丰杂识》一卷，至少在南宋时期，已作为一部单行著作行于世，此书应为史事笔记体类著作，多记北宋时期曾巩所亲历见闻，信而有据，可补正史之缺。原书已佚。王河《曾巩佚著〈南丰杂识〉辑考》辑录该书《王洙修〈经武略〉》《狄青破侬智高》《孙甫蔡襄为谏官》《孙甫不党》《好善之心》《台官共谏濮王事》《仁宗命文彦博富弼为宰相》七条佚文，计四千字。发表在《江西社会科学》期刊上，可供读者参考。

第二节　宋代临川区史学著作述略

一、北宋时期临川区的史学著作

宋代临川区最早的一位著名史学家当以宜黄人乐史无疑，乐史（930—1007），字子正，别号月池，他在南唐后主时，以第一名考取进士，入宋后，又以五十岁高龄登太平兴国五年（980）进士，成为隋唐以来临川区第一位进士。他更是一位大著述家，所撰书一千余卷。其中以文学与史学作品尤为著名。乐史曾三直史馆，得职务之便，他阅读与编修了大量史书，其所撰的史书中，尤以历史地理类著作《太平寰宇记》二百卷，最为人津津乐道，而传世至今，此书我们将在下文专门论述。乐史历史地理类著作尚有《掌上华夷图》一卷，《宋史·乐黄目本传》《玉海》卷14与卷15均已著录，已佚，从书名看应是袖珍类地图。《坐知天下记》四十卷，《宋史·艺文志》（地理类）、《玉海》卷15《地理书》已著录，今已佚。乐史在《太平寰宇记自序》中说："不下堂而知五土，不出户而观万邦"，此书取名亦或许与此有关。《神仙宫殿窟宅记》十卷，《宋史·乐黄目本传》《玉海》卷58均已著录，已佚。其书具体内容不详。从书名看，应为各地传说中神仙宫殿窟宅介绍。

乐史撰人物传记类史学著作亦不少，有《唐滕王外传》一卷，《宋史·艺文志》"传记类"已著录，明代《文渊阁书目》卷一著录为一部一册，也就是说，至明代，此书尚传于世。唐滕王李元婴于唐显庆四年（659）都督洪州，营建著名的滕王阁，王勃作《滕王阁序》。此传为记李元婴事。《许迈传》一卷，《宋史·艺文志》"传记类"已著录，许迈，字叔元，一名映，丹阳句容人。后学道成仙。《晋书》卷八十有其传，乐史此传，应记许迈学道经历。此书今佚。《李白外传》一卷，一作《谪仙外传》，《宋史·艺文志》"传记类"已著录，记李白生平事。乐史在《李翰林别集序》中说："（乐）史又撰《李白传》一卷，事又稍周，然有三事，近方得之。"可见此书确为乐史所作，并增补李白轶事三条。此传虽佚，今人李剑国《宋代传奇叙录》辑得佚文三条。《孝悌录》二十卷，《宋史·艺文志》"传记类"郑樵《通志·艺文略》已著录，并云："乐史撰，起唐及五代至宋朝。"可见此书是记唐至宋初有关孝悌人的传记，又有《广孝传》五十卷，《广孝新书》五十卷，《玉海》卷55"淳熙编集孝史"均已著录，此二书应为《孝悌传》扩而充之之作，上述有关孝史之作均已佚失。

乐史留传下来的人物传记类著作主要有《绿珠传》一卷，《郡斋读书后志》卷1、《宋史·艺文志》"传记类"已著录，此书记晋石崇婢女绿珠殉主事。四库本《说郛》卷112上、鲁迅《唐宋传奇集》等已辑录。又有《绿窗新话》《顾氏文房小说》等丛书本。乐史又撰有《广卓异记》二十卷。《宋史·艺文志》"传记类"已著录。是书前有作者自序，称唐李翱有《卓异记》三卷，记唐代君臣卓绝事，其中多有遗漏。乐史先作续集三卷以补其阙。后又纂集汉魏以下至五代事，共为一帙，成此书。多从正史取材，多记官场若干巧合之事，又多录神仙事迹，故具小说规模，广为人传诵。此书所引诸书，有些已亡佚，具有文献价值。

是书《四库全书》列入"传记存目类",今新修《四库全书存目丛书》史部第87册有影印清康熙间刻本。此书另有《逊敏堂丛书》本、《笔记小说大观》本等。又有清康熙刻本,计二册,藏国家图书馆、北大图书馆、中科院图书馆。清光绪二十七年宜黄黄氏仙屏书屋活字本,四册,藏国家图书馆、南京市图书馆、江西省图书馆。清初虞山钱氏述古堂抄本,有刘之泗跋,藏台湾图书馆。清抄本,有清丁丙跋,藏南京市图书馆。乐史又撰有《杨太真外传》二卷,又名《杨贵妃外传》《杨妃外传》。《遂初堂书目》杂传类著录为《杨太真外传》,无卷数。《郡斋读书志》传记类作《杨贵妃外传》二卷,《直斋书录解题》《宋史·艺文志》俱作《杨妃外传》一卷。今传《说郛》三种及《顾氏文房小说》等丛书本,均为二卷。题《杨太真外传》。今新修《续修四库全书》第1783册收录影印国家图书馆藏清吴氏古欢堂抄本。本书将唐以来《明皇杂录》《开天传信记》《高力士外传》《长恨歌传》等书中,有关唐明皇与杨贵妃轶闻汇集缕析,并以杨贵妃生活经历为主要线索,加以铺排,第一次以完整传奇形式表现杨贵妃一生经历。此书对后人小说戏曲如白朴的《梧桐雨》、洪升的《长生殿》等均有直接影响。因而在"李杨"故事和演变发展过程中,具有承前启后的作用。乐史所撰的这些人物传记,一个最鲜明的特色是文学色彩浓重。虽文采斐然,但少严谨史笔,故许多目录史志将其归类于小说著作。

乐史还撰有许多科举类史书,如《贡举故事》二十卷,又称《贡举事》,《宋史·艺文志》(故事类)已著录,今佚。《登科记》三十卷,《宋史·艺文志》已著录,《郡斋读书后志》卷1载录云:"右皇朝乐史撰,记进士及诸科登名者,起唐武德,迄天佑末。"《通志》卷65《艺文略》载录为"《重修登科记》三十卷、《江南登科记》一卷,乐史撰,起唐讫五代。"《玉海》卷54《淳熙唐登科文选》云:"三年正月,乐史上《登科记》三十二卷、《唐登科文选》五十卷、《唐孝悌录》十五卷。"其中"淳熙"应为"雍熙",可知此书结集于雍熙三年(986)正月。此书今已佚,亦不见佚文。清李慈铭《越缦堂读书记》(史部·传记类)说:清徐松《登科记》是以乐史《登科记》总目为主,每科先列进士几人，次列诸科几人。由此而见此书梗概。又有《江南登科记》一卷，郑樵《通志·艺文略》已著录，宋人称南唐为江南，乐史曾在南唐登科任职，故此书应为南唐科举史书。今已佚。又有《宋朝登科记》三卷，郑樵《通志·艺文略》已著录，今亦佚。无独有偶，乐史的儿子乐黄目也撰一部历史地理类著作《圣朝郡国志》二十卷，《玉海》卷十二已著录，但亦未流传下来。

紧踵乐史之后，南丰人曾致尧在史学方面亦独有造诣。他是曾巩的祖父，曾致尧至少撰有四部史书，如《清边前要》五十卷，这属于兵书类史书。《崇文总目》卷6、《宋史·艺文志》已著录，宋王应麟《玉海》卷25："淳化二年（991），曾致尧掇集前世清边之要，列为十三门。《兵书》类云：十卷，集前代御戎守边要略，凡三十门。《国史》云三十卷。"虽记载卷数与分类数目不一致，但此书为前代防守边疆经验的总结，以供当政者参考，是无疑的。据曾巩《先大夫集序》载，该书应为五十卷，并已刊刻行世。致尧又撰有与此书内容相似的《西陲要纪》十卷，此二书今均不传。曾氏又撰有《广中台志》八十卷，这属于传记类史书。是书，在曾巩《先大夫集后序》、王安石《曾公神道碑》、欧阳修《曾公墓志铭》均载录。此前，唐代李筌撰有《中台志》十卷，录辅弼邪正之尤者，起商伊陟终隋虞世基，以皇、王、霸、乱、亡五者第之而为鉴戒。曾致尧认为李筌书叙事过于简略，且褒贬不当，于是在景德年间，作《广中台志》八十卷。《玉海》卷57云，《广中台志》以"自黄帝得六相而下，至于唐末，类事为二十四门。"内容比《中台志》更为繁富。曾致尧又撰有《为臣要纪》十五篇凡三卷，与此书内容相似。曾巩《先大夫集后序》称，此二书均已刊刻行世。惜早已佚失。

与上面所述乐史一样，南城人陈彭年也是南唐旧臣，他年少时就入南唐后主李煜宫内，作为太子伴读，后随李煜入宋。陈彭年（961—1017），字永年，后于雍熙二年（985）举进士，虽后官至参知政事，但也长期从事史书编修工作。景德元年（1004），他直史馆兼崇文院检讨，修《起居注》。不久又参与《册府元龟》的编修，后为龙图阁学士，又同修国史。陈彭年在史学方面成就，主要是纂修了一部南唐国史——《江南别录》，此书记述南唐义祖、烈祖、元宗、后主四代史实。原为四卷，每一代一卷，后不知何人并为一卷。该书对南唐政权的演变过程及其间激烈的政治权力斗争记载得十分翔实，是南唐历史的原始史料，对南唐政治研究有着重要意义。由于陈彭年年少时曾入南唐宫廷，亲身经历南唐政事，耳闻目睹宫廷掌故轶事，在这之前，汤悦、徐铉奉诏编写成《江南录》，陈彭年对此书不甚满意，于是私自纂修此书，以补《江南录》的不足，因以名《别录》，以示区别。此书虽多按时间顺序记述南唐四朝史实，但又不同于传统编年体史书，此书虽是为"伪吴、伪唐四主传也"（《郡斋读书志》卷 2 下），却不同于传统意义的纪传体史书，而是以一种十分超脱的笔记类的笔调来杂记史事，所以此书既有国家军政大事的描述，也有大小战争的翔实生动的描写，更有对人物性格的丰满刻画，甚至一些不能登大雅之堂怪闻奇事也照样书录于史内，如"徐知海妻吕氏为崇、陈仁杲得神助、赵希操闻鬼语诸条，皆体近稗官。"（《四库总目》卷 66）这是讲究春秋笔法的传统史书最为唾弃的。正如此，才显出《江南别录》一书别出一格，其史料之丰富，人物形象之丰满，史实事件之生动，也略胜于有关其他南唐史书。后欧阳修编写《新五代史》、司马光编纂《资治通鉴》多引录《江南别录》，成为是检视南唐的重要史书之一，故能流传至今。其版本主要有《四库全书》本、《学海类编》本、《古今说海》本、《墨海金壶》本等。另有明嘉靖二十三年陆氏刻本，计一卷一册，藏上海图书馆。另有多种钞本，如清彭氏知圣道斋抄本，中有彭元瑞跋，藏国家图书馆，清抄本，藏北京大学图书馆。

陈彭年还撰写了一部编年体史书《唐纪》四十卷，《宋史·艺文志》、《文献通考·经籍考》已著录。《玉海》卷 47 云："陈彭年以班固、谢承为《汉书》，而荀悦、袁宏为《纪》。虞预、王隐为《晋书》而干宝为《纪》。唐文物宪章可述，独缺编年之史，乃次新书，定为《唐纪》四十篇、三十万言，书目四十卷。起高祖、迄哀帝。"《文献通考·经籍考》引宋史学家李焘（巽岩）评论此书文曰："故参知政事陈彭年撰，彭年在真宗时，以博学称。凡朝廷大制作、大议论，多出其手。彭年所撰《唐纪》，盖用编年法。次刘明远新书最号疏略。

故三百年治乱善恶之迹，彭年亦多所脱遗。其后欧阳修、宋祁别修纪、志、表、传，及司马光编集《资治通鉴》行于世，则彭年此《纪》宜无足观。然彭年之用意亦勤矣。犹可与袁、干、裴、元等备一家言。而荀悦所谓参得失广视听者，要不可废也。"惜此书已佚。另，陈彭年还编写了一部举荐类史书，为《贡举叙略》一卷，《四库全书总目》已著录，但列入"存目类"。今新修《四库全书存目丛书》未见收录。是书记述历代以来举荐士人制度、措施，对举荐制度流变作了简要、清晰的概述。但此书历来疑为伪作，《四库全书总目提要》云："（此书）旧本题宋陈彭年撰，载曹溶《学海类编》中，实《册府元龟》'贡举'一门之总序，以彭年为作序五人之一，遂题彭年之名。然原本不言此序出彭年也。"此书已收入《学海类编》第42册及《丛书集成初编》中，对了解古代贡举制度有一定参考价值。

临川人晏殊不仅是一位文学家，也编纂了几部地理志书，如《方岳志》《舆地志》《十八路州军图》等。《玉海》卷14云："仁宗初，晏殊以十八路州军三百六十余所为图上之，表曰：'周公辨九州岛之土壤，以奠民居；萧何收天下之图籍，以定帝业。'"可见，晏殊将地理志书的编纂，认为是能够起到奠民居，定帝业的重要作用。可惜这些地理志书均未流传下来。无独有偶，南城文学家吕南公也撰写了一部与晏殊相似的地理志书，名为《十八路地势图》，其书也未流传下来，仅存一篇《十八路地势图序》中云：

余求世儒所出《禹贡图》观之，家各不同，则知其不能裁，以后世之所变然也。愿一作是书，欲见职方图经而不可得。熙宁末年，得所谓《十八路图略》者考之，参以《天禧九域书》，则四封际接往往差舛，盖画手之屡失也。以书正图而约以绘焉。（《灌园集》卷8）

吕南公在会试不利后，退筑室灌园，不复以进取为意。以著书为业，尤其想撰写史书，目的是想借史笔以褒善贬恶，于是以"衮斧"名所居斋。他特别想重修《三国志》，经过多年编纂，书将成而卒，此史书也未流传下来。所幸的是，他撰写的人物传记类史书《重修韩退传》却留存于世。元祐初年，陈铎为建昌守，甚不满意史书所撰的《韩愈传》，嘱托吕南公重修，《重修韩退之传》撰毕后，陈铎阅之，击节赞赏，又送给曾肇传阅，曾肇也"歆艳叹美"。其兄曾巩阅后说："吾乡姑山之秀，宜世不乏人。"（《灌园集》卷16）此传得到几位文化大家肯定，应为人物传记上乘之作。

北宋中期，临川人王安石与南丰人曾布曾相继荣登宰相之职，在熙宁变法中，二位都是风云际会的人物，王安石是熙宁变法的首倡者，故又称王安石变法，曾布是熙宁变法的积极推行者。从史学角度来说，二人都不约而同地创作了"日录"性质的宋代当代史研究著作。他们均以执政的亲身经历撰写"日录"，其史料之丰富与史料的可信度就大大高于一般的史书。王安石的《王氏日录》八十卷，又称《钟山日录》《熙宁日录》《王安石日录》《荆公日录》。《郡斋读书志》卷二下著录为"《钟山日录》二十卷，并云：'右皇朝王安石介甫撰，绍兴间，蔡卞合曾布献于朝，添入《神宗实录》。陈莹中谓安石既罢相，悔其执政日无善状，乃撰此书。归过于上，掠美于己。且历诋平生不悦者，欲以欺后世，于是著《尊尧集》及《日录》不合神道论云。'"《直斋书录解题》卷7著录为《熙宁日录》四十卷，并云："书本有八十卷，今止有其半。"《文献通考·经籍考》著录为八十卷。可知此书在南宋已散佚严重。今不见传本。然古文献多有佚文载录。王懋竑《朱子年谱》卷3、宋谢维新《古今合璧事类备要续集》卷50，均引录其佚文一条。尤以宋李焘《续资治通鉴长编》引录佚文最多，如卷212、卷214、卷215、卷216、卷217、卷223、卷236、卷245、卷260、卷261、卷302均引录其《日录》佚文多条。曾布的《曾公遗录》残三卷（存卷7至卷9），又称《曾布尔日录》《曾相手记》。明《文渊阁书目》卷6宙字号第一厨有《曾公遗录》一部七册，并注明已阙，此本尚见明《秘阁书目》及《菉竹堂书目》。晁公武《郡斋读书志》卷8杂史类下载有《曾相手记》三卷。陈振孙《直斋书录解题》卷7于史部传记类下，著录曾布《绍圣甲戌日录》一卷与《元符庚辰日录》一卷，并云："丞相南丰曾布子宣撰，记在政府奏对施行及宫禁朝廷事。"可见此二卷，即为《曾公遗录》一部分。中称绍圣甲戌为绍圣元年（1094），则原曾布所记始自绍圣元年无疑，元符庚辰为元符三年（1100），则原本起与终，均元符三年，由于其后在相位一年余，或许尚有两年的记事。李焘《续资治通鉴长编》（以下简称为《长编》）于哲宗绍圣四年直至现存末卷，除考异中注明引用《曾布尔日录》外，对照其文字，尚可见大量记载直接录自本书。由于本书是《长编》的原始史料，故本书亦可用以校《长编》。《长编》未言《曾布尔日录》卷数，但据现存部分，已知李焘所见要比陈振孙所见较全。晁公武《郡斋读书志》卷8杂史类下载有《曾相手记》三卷，查《永乐大典》目录，自卷19728至卷19736为《曾公遗录》一至九。后几经天灾人祸，《永乐大典》又复散失，今存卷19735尚见《曾公遗录八》，而七、九则仅见于清光绪间缪荃孙的《藕香零拾》辑本。今以《藕香零拾》辑本，参以《永乐大典》本及《长编》有关部分。则此书残卷起于元符二年三月，止于元符三年七月，按日月编排，详记当日君臣奏对之语。神、哲宗时期国史多次被修改，此书为曾布亲录，弥足珍贵。尤其元符三年三月至七月史事，今《长编》已佚，浙江书局辑《长编拾补》时，末见此书，故此段记载可谓填补空白。 此书《藕香零拾》辑本，为缪荃孙所辑，有光绪宣统间刊本，藏国家图书馆、上海图书馆、南京图书馆、江西省图书馆等。曾布曾主持编修了《神宗实录》二百卷，《文献通考·经籍考》说，《神宗实录》二百卷为"曾布等撰，起藩邸，止元丰八年三月，凡十九年"。据《宋史艺文志》载，曾布曾编《熙宁新编常平敕》二卷、《三朝正论》二卷二部政书奏议类史书。但均不传。汪藻曾说："文肃公薨于谪籍，公（指曾布子曾纡）不敢求为碑铭，独取平时奏对之辞会萃之，如辩明宣仁诬谤等事，名：曰《三朝正论》藏于家，不敢出者二十余年。靖康中始传，犹有仄目者，公不之恤也。"（《浮溪集》卷28《右中大夫直宝文阁知衢州曾公墓志铭》）正因为当时人视曾布为奸臣，所以他的作品很多都未流传下来。此一时期，临川人饶子仪还编写了一部《编年史要》，右司谏陈瑾为之作《序》谓其书事核旨密，有补于圣经。可惜此书亦未流传下来。

二、南宋时期临川区的史学著作

南宋时期的临川区史学著作也很丰富,首先应提到的是北南宋之际的临川人邓名世,字元亚,邓孝甫孙。精通经史,尤长于春秋之学。当时禁学《春秋》及诸史,而名世独嗜好此,每试有司,屡以援引《春秋》见黜,遂闭门研究经史,考三传同异,往往发儒者所未发。绍兴四年(1134)三月,因荐召对,进《古今姓氏辨证》和《春秋四谱》等书,得以赐进士出身。历任史馆校勘、校书郎、著作佐郎等职。参与《哲宗实录》《日历》编修,绍兴十一年(1141),以讥时政忤秦桧而被罢官。所著史书极富,还撰有文集。今存者唯《古今姓氏辨证》一书。《古今姓氏辨证》四十卷,为姓氏类史书,古人归于传记类史书。《郡斋读书志》《直斋书录解题》《宋史·艺文志》等目录书多已著录。其书卷首有高棐《序》,称此书"参订得失,无一字无来处,是诚古人之用心也。"此序写于宣和六年(1124),可知此书完成于是年前。又载其子邓椿年《序》,序云:

先君太史公生平留意姓氏之学,虽饮食梦寐弗置也。尤喜称道名公卿大夫家,人物之盛,勋业之懿,以诏子弟。故《古今姓氏书辩证》凡三本焉,其五卷者,成书于宣、政之间。时讳学史,方贫贱中,无书检阅,阙文甚多。其十四卷者,后稍铨次增补之,盖成书于建炎之初。是时晦迹穷山,携幼避地,无虚辰昨给礼(札)上于法官者是也。然居怀未满之意,其后蒙恩,备数太史之属者八年,始尽得铨曹命官脚色册,乌府班簿隐括次序之,稍稍备矣。绍兴辛酉冬放归山樊,家书稍备。会韩衢州美成同寓临川,借其家藏《熙宁姓纂》、《宋百官公卿家谱》稽考参订之。及将易箦,谓椿年曰:"《姓氏》未成全书,死不瞑目!"椿年泣奉以周旋,罔敢失坠,既卒,哭奉门人吴曾状,如浮梁乞铭于侍读尚书程公。公见椿年恸哭,首问遗书手泽所在。椿年具以实对。公叹曰:"子能嗣先君之志,吾亡友有子,可贺,门户其庶几乎!"别未数月,又以书来趣曰:"子读礼之暇,不宜坠先志姓氏,宜亟成书。迁延岁月，则编稿倒乱难记记矣。宜速俾老夫一观。"椿年既得是语，乃尽哀手泽遗编断稿，又取宋名公文集、行状、墓志订证次序之，厘为四十卷。即此本也。椿年孤陋寡闻，贫病不偶，幸不坠先志者，尚书公赐也。谨再拜书诸卷末，以告当代好古博雅君子焉。乾道四年三月朔牛马走椿年谨书。

可知此书邓名世仅作十四卷，其子邓椿年又续成此书，为四十卷。父子二人，历经艰难困苦，不坠修史之志，共同完成是书，正体现了临川史学家族拳拳修史之风。而其书长于辩论，大抵以《左传》《国语》为主，自《风俗通》以下，各采其是者从之，而于《元和姓纂》抉摘独详。又以《熙宁姓纂》《宋百官公卿家谱》二书互为参校。可补史传之缺。与其他他姓氏书相较，特为精核。《朱子语类》称邓名世"学甚博，《姓氏》一部，考证甚详"。此书编纂体例，与《元和姓纂》相同，"始于国姓，余分四声"。此书原有绍兴刊本，但散佚。《四库全书》编纂时，从《永乐大典》辑出，重为编辑，仍厘为四十卷，目录二卷，以韵隶姓，复姓以首字为主，附见于各韵之后。对于征引有论误的，附以案语，加以纠正。清代钱熙祚对此作有《校勘记》三卷。该书除有《四库全书》本外，尚有附有钱氏校勘记的《守山阁丛书》本、《丛书集成初编》本。另有清嘉庆七年（1802）敦礼堂刻本，计二册，藏上海图书馆。清钞本，计五册，藏上海图书馆。另有上海古籍出版社1994年8月与唐仲友书合刊本，附索引。邓名世又撰《春秋四谱》六卷，为春秋史研究著作。《遂初堂书目》《宋史·艺文志》已著录。据《宋鉴》载，绍兴四年三月，邓名世以刘大中荐，召赴行在，献所著《春秋四谱》，授为迪功郎。此书以经传国语，参合援据为国谱、年谱、地谱、人谱。惜此书已佚。邓名世对《春秋》颇有研究，撰有《春秋论说》《春秋公子谱》《列国诸臣图》《左氏韵语》《国朝宰相年表》等书合三百卷，朱彝尊《经义考》卷186认为其春秋类系列著作"研究经旨，考三传同异，往往发诸儒所未及"。可惜这些著作至今不传。

崇仁人吴曾也是南宋时期著名史学家。吴曾，字虎臣，因献所书补右迪功郎。后历任太常丞兼吏部郎官。历知靖州、全州、严州，后退居乡里。撰有《得闲文集》《君臣论》《负暄集》等书近二百卷，均佚。吴曾所撰史学著作主要有《左氏发挥》六卷，为史评类著作，又称《春秋发挥》。《宋史》卷202《艺文志》已著录，《直斋书录解题》卷3说："临川吴曾虎臣撰，取左氏所载事时为之论，若史评之类。"绍兴十一年（1141）六月，时为布衣的吴曾所献此书，因此，特补右迪功郎。此书已佚，今亦不见佚文。吴曾还撰有《南北征伐编年》二十三卷，该书为编年体史书，又称《南征北伐编年》。《郡斋读书志》卷5上已著录，为二十卷。吴曾编集，起自汉献帝，迄于周世宗。其意谓《资治通鉴》所载征伐之事，杂见于列国事中，读者不得专一稽考，至南北议论亦未详尽。遂效其体，凡一征一伐，靡所不载。周必大《文忠集》卷54《曾无愧三英南北边筹序》亦谈及此书云："临川吴曾著《南北征伐编年》二十三卷，起三国终五代，凡古今形势，师旅胜负，该贯无遗，仍集当时君臣议论，为分门事类一十二卷，其相谋相应，攻守通好，可指诸掌视祉之书，益加详焉。"此书在当时影响很大，金人闻有此书，亦取之加以研究。惜今不传。

  吴曾唯一留传下来的是文史笔记类著作《能改斋漫录》十八卷，此书又称《复斋漫录》。宋赵希弁《郡斋读书附志》已著录，作二十卷，《直斋书录解题》《宋史·艺文志》等作十三卷，清钱曾《读书敏求记》《四库全书总目》作十八卷，今本存亦十八卷本。该书编成于绍兴二十四年至二十七年（1154—1157），后因书中有讪笑王朝宗室语而遭毁版。重刊其书时为十八卷，已佚诙谐戏谑一类。仅分事始、辨误、沿袭、事实、地理、议论、记诗、记事、记文、类对、方物、乐府、神仙鬼怪十三类，约三十余万字。本书杂记见闻，内容广泛。有记载当时历史事件、人物掌故的，亦记辩证诗文典故、解析名物制度等方面内容。靖康之难，文献多有散佚，本书多有保存，如杜甫、韦应物、欧阳修、王安石、苏轼等作家逸诗、逸文，多赖此书留存。该书以记载赅博，考证精核闻名于世，可与洪迈《容斋随笔》相媲美。此书今有《四库全书》本、《墨海金壶》本、武英殿活字本、《丛书集成初编》本，另有清乾隆临啸书屋校刊本，计十册，藏国家图书馆、江西省图书馆，上海图书馆藏明钞本等。1960年中华书局参照各本校点出版，并辑有若干佚文附于后。是目前最为完备之本。另有1980年1月中华书局铅印本。

同为崇仁人的陈郁，也撰写了一部文史笔记类著作，名《藏一话腴》四卷。陈郁，字仲文，号藏一，盖取苏轼诗"惟有王城最堪隐，万人如海一身藏"之意。宋理宗时，特旨以布衣充缉熙殿应制，景定间为东宫讲堂掌书兼撰述。以诗文名世，宋度宗称其"文窥西汉，诗到盛唐"。恭帝德元年卒，年九十二。其子陈世宗亦有文名，人称"崇仁二陈"。《藏一话腴》四卷，又称《话腴》，《千顷堂书目》《铁琴铜剑楼藏书目录》卷十六已著录，均作一卷。《四库全书总目》入子部杂家类，作四卷。其书分甲、乙二集，或内、外二编，每集各编又分上下二卷。所记北南宋杂事，兼及诗话，或自抒议论，颇可警世。或出入经史，研考本末，足资参史。岳珂为其书作序云：

陈藏一以诗文名世，真西山、刘漫塘、陈习庵交称之。余始过其语，今观所述《话腴》，博闻强记，出入经史，研考本末，则可法度，而风月梦怪、嘲谑讹诞淫丽气习净洗无遗。岂非自思无邪三字中践履纯熟致是耶？乃知三君子可谓具眼矣！尝谓近时江湖诗人多然不夸而诞，则空而迂流于谒者皆是。惟藏一闭户终日，穷讨编籍，足不蹈毁誉之域，身不登权势之门，及叩其中，则词源学海浩乎莫之涯涘，若藏一岂多得哉？诗史曰：读书破万卷，下笔如有神。因为藏一诵，而并书之编首。

可见岳珂对此书评价甚高。此书今有重辑《百川学海》本、《古今说海》本、《说郛本》等，均为一卷本。又有《四库全书》本、《适园丛书》本、《豫章丛书》本，均为四卷本。《豫章丛书》本有魏元旷、胡思敬校勘记。另有明末毛氏汲古阁抄本，为一册二卷本，现藏国家图书馆、上海图书馆。民国五年刻本，一册四卷，藏上海图书馆、江西省图书馆。明金孝章手钞本，为四卷，藏台湾图书馆。据清陆心源《皕宋楼藏书志》卷63载，此书有明嘉靖俞弁钞本，为五卷本。

宋代临川区作者也撰写了许多地理地志类史书，其中尤以北宋乐史《太平寰宇记》最为著名，南宋崇仁人吴澥也撰有《历代疆域志》十卷与《宇内辨》十卷，但均已佚失，我们从群书中辑佚出五条佚文（见本书第七章第五节部分内容）。南城人童宗说与黄敷忠编纂的《盱江志》十卷《续志》十卷，虽已失传，但也有佚文留存于世。此书《遂初堂书目》已著录，未注明卷数与编者。《直斋书录解题》卷8著录，并云："郡守胡舜举绍兴戊寅俾郡人童宗说、黄敷忠为之。"胡舜举，字汝士，新安人，绍兴二十七年（1157）知建昌军。童宗说，字梦弼，南城人。高宗绍兴二十一年（1151）进士，官袁州教授。黄敷忠，亦为南城人，绍兴二十四年（1154）进士，知抚州。南城，宋时属建昌军管辖。建昌有盱江，故《盱江志》即《建昌军志》。此志修成于绍兴二十八年（1158），今有蒲圻张氏《永乐大典》辑本。今人黎传纪、易平《江西古志考》第528页、636页辑录该志佚文十五条。另，童宗说还编有《宜春志》十卷。《直斋书录解题》卷8已著录，云："袁州教授南城童宗说修，太守李观民也。"李观民绍兴三十一年（1161）知袁州，嘱时任袁州教授童宗说修此志。则此志修于绍兴末年。惜此志今已佚，亦不见佚文。今黎传纪、易平《江西古志考》第418页有此志书详细题录，可供参考。

南宋时崇仁人罗鉴曾编有《罗山志》。罗鉴，字正仲，罗点从弟。宁宗嘉定元年（1208），曾应邀纂邑志，三年八月成，即《罗山志》十卷，《罗山志》实际上就是《崇仁县志》，罗山在崇仁县西北，唐天宝中改为崇仁山，山因县得名，故取以名书。李伯醇修，罗鉴纂。又称《罗山志事》，光绪《江西省通志》卷103、《中国古方志考》、《江西古志考》已著录，据四库本《江西通志》卷80《邓虎传》称，罗鉴的《罗山志》，于嘉定十六年（1223）与邓虎之文及吴曾、何异文集，召入秘书省。可见其志在当时闻名。罗鉴为其志作《序》云："郡邑有志尚矣，崇仁为县六百余年，不为不古，此书独简略疏陋，览者病焉。余尝有志于斯，而未暇也。嘉定元春，西昌李君以簿领邑事，见委编次。于是请问耆宿，搜罗逸闻，遍考诸家记载，公私碑刻，而以详符《图经》为祖，累年荟萃，凡五十一门。载维诗文，不可不录，编而成集者，又四卷，总十卷，名曰《罗山志》。"曾瑛称其志"编次有条，援据有实，质而不俚，赡而不芜。"是《志》已佚。今《江西古方志考》下册第655页，引有六条佚文。

南宋临川人谢源曾编有《江西图经》若干卷。谢源（1124—1181），字资深，临川人。谢逸孙，敏行子。绍兴三十年（1161）进士，官建昌军教授，累迁南昌、邵武县丞。此志光绪《江西通志》卷103著录云："《江西图经》，宋，佚，宋谢源纂。"朱熹《晦庵集》卷91《邵武县丞谢君墓碣铭》云：谢源"调隆兴府南昌县丞，会李侍郎仁甫将漕江西，披辑旧闻，以修一路《图经》于官属中独以资深为可与于此者，又与诸使者共荐之"。另宋《遂初堂书目》著录有《江西诸郡图经》，撰人不详。疑即谢氏《江西图经》。此书早佚，今亦不见佚文。

南城人张国均也编了一部《新吴志》，张国均之"均"又作"钧"，字维之，嘉定三年（1210）知奉新县。编有《新吴志》二卷。《文献通考·经籍考》已著录，《直斋书录解题》卷8著录云："知奉新县盱江张国均维之撰，新吴，县旧名。嘉定甲戌。"新吴县，即奉新县。东汉中平三年，析海昏地置新吴县。南唐时改新吴为奉新，宋元仍之。其志今佚，亦不见其佚文。

除地方志外，崇仁人何异还撰写了一部山志，名《何氏山庄次序本末》一卷。何异（1134—1214），字同叔，号月湖，绍兴二十四年（1154）进士。调石城主簿，后历任萍乡知县、国子监主簿、监察御史、刑部侍郎、权工部尚书、知泉州等职。致仕卒，年八十一。有诗名，撰有《月湖诗集》。此志《文献通考·经籍考》已著录，《直斋书录解题》卷8著录云："尚书崇仁何异同叔撰，其别墅曰三山小隐，三山者，浮石山、岩石山、玲珑山，其实一山也。周回数里，叙其景物次序为此编。自号月湖，标韵清绝，如神仙中人，膺高寿而终，其山闻今芜废矣。"《渊鉴类函》卷25云："浮石、积书又曰浮石岩，在崇仁。三岩鼎立，中贯一溪，可容舫。宋尚书何异辟为山庄，表其胜迹五十五所，题曰三山小隐。"今其书已佚，唯有《浮石山庄》诗存于世。

何异另著有一部职官类史书《中兴百官题名》五十卷，此书《直斋书录解题录》卷6已著录，中云："监察御史临川何异同叔撰，首卷为宰辅拜罢录，余以次列之，刻板浙漕，其后以时增附。渡江之初，庶务草创，诸司间有不可考者多阙之。"明代杨士奇《文渊阁书目》亦著录，作一部五十册。可见在明代此书尚流传，清代《四库全书》编修时，此书尚散存于《永乐大典》中，但已残缺。今仅存《宋中兴学士院题名》一卷、《中兴东宫官寮题名》一卷、《中兴行在杂买务杂卖场提辖官题名》一卷，此三书应是《中兴百官题名》部分内容。也是从《永乐大典》辑出。又从该书中缝中亦题有"中兴百官题名"字样，故可肯定说，上述三书就是何异《中兴百官名》中内容。其中《中兴学士院题名》记载了建炎元年（1127）五月至嘉定五年（1212）二月八十余年近百名学士任职与除职时间。其他二书官职时间与人数亦相类从。据宋王应麟《玉海》卷119载，《中兴百官题名》作于绍熙间（1190—1194），疑误。应作于嘉定年间，上述三书亦作于此段时间。此三书对南宋官职史研究极有帮助。四库馆臣就依此考证出多位宋代作者任官职时间。三书合刊本，今新修的《续修四库全书》第748册收录影印上海辞书出版社图书馆藏清光绪二十二年（1896）缪氏刻藕香零拾本。另据《中国丛书综录》所记，上述三书再加《三公年表》一卷，有《藕香零拾》本。《宋中兴学士院题名》一卷，有《武林掌故丛编》单行本。另，国家图书馆藏《宋中兴百官题名》一卷，为清抄本。《铁琴铜剑楼藏书楼目录》卷12载，此楼藏有旧钞残本。

临川人叶季兴编写了一部史论类著作《瞽谭》一编。叶季兴，字英叔，博学工文。《瞽谭》一书，历代目录书多未著录。南宋宰相周必大《文忠集》卷188有《与临川叶季兴书》一信，中云："《瞽谭》一编，熟读累累，篇篇敬服，如谓武王乐舞，孔子明知之。晏婴近谀，孟子畀之。庄列异端，差自毫厘。周汉迁都，规模整暇。吕后称制之由，东晋机会之失，景帝深刻，尚知文帝之宽。德宗昏庸，犹习太宗之纳谏。申屠嘉禾为不学，李绩谲不可掩，譬之形过水镜，妍丑毕见。物遇权衡，轻重无差。此贯穿古今，审思力究之功也。至于明言形势，不如德之所出，足以彰博学。收人才于科举之外，足以观议论。"由此可见其书主要内容。元代吴澄有《叶氏謦谭序》一文，中云："观其所著《謦谭》一编，读经读史，评古评今，识见之高，议论之正，有非区区文人才士之所敢望，丞相益国周文忠公之深许之也。"可见两位文史大家对其书评价甚高。又云："先生之孙谊，栖栖贫篓，汲汲扬其先祖之美，资力于人，锓木以传其书。"可知此书在元代有叶季兴之孙叶谊之刻本行世。今其书不传。

临川人裴梦得撰写了两部有关汉代的史书——《史汉四纪》《汉注拾遗》。裴梦得，字及卿，李刘甥。另撰有《注欧阳公诗集》一书。《史汉四纪》与《汉注拾遗》二史书，历代目录书均未著录，宋魏了翁为此二书均作序，《鹤山集》卷55《裴及卿史汉四纪序》云："予昔放靖，临川裴及卿寓武冈，以所注欧阳子诗属予序篇。既及卿泝江入蜀，予亦会恩还里，一日过予，示《史汉四纪》。"中又云："是书之作，其不庶几于扶天理、正人心乎？予以其言之有益于世也。识一时问答，为《四纪》序。"《鹤山集》卷55《裴及卿汉注拾遗序》云："临川裴及卿作《汉注拾遗》，凡史官纪载，先后之失次，字义衍阙之异文，大而母后立纪，外戚封王，必明辨详说，以正人心。至于人物表九等之叙，有不当，律历志黍钧之数有不协，靡不搜索以归，于是邕、虔、康、瓒诸人，与先儒宋刘所注，既为之绳愆纠失。下至一物之微，如蛭蚁蝄蝉蜿龟之辨，弗敢忽也。及卿之于班氏可谓有劳矣！及卿博览强识，善著书，尝为《欧阳子诗补》《史汉四纪》，皆属予叙其端，今又以见属。"惜此二书今已佚。

临川人俞庭椿还撰写了一部地理类史书《北辕录》。俞庭椿，"庭"一作"廷"，字寿翁，乾道八年（1172）进士。主南安簿，历古田令，充金国礼物官。仕终新淦令。博通经术，曾师事陆九渊。另撰有《周礼复古编》。《北辕录》一书，历代目录书多未著录。明代凌迪知《万姓统谱》卷12云：俞庭椿"尝出使金，人自北地还，因纪次其道路所经山川人物，与夫语言事迹之可备采用者，为《北辕录》。"宋代黄震有《跋俞奉使北辕录（庭椿）》云："奉使俞公身入京洛，历览山川，访问故老，归而录之。慷慨英发，意在言外，而中原之故老，皆我宋之遗黎，一一能为奉使公吐情实，亦足见忠义人心之所同。览之不觉流涕，或者因以忠信行蛮貊褒之，是置中原于度外，弃赤子为龙蛇也。呜呼！岂奉使公作录本心哉？"惜此书今不见。

金溪人傅子云，字季鲁，号琴山，孝宗淳熙间为瓯宁主簿。为陆九渊得意门生。九渊出守荆门，嘱其代守槐堂，教授诸生。撰有《象山语录》《易传》《论语集传》《孟子指义》《离骚经解》等，今多不传。但其所编的《陆象山年谱》却流传下来。此书《四库全书总目》卷60云："《陆九渊年谱》，为其门人袁燮、傅子云同编。宝祐四年（1256），李子愿又重辑之，刘林为刊板于衡阳。（李）绂病陆氏家祠所刻，凡文与本集重见者多所刊削。又病其不载陆九龄、陆九韶事迹，乃重加补辑定为此本。"可知《年谱》，最初为袁燮、傅子云同编。今之所见《年谱》已经多人编辑。多载于《象山集》。另有明嘉靖三十八年刻本，现藏于国家图书馆。

北宋时，曾巩所撰的《金石录跋尾》五百卷，是继欧阳修《集古录》之后的又一部金石学的力作。南宋时临川人王厚之一人就编写了三部金石学著作，即《汉晋印章图谱》一卷、《复斋金石录》与《王复斋钟鼎款识》一卷。王厚之（1131—1240），字顺伯，号复斋，其先临川人，王安石从四世孙。王和父之孙。其祖徙诸暨（今属浙江），遂占籍诸暨。孝宗乾道二年（1166）进士。淳熙十二年（1185）监都进奏院。十五年（1188）为秘书郎兼权仓部郎官。次年，除淮南路转运判官。移两浙路转运判官。光宗绍熙五年（1194），由知临安县以事放罢。宁宗嘉泰四年（1204）卒，年七十四。好金石收藏，又特精鉴。《汉晋印章图谱》一卷，因宋代吴孟思所刻，王厚之考，又称《吴氏印谱》。《千顷堂书目》卷9、四库本《浙江通志》卷244《经籍四》已著录，均称王厚之撰。今四库本《说郛》卷97上存其书，又有宛委山堂《说郛》本。是书首打印章纽制，共为八类：一曰黄金橐驼钮，二曰金印龟钮，三曰铜印驼钮，四曰涂金龟钮，五曰铜印龟钮，六曰涂银禾龟钮，七曰铜印环钮，八曰铜印鼻钮。次列汉晋各种官印与私印图。并有详细考证。是不可多得的汉晋印章学文献。《复斋金石录》《王复斋钟鼎款识》一卷。《复斋金石录》一书，历代目录书均未著录。仅宋施宿等撰《会稽志》卷16《藏书》云："初荆国王文公，临川人，其从诸孙实来暨阳，今为直宝文阁，厚之平生澹泊无他好，独好聚金石刻，甚于嗜欲。又特精鉴，故所得尤多。自三代彝鼎欵识，秦汉以降碑篆铭碣、悬崖断壁题字纪绩，收剞补阙，整缉湮灭，皆大备于所著《复斋金石录》。家世有右军茧纸《建安帖》尤所宝惜，常以自随，其他汗牛充栋矣。迨及晚年，遂谓无可欲者。盖爱之专，有之又丰，世共知之，当自为一家云。"今其书已佚。《中国丛书综录》著录其有《王复斋钟鼎款识》一卷，清李慈明《越缦堂读书志》第567页有详细题记。是书有《百一庐金石丛书》本与中华书局1985年7月影印本，疑此书为《复斋金石录》一部分。另《全宋文》所收录其金石跋录，据《六艺之一录》等书所载，如《书石鼓文后》等，均来源于《复斋金石录》，可知此书尚未全部散佚，以《王复斋钟鼎款识》一卷名行世，此书另有清嘉庆七年阮氏积古斋影刻宋拓琉球纸印本，有清阮元跋，藏国家图书馆。清嘉庆七年（1802）阮氏积古斋影刻宋拓本，藏国家图书馆（清许瀚批注并跋；清谢鉴题款，清鲍逸福跋）、上海社科院、河南省社科院（清黄培芳跋）、台湾图书馆（清伊秉受题记）。清道光二十八年（1848）汉阳叶氏刻本、抄本，均藏国家图书馆。

南城人聂子述编有一部《郁孤台法帖》宋拓本。聂子述，字善之，号定斋，绍熙元年（1190）进士。宁宗开禧间，知瑞金县，历利州路安抚使、四川制置使，宝庆三年（1227）知赣州。官至工部侍郎。卒谥文定。有《定斋集》，已佚。《郁孤台法帖》宋打拓本，可谓稀世珍品。南宋理宗绍定元年（1228），知赣州事聂子述辑刻宋人诗、文、词于赣州名胜郁孤台。原刻石久佚。所幸尚有宋拓孤本存世，拓本遂以《郁孤台法帖》为名。此法帖所收李建中、蔡襄、黄庭坚、宋徽宗等人作品。尤以苏轼作品为多，计二十篇，考其十五篇，其中大都为苏轼佚文，是研究苏轼第一手最可信的资料。其余几篇，于《苏轼文集》与《苏轼诗集》诗文在文字上略有不同处，亦有校勘之用。此为宋拓孤本，原藏于上海图书馆，1999年12月上海书店影印出版。

临川区的作者为使史学知识普及，特花费相当的精力，用诗歌韵语形式编写史书。如临川人黄日新积三十年之功,撰成《通鉴韵语》六十卷。黄日新,字齐贤,与杨万里、朱熹、周必大等名人相交甚契。此书,《郡斋读书志》卷5上著录为九卷,并云:"右黄日新齐贤所著也。大略如李瀚《蒙求》,四言体,而列其事于左方。周平园、朱晦翁、洪容斋、谢艮斋、杨诚斋、楼攻愧诸老先生皆为之序。齐贤,临川人。"朱熹《晦庵集》卷82《跋通鉴韵语》云:"沙随先生程公以书见抵,盛称临川黄君齐贤为学之不苟也。既而齐贤亦橐其所著书六十卷以示余,余病衰目盲不能遍读。齐贤又亲为指画,乃得窥其大略。然犹恨未能有以究其蕴也。呜呼!是亦勤矣。因语齐贤韵语虽工,而诸图用力之深,尤不可及。虽无《通鉴》亦可孤行。"周必大亦赞之曰:"附图《通鉴韵语》,积二十余年之力,使千三百余年治乱兴衰,聚于一编,自博而约,以便观览。"杨万里亦云:"临川黄君日新齐贤,陟彼药山,瞻彼令芳,既撷而担之,复导而浙之,既硙而屏之,复糅而剂之。举二百九十四卷之书、一千三百六十四年之事,而纳之于四言之诗,目曰《通鉴韵语》。既成以书,走六百里缄其副寄予,且介艮斋先生之书,求予序之。予曰:是书不出而传学者,是书苟出,而传学者可以咏,可以弦,可以欣,可以慨。昔也病记览之艰,今则艰者夷。昔也病诵数之苦,今则苦者怿然,则齐贤三十年成之之劳,学者一日享之之逸也。齐贤无负于学者矣。"可知,是书因司马光《资治通鉴》博大浩繁,则用四言体诗形式,概记其书内容,便于学者记诵。又附有图,以便观览。原书为六十卷,后散佚为九卷。得众多名人赞赏。今其书一卷亦不存。惜哉!

宋末金溪人黄继善也编写了一部《史学提要》三卷四言韵语史书。黄继善,字成性,一作南城人。宋遗民。《史学提要》三卷,应为史评类著作。《文渊阁书目》卷二已著录,作一部二册。《四库全书总目》列入"存目",作一卷。是书以四言韵语编贯诸史,始于上古,迄于宋末,条理井然。以便于初学者记诵。此书闻世,即得赞赏。元代程文海《雪楼集》卷22有《黄成性史学提要赞并序》一文,中云:"史之为书也,博而杂。其为学也,烦而易遗,出没浩瀚而不可执也。必设罗落以张之。混溷阖辟而不可穷也,必立检柙以制之。此《史学提要》所攸出,而始学者宜尽心焉。故为之赞。"后其书被朱升编入《小四书》之中，并说："黄成性《史学提要》，使知传统事迹之详。"明代杨士奇《小四书二集》一文说："小学之教其废久矣。歙人朱升辑方逢辰《名物蒙求》、程若庸《性理字训》、陈栎《历代蒙求》、黄继善《史学提要》为一编，谓之《小四书》，以教初学。庶几古人遗意，其上及旁皆有注释，尤便于教者。刻板今在婺源。"可见，明代有婺源刻本。此书在普及史学知识方面，成就颇大。后此书罕见于世，清代江西宁都学者魏禧自广陵携入江西，见者惊叹，以为秘本。魏禧重订其所阙，又嘱盱江涂氏补撰二篇，复为之注。今有《小四书》本、新编《四库全书存目丛书》史部280册有影印明钞三卷本。另有清康熙五十五年笺释五卷本，又有七卷本，为清代黎川涂氏补撰本，清乾隆十八年刊刻行世，二本均藏江西省图书馆。据《藏园群书经眼录》卷6载，此书有元刊本，十一行，行二十二字，黑口，四周双栏，题"临川黄继善成性编"，"盱江吴志尹此民校勘"二行，藏日本帝室图书寮。

最后，我们不能不谈谈临川人曾极《金陵百咏》诗一卷与林月香的《痴绝集》二部咏史诗著作。《金陵百咏》诗一卷，是为写金陵史事而作。金陵是六朝故都，历史古迹极多，而每一名胜古迹，似乎都寓含着一个鲜活的历史故事。而用近百首诗（实为九十五首）描写近百处金陵古迹，其意义不仅仅是模山范水，诗中所表现出历史沧桑感与鲜明爱憎情，完全可以将其当作金陵史事来阅读，而且，它还不同于一般咏史诗，作者在大部分诗前，都要对此吟咏的古迹进行介绍，这又像是地理志书。我们举一首《秦淮》诗为例，诗前是这样介绍的："秦淮，在县南三里，始皇时，望气者言：金陵有天子气，使朱衣凿山为渎，以断地脉，改金陵为秣陵。晋阳秋秦开，故曰秦淮。或云淮水发源，屈曲不类人工。"将秦淮的名称的来历与地理位置介绍得十分详细。然后是诗："凿断山根役万人，祖龙痴绝更东巡。石城几度更新主，赢得淮流尚系秦。"所以我们完全可以将其当作一部用诗歌写成的金陵史与金陵志。作者曾极，字景初，号云巢，一作南丰人。曾滂子。虽为布衣，但因作《金陵百咏》，而付出生命代价。宁宗嘉定间，以题金陵行宫《龙屏诗》，抨击偏安一隅,忤史弥远,贬道州,卒于贬所。这首《龙屏诗》,诗前是这样介绍的"古龙屏风,宣和旧物。高宗携之渡江,后坏烂,宫官惜之,剪裁背成屏风,立殿上。"诗云:"乘云游雾过江东,绘事当年笑叶公。可恨横空千丈势,剪裁今入小屏风。"词中所含偏安一隅之讽喻,所寓黍离之感,不言自明。由此激怒了权臣史弥远而酿成诗案,曾极遭遇流放之罪,最终卒于流放之地。故罗椅尝谢其惠《百咏书》云:"不知景建是何肺腑,能办此等恼人语于千载下。"可见《金陵百咏》影响之大。此集有《四库全书》本、清道光间朱绪曾刻本、《观古堂汇刻书》本、《郋园先生全书》本等。另有清宣统三年南昌道署重刻本,现藏国家图书馆及上海图书馆、江西省图书馆。其另撰有《舂陵小雅》,已佚。

临川人林月香,宋末执教临汝书院。其所撰《痴绝集》也为咏史诗集。此书历代目录书多未著录。仅见于吴澄《吴文正集》卷15《痴绝集序》一文,中云:"昔予弱冠,与郓程巨夫同学临汝书院时,月香林君以乡先达,日坐前庑位。予二人朝夕出入,以诸生礼诣位趋。揖然后退。不十年事大异,各去不相闻也。而巨夫为达官,位于朝。予为农夫,耕于野。林君亦归隐于市。又数年,君暂出为县大夫客,始相见。予既壮,君亦老矣。俱忘言,不暇相问且相悲也。一日,君以咏史一编示予。予每谓作诗难,咏史尤难,安得有人能一洗胡曾之谬者。如君《铜雀台》诗,胡曾有是哉?君谓观者必笑其痴,而自名之曰《痴绝》,意必有在,予不敢易度。读至《申包胥》:'楚人一缕垂亡命,尽向秦庭哭得回。'至《鲁仲连》:'六国既亡秦一统,如何却道帝秦非。'矍然曰:'谁谓君痴',感叹久之。再读至《冯道》:'那知老子痴顽福,曾见官家历五朝。'至《顾恺之》:'可怜几幅通神画,只入桓元夹道中。'为之掩卷抵掌。"今其集早佚,林月香几首咏史诗残句,亦赖其《序》方留存下来。今《全宋诗》亦据此序,收录其残诗四首。

除上述史书外,两宋临川区尚有许多奏议类史书,如南丰曾易简的《两汉谏议》五十卷、曾易占《时议》十卷、曾肇的《曾肇奏议》十二卷、曾统《台谏奏议》十卷、陈宗礼《两朝奏议》、赵崇嶓《白云谏稿》;临川的邓孝(一作考)甫《三朝奏议》、蔡承禧《蔡承禧奏议》十卷;

崇仁谢公旦的《奏稿》六卷、罗点的《罗点奏议》二十三卷、饶应龙《饶应龙奏稿》三卷，这些奏议类史书有些是已收入本人文集中，而更多是已失传。除奏议史书外，南丰曾易简撰有《唐臣事迹》二十卷、临川汪大经撰有《临川耆旧传》、孙仲泂撰有《孙会神见录》、邓虎撰有《治国要语》，南城陈景元撰有《高士传》一百卷、梅鼎撰有《史论发蔀》，东乡吴名扬撰有《野史》四十卷，南丰谌祐撰有《史汉韵记》，宜黄邹次陈撰有《史抄》十卷，金溪陆九韶撰有《州郡图》、邓立志撰有《精忠录》，崇仁作者佚名撰有《江西罗氏世征录》、林彦掞撰有《史评》与《汉官考节》、饶应龙撰有《史讨》三十卷，广昌何坦撰有《读书臆见》，等等。这些史书绝大部分已经失传。仅见于地方志等史籍记载。

第三节　历史遗迹的文化重量

一、宋以前临川区历史遗迹

宋代临川区的文化突兀而起的繁荣，使中外学者都感到分外惊讶。然而，任何一种文化绝不是天外来客，一朝而蹴。它都是要在继承前人的丰硕文化成果的基础上，才能繁荣发展起来，这就是文化发展继承性与连续性。宋代临川文化，作为江西一个时代的地域性文化，是整个江西文化的一脉清流，一个分支。主干之强壮，决定了分支的繁盛。正因此，两宋江西文化正可谓处在如日中天的黄金时代，才带动了临川文化的繁荣，这是其一。其二是作为区域性临川文化，在宋代之繁荣，也是宋以前临川文化薪火相传的必然结果。那么宋以前临川文化又是一个怎样的情况呢？追本溯源可以到缥缥缈缈的远古时期，考古工作者曾发掘不少临川之地的文明遗址，无论是乐安鳌溪镇等四处新石器时代遗址，还是临川县章舍、乐家寨等19处商周文化遗址，或是临川上顿渡罗家寨战国时期遗址，等等，都雄辩地证明，新石器至商周战国时期，临川地区的先人们已经开始在这块荒莽之地生活着并创造文明，此一时期，临川文化还处于筚路蓝缕开创阶段。直至宋以前，临川文化甚至包括整个江西地区文化，都远不及中原地区，还处于童稚起步阶段。虽然此一时临川区也产生过一些文化名人，如临川人邓通，曾官曹魏时冯翊太守。临川人周敷，曾任梁陈时的宁州刺史与豫章太守。乐安人黄法（毦）却是以军事著名的梁陈时的将领。直至唐五代，临川文学才稍有起色，出现了临川文学史上第一位诗人杨志坚，第一位女诗人晚唐乐安的孙氏，第一位散文作家唐末南城的危全讽，第一位写诗最多的诗人五代乐安的孙鲂。同时在政治领域，也出现了第一位宰相五代南城的元德昭。这种破天荒式的第一，虽为临川文化童稚学步中的跫然足音，但与全国相较，他们的分量很轻，很轻。

而此一时期最值得称道的是，外籍的文化名人以他们极高的文化素养，挟带着中原文化基因，在临川大地上撒播着文化种子，催发临川文化这颗嫩芽，并留下了众多的文化遗迹。如西汉的长沙王吴芮是第一位来到临川区的著名历史名人，东乡县的吴岭、南丰县之军山，都是为纪念吴芮而得名，许多临川文化类项的源头，都可追溯到吴芮身上。如南丰县祭祀军山神的风俗，就是源于吴芮："旧传汉吴芮尝攻南粤，驻军此山，其将梅鋗祭焉。礼成，若有士骑麾甲之状，弥覆山上，因号军山。邦人祀之，盖自兹始。唐开元中，复见灵迹，乃大建祠宇，承事益虔。"（曾肇《南丰军山庙碑》）而在宋代临川地区盛极一时的傩舞，相传也就是由他带到临川区的：

（傅大）辉尝考宋时邑志旧本载：汉代吴芮将军封军山王者，昔常从陈平讨贼，驻地军山，对丰人语曰："此地不数十年，必有刀兵，盖由军峰耸峙，煞气所钟，凡尔乡民一带介在山陬，必须祖周公之制，传傩以靖妖气。"（傅大辉《金沙余氏傩神辨记》）

而对宋代临川区绵绵儒风产生重大影响的最早的文化名人，应是东晋时期的著名书法家王羲之。作为山东临沂人王羲之，应是中原儒学家的代表人物，他于东晋成帝咸康元年至六年（335—340）任临川内史，在五年内的任期内，其政绩史无确载，乏善可陈，却意外地留下一方临池学书的洗墨池的文化遗迹：

王右军故宅在郡东南三里，荀伯子《临川记》云："王羲之尝为临川内史，置宅于郡城东高坡，名曰新城。旁临回溪，特据层阜，其地爽垲，山川如画。今旧井及墨池犹存。"每重阳日，郡守从事多游于斯，因立亭曰茱萸亭。（乐史《太平寰宇记》卷110）

宋代《太平御览》卷170也说："每至重阳日，二千石已下，多游萃于斯。"也就是说至宋代，墨池已成为达官贵人、文人墨客瞻仰之地。并不是因为墨池有什么奇特之处，而是它传递出一种刻苦学习的"墨池"精神，宋代曾巩散文名篇《墨池记》就很好地总结了这种精神，说王羲之在临川"慕张芝，临池学书，池水尽墨"，于是书法大有长进。阐明了其书法成就是"以精力自致者，非天成也"的道理，并希望莘莘学子刻苦勤修学业，努力深造道德，成为有利于国家，留芳于后代之人。于是王羲之墨池历史遗迹，就成了一种有深刻内涵的文化符号，激励着一代又一代的临川学子刻苦学习，倡盛文风。而在宋代，墨池精神更是表现得特别突出：

【临川王右军墨池】临川郡学，在州治之东，城隅之上，其门庭之间有池，深而不广，而旱暵不竭，世传以为王右军之墨池。每当贡士之岁，或见墨汁点滴如泼，出于水面，则次春郡人必有登第者。荆公《送和甫奉使江南诗》云："为我聊寻逸少池。"曾子固尝为之《记》。郡人谢逸尝赋诗云："张芝学书池水黑，章草如芝古无敌。右军睥睨难抗衡，恨不临池作书癖。云何汝水之上崔嵬峰，到今方池有遗墨。此事不特古老传，往往故事书简册。南丰先生欣得之，手挥巨笔飞霹雳。云是"逸少徜徉山水间，笔墨淋漓此其迹。呜呼胜事妙入神，千年尺水清粼粼。有时水面浮墨过，纷纷郁郁非烟云。我书欹倾不成字，秋雁斜行落窗纸。印泥沙法安可传，独抚余踪玩清泚。但当一日书一箧，笔踪或在子钦行。他年若榜凌云殿，定不悬橙白头如仲将。"（吴曾《能改斋漫录》

卷 11）

于是墨池在宋代的临川区已成为一种文化圣物，它能预示科举成绩。墨池的异常变化，成为是否"他年若榜凌云殿"的象征。南宋宜黄人刘名世，是孝宗淳熙二年（1175）进士。他在《墨池发祥诗呈蒋教》诗中，更是将墨池出现"墨龙"现象与临川科举人数激增紧密联系在一起。他在此诗序中说："韩子苍《杂抄》云：池中忽时水墨，辄有物如蜴蜥之状隐然自水底而出，谓之墨龙。士试于有司者，每谓此物现则得人多，往往皆验。"其诗云：

城头学宫高巍巍，中有方井号墨池。穷冬不竭春不溢，往往石眼通江湄。故老相传右军宅，涤砚濡毫向池侧。兰亭绝笔迹成尘，此间池水犹能黑。绍兴之年值丙寅，一夕郁郁浮乌云。乡间拭目看盛事，集英三唱人姓陈。又闻淳熙改元岁，隔春预作文章瑞。甲科夺得汉庭魁，贤关解褐冠多士。九岁奇童面圣颜，阖郡十人俱赐第。近来复作烟雾飞，盈盈玉斗磨歙丝。忽焉阴霾黯苍颜，模糊顷刻风披披。巧如奇花开异草，天女织出绞绡衣。须臾变态千万状，妙手点染水墨奇。此事颇亦涉神怪，疑有鬼物来游嬉。不然下垫千年龟，图书之祥将发挥。吾乡文物盛洙泗，执经问道肩相随。残膏剩馥大沾溉，诸生借润今其时。文昌终有应图契，韩门高第皆可为。先令地脉进佳贶，主张在公非义之。（《全宋诗》，第五十册，第 31056 页）

宋代临川区科举人才可以用大爆发来形容。整个唐代临川区没有一名进士，而两宋时期临川区有进士 1293 名，而此时江西有进士 5751 名，占全省的五分之二。仅以诗中所述绍兴丙寅年（十六年）（1146）墨池出现浮乌云现象以后，至十八年（1148）进士榜中，临川区考取进士 16 名，此榜江西有进士 62 名，临川区大约占全省进士的四分之一。再从诗中淳熙改元的隔春，即淳熙二年（1175）进士榜中，江西进士 61 名，临川区中进士 15 名，大约占全省五分之一。然而这一榜有两个特别现象，一是宜黄人罗点为进士第二名，所以诗中会说"甲科夺得汉庭魁"，第二是临川人王克勤以九岁小小年纪中童子科，补从事郎职，由于年纪太小，就秘书省读书，故诗中会说："九岁奇童面圣颜"。后来，王克勤又考取了淳熙十四年（1187）进士，此时他也仅二十一岁。所以南宋宰相周必《抚州登科题序》中赞扬说："近乙未岁（即淳熙二年），罗点廷试为榜眼，刘尧夫释褐冠上舍，克勤由童子举入馆阁，是又盛事。"(《文忠集》卷54）虽然科举等级并不能全等于文化等级，但在中国古代社会，科举人才是衡量一个地区人才的主要标杆之一，也是一个地区文化繁荣与否的主要表现。再看刘名世这首诗，暂且撇开其迷信成分，连作者自己也承认墨池出乌龙现象"此事颇亦涉神怪，疑有鬼物来游嬉。"无可否认的是，王羲之的墨池这一历史遗迹是宋代临川文化发祥地之一，宋代临川区文化之所以会有"吾乡文物盛洙泗，执经问道肩相随"的兴盛局面，与临川莘莘学子继承墨池所表现出的孜孜不倦、刻苦学习的精神是分不开的。

王羲之来临川近百年以后，即宋文帝元嘉八年（431），南朝刘宋著名山水诗人谢灵运出任临川内史。这位被刘宋统治者一直猜忌的诗人，却被临川山水所陶醉，创作了不少诗歌，如《被发入南城》《华子冈麻源第三谷》等，使当时尚未被人熟悉的临川名胜风景一时名扬天下。而谢灵运留给临川的最著名的历史遗迹是翻经台。《太平寰宇记》卷110说："翻经台在县北四里，《宋书》：谢灵运为临川内史，于此翻大涅槃经。唐大历四年于经台基北，立宝应寺。"《明一统志》也说翻经台上原有"翻经台"三字，后存于宝应寺。唐代颜真卿专门写了一篇《宝应寺翻经台记》详述其事，中云：

抚州城东南四里有翻经台，宋康乐侯谢公元嘉初于此翻译《涅槃经》，因以为号。公讳灵运，陈郡阳夏人也。祖元晋车骑将军，父瑛秘书郎。公幼颖悟好学，博览群书，文章之美，江左莫逮。以袭祖爵，世人宗之，盛称谢康乐。每一诗出，都邑莫不竞写，宿夕之间，士庶皆徧。除临川内史，公以昙无讖所翻《大涅槃经》语小朴质，不甚流丽。乃与沙门范惠严匡、慧观,依旧《泥洹经》共为润色,勒成三十六卷。义理昭畅,质文相宣,历代宝之,盛行于天下。……铭曰:……谢公发挥,精义入神。理绝史野,文兼郁彬。一垂刊削,百代咸遵。遗迹忽睹,高台嶙峋……

《涅槃经》是佛教重要经典,原为昙无谶翻译,人称北本。后经谢灵运等人重译,顿时增色不少,文笔极为优美流畅,成为"百代咸遵"的范本,人称南本。由此而见,谢灵运为佛教经典的整理做出了巨大贡献,于是翻经台成为临川区一大佛教文化名胜,受人瞻仰。由于有了这么一个典故,临川后人在灵谷峰建立一座灵运祠,为其塑像,称为"康公菩萨",每当水旱之灾,都要请出"康公菩萨"游行,以祈消灾赐福。翻经台自然也成为宋代临川诗人经常歌吟的对象。有诗为征:

吾祖牧临汝,滞讼清公廷。胥吏退雁骛,疏帘挂寒厅。鼓角唤幽梦,草色池塘青。双旌引五马,驾言出郊坰。足蹑云端屐,手展贝叶经。税驾妙高台,几砚陈轩楹。朱墨纷在眼,梵字森如星。台倾人已寂,声名蔼余馨。想公忘言处,角挂山中麐。(谢逸《溪堂集》卷2)

这是宋代临川籍诗人谢逸一首《翻经台》诗,谢逸姓谢,于是将谢灵运称为其祖,表示对他的极大尊敬。虽然此时翻经台已经荒毁,但其翻译的佛教经典"朱墨纷在眼",其声名亦余馨远播。所以唐代王勃在著名《滕王阁序》会说:"邺水朱华,光照临川之笔",这临川之笔,指的就是前面所述的两位临川太守王羲之与谢灵运。

无独有偶,至唐代代宗大历三年(768),与王羲之同享并誉的唐代大书法家颜真卿来抚州任刺史。虽此时他已年近花甲,又为贬谪之职,但他勤恳任职,政事与文事都做得风生水起,有声有色。政事方面,他大兴水利,为临川区农业发展起了重要作用。文事方面,他在抚州留下了众多诗文,其中尤以《抚州宝应寺翻经台记》《抚州临川县井山华姑仙坛碑铭》《抚州宝应寺律藏院戒坛记》《华盖山王郭二真君坛碑记》《麻姑仙坛记》五篇碑铭文最为著名。细心的读者一定会发现,这五篇文章都是为临川区佛道两家名胜所作，因此，颜真卿为抚州佛教与道教文化发展及名胜古迹起了巨大的推介作用。其中《麻姑仙坛记》一文，最为耐读，亦最为著名，首先他以神采飞扬的笔调详细介绍了麻姑得仙的经过及麻姑山的由来。接着说：

大历三年，真卿刺抚州，按图经，南城县有麻姑山，顶有古坛，相传云麻姑于此得道。坛东南有池，中有红莲，近忽变碧，今又白矣。池北下坛傍有杉松皆偃盖，时闻步虚钟磬之音。东南有瀑布淙下三百余尺。东北有石崇观，高石中犹有螺蚌壳，或以为桑田所变。西北有麻源，谢灵运诗题：入华子冈是麻源第三谷，恐其处也。源口有神，祈雨骤应。开元中，道士邓紫阳于此习道，蒙召入大同殿修功德。二十七年，忽见虎驾龙车，二人执节，在庭中，顾谓其友竹务猷曰："此迎我也。"可为吾发愿，欲归葬本山，仍请立庙于坛侧，玄宗从之。天宝四载，投龙于瀑布石池，中有黄龙见。玄宗感焉，乃命修仙宇真仪侍从云鹤之类。于戏！自麻姑发迹于兹岭南真遗坛于原花姑表异于井山。今女道士黎琼仙，年八十而容色益少。僧妙行梦琼仙而湌花绝粒。紫阳侄男曰：德诚继修香火，弟子谭仙岩法箓尊严，而史玄洞、左通玄、邹郁华皆清虚服道，非夫地气殊异，江山炳灵，则曷由纂懿流光若斯之盛者矣。

文中所说："东北有石崇观，高石中犹有螺蚌壳，或以为桑田所变"。不仅印证了中国成语中麻姑所说"沧海桑田"论断的正确性，而且最具科学论断，颜真卿的这一发现实际上是自然科学中地壳变迁的地学思想，比沈括在太行山发现螺蚌化石早300年，比欧洲文艺复兴时期达·芬奇有关论述早700年。其中麻姑山，在中国不仅有抚州一处，《江南通志》卷16云："宁国府，麻姑山在府东三十里。"《明一统志》卷78云："邵武府，麻姑山在府城北四十里，俗称麻姑寓此山修道。"宋陈耆卿撰《赤城志》卷31云："麻姑庙在县西南二十五里麻姑山。"《至大金陵新志》卷5云："麻姑山在郁冈山西。"明曹学佺撰《蜀中广记》卷5云："《名胜记》：新都县丰稔洞本名麻姑山，侧有麻姑宅墓，盖修道之所也。"

但诸多麻姑山,没有任何一处有抚州南城麻姑山著名,这多亏了颜真卿此文,使抚州这个道教文化的历史遗迹名扬四方,奠定了麻姑山在抚州岿然不动的基础。而又为抚州麻姑山加分的是,颜真卿又以极为优美的正楷书法书写了《抚州临川县井山华姑仙坛碑铭》文,更为珍贵的是,此碑背面还附刻卫夫人、褚河南、柳河东、李北海等著名书法大家的小楷,故被称为"天下第二书"。宋赵希鹄《洞天清录》:"颜碑在南北者尚多,《麻姑坛记》……皆绝品也。"南城人李觏更写了一首《鲁公碑》诗,赞美《麻姑仙坛记》的书法:

他人工字书,美好若妇女。猗嗟颜太师,赳赳丈夫武。麻姑有遗碑,岁月亦已古。硬笔可破石,镌者疑虚语。惊龙索雷斗,口唾天下雨。怒虎突围出,不畏千强弩。有海珠易求,有山玉易取。唯恐此碑坏,此书难再睹。安得同宝镇,收藏在天府。自非大祭时,莫教凡眼觑。

可见此碑书法表现一种"赳赳丈夫武"雄浑遒劲的艺术风格,是颜氏书法成熟的代表作。清代著名书法家何绍基《跋黄瀛石大字麻姑仙坛记》评道:"神光炳峙,朴逸厚远,实为颜书各碑之首。"虽然此碑如同镇山之宝被秘藏,一般人难以见其真容,但是亦难逃厄云,相传此碑有大字小字二本,大字本碑在临川,元时毁于火。小字本碑在麻姑山,后被一地方官窃去。但是其拓本还是流传下来。所以,此记书法碑文,成为后人竞相临摹的法帖。抚州的麻姑仙坛也就更加名扬四方。

正因为颜真卿为临川政事与文化做了许多有益的事,至宋代,更得到雅爱文风的临川区人们的深深怀念。人们建祠以纪念他。此祠旧在郡圃,宋至和二年(1055)州守聂厚载建,南丰大文豪曾巩作《抚州颜鲁公祠堂记》赞扬之:

天子至和三年,尚书都官郎中知抚州聂君某、尚书屯田员外郎通判抚州林君某,相与慕公之烈,以公之尝为此邦也。遂为堂而祠之。既成,二君过予之家,而告之曰:愿有述。夫公之赫赫不可泯者,固不系于祠之有无，盖人之向往之不足者，非祠则无以致其志也。闻其烈足以感人，况拜其祠而亲炙之者欤！今州县之政，非法令所及者，世不复议。二君独能追公之节，尊而事之，以风示当世，为法令之所不及，是可谓有志者也。

先后为颜鲁公祠作记的还有辛道宗与张栻。至南宋庆元六年（1200），麻姑仙坛庙全部毁于大火，荡然无存，唯颜真卿《麻姑仙坛记》碑独存，南城人宁式自捐私财，在庙原址上重建颜鲁公祠。文学家楼钥《麻姑山颜鲁公祠记》详记其事：

鲁公尝为抚州刺史，至今有《南城县麻姑仙坛记》。南城今属建昌军，郡人祠公于仙都观中。曾南丰一《记》，论公之风节备矣。正平张公戒又发明邪正祸福之说，尤为著明。张南轩已谓无可言者，于是系之以辞，使祠者歌之，以侑神。然则后来者可无作矣。庆元六年，观遭火灾，祠宇灰烬，巨石皆毁裂，大钟亦融液，不可寻。而公之碑独俨然，人益敬之。太学宁君居麻姑下，下与观相望，慕公之为人，以私财撤而新之。求记于余。又以李旴江《麻姑山赋》求宇文枢密之书。……因诵平日所闻以授宁君使刊之，以祛世人之惑，亦不失曾、张二公之本意。又与旴江一赋词旨暗合云。宁君名式，聚族颇众，又多为儒。宁氏未艾，则公之祠亦赖以不坏矣。（《攻媿集》卷55）

对于颜真卿所作《麻姑仙坛记》的书法成就，也曾得到曾巩等人的一致首肯，但曾巩却对其文传播佛道思想表示不满，曾巩《颜碑》诗云："碑文老势信可爱，碑意少缺谁能镌。已推心胆破奸宄，安用笔墨传神仙。"又说："公之学问文章，往往杂于神仙浮屠之说，不皆合于理。"（《抚州颜鲁公祠堂记》）然而在道德情操方面，临川区人们一直将其作为忠义楷模，而永远纪念。所以宋代临川区人们又建忠孝祠，同治《临川县志》卷14说，忠孝祠有二，"一在府治，宋绍兴守张溷建堂，绘王太保、颜鲁公像祀之，名忠孝堂。宋淳祐（熙）提举郑逢痕又特建祠于郡学演道堂之东，疏请理宗御书'忠孝堂'三大字以赐，刘克庄记。"其中颜真卿为"忠"的代表，而王太保即王祥为"孝"的典范。王祥，字休徵，本是晋朝山东临沂人，后官至太傅。《晋书》卷33是这样描写其孝道的：

父母有疾，衣不解带，汤药必亲尝。母常欲生鱼，时天寒冰冻，祥解衣将剖冰求之，冰忽自解，双鲤跃出，持之而归；母又思黄雀炙，复有黄雀数十飞入其幙，复以供母。乡里惊叹，以为孝感所致焉。有丹柰结实，母命守之。每风雨，祥辄抱树而泣，其笃孝纯至如此。汉末遭乱，扶母携弟览避地庐江，隐居三十余年，不应州郡之命。母终，居丧毁瘁，杖而后起。

由于孝道，"王祥卧冰"成为著名的《二十四孝图》之一。然而从王祥传记来看，他并没有到过临川，至于为什么在临川有其历史遗迹，而且成为临川区孝道代表，有待史学家详细考证。宋祝穆《方舆胜览》卷21曾推测说："卧冰池，在郡城东。王祥乃琅琊人，岂祥避地庐江，遂成遗迹耶？"王祥曾隐居庐江三十年，晋时，庐江郡治所在今安徽舒城县，所辖今安徽长江以南大部分地区，今江西九江也在其管辖之内，也许王祥于此时来到抚州隐居？不管怎么说，至少在宋以前，王祥遗迹就在临川区存在，如王太保祠就建于南唐。四库本《江西通志》卷109云："王太保祠在临川孝义寺左，南唐时建。祀晋太保王祥。后圮，明同知赵瑞即故址重建，自为记。"抚州又有卧冰池，"在府城东孝义寺。俗传为王祥故宅。"（《江西通志》卷10）又有孝义寺与孝义桥，《明一统志》卷54说："在（抚州）府城北五里，因其地有王祥卧冰池，故名。"宋徽宗大观元年（1107）临川知县张澂有《孝义寺》诗云：

城东孝义寺，仍说卧冰池。虽赝犹堪训，前贤况可师。香销春殿冷，楼压暮钟嘶。末俗逾偷薄，哀怀欲涕洟。（《全宋诗》第27册，第17931页）

从张澂诗中看，诗人已知王祥在临川遗迹均为传说，但仍可作为孝道之楷模加以纪念（虽赝犹堪训，前贤况可师）。问题实质是，颜真卿之"忠"与王祥之"孝"的忠孝思想早已成为中国文化精神的两大支柱，明代江西名人杨士奇说："忠孝，人道大端，而百行之首也。"（《忠孝堂记》，《东里续集》卷4）时至今日，对国家之忠诚与对父母之孝顺，也是作为中国文化中的传统美德被继承与发扬。所以临川宋代忠孝祠的建立，并不仅仅是对他邦文化名人为临川作出贡献的敬仰，更重要的是，他们为宋代临川文化输入了忠孝思想的巨大精神魂魄。

唐德宗贞元年(785)，著名诗人戴叔伦任抚州刺史，做出了不少政绩，《唐才子传》说："政拟龚黄，民乐其治，环扉寂然，鞠为茂草，诏书褒美。"其最大政绩是带领当地民众大兴水利，共修筑水利设施十几处，尤为著名的是筑冷泉陂（即千金陂），民感其德，将临川城东灵谷峰西山脚下的那片湖称为"戴湖"：

带湖名戴，因唐时曹王皋表授戴叔伦刺郡，遂筑冷泉陂，以均水利凡数十处。今《志》云即千金陂，殆非也。此湖延袤五六十里，处处筑堤，而后灌溉之利不泄。故后人志其功德，因名戴湖，犹之萧寺苏堤，皆不忘其所始耳。（四库本《江西通志》卷134，刘命清《带湖记》）

抚州百姓又称戴叔伦为贤者，位于今东乡县与进贤县交界处原有一座小天台山，戴叔伦晚年曾隐居读书于此，于是改名为栖贤山。山下有一越溪，由于戴氏为润州人，人们将其改名为润溪，以示诗人不忘家乡之意。《大清一统志》卷238也说："栖贤山，在进贤县东七十里，旧名小天台山。唐时戴叔伦读书于此，今改名。有雄岚峰，润陂水出焉。"可见当时抚州百姓对戴叔伦是多么敬仰。

二、宋代临川区文化名人遗迹

与前代相较，宋代临川区历史遗迹呈现两大特点，一是数量陡然增多，二是多为本地文化名人遗迹。这是与宋代临川区文化繁荣与文化名人激增大有关系。当本地文化名人逝世后，当地官吏与乡绅都要建立祠宇来表彰乡贤的。而我想，临川区宋代文化名人最著名的遗迹，应为曾巩兄弟的读书岩了。

四库本《江西通志》卷10云："读书岩在南丰县东二里，曾文定巩读书处，下有墨池。"它坐落在盱江旁半山腰处，实际上就是一个天然岩洞，高八尺，深、宽均丈余，其貌的确不扬，但洞以人名，由于曾巩兄弟未中举之前在此苦读，而饮誉海内外。洞壁四周，在斑驳苔藓中，有无数溶蚀而成的小洞，似乎盛满岁月沧桑。左下侧有一洞稍大，呈牛角形，向里蜿蜒，相传此洞为曾巩兄弟流出许多油盐米面来，以供他们苦读中食用。石壁有朱熹书写"书岩"二字，岩下有一方池，为曾巩兄弟洗墨池，又刻有朱熹"墨池"手迹。岩顶有一天然石榻，相传为曾巩兄弟晨读处。曾巩青少年时期曾三次赴考，均名落孙山，当时许多名人学者都为之愤愤不平，王安石说："曾子文章众无有，水之江汉星之斗。……借令不幸贱且死，后日犹为班与扬。"欧阳修在《送曾巩秀才序》一文中，也认为他的学识才智，无论从大或从小方面讲都超于众人之上，并为自己无力荐白玉于人世，悬明珠于高堂而感到难过。但曾巩仍表示定要"广其学""坚其守"，更加在学业上不懈地辛勤耕耘。回到家乡后，尽管有人作诗嘲笑他，说他与诸弟应考是"三年一度举场开，落杀曾家两秀才，有似檐间双燕子，一双飞去一双来"。曾巩对此却毫不在意，与诸弟一起在读书岩刻苦攻读。终于在三十九岁不小年纪中了进士，他的弟弟曾布、曾肇等都先后成为进士。曾布后位至宰相。于是，其貌不扬的读书岩顿时光辉起来，与六百多年前王羲之墨池遥相呼应，具有异曲同工之妙。在王羲之播下文化种子之后，临川人勤奋学习的精神正薪火相传，代代不息。于是就有了宋代临川文化的高潮迭起，于是就有了宋代临川文化人才大量涌现。

为了纪念曾巩，人们又开始建曾文定公祠以祭祀，祠初在南丰县西奉亲坊后，旧有书院，以书院为址，因以祀曾巩。宝祐四年（1256），郡守杨瑱又在迎盱门外重建，南丰人参知政事陈宗礼为记，中云：

岁在甲寅，杨君瑱来守盱，访求文物之遗，慨然掇郡帑之余，下属邑选富而才者度地建祠，以慰是邦士君子之思，乃于邑之西隅，划草取旷，刊突就平，为堂其中而置像焉。翼以两庑，前有门，以谨阖辟，后有堂以处衣冠之来聚者。经始于乙卯之夏，至丙辰之春落成。于是人无远近，皆知斯文愈久愈光，而喜斯道有属也。观像思人，绅文见道，必有进，进不自已者，岂但为观美哉。（正德《建昌府志》卷10）

此祠之建，不仅利用公帑之余，当地士人如谭梦麟、谭日新父子，邑士罗仲固、徐谊、张有闻、严高等纷纷捐私财以助。由此而见，当地士人对曾巩乡贤之敬仰。此后其祠屡毁屡新，元代曾巩族孙曾元翊建祠于临川，虞集为之记，至明代景泰间，训导汪纶始于读书岩为亭，名之曰曾岩祠。成化年间，无锡秦廷韶来此地作知府。又于读书岩之东而重建。"背山为堂，堂左右凿石辟地为东西庑，前为门屋，屋之前，叠石为洞，洞之前，因危石为阶十五级，下属于池，池之上为桥，以达于衢。其旁则别为亭，亭右折数步，则书岩故地也。"（李梦阳《曾文定公祠堂记》）于是读书岩与曾巩祠始相连一处，成为一个庞大纪念曾巩的建筑群文化遗址。当今的曾巩纪念馆基本按照明代模样扩建而成。

此外，曾巩墓也成为著名历史遗迹，曾巩逝世后第二年，葬于南丰源头崇觉寺右侧，其地为曾氏家族墓址。据四库本《江西通志》记载宋元以来，每逢农历三月三日，莘莘学子例定要祭扫曾巩墓。宋末元初南丰诗人刘壎有《率诸友祭南丰先生墓》诗云："星斗文章焕九天，萧萧松槚暗荒阡。久无世胄崇祠像，赖有山僧守墓田。俎豆春回修废典，佩衿云合礼前贤。此行莫作嬉游看，回首元丰事怆然。"又有《拜南丰先生墓》诗云："崖挟飞泉响佩环，云涵空翠锁幽关。斜阳影恋残碑外，遗像尘昏古寺间。汉苑梦回流水在，越陵风急此山间。悲怀岂但元丰老，望断天南月一弯。"二诗虽写的悲苦，但对曾巩崇敬之情油然于字里行间。

临川人王安石逝世后虽未葬于家乡，但人们仍建祠以祭。四库本《江西通志》卷109云："王文公祠，在府东盐步岭。宋崇宁五年（1106），州守田登建，祀王安石。淳熙中，州守钱象祖新之，陆象山记。"王安石祠是在其旧宅所开建的，中悬王安石肖像，以供人瞻仰。其中金溪人陆九渊所作《王文公祠记》，有别于一般祠记，他是针对当时一些人否认王安石变法，诋毁王安石为人而所作的翻案的战斗檄文。由此而拉开了象山学派与朱熹学派关于王安石的激烈学术辩论。陆九渊自己也骄傲地坦承："《王文公祠记》乃是断百余年未了底大公案，自谓圣人复起，不易吾言，余子未尝学问，妄肆指议，此无足多怪。"（《与胡季随书》）后至元代，此祠倾毁，崇仁大儒吴澄见此状况，告诉当时抚州路总管府达噜噶齐塔布台，这位少数民族抚州太守道歉说："'是吾责也。'乃出俸钱，命郡吏董某、谭某、儒学直学饶约、揭车使经营焉。乐安县达噜噶齐、前进士实哩布哈、兴国路经历前临川县尉张霁，与郡士之有余力者各以私钱来助。"祠庙建成后，虞集为其作记，记中称王安石为"天高日晶，百世之师"。（虞集《王文公祠堂记》）

金溪人陆九渊逝世后不久，金溪县令王有大自出俸资，立即建起二陆先生祠，以祭祀陆九龄与陆九渊兄弟。陆九渊门人杨简为之记，中云：陆九渊兄弟"笃志斯道，穷深究微，兢兢孜孜，学者宗之"。王有大又率领众僚来拜祭，并作《挽诗》云："笃学光前哲，知言众所迷。学同颜氏好，功与孟轲齐。献替心弥切，藩维政可稽。儒宫俨遗像，垂范自江西。"自此后，有关陆九渊祠庙遗址屡有新建，如宁宗庆元二年（1196），贵溪县令刘启晦在贵溪象山陆九渊讲学处建祠以祀，每年春秋二季致祭惟谨。于是陆九渊的门人相约每年正月九日，全体登山会祭。陆九渊在世时，曾欲在贵溪象山建书院，后有荆门之任而不果。绍定四年（1231），其门人袁甫建象山书院于贵溪之徐岩，以了却九渊生前心愿，同时又建陆先生祠于书院中，为祭拜先生之地。为永久计，袁甫又买田养士，培养心学后人。于是书院与祠成为"可宅先生精神""嗣先生之遗响，警一世之聋聩"纪念之遗址。无独有偶，绍定六年（1233）七月，金溪县令陈咏之在金溪二陆先生祠堂右又建象山书院，书院成，并请陆九渊得意门生傅子云主持书院，讲解心学。自此后，在金溪，陆氏祠与书院连成一体，成为纪念陆九渊著名文化遗迹。淳祐十年（1250）五月，抚州守叶梦得命令金溪县令在陆九渊旧居槐堂前重建祠堂，增葺书院。九月，叶梦得又在抚州郡学之东建三陆先生祠，以祀陆九龄、九韶、九渊兄弟。

陆学门人包恢撰《三陆先生祠堂记》以记其事，中云：

> 以正学名天下，而有三先生焉，萃在一郡一家，若临川陆氏昆弟者，可谓绝无而仅有欤。梭山宽和凝重，复斋深沉周谨，象山光明俊伟，其资固皆近道矣。……梭山讳九韶，字子美，复斋讳九龄，字子寿，谥文达，象山讳九渊，字子静，谥文安。郡学旧有祠，未称也。今郡守国史秘书叶公梦得，下车之初，慨然曰："果非所以严事也。"乃命郡博士赵与辀相与谋之，旋得隙地于学之西，遂即肇造祠庙三间，翼以两庑，前为一堂，外为四直舍，又外为书楼，下列四斋，横开方池，池外有竹，竹间结亭，内外毕备，祠貌甚严，皆前所未有也。庶几严事之礼欤？左侑以袁公燮，以其为先生之学，而尝司庾于是邦，且教行于一道。次侑以傅公子云，以其为先生之所与，而尝掌正于是学，且师表于后进。叶公得傅公之传，而自象山者也。祠实经始于淳祐庚戌之季秋，至仲冬而落成。厥后祀斯祠登斯堂者，如亲侍三先生焉。（《陆九渊集》卷36《年谱》）

由此而见，这个祠庙不仅从先前二陆扩祀为三陆，而且将对陆学做出重大贡献的陆九渊门人袁燮与傅子云作为配祀。其祠规模也极为宏大，有祠庙三间，左右为两庑廊，前立一堂，又有学子居住的四间直舍，甚至有供阅读的书楼，又有学子学习的四间斋室。又有竹有池有亭，可供学子休憩。正如包恢所说："皆前所未有也。"于是三陆先生祠，不仅是陆九渊兄弟纪念之地，更成为讲解与宣传陆学的中心。

临川区还有众多风景名胜古迹，成为文人墨客游览观光，吟诗作文之地，由此为临川文化增添了分外重量。如金柅园，宋祝穆《方舆胜览》卷21称："临川郡旧有金柅园"，《明一统志》卷54也说："金柅园在府治西"。此园一直流传至今，它坐落在今抚州一中校园内。成为抚州重点保护文物。金柅园，原是唐代府衙的后花园，但其真正出名却是在宋代。南宋崇仁文人吴曾《能改斋漫录》专列"金柅园"一节云：

> 金柅园，临川郡圃，旧名金柅，今则没其名。徐铉鼎臣《送从兄赴

临川幕》诗云："石头城下春潮满,金栀亭边绿树繁"谓此也。荆公集句《送吴显道诗》亦云:"临川楼上栀园中"。

金栀园风景极为优美,四周古树参天,满地奇花异卉,在宋代,此处生长一玉茗花。赵汝鐩有《和林守玉茗花韵》说,(玉茗花)"略似白茶,临川郡金栀园有一株,微香。"诗云:"园名金栀多奇卉,古干灵根独异常。耻与春花争俗艳,故将雪质对韶光。天葩巧削昆山片,露蘂疑含建水香。当为君王好封植,角弓三叹誓无忘。" 金栀园旁有一瀛洲亭,亭中景物为一州之冠。故成为宋代临川文人聚会之所。临川人晏殊《金栀园》诗云:"临川楼上栀园中,十五年前此会同。一曲清歌满樽酒,人生何处不相逢。"说的就是文人聚会情况。那么为什么取名金栀园呢?实际上此名来自于《周易》:"系于金栀,贞吉。"景定年间,抚州太守家坤翁专门写了一篇《抚州金栀园记》详述其名来历:

郡圃凤号金栀,自唐末以来,多见于诗人之题咏。莫识其为何义,金栀见"姤"初六。"姤"之卦,"巽"来而"乾"止之,"巽"为木,"乾"为金,故有金栀之象。是邦凤以汝水东南巽来为胜,西北会临水,则乾也。郡治亦位于州西北,来于巽,之于乾,可以会风气而发奇秀也。(四库本《江西通志》卷40)

这是以《周易》之说来解释抚州山水方位,以说明抚州山水风气之奇秀,也就是说金栀园之地得风水之盛。实际上"金栀"二字在当时已普遍应用,唐代孙汝玉就有《金栀赋》一文。除金栀园外,在宋代,临川区所建的名胜最佳处,当属拟岘台了。《大清一统志》卷246云:"拟岘台在临川县东盐步岭。宋嘉祐二年知抚州裴材建,曾巩有记。"因其地山川形势颇似湖北襄阳岘山,故以拟岘名之。此台面临抚河,遥对灵谷诸峰,风景如画,每当文人墨客登临此处,均会诗兴大发,必要吟诗作文,连一向沉醉于理性的曾巩,也以极为少见华丽的文学词语描写拟岘台四周风光:

溪平沙漫流，微风远响，与夫浪波汹涌，破山拔木之奔放。至于高桅劲橹，沙禽水兽，下上而浮沉者，皆出乎履舃之下。山之苍颜秀壁，巅崖拔出，挟光景而薄星辰。至于平冈长陆，虎豹踞而龙蛇走，与夫荒蹊聚落，树阴晻暧，游人行旅，隐见而继续者，皆出乎衽席之内。若夫云烟开敛，日光出没，四时朝暮，雨旸明晦，变化不同，则虽览之不厌，而虽有智者，亦不能穷其状也。（《拟岘台记》）

黄震说："曾公为之记，瑰辞胜概相与发挥，模写形容妙于图画，其文流布四方，人人争诵。"（《抚州重建拟岘台记》，《黄氏日抄》卷87）故景以文传，此文一出，更使拟岘台名声远扬。临川人王安石也作《为裴使君赋拟岘台》诗："君作新台拟岘山，羊公千载得追攀。歌钟殷地登临处，花木移春指顾间。城似大堤来宛宛，溪如清汉落潺潺。时平不比征吴日，缓带尤宜向此闲。"临川地区的诗人多有歌吟拟岘台诗文。如临川人谢逸就有五言二首《拟岘台》、六言排律《拟岘台》诗。其弟谢薖也有《秋日登拟岘台》二首、《同陈虚中洪驹父登拟岘台观水涨》一首诗。于是拟岘台几乎成了临川标志性名胜，许多诗人一说到临川，就想到此台，如宋人戴复古《寄抚州楼使君》诗："不知拟岘台前景，公暇清吟得几篇。"元代方回《送赵无己之临川》："若夫拟岘台登临而赋诗，不妨寄我清江纸一矴。"元代刘将孙《临川》诗："临川门外绿浮城，拟岘台前雨弄晴。"外地文人来临川，必定要光临此处。如南宋著名爱国诗人陆游虽在抚州任职一年，就有八首咏拟岘台诗，如《拟岘台观雪》《登拟岘台》《雨后独登拟岘台》《冒雨登拟岘台》《观江涨登拟岘台》等，分别描写他在雪中、雨中、春晴等时节登拟岘台的感受。他又将拟岘台的"清晓雪"与吴江县垂虹亭上"三更月"，称为天下景物二绝，特别是《登拟岘台》诗写得极有气势："层台缥缈压城闉，倚杖来观浩荡春。放尽樽前千里目，洗空衣上十年尘。萦回水抱中和气，平远山如酝藉人。更喜机心无复在，沙边鸥鹭亦相亲。"不仅写出了拟岘台高峻巍峨，而且描绘出台上视域之开阔壮丽。

正因为拟岘台成为临川标志性名胜，所以人们对它百般爱护，稍有损害，地方官吏都要倾心维修。据查阅文献，在宋代至少重建重修了两次。一次是在政和元年（1111），狄明远知抚州，就重修此台。临川人谢逸有《重修拟岘台记》中云：

拟岘台，盖临川溪山之胜也。……中奉大夫狄公，在守是邦，因其旧基，葺而新之。爽垲轮奂，倍于往日。每佳时令节，必携宾从僚佐，置酒高会其上，悠悠遐想，友羊叔子于数百年之上也。……一台之作，固不足为公重，愿公登临之际，想见右军、康乐之风流，而无忘叔子之叹，则他日功名与天壤相敝可也，岂止与此山相传而已哉？（光绪《抚州府志》卷9）

从文中我们可以看到，此次重修，拟岘台不仅"爽垲轮奂，倍于往日"，而且也是当时官吏从僚，文人宾客登高赏景，置酒相聚之处。拟岘台在宋代第二次重修是在咸淳年间，抚州太守黄震所为，他有《抚州重建拟岘台记》，中云：

咸淳七年，余承乏此州，顾此台特卑陋，不称其景物，屋亦老且压矣。明年，乃尽撤而更之，高广皆视昔加倍。栏槛一开，万景皆入，有无远弗届之象焉。乃方是时，襄汉适以捷闻，岂有开必先，此殆有默为之兆者欤？继自今尽洗楚氛之恶，重游岘首之胜，熙然一家，吾见复如嘉祐时，磨崖颂功，朝夕沚笔，岂特记此台之重新而已乎！

从记中看，这一次是对拟岘台上面建筑全部推倒，进行重建。自然宏伟壮丽，远胜于昔。这也许是拟岘台胜景在宋代最后一次重建了。因为之后不到十年，宋朝就走向灭亡了。

第四节 书籍典藏的文雅风尚

图书的典藏是整个文化史的重要组成部分,也是历朝各地文化繁荣衰枯的明显风向标。人说"盛世兴收藏",说的就是这个道理。宋代临川区文化的繁荣大大得益于图书文献的典藏。同样,图书典藏愈加丰富,藏书名家愈加众多,也促使了临川文化更加繁荣。可以说,临川区的文化大家,几乎都是有名的藏书家。如著名词人晏殊、晏几道是临川区父子藏书名家。欧阳修在《晏元献公挽辞》中说晏殊"退食图书盈一室,开樽谈笑列嘉宾",是说他在藏满图书的书房内,与嘉宾谈笑风生,可见其藏书丰富。宋晁公武《郡斋读书志》卷5说:"绍兴八年董弅题其后曰:右《世说》三十六篇,……余家旧本,盖得之王原叔家,后得晏元献公手自校本,尽去重复,其注亦小加剪截,最为善本。"宋庞元英《文昌杂录》卷3中说:"晏元献家有《相笏经》,占吉凶十可八九,昔有相印。"宋王铚《默记》卷下也说:"《达奚盈盈传》,晏元献家有之,盖唐人所撰也。"《四库全书总目》卷150亦云:《诂训柳先生文集》有"晏元献家本"。并说:"晏本最为精密"。可见,晏殊藏有《世说新语》《相笏经》《达奚盈盈传》《诂训柳先生文集》等书,有的藏书曾经过他仔细校勘而成为当时流传的善本。晏殊还藏有绘画,《历代诗话》卷50说:"晏元献家有《虢国出行图》。"最值得称道的是,晏殊以十分俭省的方法,收集各种史料文献:

晏元宪平居书简及公家文牒,未尝弃一纸,皆积以传书,虽封皮亦十百为沓。暇时手自持熨斗,贮火于旁,炙香匙亲熨之,以铁界尺镇案上,每读得一故事,则书以一封皮,后批门类,按书吏传录,盖今《类要》也。王莘乐道尚有数十纸,余及见之。(宋叶梦得《避暑录话》卷上)

上述《类要》一书,又称《晏元献公类要》,初为七十卷,后经整理，总计一百卷。曾巩《类要序》说："《类要》上中下帙，总七十四篇，凡若干门，皆公所手抄，于六艺太史百家之书，骚人墨客之文章，至于地志族谱佛老方伎之众说，旁及九州之外蛮夷荒忽诡变奇迹之序录，皆搜寻细译。"可见此书取材广泛，皆采录于原书，不像其他类书互相剽窃，辗转传讹，真假难辨。而他所抄录的文献，自然成了其宝藏的史料。所以清末的叶昌炽《在藏书纪事诗》中赞美说："熨斗亲舒纸凸凹，官样文书可传钞。临川世说留佳本，不似王原叔本毇。"他的儿子晏几道，不但继承了乃父之词风，而且聚书之痴劲，胜过乃父。他聚书甚多，每当迁徙搬家，他的眼里只有书，总是忙前忙后，搬书不停。其妻厌之，说他搬书是犹如乞儿搬漆碗。于是晏几道以诙谐的笔调写了一首《戏作示内》，劝说妻子，中云："生计惟兹碗，搬擎岂惮劳。……愿君同此器，珍重到霜毛"。（《宋诗纪事》卷25，上海古籍出版社，1983年6月）

宋代崇仁人李彦华、李琥也是父子相传的藏书名家，李彦华（1112—1192），字仲实，号藏修，著名文学家李刘祖父。年三十筑室山中，名藏修堂，虽终生未仕，却隐居藏修堂，以藏书、读书为乐，藏修堂藏书万余轴。魏了翁《藏修先生李公墓铭》中说李氏"家故藏书至万余轴，矻矻晨夜，鉥心刿目。……天文地理、礼乐律历、兵谋方技，毫分缕析，体习既精。晚而有述曰《藏修堂》与《巴谷集》《经传辨疑》《礼乐遗录》。"李彦华逝世后，其藏传给了其子李琥，李琥（？—1214），字次琮，李刘父，魏了翁《李次琮墓志铭》中说：李琥"性颖悟，援笔成文，家储书万余卷，皆父手泽。君口诵心维，自道德性命之奥，名物度数之详，象纬山河之广，靡不究极。国人弟子，挟策问疑，毫析缕解，听之者如瞽得相。"李琥藏书是否传之于其子李刘，史书未有确载。但可以肯定地说，李刘也是一位藏书大家。李刘，字公甫，号梅亭，宁宗嘉定元年（1208）进士。曾帅成都，四川提点刑狱、都大茶马等职。撰有《四六标准》等书。元代崇仁人虞集《李梅亭续类稿序》说：李刘"历守荣、眉，进总漕事，并总蜀帅成都，守本路宪，四川都大卖茶、买马等司凡八印。……当是时公所得图书，辄以八印识之。近时或散失民间予犹见什百于一二。……故为积书之如此。"可知，李刘藏书，都钤有"四川都大卖茶、买马"等司凡官职八印。李刘另藏有《苏东坡书醉翁操》，明代吴宽《家藏集》卷49《跋苏东坡书醉翁操》云："予尝得坡翁此纸，纸尾八印烂然，莫知为何人藏也。一日偶阅虞邵庵先生《文集》至《李梅亭续类稿序》谓，梅亭为宋中书舍人、直学士院、宝章阁待制临川李公刘，字公甫，而备述其入蜀历守荣、眉，进总漕事，并总蜀帅成都，守本路宪，四川都大卖茶、买马等司凡八印。谓公平日所得图书，辄以八印识之。予因出此纸，视其印文皆合。乃知其尝为李公所藏无疑。"李刘还在其家乡专门建一御书阁，中藏宋理宗翰墨曰"藏修经训，竹阁梅亭"共八字，皆用御玺。其余所藏制诏也很多。这可以说是李刘特藏书库。

李彦华与李琥虽为父子相传的藏书名家，亦撰有著述，但今亦不存。在文化方面贡献不著。然而目耕笔耘，儒风相承，读书种子终于在其子孙李刘身上开花结果。他不仅功名颇显，而且在文学方面，以近两千篇骈文作品，别出一派，成为南宋后期骈文创作的代表人物。当然，这与李氏家族三世藏书是大有干系的。

唐宋散文八大家之一的南丰人曾巩，更是一位藏书大家。《五朝史事》云："曾巩，字子固，号南丰先生。平生嗜书，家藏至二万余卷，手自雠对，白首不倦。"（《氏族大全》卷10）其弟曾肇所撰其《墓志铭》中说："性嗜书，家藏至二万卷，集古今篆刻为《金石录》又五百卷，出处必与之俱。"特别值得称道的是，曾巩与其老师欧阳修一样，开展了大规模金石文献的收藏与研究工作。其硕果是编纂成《金石录》，又称《元丰金石录跋尾》五百卷。王士祯《池北偶谈》卷14"金石录"说："曾子固亦集古篆刻作《金石录》五十（百）卷，见子开所撰《行状》。今《元丰类稿》第五十卷所载《金石录跋尾》仅十五条，曾未竟之书也。曾书在赵前，而世罕知者。"可见曾巩《金石录跋尾》在赵明诚《金石录》前所作。是继欧阳修《集古录》以后，又一部金石学力作，惜已散佚。今查中华书局点校本《曾巩集》卷五十，仅存十四条。金石学是以古代金石器物作为研究对象的一门学科，也是近代考古学前身，更是历代藏书家孜孜以求的别类文献。在宋代文化学术范型中，金石学可以称为是仅在宋代兴起和完成的一门最年轻的学问。王国维说："虽谓金石学为有宋一代之学无不可也。"又说宋人在金石研究方面"其于搜集、著录、考订、应用各方面无不用力，不百年间遂成一种之学问"。（《宋代之金石学》）也就是说在百余年时间，宋代的文人以一种极为愉悦的审美心态发现了金石文献的质美、文美与意蕴之美，又以一种极为严谨的学术精神，发掘出金石文献的学术价值。他们对先秦至宋代出土的金石文献进行了广泛搜集整理，以及较为全面系统地构建起金石学学科体系框架。其研究规模之大，参与人数之多，涉及范围之广，不仅是前无古人，也是元明清诸代难以比拟的。王国维曾经说过，宋代"士大夫亦各有相当之素养，赏鉴之趣味和研究之趣味，思古之情与求新之念，互相错综。……汉唐元明时人之于古器物，绝不能有宋人之兴味"。（《宋代之金石学》、《王国维文集》卷4，中国文史出版社，1997年版，第120页）因此，宋代金石学是宋人对中国文化史所建树的一块丰碑，其原创性与开拓性，充分显示这门年轻学科的重大历史价值。曾巩因收藏与研究金石文献，为金石学的创立做出了巨大贡献。

曾巩弟曾肇的孙子曾悟，为苏辙外孙，宣和三年（1121）进士。他也是一位藏书家，他与其父亲曾纵在南丰军山上建有溪山精舍，中有崇文阁，藏有大量书籍。其所作《溪山精舍记》云："乃禀于严君，命工凿祠后之山，广若干，深若干，为堂其中，置左右翼室，颜曰溪山精舍。又辟山石半壁，为崇文阁，诸经子史百家及先世文集、石刻咸萃焉。严君喜，欲礼良师友、群诸子弟，游艺其间，特命记之。"（同治《南丰县志》卷37）可见崇文阁藏书极富。

同是南丰人的陈宗礼，字立之，号千峰，为淳祐四年（1244）进士，曾官至副相，卒谥盱江郡侯，谥文定。他也是一位文学家，曾撰有《寄怀斐稿》《曲辕散木集》《两朝奏议》《经筵讲义》《经史明辨》《经史管见》《人物论》等。同时他也是一位藏书家。藏书室名训畲堂。元刘壎《隐居通议卷四》"训畲"云：

先生陈文定公寓居盱城，作一堂，名之曰训畲。幼安为之赋，其《序》

云："提刑宝谟常卿千峰陈公书谂予曰：'子昔为泉谷徐公赋味书阁，吾得其文读之，喜其旨深而辞畅也。今吾治一堂，置书数千卷，扁曰训畬。子为我畅厥旨可乎？'"……（辛弃疾）乃援笔以赋其辞曰："……相彼寓居，岿然楼宇，据高面胜，开牖洞户。挹旴水于襟，怀纳军山于指顾。草木之华滋葱蒨，晓山之烟霏吞吐。乃建庭阶，乃饰屏著，几席俨若，签庋得所。熟潢缃素之前陈，绿幕黄帘之珍护。名以百计，卷以千数。上则庶几平棘清丰之储，下亦可与荆田亳祁而并骛。岂无金匮石室汗青信史，亦有炙輠雕龙百家诸子。"

辛弃疾辞赋中所说"平棘清丰之储"，是指宋绶、宋敏求父子，"荆田亳祁而并骛"是指荆州田伟、田镐父子，"亳祁"是指亳州祁氏，他们都是北宋著名藏书家，以此来比喻陈宗礼藏书。由此可知陈宗礼是南宋著名藏书家。

南宋时期，崇仁人的何异（1134—1214），字同叔，号月湖。绍兴二十四年（1154）进士。曾官至工部尚书、知泉州等职。有诗名，撰有《月湖诗集》《中兴百官题名录》。淳熙十四年（1187）他曾游南城麻姑山仙都观，叹其环境优美，却无书籍可读。于是建议建昌太守江自任在此仿照李常在庐山建李氏山房藏书故事，建一藏书楼。不几年，江自任在当地道士鼎力相助下，建成了麻姑山藏书山房。后来，杨万里游麻姑山，专门写了一篇《麻姑山藏书山房记》，中云：

余同年何同叔，谓予曰：里中有名山曰麻姑者，山水之胜甲大江之西。……淳熙丁未之春偶至山中，为留一月一日，藤杖芒履，秉兴孤往，至宫之西，才数武间，见松竹罗植，相得为林，前对五峰，下临一水，欣然会心，因喟曰：此地独无喜事者结屋数椽，上建小阁，用庐山李氏藏书故事，作一山房，使来游者登阁览胜，把卷倚栏，顾不乐哉！自是此意往来于怀，虽去山未尝去山也。后一年，客里逢今邦侯江君，相语及之。江曰：当不忘此。其冬抵官下，后一年，郡事毕葺，蠹者饬，废者举。后一年乃诹其地，践曩之言。立屋六楹，后赘一室，前作重溜，乃阁其上。月扉风榱，缥缈飞动，若出天半。仍斲大木乃架，乃楱经史百氏。访之旁郡，是度是置，道士李惟宾、邓本度相与戮力。春孟作之，季而落之。谈者以为山中盛事。

因是何异建议所建，人们又称其为何氏麻姑山房藏书。这个山房像庐山李氏山房一样，来往文人游客，均可在此休息阅读。前面所述崇仁藏书家李琥，也曾向何异请求："欲从公借麻姑山房读书一二年，证其所见，以备阙文。何公忻然诺之。"（魏了翁《李次琮墓志铭》）麻姑山房的藏书，像李氏山房藏书一样，在中国藏书史上具有重大意义，它打破了封建社会私人藏书那种保守、自我封闭的普遍现象，向全社会开放，无疑成为中国公共图书馆先声。苏轼曾专门撰写了《李氏山房藏书记》，赞美了李常化私为公的慷慨精神。文中说，李氏山房藏书"将以遗来者，供其无穷之求，而各足其才分之所当得。是以不藏于家，而藏于其故所居之僧舍。此仁者之心也"。用此语来形容麻姑山房藏书，是再恰当不过了。

与麻姑山房藏书性质相似的，还有南城人吴伸、吴伦兄弟所建吴氏书楼，陆游曾写一篇《吴氏书楼记》，中云：

吾友南城吴君伸与其弟伦，初以淳熙之诏建社仓，其详见于侍讲朱公元晦所为《记》。其后又以钱百万，创为大楼，储书数千卷，会友朋，教子弟，其意甚美。于是朱公又为大书书楼二字以揭之。楼之下曰读书堂，堂之前又为小阁，阁之下曰和丰堂，旁复有二小阁，左侧象山陆公子静书其颜曰南窗，右则良斋，谢公昌国书其颜曰北窗。堂之后荣木轩，则又朱公实书之。于戏！亦可谓盛矣。

吴氏兄弟，家境富有，曾建社仓以救济穷人，成为当时一大善举。又以钱百万创为大楼，名为吴氏书楼，"储书数千卷，会友朋，教子弟"。既为教育子弟家族书楼，亦与友朋相传共阅开放式图书馆，所以陆游会说"其意甚美"。吴氏书楼所藏数千卷书到底是哪些书，史书未详载，但至少藏有曾巩的书帖，周必大《跋吴伸所藏曾子固帖》说："南丰先生早从欧阳文忠、余襄公游,素为王文公所敬,而与苏文忠公友,其门弟子则陈无己也。今观遗墨,恨不执鞭。嘉泰壬戌二月丙申平园周某书,而归之南城吴氏。"(《文忠集》卷50)朱熹也对吴氏兄弟的善举大加赞赏,为其创办的社仓写了《社仓记》文,又为吴氏书楼题额"荣木轩""书楼"。并在此写下《观书有感》诗,中云:"问渠那得清如许,为有源头活水。"最得人诵习。的确,吴氏书楼就是书海中一股源源不断的清水。后来吴氏所居蛤蟆窝村,也为此改为源头村,民国时曾设活水乡,这不仅是纪念朱熹,也是纪念吴氏社仓与吴氏书楼。

北宋时,南城人陈景元是当时极有文化涵养的著名道士。他博识多闻,诗书清婉可喜,在道教文化方面做出了巨大成绩。这与他喜藏书的嗜好是分不开的,叶梦得《避暑录话》卷下云:

元丰间,道士陈景元博识多闻,藏书数万卷。士大夫乐从之游。身短小而伛,师孟尝从求《相鹤经》得之甚喜,作诗亲携往谢,末云:"收得一般潇洒物,龟形人送鹤书来。"徐举首自操吴音吟讽之。诸弟子在旁,皆忍笑不能禁。时王侍郎仲至在坐,顾景元不觉失声,几仆地。

《宣和书谱》卷6也云:"道士陈景元,字太虚,师号真靖,自称碧虚子。建昌南城县人。……自幼喜读书,至老不倦。凡道书皆亲手自挍写,积日穷年,为之痀偻。每著书,什袭藏之。有佳客至,必发函,具铅椠,出客前以求点定。……既归,行李无他物,百担皆经史也。所居以道儒医书各为斋馆而区别之。四方学者来从其游,则随所类斋馆,相与挍雠。于是人人得尽其学,而所藏号为完书。……凡手自挍正书有五千卷。"由上二引语可知,陈景元藏书极有行色,一是抄本多,道书多,这与他道士身份是分不开的;二是所藏书籍多经校雠,而且校勘精良,仅道书就校正了五千卷,故称完书;三是对所藏书籍进行了科学分类,分为道、儒、医三类,分别各以斋馆藏之。

除上述外,临川文化区还有许多私人藏书家,现简要介绍如下:如南城人陈彭年,雍熙二年(985)进士,曾位置副相,是宋初大臣,文学家与语言学家,其博闻强记,知识渊博,这与他读书与藏书是分不开的,《宋史》本传称"其所得俸赐,惟市书籍"。想必藏书不少。同是南城人的李渖,字宗海,为哲学家李觏之后,咸淳十年(1274)进士,曾隐居龙马峰,捐金购书,所聚颇多,以研精考订为乐。宋初南丰刘元载,是南丰江楼刘氏祖先,与曾巩祖父相交甚契,他多才嗜学,曾手抄古文百卷,又在南丰安禅寺南筑长堤,架层阁,建成藏书楼,名曰江楼,藏有刘氏手钞本和其他书籍近千卷。临川人王安石的儿子王雱也喜藏书,藏书处为集雅楼,《明一统志》卷55说:集雅楼"在新喻县治东,宋王安石子雱尝馆于是楼,藏书万卷"。北宋临川人饶子仪,是一位九岁能诗的神童,但对科举不感兴趣,王安石多次举荐他为官,他都一概拒绝。他隐居于凌云山,结庵筑室,名之曰葆光,藏书数千卷,杜门著书吟诗。撰有《编年史》《周易论语解》及《诗文集》。其书在当时颇有影响。陈瑾为之序,谓其书"事核旨密,有补于圣经"。谢逸有《寄饶葆光诗》云:"先生骨相不封侯,卜居但得林塘幽。家藏蠹简几千卷,手校韦编三十秋。相知四海孰青眼,高卧一庵今白头。襄阳耆旧节独苦,只有庞公不入州。"临川人邹斌,字隽父,学者称南堂先生,嘉定四年(1211)进士。好学不倦,撰有《南堂稿》,其南堂藏书至万卷。在临川城西十五里金石台上有一座林秘丞书屋,为临川人林梦英所建。林梦英字叔虎,淳熙二年(1175)进士,官至秘书丞。后迁居于此,建楼藏书,耕读其间。年逾八十,仍寒暑不辍,人称山房先生。宜黄涂大向,字子野。家庭富有,虽然自己并没有功名,但却"聚书千卷,迎师教子"。临川人陈自明,是宋代著名中医,其所藏书富有特点,以中医书为主,他在《妇人大全良方原序》:"仆三世学医,家藏医书数千卷。既又徧行东南,所至必尽索方书以观。暇时闭关净室,翻阅涵泳,究极天人,采撼诸家之善,附以家传经验方,萃而成编"。因此才编写成中国第一部妇产科名著《妇人大全良方》。金溪人曾子良,字仲材,号平山,也是南丰曾氏之后。度宗咸淳四年(1268)进士,调兴安尉,迁知淳安县,入元不仕。扁"节居"二字于堂,以示志。撰有《易杂说》《中庸大学语孟解》《圣宋颂》《百行冠冕诗》《续言行录诗》《广崇类稿》《咸淳类稿》等。其家亦有大量藏书。汪元量《曾平山招饮》说其："老貌不随俗，固穷而隐居。一坞百竿竹，八窗千卷书。"《万姓统谱》卷57也说：其初为官，"后以谗籍其家，惟故书败絮而已，君子惜之"。可见，其家虽贫穷，但藏有千卷书。

元代临川人饶熙之父祖辈，在宋代也极富藏书。吴澄《跋饶氏先世手泽》一文中说："临川饶熙则明，奉其父睿翁之手泽，过予言曰：'熙之曾祖，家富万卷。乙亥毁于兵。吾父最喜观史，火后无书，得之良艰，百计购求，弥劳弥笃，晚年虽稍遂意，然犹未备也。随所见有日抄，且嘱熙以宝其书。熙不敢忘父命，就曾祖所创西园中，构小阁以贮吾父所读书。'予曰：尔父贤巳夫！得书艰而勉学，若是彼多书而手未触者何人乎？令子庋藏唯谨，可谓善继志矣。"（《吴文正集》卷59）可知，从饶熙曾祖开始，其家藏书万卷，后遭兵火，片纸不存，但其父又百计购求书籍，直至元代饶熙又谨守其藏书。这种经过四世两个朝代，仍孜孜以求书籍，可见家族精神在统摄人心，谨守藏书的巨大作用。无独有偶，南丰有一个艾氏家族，至元代已是一个传至八九世的大家族，元代虞集在《跋艾圣传三绝碑后》一文说："在昔季宋，显官贵人，邸第相望，今无存者。而艾氏之居，则曾子宣故宅也。郡人推以为最胜处。以时考之，绍兴艾氏以举乡贡，在此则在子宣，盖无几时也。（艾）道孙又言，昔东偏楼，藏书万卷。内附后多遗失，而子孙不敢忘学也。"（《道园学古录》卷40）可见艾氏祖先在曾布的旧宅处，建有藏书楼，藏书万卷。以上饶氏与艾氏藏书世家，不仅在我国古代藏书事业中，具有典型意义，而且充分体现了宋代临川文化家族性的特征。中国古老的传统文化是在漫长的以家庭为细胞的农业自然经济和以血缘关系为纽带的家族宗法制度的土壤中发展起来的。这种特色，使中国人对家族的延续和血缘的承继高度注重。光宗耀祖一直是中国人人生追求的主要目标，因此，正如黑格尔所指出的那样，中国的文化富于"家庭精神"。这种精神高扬下去，由此而显现出人们对传统文化的极大尊重，并迸发出一种巨大的热情和责任感，来弘扬、传播和保存中华民族的传统文化，使中华文化具有生生不息的强大延续力，成为世界上从未中断过的文化典范。作为文化实体的藏书活动，也无不贯穿这种精神，而在私家的藏书活动中，这种精神表现得尤为突出。

除上述私人藏书外，宋代临川文化区书院亦间有藏书。如乐安的桂林书斋。北宋景祐元年（1034），乐安县流坑村的董氏家族的董洙、董仪、董汀、董师德、董师道五人同中进士，人称"五桂"，这和他们家族桂林书院多藏图书大有关系，"悉以金帛，多营书史，大启黉舍，招延学徒，士自远方多归之"。（《登科题名录》）著名诗人梅尧臣写《寄题庐陵董氏桂林书斋》（当时乐安归庐陵管辖）诗赞美："山东桑拓多，江南松桂茂。种桑事春蚕，栽桂事华构。尝闻云盖下，聚书为大富。往往见子孙，缘天掇星宿。"可见其桂林书斋藏书极富。抚州临汝院，是淳祐年间提举江南西路常平茶盐事冯去疾，为纪念朱熹所建，里有尊经阁，专门藏书。吴澄《临汝书院重修尊经阁记》云："乃于抚州城外之西南，营高爽地，创临汝书院，专祠文公，为学者讲道之所。明年己酉书院成，位置分画，率仿太学。故其屋室规制非他书院比。左个之左竖危楼，贮诸经及群书于其间。扁曰尊经阁。"（《吴文正集》卷37）临汝书院还藏有书板，如黄震《修抚州仪礼跋》中说："淳祐九年，本州初建临汝书院时，尝模印入书阁，取而正之，则此时书板已多不可辩。盖此书之不全久矣。"他又在《临汝书院朱文公祠》说："今求之临汝书院，模刻先生爵位以奉之。"临川城南，青云峰左，有一峨峰书院。为宋嘉定间参政李璧捐俸建。李璧是四川眉山人，曾注释临川人王安石诗文集，故对临川有深厚感情，晚年迁居于此，又将其藏书千卷，捐藏峨峰书院书堂。临川人王克勤撰《峨峰书院记》，中云："公又以所携书千卷，庋藏其上。"宋程公许《峨峰书院赋》中也说："纷缥帙兮插架，尚青衿兮来趋。"可知其藏书吸引了众多青衿学子。临川县有碧涧书院，又称碧涧书堂，宜黄人知南康军晁百谈所建。宋代林梦英有《碧涧书堂》诗，中云："但欣泉石奇，堂成书可辇。晁侯云梦胸，妙处参坟典。"可知书院藏书不少，成为晁百谈读书讲习之所。在南丰县王浆源处，有一华林书堂。宋瞿元肃建，元肃以孝行闻于朝。祥符九年（1016），宋真宗召见他，并赐御书，亲王公卿各赋诗。总计有六十二轴，于是瞿氏构此书堂藏之。南城的傅梦泉曾潭讲堂，是为传播陆九渊心学理论的书院，中有藏书楼，傅梦泉《曾潭讲堂记》中说："中为书楼。藏古今图籍。"可知其中藏书不少。

临川文化区在宋代寺庙众多，其寺院藏书也极为丰富。如金溪县西北五十里，有一疏山寺，曾藏有大藏经五千余卷。宋代孙觌有《抚州疏山白云禅院大藏》文记其事，中云：

白云禅院长老了如以书抵故人孙某曰：了如领疏山之众十六年矣。江左大丛林甲天下，隆楼杰阁，相望以百数，疏山盖其一也。了如又以旃檀众香、黄金百宝，创一大轮藏，聚藏书五千四十八卷充入之。缥带牙籤，琅函钿轴，有大天龙背负之以出于海，诸化菩萨庄严相好之妙，蛮君神伯地行空飞之众，穹堂奥殿，丹漆轮奂之饰。洞心骇目，极一时之巨丽。父老纵观，涕泣作礼，以为未始见也。

《大藏经》又称《一切经》，是佛教经典总称。它将所有佛教经典一起汇集编辑整理成的佛教类大型丛书。宋代曾多次刊刻《大藏经》，一般都在五千卷以上，而且装裱极为华丽。疏山寺藏有这样一部《大藏经》，而且是放置在以旃檀象香、黄金百宝装饰成大轮藏中。所谓轮藏，是指能旋转藏置佛经书架，一柱八面。当然会引起"父老纵观涕泣作礼，以为末始见也"的轰动效应。淳熙六年（1179），著名诗人陆游任江南西路茶盐常平公事，来到抚州，抚州有广寿禅院，淳熙七年（1180），守璞禅师建藏经阁，中有转轮藏，陆游作《广寿禅院经藏记》说寺院藏经的箱子都堆积累累，想必藏书一定不少。宜黄县有一上传寺，僧希诚曾为其寺塑大阿罗汉，又为轮藏"贮四大部经"。所谓四大部经，是因为《大藏经》有五千余卷，"既以为浩繁，莫适徧览。则又摘其帙之最巨而心要之，总辖者曰般若、曰宝积、曰华严、曰涅盘，别而藏焉，曰四大部"。（宋李吕《澹轩集》卷6《剑州普成县孙氏置四大部经记》）可以说是《大藏经》精简本，但也卷帙不少。

【第六章】宋代临川文化在教育方面的成就

教育既是文化人才的摇篮，也是文化之源本，更是文化事业主要组成部分。宋代临川区文化的繁盛是建立在临川区各类学校教育空前繁荣的基础上的。当时临川区教育出现令人惊讶的三多的现象：一是私学蒙馆多，遍布乡野村镇，到处书塾相望，弦诵相闻；二是官学多，据光绪《江西通志·学校》记载统计，临川区的抚州、建昌军各县在宋代都建立了州学与县学；三是书院多，据张发祥先生《宋代抚州书院繁盛及其原因分析》一文统计，两宋时期，临川区共建有40余所书院，占江西书院数的18%，名列全省前茅，占全国6%，这在江西乃至全国实属罕见。这种三多的文化现象，清楚地表明宋代临川区初等、中等与高等教育均齐头并进走向全面繁荣的局面，在长期教育实践中，宋代临川文化出现众多的教育名家，如晏殊、李觏、曾巩、王安石、陆九渊等都是一代宗师。其中整个有宋一代兴学之始，就是由晏殊首先倡导的，"大兴学校，以教诸生，自五代以来，天下学校废，兴自公始。"（欧阳修《晏公殊神道碑》）这些教育家群体，在全国甚至世界上都占有重要地位，并因此培养出大量临川区各类文化人才，推动了本土文化的发展和繁荣。

第一节　临川区域的书院教育

一、临川文化区各地书院

宋代江西书院，无论是数量或是质量，均排在全国首位。而临川文化区书院数量与质量在江西亦名列前茅。据张发祥先生《宋代抚州书院繁盛及其原因分析》一文统计，两宋时期，临川区共建有40余所书院，又据许怀林先生《江西北南宋史》一书统计，北宋时临川区有书院15所，南宋时17所，总计32所。又据李才栋《江西古代书院研究》一书统计，北宋时，临川区有书院12所，南宋时19所，总计31所。虽然统计数值不一，但仅从最少的31所排列，亦位居江西第二，仅次于第一的饶州39所。这与宋代临川文化的繁荣是相辅相成的。明代邓元标《崇儒书院记》一文，曾论述临川区书院与人才之盛："抚州海内名郡地，其先多名德，大儒晏元献、王荆国、曾文定、陆文安伯仲、吴草庐、康斋诸先生，醇学粹行斯文，岱宗避荒远裔，且私淑而俎豆之矧其乡乎。先是盱江近溪罗公至，每会讲禅杀，月余别去，诸缙绅继峰舒公、谷南高公、愚所陈公、景默曾公、二瞻黄公、若士汤公、后先义曰，吾抚在宋黄勉斋氏创有南湖书院，以开东学，是时人才彬彬，家有弦诵。"（乾隆《临川县志》卷28）

其实，临川文化区早在唐代已建有书院，唐天祐年间（904—907），宜黄棠阴人罗坚、罗信赠田创建了湖山书院与三湾书院，开创了临川区书院教育之先河。在宋代，临川文化区最早的书院，是由文史大家乐史在太平兴国年间，于乐安县城西创建的慈竹书院，四库本《江西通志》卷21说："慈竹书院，在乐安县西，宋侍郎乐史建。明裔孙乐翰重修，罗汝芳记。"之所以以慈竹名书院，是因为乐史写了一首《慈竹诗》，其序云："予知陵州，见城郭村坞中有慈竹，生向内，不离根本，非物象之奇，实乃草木之义门。"后乐史又将慈竹引入其家乡宜黄霍源，故以名书院。其实，乐史还在其别墅处创建了五峰精舍，其初为私塾学校，后发展为书院。宜黄的鹿冈书院，在县南四十里。宋嘉祐间乡人杜子野建，并讲学其中。鹿冈书院之所以有名，是因为王安石幼时曾拜杜子野为师，来此拏云馆读书。由于培养出了一位宰相，此书院虽在熙宁间已经荒废，但人们始终记住了杜子野与鹿冈书院，清代临川人李绂《碧云山志序》称："吾郡学问、文章、气节以荆国王文公为第一。而郡志隐逸传称：宜黄杜子野为荆公之师。崇贤乡深山中有鹿冈书院，则杜先生与荆国公讲业之所也。"长沙熊少牧有诗云："子野才堪介甫师，鹿冈书院鹿冈陲。"除上述外，宜黄尚有静逸书院，在宜黄崇贤乡，建于宋庆历间，为戴琳读书讲授之处。戴琳，字伯淳，因参加庆历、皇祐会试，连拙礼部，遂弃举业，"讲学授徒，意林泉自乐。"人称静逸先生，撰有《静逸集》。定安书院，在宜黄县十九都，靖康间王革读书之所。又有涂时甫书屋，为涂济于嘉祐年间所建，在宜黄崇二都。涂济，字时甫，筑书屋是为了以教子弟，后其子侄五人相继登进士第，故此书屋亦名声远扬。遗安书院，在宜黄县待贤乡，邹次陈讲学处。邹次陈（1251—1324）字周弼，又字悦道，号遗安，宜黄人。入博学宏词科。擅为文，远近学者多在此书院从其学。宋亡不仕，隐居不出。撰有《书义断法》《遗安先生集》《史钞》。

临川县在宋代亦多有书院，北宋时最著名的是曾巩所建的兴鲁书院，之所以取名兴鲁，也与曾氏家族有关，曾氏先祖为春秋时期鲁国人，即孔子的弟子曾子。其含义为"上承曾子之家学，以继周公孔子之传者"。即要把曾氏家族之学发扬光大。宋仁宗嘉祐元年（1056）曾巩兄弟在自己所居之地临川香楠峰，建起了此书院，书院尽得地利之便，不仅是郡城中踞雄胜之势，而且环境极为幽雅，左环林木，右依县学，绝纷嚣，宜讲习，是读书兴学的绝妙之地。曾巩亲自订学规，执讲席，相传欧阳修与王安石也讲学其中。此时曾巩已文名籍甚，故生徒众多，培养了一大批文化人才，由此亦带来抚州地区的文风丕盛。由于曾巩的原因，兴鲁书院也一直屡废屡兴，直至清代临川人李绂《兴鲁书院记》描绘了当时书院情况。"抚州中香楠峰为先生兄弟故居。有书院曰兴鲁，先生尝讲学其中，东近盐埠岭，建坊亦以兴鲁名，今石础犹存。书院前为大门，中为讲堂，五楹堂，前后列黉官，为学子肄业所。"可见至清代兴鲁书院又在兴起，成为临川文化区著名书院。

临川县其余的书院，几乎都建于南宋时期。如临汝书院，是为官方所办的书院。临汝实为临川旧名，临川有临水、汝水环绕之，故名。此书院在城西南二里南湖，淳祐九年（1249），江南西路提举冯去疾以朱熹尝临是邦，故立书院于湖山上。书院中设有朱文公祠。黄震有《临汝书院朱文公祠》纪其事，中云："临汝多士，乃崇先生之祠，以讲先生之学,岂惟此邦之士,所以虚心讲学者,无一毫先入之私,亦足见此道之传。"可见,临汝书院成为朱子学说的讲习所。书院宋元皆有官领之,其书院之主管为山长。由抚州知州等提名举荐,黄震《江西提举司抚州临汝书院山长厅记》中说:"是年勒额既颁,始创山长,实提举今殿讲李公雷奋为之选辟,四明黄君翔龙实始膺是选。"该院建筑结构亦仿照学宫,在书院设立山长厅,为山长办公之所。另建有尊经阁,为书院藏书所。宋代艾性有《临汝书院落成诸公有诗用韵》诗:"鱼跃鸢飞喜落成,鹅湖鹿洞共峥嵘。世无孔孟乾坤熄,学到周程日月明。议论高虚终害道,圣贤平实不争名。光风霁月元无迹,分付庭前草自生。"(《剩语》卷上)可知临汝书院在当时颇有名气,可与鹅湖、白鹿洞书院相比高低。

临川县还有峨峰书院,在城南青云峰左侧。嘉定年间,宋参政四川人李璧捐俸金,嘱托县令黄幹建。因书院面对峨峰,李璧曾居眉山,此山偶与峨眉同名,因名之曰峨峰书院。此书院还藏有李璧私人藏书千余卷。王克勤有《峨峰书院记》详记其事,中云:"据梧挟册,理趣必超诣,吮毫抒文,体势必奇逸,把酒清谈,兴致必宏远。"又云:"远近之士,慕趋争先。"可见此书院一时成为文人相聚之处。临川县又有碧涧书院,又称碧涧书堂,在临川县铜陵山阳之麻源村。宜黄人知南康军晁百谈所建。宋代林梦英有《碧涧书堂》诗,中云:"但欣泉石奇,堂成书可辇。晁侯云梦胸,妙处参坟典。"可知书院藏书不少,成为晁百谈读书讲习之所。又有红泉精舍,在临川县铜陵山阳,宋曾极建。曾极,字景初,号云巢,临川人,一作南丰人。曾滂子。布衣终生。宁宗嘉定间,以题金陵行宫龙屏诗抨击偏安一隅,忤史弥远,贬道州,卒于贬所。撰有《舂陵小雅》,已佚。今存《金陵百咏》。曾极有《红泉精舍》诗:"十里长松一幅巾,温汤静濯满衣尘。石门隔断世间事,仙窟能容鹤上人。已主谢公为北道,更依华子作西邻。红泉可酒兼宜茗,便合躬耕老此身。"可见此处初为曾极读书养性之所。

金溪县最早的书院,应是北宋嘉祐年间直秘阁学士黄振基创办的榉林书院,在金溪18都灵谷山南,早年黄振基游灵谷峰,见此地风景优美,地势开阔,遂卜居筑舍,与其弟庆基在此攻读,王安石兄弟早年亦读书于此，故名声大振。在金溪县西南四十里，还有一个石林书院，为宋抚州守叶梦得建，明代知府周瑛题额。叶梦得，号是斋，江西贵溪人，宁宗嘉泰二年（1202）进士，理宗淳祐十年（1250）年知抚州，建此院。并延请卢孝孙、陆九韶讲学其中。无独有偶，宋代还有一位叶梦得，是一位文史大家，字少蕴，号石林居士，湖州人。建炎中官至户部尚书。未尝守抚州。不知什么原因，历史上将其二人混在一起，张冠李戴地将此石林书院为湖州人叶梦得（少蕴）所建。明代知府周瑛《观石林书院题署》一文说："宋叶公少蕴知抚州日，建石林书院，讲明正学，今废久矣。其裔孙㩁等相与重建之。尝请予作题署。"你看看，连叶梦得（少蕴）的后裔都认为是其祖先所创，并重建之。故四库本《江西通志》卷21会说："《宋史》：叶梦得字少蕴，号石林居士，处州人，徙湖州。建炎中官至户部尚书，未尝守抚，而贵溪人叶梦得则尝守抚州，但不号石林，姑存之以备考。"我们也只能存之以备考了。金溪最著名的书院，应是槐堂书院与象山书院，这两书院都与陆九渊兄弟发生关系，故名声远播。槐堂书院，又称槐堂书屋，《陆象山年谱》称："陆象山居之东偏曰槐堂，槐堂前有古槐木，至今犹存。"在金溪县青田乡。于乾道年间陆九渊创办。象山书院在金溪县治西，四库本《江西通志》《明一统志》都称其为槐堂书院。绍定六年，县令陈咏之为纪念陆九渊兄弟所建。"陆氏旧有槐堂，因扁以名。傅子云记。淳祐十年，县令王中立重修，州守叶梦得记之。"（四库本《江西通志》卷21）傅子云《槐堂书院记》云：陈咏之"乃捐己俸，买民废地，自县治之西祠堂（编者按：此祠堂为"二陆先生祠堂"，嘉定十二年萧舜咨建）之北，筑道接屋，以达于堂。陈侯治事之暇，时由此道临诲诸生，勉于道而课其文辞，又于祠堂隙地建立象山书院而隶于学。"（《全宋文》第301册，第21页）然后在象山书院中又设"存斋""滋兰"等斋。又"为屋五间，扁曰槐堂"。从记述我们可以得知，此槐堂书院实际上是一个大型建筑群，包括县学、二陆先生祠堂，祠堂旁又新建象山书院，并筑道与祠堂、县学、书院相连，象山书院中有存斋、滋兰诸斋，又有五间槐堂书屋。陈咏之将新旧建筑依靠甬道相连，成为诸生学习的良好场所，的确是十分高明的设计。

这也许是此槐堂书院又称象山书院的原因吧。陆九渊兄九韶曾在金溪青田里家乡建一书室,书室前有一山,状如梭,故称梭山,人称九韶为梭山先生,书室亦名为梭山老圃,九韶与九渊等兄弟在此互为师友,研究学问。九韶在此又日课陆氏后裔同村生童,此书室后又称荐堂书院。(详见邓高平、李晓东《古代学府》,第174页)

乐安县北宋时期,有杏坞书院,在招携乡,为里人邓宗儒家族所建。乐安文学家曾丰有《杏坞书院记》记其事,中云:"据《韵释文》坞,壁也,垒也,小障也,庳城也;院,周垣也。余姻家邓宗儒家西有却丘焉。中立而四顾,如壁如垒如障如城,故以坞名丘,丘故不平,随其故阡之陇之,殖杏其上,故以杏名坞;坞故不广,随其故垣之舍之,植杏其间,故以杏坞名书院。"(《古文集成》卷9)又有沂水书院,在严溪,为曾思文所建。明代梁潜《继省堂诗序》:"至元集贤学士曾小轩,又以谓江南曾氏实大贤之后裔上其事请立沂水书院,以教育其族姓,而自宋以来曾氏显者亦多矣。"可知,到元代曾思文后裔又要重建沂水书院。

南宋时期,乐安又有古梅书院,在衙背,为里人詹元吉所建。詹元吉,字子正,淳祐元年(1241)进士,曾任古田尉,致仕家居,研究伊洛遗书,四方来学者众,于是建书院以居之。

我们知道,在乐安流坑有一个董氏家族,是一个以科第起家绵延千年的大家族,两宋三百年,董氏家族有二十六名进士,其中董德元被点恩榜状元。特别是宋仁宗景祐元年(1034),董氏家族五人同中进士,称为五桂联芳。这与其家族重视创办书院是分不开的。如宋初董文广,为董氏第五代孙,创办了桂林书院:

予伯祖文广,始以通经为儒。不事章句,东游金陵,值李氏乱,乃叹曰:"是不足事,以污吾祖。"弃而西归,既而师平江南,乃与吾祖议曰:"吾等老矣,不可复仕。幸而见太平,当有子弟以儒名家。悉以金帛,多营书史,大启黉舍,招延学徒,士自远方多归之。(董傪,《登科题名录》)

董氏家族还创办了子男书院，是为纪念董德元、董敦逸所建，因董德元封庐陵开国子，董敦逸封长青开国男，故取二人封号最后两个字，名书院。如心斋书院，就是董德修师事陆象山，教授于家时，从游者为其建的书院，因门人称董德修为"心斋先生"，故名其书院。董德修曾为陆九渊入室弟子，为槐堂诸儒之一，所以他以开继象山之学为己任，于是在书院不遗余力倡教陆氏心学，明代王畿《心斋书院记》中说："乡之士喜闻陆氏之学者，咸宗之唯恐不及。"于是心斋书院成为培养心学人才大本营，向有"光象山之门墙"之誉称。乐安流坑还有一个曾氏家族，著名者为曾丰，字幼度，号樽斋，乾道五年（1169）进士，后曾丰后返乡，建西山书院。西山书院之所以著名，主要与培养出大理学家真德秀大有干系。曾丰在浦城任上，发现了聪颖的真德秀，因家贫无力上学，便收在门下，悉心培养，真德秀在西山书院读书十三载，为记住曾丰与西山书院再造恩德，遂以西山为号，后来真德秀位至副相，又成为学问大家，西山书院之名遂远播天下。后来文天祥曾访寓西山书院，为其咏诗一首："金鼓峰前草木齐，流坑原是古流溪。大宋老僧何处去，壁上东坡画者谁。"

崇仁县的书院都在南宋时兴建。如渔墅书院，又名文溪书院，在崇仁东鄢巷，南宋嘉定年间由安抚使陈元晋创立。陈元晋（1186—？），字明父，崇仁人。宁宗嘉定四年（1211）进士，官至安抚使。书院之所以名渔墅，是为其别墅，元代虞集《渔樵问对序》中说："翁之世大父安抚公钓游之所曰渔墅。"故陈元晋所撰文集也称之为《渔墅类稿》。之所以又名文溪书院，是因为陈元晋父称"文溪先生"。陈元晋《文溪先生致仕大夫陈公夫人黄氏墓碣》云："先君文溪先生，讳凯，字仲高，世占籍抚之崇仁。"崇仁又有文林书院，建于南宋端平年间，《明一统志》卷54称其为文溪书院，并说："在崇仁县东陶家巷口，运干陈溪月建。"又有环溪书院，绍兴二十六年（1156）由吴文通建。

南城县创立最早的书院是由南城人李觏创办的旴江书院，罗伦《建昌府重修李泰伯先生墓记》："郡治北有凤凰冈，先生创书院其下，学者千余人，南丰曾子固其高弟也。"李氏逝世后，宋历任知军多重建旴江书院，书院中有明伦堂、洙泗堂、诚意正心、致知格物四斋。又据明代罗伦《建昌府重修李泰伯先生墓记》："开庆元年（1259）郡守曾埜更其堂曰思贤，右立盱江书院，仍旧名也。"景定三年（1263）知军钱应孙籍富户犯法田三千亩入于书院。又扩建书院，创殿宇讲堂，荐书院山长之官。宋林景熙《故太府少卿钱公墓志铭》云："盱江书院，旧有田，郡因兵兴，以其租养军废不治。公复振之。会富民犯法籍其亩三千余，拨入书院。士得养，争淬砺以报公。明年登进士科十有一人。礼部侍郎陈公礼记之。"李觏又在南城的龙马岩聚徒，讲教周易之学，人称龙马山房。此处在明代改属资溪县。北宋庆历七年（1047）在南城毕姑山云梯岭左，创立龙眠书院，宁文智、王岩谷先后在此讲学，由于王岩谷以博学闻于朝，朝廷特颁"龙眠书院"额悬于讲堂。北宋元祐年间，原南城县有进修书院，为元丰八年（1085）进士石松建，石氏曾任桐庐知县等职，后受党案牵连，罢官归里，于是在泸溪四都建书院，以待学者。其孙淳熙进士石致平重修此书院。后其书院地址，改为资溪县管辖。原南城县尚有庵山学舍，在泸溪四都，为石永寿所建。此地后归泸溪县。南宋时原南城县南曾潭之浒，又有曾潭讲堂，为傅梦泉讲学处，傅氏曾师事陆象山兄弟，曾自撰《曾潭讲堂记》，中云：傅梦"泉从游三先生后凡二年，始构堂于曾潭之浒，居息诵习，以终余年。而一时远近初学之士，或踵而就之。不逾年，聚者益众，堂隘不能容，至有舍逆旅间昏旦入请者。予深悯之，乃鸠工庀材，因旧址扩之，中为书楼。藏古今图籍。下祀先生及先生之所自传者，岁会四举。东西列生徒学舍，各堪布二席，几榻而外，尚堪置器物。堂背山面流，环以翠竹，又其上多松桧……。"可见此书院，不仅学生众多，而且环境优美，的确是讲学授徒好地方。自然也成为陆九渊心学教育大本营。

南丰县是唐宋八大家之一的曾巩的家乡，南丰曾氏也是一个著名大家族，其家族之所以兴旺，是和曾氏创办家族书院分不开的，曾巩祖父曾致尧（947—1012）是宋初文学家和大臣，后以其孙曾布为相，封赠密国公，曾致尧建曾氏学舍（后为南丰书院）以教育曾氏子弟，据县志记载："旧有书院在奉亲坊，曾密公旧宅，曾巩有《学舍记》"。曾巩《学舍记》记述了他小时候在书院学习情况："予幼则从先生受书，然是时方与家人童子嬉戏上下，未知好也。十六七时，窥六经之言与古今文章有过人者，知好之，则于是锐意欲与之并。"（《元丰类稿》卷17，四库本）。可见曾巩的启蒙和成人教育均在曾氏书院完成的。曾氏书院的教育可谓硕果累累，据统计，自太平兴国至宣和年间的百余年时间内，南丰曾氏登进士者三十余人，有功名者近百名，可谓功名赫赫，人才辈出，这与南丰曾氏家族书院大有关系。（详见李才栋《江西古代书院研究》）曾氏家族办书院的传统一直为曾氏后人所传承，如曾巩兄弟在抚州临川城内兴办了兴鲁书院，曾巩的弟弟曾肇的第二子叫曾纵，曾官至浙东转运使。曾纵子名曾悟，字蒙伯，宣和二年（1120）进士，他是苏辙的外孙，学者杨时门人，靖康年间为亳州士曹，金兵南侵被俘，不屈而死，曾纵、曾悟父子二人共创溪山精舍，实际上就是书院，精舍中建有书楼崇文阁，广储经史子集及其先世文集与石刻，又聘良师，召集诸弟子及有游者，读书其中。后曾悟被金兵杀害后，溪山精舍也改为忠节祠，以纪念他及同为牺牲于金兵刀下的堂兄曾忎（曾巩孙）二人。北宋时，在南丰县王浆源处，亦建有一座华林书堂。宋瞿元肃建，元肃以孝行闻于朝。祥符九年（1016），宋真宗召见他，并赐御书，亲王公卿各赋诗。总计有六十二轴，于是瞿氏构此书堂藏之。新城（今黎川县）有武彝讲堂，在福山双林寺后。南宋庆元年间，朱子与门人黄幹、蔡沈、黄钟讲学于此，故在当时极有名气。后人为肖像立祠祀之。明代学者罗伦题额曰"崇正堂"，故又称崇正书院。并作《游福山寺》诗二首，其《诗序》说："福山旧名覆船山，唐懿宗易覆为福。宋祥符去船名福山。紫阳朱文公盖尝游焉。寺僧像而祀之。同年吕廷扬来令新城，约予同游，因正其位号，祀于大雄氏之后室，名曰崇正。"其中一首云："云和草树拂天香，无尽光中见紫阳。万籁一空天似水，满船风月武夷堂。"

二、陆九渊与象山书院

陆九渊的"心学"被称为"江西学"，江西学之所以能形成与朱子之学抗衡的理学流派，这和书院是分不开的。可以说，江西金溪青田槐堂书屋（后为书院）和贵溪象山精舍（后为象山书院）是江西之学孕育壮大传播之地。陆氏家族是金溪十世同居的大家族，虽家道中落，但陆氏子弟都是家塾发蒙，发蒙后，陆九渊就随兄弟到抚州和金溪疏山寺求学读书，乾道八年（1172）陆九渊进士及第，回家候职三年，于是在其故居老屋辟槐堂书屋以授徒，开始了他的书院教育生涯，之所以名槐堂，据《陆象山年谱》称："陆象山居之东偏曰槐堂，槐堂前有古槐木，至今犹存。"槐堂书屋实为不名书院之书院，因为书屋传授不是启蒙知识与功名时文，而是陆九渊长期深思熟虑的心学成果，这种高等的学问只有在书院中方能传授。

陆九渊可以说是一位"诲人不倦"的老师，当他在乾道八年夏五月在京城廷对赐进士出身后，其解惑授业的教师生涯就开始了。当时从游者甚众，他朝夕与之相接，耐心地解答学生问题，以至于四十多天都不能好好休息。在回家途中经富阳，富阳主簿杨简向他请教"如何是本心"，九渊循循善诱，深入浅出，使杨简猛然醒悟，成为陆九渊心学之门的得意弟子，也为宋明时期心学在两浙地区的盛传埋下了伏线。陆九渊回金溪故里后，即在槐堂以新科进士和学问大家双重身份升帐讲学，自然四方风动，来槐堂书屋拜师问学者络绎不绝。正如《陆象山年谱》所说："远近风闻来亲炙"。（《陆九渊集》卷36）陆九渊针对当时学者沉溺于章句之学，志于声色利达，"良心善性都蒙蔽了"等弊病，一反其道，高擎起"明理，立心，做人"的教学大旗，来训迪后学。这种别具一格的简易明白，启迪智慧，发明本心的教学方法和内容，自然吸引不少学者。据《宋元学案·槐堂诸儒》统计，陆氏在槐堂书屋讲学三年，求道问学者以千百计，其中比较著名的弟子有65人，65人中多以江西学者为多，如金溪的彭兴宗、朱㭿、朱泰卿、吴群玉，南城的傅梦泉、刘伯文、刘伯协、周伯熊、陈刚，临川的邹斌、林梦英，以及贵溪的桂德辉等，他们簇拥陆氏讲席，组成心学流派的基本队伍，为陆氏江西心学的形成、传播与发展奠定了坚实基础。同时，槐堂诸门生中也有外籍的学者，如杨简、袁燮、舒璘、沈焕等，人称"明州四先生"，他们后来在浙东讲学，传播心学，使江西之学在当时首善地区盛传，也为明朝王阳明心学发展,做好了理论准备。

槐堂书屋虽说是偏僻乡隅的一座书院,但却是江西心学的大本营和培养心学人士的"黄埔军校",因此名声扬外,利泽后世。后人多以槐堂为名建书院,以纪念陆九渊,如宋绍定六年(1233)金溪县知县陈泳之在金溪县西建槐堂书屋,祀陆九渊兄弟,并请傅子云主讲。淳祐十年(1250)金溪县令王中立重修槐堂书院,合祀三陆先生,又增学田以助之。抚州知守叶梦得为之记。叶梦得也在临川建槐堂书院,祀陆九渊。

淳熙十三年(1186),陆九渊任主管台州崇道观闲职,故返回江西金溪故里,于是他又开始授徒讲学,而这一次来从学者就更多了,据杨简《象山先生行状》云:"先生既归,学者辐辏愈盛,虽乡曲长老亦俯首听诲,言称先生。先生悼时俗之通病,启人心之固有,咸惕然以惩,跃然以兴。每诣城邑,环坐率一二百,至不能容,徙观寺。县大夫为设讲座于学宫,听者贵贱老少,溢塞途巷,从游之盛,未见有此。"(杨简《慈湖遗书》卷5,四库本)

陆九渊讲学引起"溢塞途巷"的现象,一方面表明他讲学精彩,从游者之盛,另一方面也反映讲学场地陋狭,槐堂书屋已容纳不下陆门子弟。恰好此时陆氏弟子金溪人彭世昌访友张氏于贵溪应天山,登山一望,见山高谷深,林茂泉清,是一个办书院的好地方,于是与好友张氏商议,在此结庐设院,以迎陆九渊讲学。于是淳熙十四年(1187),陆九渊携二子一侄和诸门徒,登上江西贵溪的应天山,乐而喜之,遂在此山建精舍以就讲学。陆九渊认为这应天山形似大象,故改名为象山,自号为象山居士,其讲学处自然是象山精舍(后改名为象山书院)。象山精舍初创时自然条件艰苦,陋屋敝宇,蔬粥无时。陆九渊率众弟子开山筑室,刈草为屋,千万年冷寂的象山顿时热闹起来,有了人气,更有琅琅书声。象山书院建筑结构,大大迥异于一般书院。陆九渊所居草堂,仅方丈,名曰"象山精舍",各地学者裹粮而来,因为书院不供饮食,又环绕着象山精舍,自结茅庐,因为书院不供住宿。于是以精舍为中心,四周错落有致、高低不同形成风格各异的书斋与居地。如居仁斋、由义斋、养正堂、明德堂、储云斋、佩玉斋、琼芳斋等,亦如一朵朵莲花散布精舍四周，由此构建起象山书院风景独异的建筑群，虽然简陋，但却气象雄伟。连陆九渊自己也感到惊叹，他说："山间近来结庐者甚众，诸生始聚粮相迎。今方丈前又成一阁，部勒群山，气象亦伟。"（《陆九渊集》卷36《年谱》，中华书局）

不但书院建筑迥异于其他书院，连陆九渊讲学方式也不同于其他书院。由于居住分散，每天早晨要上课时，即鸣鼓为号，学生们纷纷从自建的茅舍赶往讲堂，陆九渊亦乘山轿至讲堂。师生互揖为礼，学生各以小牌书写姓名、年甲，按照顺序列坐。一般都有百余人。此时陆九渊升堂而坐，"容色粹然，精神炯然"地开讲起来。学生冯元质曾详细地记述了陆九渊的讲学情景：

> 首诲以收敛精神，涵养德性，虚心听讲，诸生皆俯首拱听，非徒讲经，每启发人之本心也。问举经语为证，音吐清响，听者无不感动兴起。初见者或欲质疑，或欲致辩，或以学自负，或有立崖岸自高者，闻诲之后，多自屈服，不敢复发。其有欲言而不能自达者，则代为之说，宛如其所欲言，乃从而开发之。至有片言半辞可取，必奖进之，故人皆感激奋砺。（《陆九渊集》卷36《年谱》）

从记述中我们可以看出，陆九渊真可谓知识渊博演讲大师，其讲学不但富于哲理，而且抑扬顿挫，音吐清响，扣人心弦，听他的演讲真是一场艺术享受。连陆九渊讲到痛快处，自己也会情不自禁地与学生讲："岂不快哉！"也就是说，陆九渊将全部身心和智慧投入讲学。他将愉悦的情感波澜转化为象山的回应，也将直觉的明慧开启学生的思维门闸，更将发明本心的哲理仙霖，浇灌他们渴求知识的心田。难怪无论多么调皮捣蛋或以学识自恃的学生，听了他的讲学都自屈服而激动兴起，感激奋励。这就是一个哲学大师的魅力所在。

陆九渊是很懂得书院教育真谛的人，讲学只是教育内容的一部分，更多的是"寓教以问"，冯元质又说："诸生登方丈请晦，和气可掬，随其人有所开发，或教以涵养，或晓以读书之方，未尝及闲话，亦未尝令看先儒语录。"(《陆九渊集》卷36《年谱》)而陆九渊应用得最多的教育方法是"寓教以乐"。

> 平居或观书，或抚琴。佳天气，则徐步观瀑，至高诵经训，歌楚词及古诗文，雍容自适，虽盛暑，衣冠已整肃，望之如神。

这是对传统儒家的志于道，据于德，依于仁，游于艺教育思想的实践，更是把教育艺术化了，娱乐化了。心学大师不仅在高度抽象思辨中泅渡，严肃的哲理思维是难以关锁自然勃发的生机的。所以他会带领学生回归自然，拥抱自然，徐步观瀑，登高诵经，与泉石相趣，伴琴音相怡。一方面在步步为营、逻辑严密的心学世界中苦苦求索，另一方面又在神采飞扬楚辞诗文形象思维园地里舒放心灵，因此陆九渊的书院世界是一个望之若神仙的世界，虽然这个世界条件艰苦，无充饥之粮，有漏雨之屋，但在陆九渊讲学五年时间里，有数千学生负笈裹粮纷纷赶往象山。这当然是他人格精神感化和高妙心学的吸引，更是与他豁醒出彩的将哲人理趣与玄思艺术化，将教育与学问娱乐化的教学思想和方法分不开的。因此陆氏在象山精舍的讲说，在江西甚至东南数省一带影响很大。连朱熹都心向往之："闻象山垦辟架凿之功益有绪，来学者益甚，恨不得一至其间，观奇览胜。"(《陆九渊集》卷36《年谱》)甚至当时学者中间流传着"非从学象山，不得为邑寓贤"的口头禅。

宋光宗绍熙二年（1191）九月，陆氏有知荆门军之任命，只得离山赴任。哪知次年十二月卒于任。陆九渊的象山精舍也就为他槐堂诸弟子所维持。陆九渊知荆门军之前，已命其高弟傅季鲁执掌象山精舍主讲，临走时陆氏执其手曰："是山系子是赖，其为我率诸友，日切磋之，吾远守小障，不得为诸友扫净氛秽，幸有季鲁在，愿相依亲近。"(《陆九渊集》卷36《年谱》)傅季鲁（名子云，号琴山，金溪人）之后，象山精舍由彭兴宗主持，他坚持在象山居住，彭氏字世昌，也为金溪人。我们在前面已经说过，他是象山精舍的首倡者。陆九渊对其也相当器重，令其教授其子。所以他对陆象山和象山精舍有着更深的情愫。朱熹也赠诗，希望他坚守先师的理论阵地：

> 象山闻说是君开，云不参天瀑响雷。
> 好去山头且坚坐，带闲莫要下山来。

（朱熹《丙辰正月三日赠彭世昌归山》，《晦庵集》卷9，四库本）

因此彭兴宗坚守象山就富有一种象征意义，固然先师已殁，但其心学仍在，坚守象山精舍，意味着坚守理论峰巅，也就是说心学阵地仍在，心学仍有传人。薪火相传，桃李芬芳，心学的生命韧性在槐堂诸儒的锻造下，显得异常坚韧，延绵不绝；心学的智慧灵光，亦如日月之揭，光耀百世。所以彭兴宗的同门友袁燮专门写了一篇《题彭君筑象山室》一文：

义理之学，乾道、淳熙间讲切尤精，一时硕学，为后宗师者，班班可睹矣！而切近端的，平正明白，惟象山先生为然。或谓先生之学如禅家者流，单传心印，此不谓知先生者。先生发明本心，昭如日月之揭，岂恍惚茫昧，自神其说者哉。彭君清贫至骨，而能筑室于山，以屈致明师，可谓知所尊尚矣。高山仰止，景行行止。慕景行而行之，犹仰高山，而身履其巅也！尚勉之哉。"（《絜斋集》卷8，四库本）

因此，象山精舍不仅成为心学门人的圣地，同时也得到其他理学流派的尊敬，如前面提到的朱熹写给彭兴宗的诗，似乎在迎合象山心学主张，被人们误解为朱熹晚年亦从陆学。朱熹门人刘启晦任贵溪知县，摈弃门户之见，在象山先生精舍方丈旧址立象山祠，春秋二季祭祠之。而象山门人更是约定，每年正月九日登山会祭。

我们已经说象山之说被称为江西之学，可见其说对江西影响之大，其门人也多以江西籍为主，但发展到后来，江西本土之学却在异域绽放得分外灿烂。正如黄宗羲说："然其学脉流传，偏于浙东。"故朱子说："浙东学者多陆子静门人，素能卓然自立，相见之次，便毅立有不可犯之色。"（《朱子语类》卷113，四库本）因此，宋明两代，赣浙两地学者在宣扬和发展陆氏心学基础上，进行了良好互动。他们一旦在江西为官或讲学，都是以江西书院作为主要阵地，开展陆学研究和宣传工作的。如赵彦械，字元道，浙江余姚人，累官至吏部尚书。他是陆九渊高足扬简门人，可以说是陆氏的再传子弟，他在理宗绍定三年（1230）任江东提刑时，又重修了象山精舍，并为之《记》云：

> 象山盖学者讲肄之地，先生没，山空屋倾，将遂湮没。载新以存先生之故迹，使人因先生之故迹，思先生之学，思先生之教，孜孜日思，乃至不勉不思，从容中道，是谓天成。（《陆九渊集》卷36《年谱》，第522页）

可见他之所以新修象山精舍的目的是"使人因先生之故迹，思先生之学，思先生之教"。其宣扬陆氏心学的目的是很显然的。同样，浙江鄞县人袁甫于绍定四年（1231）为江东提举兼提刑，可以说是陆氏再传子弟，因为他的父亲袁燮为陆氏门人，而他自己又是杨简的门人。袁甫对象山精舍进行整体性的搬迁。他认为精舍在象山，因"山间不近通道"，学者难以攀登。于是迁于贵溪县的近郊徐岩，并将精舍更名为象山书院，这座象山书院远非昔比，据袁甫的《象山书院记略》记载："筑室百楹，既壮且安，士遐迩咸集，斋曰：志道、明德、居仁、由义；精舍曰：储云、佩玉，又皆象山先生之心画也。"（《江西通志》卷126，四库本）也就是说，将陆九渊在象山精舍的书斋名全部命名为象山书院的书斋，也表现出袁甫想尽量按原貌复兴书院的心情。除重建宏伟书院建筑外，袁甫还为象山书院做了几件大事，一是为象山书院置办了学田，以利于书院生存发展；二是继其父亲之后，又重新刊刻了《象山文集》，其目的正如他自己所说："新建象山书院，复摹旧本以惠后学。"；三是延聘名师以掌书院，先请杨简门人钱时为山长主教，当时学者闻讯纷纷赶来求学，以至于书院无法安置，又修书院之外废寺法堂以处。复请杨简高弟冯兴宗为堂长，同样四方学子来集，朝夕训警，群士信响；四是袁甫本人也主讲象山书院，对象山学说的渊源内容与特色都进行了精到分析，并认为陆九渊是"真孟子复出也"。当时贵贱咸集，溢塞堂庑，以听其讲，所以袁甫重修象山书院，是陆九渊逝世后，又迎来第二次兴盛局面，再加以绍定五年（1232）宋理宗亲书"象山书院"额，祀陆氏兄弟，以杨简、袁燮配，更使象山书院与象山心学成为官方认定书院与学说，象山书院也就成为我国南宋四大书院之一，与白鹿、岳麓、丽泽齐名。袁甫之功，功不可没。

袁甫在江西还重修了白鹿洞书院和增建了白鹿书院君子堂。新建了番江书堂，袁甫有《重修白鹿洞书院记》《白鹿洞书院君子堂记》和《番江书堂记》记其事，在袁甫之前，其父袁燮也为陆学的传播和江西书院的兴建做出了重大贡献。袁燮（1144—1224）字和叔，号絜斋，学者称絜斋先生，浙江鄞县人，淳熙八年（1181）进士。《宋史·袁燮传》云："燮初入太学，陆九龄为学录，同里沈焕、杨简、舒璘皆亦在学，以道义相切磨，后见九龄之弟九渊发明本心之指，乃师事焉。"陆九渊另一位门人丰有俊，也是鄞县人，曾通判隆兴府，曾于南昌东湖之畔兴建东湖书院。后来袁燮于嘉定四年（1211）任江西提举兼提刑，大力支持同门友丰有俊创办东湖书院，并将东湖书院兴建情况奏告朝廷，宋宁宗敕赐"东湖书院"额，他又撰《东湖书院记》详纪其事。

丰有俊、袁燮二位陆氏同门师友齐心协力共建南昌东湖书院，其目的当然是光大心学门户，弘扬陆氏师说。袁氏《东湖书院记》中认为，创办书院就是求道，"何谓道，曰吾心是也。无偏无党，王道荡荡；无党无偏，王道平平。去其不善而善自存，不假他求，是之为道。"书院更是"儒者相与讲习"之所，儒者应"有志斯，以养其心，立其身而宏大其器业"（《絜斋集》卷10，四库本）。因此陆氏心学是东湖书院教育的主要内容，为了更好和名正言顺地宣扬心说，他们又聘请陆九渊长子陆持之担任东湖书院山长。陆持之，字伯微，陆九渊在象山精舍讲学时，曾有意识地培养他，命其与初来求学者交谈代说。其父逝世后，陆持之又二次编定《陆九渊文集》，第一次是在开禧元年（1205），第二次是嘉定五年（1212）在东湖书院时，共编成三十二卷，并由袁燮亲自刊于南昌东湖之滨。于是东湖书院就有了陆氏心学的基本教材。而陆持之也是一位"学足以承其家"的子承父业心学学者。也就是这样一个风云际会的原因，南昌的东湖书院不仅成为南宋著名的书院，更成为陆氏心学和其他理学流派重要的宣传基地。当时书院广收门徒，求学者甚多。一些理学名师也到这里升堂讲学。如朱熹的高弟黄榦和李燔先后在此讲学，理学流派中双峰学派的创建者饶鲁不仅在此学习，后又成为该院的主讲，著名的书院教育家、理学传人、南宋丞相江万里也在此游学，后又创办江西著名的白鹭洲书院。可以这么说，袁燮大力支持兴建东湖书院的目的是达到了。

通过上述，我们可以看出陆氏心学在江西传播的一些规律，作为江西之学，陆氏心学的产生与成熟都在远离繁华都市的偏僻之地，如金溪的槐堂书屋，贵溪的象山精舍，这符合书院初创的一般规律，因为一般书院在初建时都是建在远离尘嚣的山水佳处，而一旦心学成熟与完善，并拥有广泛的群体信仰者时，心学的流传，也是由心学传人以创办书院为主要手段而迅速蔓延四方。而此时书院的选址，已不仅仅是在偏僻的山林水乡，已开始由乡村转往城市，如象山精舍由山区整体搬迁到贵溪县的近郊，如东湖书院建在江西政治文化中心的南昌，这种地理区域的大转移，使书院脱离原生文化生态，但并不都是橘枳异味，反而使相对孤傲与封闭的书院文化生命力，被喧腾人世的热闹和城市的繁华激活与催醒出沉潜的巨大能量，而显得更加光彩熠熠，因为繁华与喧热并不都是书院发展的阻扼，很可能是其发展动力，因为在这些地域，文化空间更加开阔，至少书院教育受众人数迅速扩大，学术流派的话语权更多、更响亦传播更远。江西心学也因此从江西盛传于浙东乃至全国，心学的群体亦形成一个人数众多的在全国都能叫响的学术流派。正如袁燮自己所说：

"天有北辰而众星拱焉，地有泰山而众山宗焉。象山先生其学者之北辰泰岳欤！"陆氏心学"流布浸广，书满天下，而精神亦无不遍，言近而指远，虽使圣人复生，莫之能易。呜呼！兹其所以为后学之师表也欤！"（《陆九渊文集序》，《陆九渊集》卷36《年谱》）

第二节 宋代临川区的官学与私学

一、州军县官学

宋代的官学分为中央和地方两类，地方官学又分为州（军）县二级。宋代州县立学，最初是由临川人晏殊倡导的。仁宗庆历四年（1044），范仲淹等人又提出"设立学舍保荐之法"，宋仁宗也诏令在学生超过200人的州郡，在县治设县学，于是全国各地掀起了兴学运动，以至"海隅徼塞，四万里之外，莫不皆有学。"（欧阳修《吉州学记》，《文忠集》卷39，四库本）江西州县两级官学也就在此时纷纷建立起来，成为江西教育的一个重要组成部分。

抚州在唐代已初步建立了州学，天复二年（902）抚州知州危全讽注重发展教育事业，在抚州设立文庙，力兴儒学，设文学、助教职官，掌全州教育之职。宋代抚州州学建于庆历四年，州守马寻在原来的文庙后面新建州学，后王周绪接任抚州守，又将未完成的州学建成。当时的抚州通判史纶《新建抚州府学记》记其事："（夫子）庙之背有隙地，轮广百余丈。由是因其势，度其缔构，乃划乃平，乃筑乃基"，学宫未逾月而成，"百楹咸树，前为讲堂以安讲席，却有奥以宅师位""修廊股引，高檐箕张，室庐周环，窗牖高豁"。（《全宋文》第30册，第119页）此时新修州学的确壮丽宏大。又，此地原是晋代著名书法家王羲之任临川内史时旧居，内有墨池，这更增添了州学的文化氛围。嘉祐以后，州守钱瑄、刘子瑄相继重修州学，淳熙十三年（1186），知守钱象祖又重修，蒋用之《重修抚州儒学记》云："乃十一月癸丑命群工兴众役，甫三月而泮宫表里轮奂炳如，于是役之重就也。"无独有偶的是前面所说的钱瑄是钱象祖五世祖，曾于治平三年（1066）任抚州守，也下车伊始，重修州学，所以蒋用之会说，钱氏二代相隔一百三十年共修抚州州学，是有大德于抚州的。（四库本《江西通志》卷126）庆元二年（1197）州守陈研等又对州学进行了大规模的重修。南宋丞相周必大有《抚州学记》记其事：

> 庆元二年，豫章胡君元衡来临师席，文风既振，复怀永图，乃大议葺治。适学粮赢钱百二十万，太守陈研首捐千缗，常平使君王君容及后守曾候楷各助十之三，漕宪继之，总钱又百三十万，米不在焉。以六月中寅兴工，明年八月讫事。凡大成殿、御书阁、讲堂、仓廪皆袭其旧。内外门墙，廊庑及正录职事之位，东西序之六斋，文昌之轩、庖福之所悉鼎新之。（《文忠集》卷60，四库本）

可见这一次抚州州学的重修，在公私合力出资下，财力十分丰厚，重修的规模也很浩大，景定三年（1262），家坤翁知抚州，又对州学大成殿进行重修，并增拨学租，咸淳八年（1272），抚州知州黄震又建州学棂星门，修四斋，修讲堂，特别是在州学门前建了堰合楼，他根据抚州民谣"文昌堰合状元生"的意思，"作危楼百尺于郡学之龙首，俯瞰文昌，名之曰堰合，以应佳兆，以作士气，以预为此州曲江宴集之所"。并在堰合楼"置两教授厅，山长厅"，表现黄震希望抚州多出科举杰出人才的殷切心情。（黄震《抚州修造总记》《抚州堰合楼记》《黄氏日抄》卷88，四库本）

宋时建昌军下辖南城、南丰、新城诸地，今均属临川文化地区，建昌军学在宋代是建立较早的学校，始建于太平兴国四年（979），比上述吉抚二州要早65年。其地在州治南城城西。元符元年（1098），管师仁任知军，下车伊始，参观军学，勉励士子刻苦学习，并在孔子庙右，建四贤堂，以纪念建昌乡贤：李泰伯、曾子固、王无咎、邓润甫四人。并"访求四人者之像，绘之于壁傍"（傅权《军学四贤堂纪》，《乾隆新城县志》卷12），后建昌军学于靖康二年（1127）与绍兴四年（1134）二毁于兵乱，当地的学子只能在未毁之半殿学习、祭祀。绍兴十六年（1146）蒋循祖知建昌军，视事三日，就参观军学，见此惨景，戚然不宁地说："有民有人，不教不仁则已，而欲化民成俗，事其有急于此者乎？"于是将兴修军学作为当政首务，至次年二月，一个全新的军学建成，美轮美奂，"观者动目，甲于江西"。（江臬会《重修建昌军学记》，《江西通志》卷125）景定初年，饶应孙知建昌军，也曾重修军学。

宋代全江西地区有69个县，全部都有县学，除少数县学如丰城、萍乡、新淦、新喻、瑞金等是在宋以前创立的外，绝大部分都产生于宋代，即使上述建立于宋以前的县学，也在宋代得到多次扩建与重修，而且其教学制度和管理模式也是在宋代才奠定和完善的。因此，宋代江西的县学教育，不仅在江西教育史上占有重要地位，而且在宋代教育史中，亦与书院教育一样，处于领先地位。而临川文化区各地县学亦在这个大环境下蓬勃兴旺起来。

抚州的临川县学，始建于宋咸平三年（1000），县令陈从易将其建于府治南面的青云峰下。吴澄《临川县学记》认为此地"地势亢爽，人迹稀疏。喧嚣之声，华靡之观，不接耳目，于学者游处讲学为宜"。（《吴文正集》卷36，四库本）后经百余年，县学年久失修，南宋隆兴二年（1164）县丞郎余庆重修，嘉定三年（1210）朱子门人黄幹为临川县令，又在县学的明伦堂北建咏仁堂。不久县令赵崇伊又重修明伦堂，文会堂，又新建西庑四座斋舍，分别以"尚志""观仁""务本""好礼"命名之。淳祐元年（1241），也就是黄幹任临川县令三十余年，既嘉熙四年（1240），丰城李义山任知县，他信奉朱子、黄幹之说，在县学孔庙中另辟一室，悬黄幹画像而祠祀之。黄义明有《临川县学黄勉斋祠记》记其事。李义山又"复新大成殿，及两庑戟门，作亭青云峰巅，以畅闲，适眺望之趣"。（吴澄《临川县学记》，《吴文正集》卷36，四库本）淳祐九年（1249）县令赵必瑛又购"市民地，拓其境作外门，而学宫完美矣"。这是宋代最后一次重修临川县学。

抚州的宜黄县，因曾巩撰有《宜黄县县学记》而著名。宜黄士子求学的精神非常可贵。宋兴百年，虽然经过庆历兴学，但宜黄县却没有县学，当地的学子只得相率到抚州寄寓于州学，以群聚讲习。后州学又废，士子们无地可学。皇祐元年（1049）李详为宜黄令，始议立学，当地学子纷纷响应，唯恐不及，有钱出钱，有力出力，或献书，或献物。"故其材不赋而羡，匠不发而多。其成也，积屋之区若干，而门序正位，讲艺之堂，栖士之舍皆足。积器之数若干，而祀饮寝食之用皆具，其像孔氏而下，从祭之士皆备，其书经史百氏、翰林子墨之文章无外求者。"连曾巩都惊叹，宜黄士人办学"何其周且速也！"（曾巩《宜黄县县学记》，《曾巩集》卷17，中华书局）自此后，宜黄县儒风大振，县学屡有兴建，宣和年间，县学迁建于城隍庙北，但毁于绍兴兵乱，县令邓庚又将县学迁建于县治之左。后县令叶上达又改筑于城北。绍兴二十年（1150）县令邓昌期认为县学近水，湫隘潮湿，又迁址改建。而此年乡试，县学学子中有18人中乡举，其中有三人登甲科，当时人们都认为是因为重视县学教育的结果。故宜黄诗人杜国华有"棘闱群试三千士，花县先登十八人"诗句以纪其盛事。后县学于绍定三年（1230）毁于寇。县令赵希点又重建，造大成殿、御书阁、先贤祠。宝祐年间，县令杨允恭又重建县学两庑四斋。

崇仁县学初建于北宋庆历三年（1043），在县治东偏处。崇宁、大观年间，县令孙实、张安民又增修。建炎年间，崇仁县邑大部分毁于乱兵。由于县学为乱兵驻扎地，得免焚毁之命运。绍兴间，县令郑宾年、孙懋共修葺县学。有张汉彦《记》。嘉泰二年（1202），县令赵彦纾增建殿庑堂舍，并建六斋于东西二庑，东曰学古、居仁、明道；西曰由义、尚志、好德。后又在其中创千秀阁，邑人何异将其家藏十三朝御书墨本捐藏于此。嘉定七年（1214）县令彭耕增学舍膳田。李刘有《记》，此记《全宋文》不载，收录于道光《崇仁县志》"艺文部"中。嘉定十六年（1223），县令范应铃重修，李燔撰《重修学宫记》中说：

是学之作，表里一新，枕县左翼，前瞰溪流，高明爽垲，视昔奚啻数倍。又以乡先贤修撰欧阳公、环溪吴公，合祠于堂之西偏。自门庑至于殿，总为屋二百楹。自度材至于讫工，总费缗钱五千八百，一出公帑，民不与知，其盛举也！（《全宋文》第296册，第125页）

这次重修，的确规模巨大，屋为二百楹，高明爽亮，数倍于过去县学，而且设立崇仁乡贤欧阳彻、吴沆纪念堂，以激励学子，真是一大盛举。可惜，至绍定三年（1230），县学又毁于兵乱。虽然后来县令赵启夫又重建。宋末复毁于寇。为了保证县学能够正常长久营作，崇仁县学专有学田供养，据道光《崇仁县志》卷5记载，乾道年间，邑中有学田280余亩，嘉定九年（1216），县令彭耕又增入废寺田与新垦田若干亩，十三年（1220），县令赵汝靓又增拨籍没田140余亩，十五年（1222），县令范应铃亦增拨籍没田90余亩。

金溪县学，初建于北宋皇祐三年（1051），由当时县令刘佐建于县城南望仙门外，距县城一里。此后屡修屡迁。绍兴十二年（1142），县令周綷迁于社稷坛右，仅旧县学三十步。二十七年，县令陈博文再迁于社稷坛南。嘉定二年（1209），县令王衡仲认为县学地僻非宜，又迁于晁氏九经堂故址，八月开始动工，至十二月建成。新县学四周环境优美，学舍高明爽垲，并且距离当时县治仅五十步，便利学子学习。王衡仲又撰写了《金溪县改建儒学记》，以记其盛事。清康熙《金溪县志》卷10赞曰金溪"人文蔚起，衡仲之功也"。第二年，县令楼鐩又继之兴建，增建了署宇及尊道、贵德、习是、养正四斋舍。嘉定十二年（1219），县令何处久又重建学门，建贡士仓，以增学产。何处久叔父何澹撰《贡士庄记》记其事：

> 吾侄处久宰抚之金溪，锐意期有以自见……。乃经理学校，课试以程艺能，置书以广习读，请籍产于提举赵汝珰，岁增二百斛。廪饩既充，不限其来，子衿蔼蔼，前所未有，父兄相见，朝夕磨切，勿负作成。既又创学门三间，浓墨大书，气象雄伟，凡学之祭服器用当备而缺者悉加完集。邑有邓枢社仓没产岁八百斛，复以所樽节之金，请鬻腴田置贡士一庄，……更大讲舍，广聚生徒，儒化自是盛行。今金溪之学得兴起为临川冠。（清康熙《金溪县志》卷10）

宋代金溪县学原均有学田，岁收租米146余石，至南宋嘉定、宝祐间增至286斛，钱327贯。但是由于县令何处久置贡士庄，广增田产，使本地县学诸生，赴试举子更有了经济保障，无衣食之忧，由此而儒学大盛，成为临川之冠。

乐安县建县较晚，据《宋会要》记载："乐安县，绍兴十九年，江西诸司奏：以崇仁疆土阔远，山岭重复，盗贼出没不时，请析本县及永丰二县间地刱置，从之。"但在次年，即绍兴二十年（一作二十六年），县令魏彦林在县治北、山之阳，凭高而建起县学，初为堂为斋，略为初备，三年后，又为殿为门，县学始成。绍兴三十年，县令王植下车伊始，又开始扩充县学。谢谔在《增修乐安且学宫记》中说，县学"凛然壮观一新"，于是师生"来者未艾，思跃而趋，学用益严，教宜恢张"。后至淳熙十年（1183），县令王瑾又增修。十五年（1188），县令赵善恭又重修。至嘉定中，县令郑起沃、黄珪相继葺修。景定中，县令王端臣，咸淳中县令唐元龄，皆事修葺。乐安县是宋代临川区建学最晚之县，初时就读诸生比较少，但后来者居上"其后十倍于始，迨宋之世，升国学，贡礼部，登进士科者甲诸邑"。（光绪《江西通志》卷71）

建昌军南城县学，早在唐总章二年（669）就已创建，这是临川文化区创办最早的县学。入宋，县学初与建昌军学共置一处。绍兴十二年（1142）县令赵旦始建南城县学，另择城南隅太平寺荒园作为校址，广袤百步。南城县士人乐于捐资助学，赵旦又将民间绝户与亡户的田产收作县学学田，故修建资金特别多。所建县学有门廊斋舍二百楹，而其中的讲堂，圣贤绘像又是邑人蔡延世捐金修成。所以县学除大成殿、明伦堂、讲业堂外，还有藏书楼，藏书特别丰富。绍兴二十四年（1154），蔡延世又捐金修县学大成殿。景定三年（1262）建昌知军赵时稼又对县学进行整饰，并新建了尊道堂及门庑斋舍。

建昌军的南丰县学在县治西南，宋庆历四年（1044）县令周燮建。曾巩父曾易占撰有《南丰兴学记》详记其事：

独南丰周侯至，则考县之西南构为学。门闼邃深，殿宇森严，孔子、七十子像图以序其中，循两旁而进，栖士之舍，由甲而第之，至于癸，斋次之间焉。堂南向，讲问之席于是乎设，庖湢并序之。东便门之西北，

器施于古，礼于今，用无不备。（正德《建昌府志》卷7）

从上记述可知，南丰县学初建时就极为壮丽，不仅门闼邃深，殿宇森严，而且供学生居住的学舍，由甲至癸依次排列共十间，另有讲堂、讲席、学斋、厨房及专门存放祭祀礼器的房间。殿宇中依次挂列孔子与七十子画像。更可贵的是，南丰百姓，听说要建县学，纷纷解囊出资。当建成后，周燮却将捐资全部退还给大家，并称勿扰民。此后至宣和四年（1122），俞思忠因旧补新，县学进行小规模修理，可惜到了绍兴初年，县学毁于寇乱。绍兴九年（1139），县令李铸又重建，但卑隘狭小，与初建时不可同日而语。以后几次均为补修，淳熙六年（1179），赵彦髳建礼殿，绍熙五年（1194）雷霆建讲堂，嘉泰二年（1202）陈苈修直舍与门庑，又重建未毕。紧接着汪敏中"抉弊剔蠹，疏水为泮，广前人之未备"。直至嘉定十五年（1222）后，凡历二十四年，南丰县学在谢逵手上才"一旦毕葺"。宝庆年间，赵以夫为县令，又开始相继重修，可惜又毁于兵乱。后历任县令又重修直舍、戟门、殿庑、讲堂，直至赵以夫为江西提举常平使，又捐金粟以建，于是学宫之规模又备。淳祐五年（1245）黄端亮为南丰令，又重修。至此，南丰县学才建得极具规模："由里彻外，焕粲鼎新。宫庐宏敞，陛柣显严。奎画宸章，陆离光耀。从祀俨列，剑佩葳蕤。门观靓深，肇戟端甫。瓴甓丹黝，文质中度。"学宫成后，又在南丰本地与邻县招收俊秀之士共百余人在此攻读。成为学子们"名教乐地"。（黄端亮《淳祐重修学记》，同治《南丰县志》卷37）。

尤值得一提的是建昌军的新城县学，新城建县较晚，于南宋绍兴八年（1138）析南城县置，县治为黎滩镇，后称黎川县。但是到了第二任县令李维芭任上，即于绍兴十三年（1143）就建立起了新城县学，里面有孔庙，庙旁有讲堂，名曰遵德堂。吏部郎建宁谢黻作《新城县学记》，记中说："新城，故黎滩镇。绍兴八年始更为县。四年而清江李侯以通直郎来为令。……始与僚佐谋作夫子庙于邑之巽隅。又建学于庙旁，以居生徒，为屋百余间，皆可持久，他县所不及。"（《乾隆新城县城》

卷5），李维芭又常去县学讲经训示。当地人感其德，建生祠祀之。后乾道八年（1172）县学又重建，前为孔庙，后为讲堂，建四斋分列于两庑。直至宋末，南城进士胡梦魁出资在县学中又建一礼殿。新城县学虽为晚出，但培养人才由少急速增多，"终宋之世，乡贡士累数百，南宫首荐三人，登进士第者六十余人"。（光绪《江西通志》卷71）

广昌县也是在南宋绍兴八年（1138）析南丰南境三乡置为县。建县之初即有县学，初在县治西。绍兴十七年（1147）县令承敷见旧县学"庳陋湫隘，仅在县狱之左"，认为不是读书最佳处，又迁于县治东南重建。从此年九月开始，至次年一月完工，"工缮之费一百二十万有奇，二公捐漕台金三十万以助。……殿堂、廊庑、斋舍、庖湢，莫不顺序。于是承侯率诸生以仲春上丁释奠于新学。既事，邑人相与叹息，侈侯之惠于斯人也"。（刘嵘《广昌县学记》，正德《建昌志》卷7）嘉泰年间，县令曹进之又迁于县治东南重建。曹进之请其老师庐陵人南宋宰相周必大作《广昌县儒学记》记其事：

嘉泰二年四月，奉议郎曹进之来为宰，谒先圣殿，上漏旁穿，两庑欹侧，且非其地。邑士胡岩老请改筑于县治之东、止戈亭旧基。诸生相攸佥谋为允。于是进士揭英，之子俨、子仪三人输财劾力主其事。而黄作舟、作砺首捐钱四十万为之助，士胥和之。庀工癸亥之夏，甲子春新学成，培卑为高，以避水潦。双溪夹流，汇为大江。面对群峰，宛如画图。高明坚壮，他邑鲜比。

可见，广昌县学是在当地文人百姓捐财输力而建成的。可惜到了绍定三年（1230）县学被毁。端平三年（1236）知县葛崇节重建学宫大成殿。嘉熙三年（1239），县令赵池渑又增建门庑斋舍。

二、私学教育

除州县官学外，宋代临川区私学也异常发达，所谓私学，是指私人或民间团体出资兴办和管理的学校。它是中国传统教育体制的重要组成部分，按程度和层次分，私学可分为启蒙教育和高等教育两大部分。宋代临川区江西私学中的高等教育是名列前茅的。我们前面所论述过宋代临川区书院教育，绝大部分可以划归此一类。因为它们中的大部分都是由私人或宗族团体出资兴办的。特别是书院创办初期，这种私学性质最为明显。如江西南城人李觏是宋初的大学者，他多次赴考，皆落第而归，于是在家乡创办了盱江书院，一时学徒云集，据陈次云《李泰伯先生墓志铭》称，李氏"以夫子之道教授学者，门人升录者千百余人"。《同治南城县志》载："李觏创立盱江书院，乡曲俊异，从而师之，东南闻风而至者尝数千人。"这种教学规模可谓大矣！但请不要忘记他办学的初衷，由于他未获取功名，没有一官半职，只得办学养家糊口，赡养寡母与妻子。《宋史本传》称"亲老，以教授自资，学者常数十百人"，也就是说他从学生给他的学费中来生活的，这明显是私学性质。至于李氏逝世后，宋历任知军都重建盱江书院，如景定三年（1263）知军钱应孙籍富户犯法田三千亩入于书院。又扩建书院，创殿宇讲堂，荐书院山长之官，那明显地已成为官办书院了。南宋时原南城县的曾潭讲堂，为傅梦泉讲学处，"一时远近初学之士，或踵而就之。不逾年，聚者益众，堂隘不能容，至有舍逆旅间昏旦入请者""可见此书院，学生众多。当然，这是属于私人创办高等教育书院，所教的是陆九渊心学，是否收费，史书未有明载。但私学性质是明显的。陆九渊之兄陆九皋所办私学是收费的。陆九渊《陆修职墓表》中说："公授徒家塾，以束修之馈，补其不足。"

  蒙养教育的学校主要是家塾，家塾的老师既可以聘请有学问的文化人士，也可以由家长为老师为之启蒙。宋代临川文化区的许多文化名人都是从家塾里迈开其文化生涯第一步的。如著名散文家南丰人曾巩是在曾氏书舍受启蒙教育的，曾氏书舍是曾巩祖父创办的家族私塾，后逐渐变成了南丰书院。曾巩《学舍记》："予幼则从先生受书"，来看，曾氏书舍是请了私塾老师的，正因老师启蒙，他才会从一个"方乐与家人童子嬉戏上下，未知好也"的童年时代，经过开蒙至十六七岁时，才培养出喜六经与古文爱好，为后来致力于古文创作打下基础。临川著名诗人谢逸，家里贫穷，无以为学，其发蒙老师就是其母亲黄氏。"谢方妻黄氏，临川人，逸之母也。读书教子。逸尝自解于前曰：'儿贫不能治生，顾为亲忧。'母曰：'汝丰于行，而廉于财，吾志也，得不得有命，汝何戚焉？'故逸虽贫而不动于利。"可见其母不仅教其识字，而且教其做人。谢逸有一从弟谢薖，少谢逸七岁。谢逸又是谢薖的启蒙老师。谢薖在《祭无逸兄文》深情地说道："某也晚生，少兄七岁。读书相从，兄冠我稚。凡视我为，不曰儿戏。教之诲之，以俟其成。待我既冠，待以友朋，欢然之恩，不唯兄弟。"

著名的心学大师陆九渊也是在陆氏家族的私塾受教育。陆氏家族是聚居二百年十世不分家的大家族。到陆九渊兄弟时代，陆家的家塾由陆九渊三哥陆九皋打理，陆九渊在兄弟六人中年龄最小，他五岁时就入陆氏家塾接受启蒙教育。老师就是他的几位大哥。他在家塾中发蒙后，十岁随兄侍学于抚州州学，十一岁又随陆九龄读书金溪的疏山寺。陆氏兄弟六人互为学习，自相师友。所以陆九渊的弟子袁甫会在《书院释菜告文》中说："象山先生家学有原。一门少长，协力同心，所以敬养其亲者，既已恪供于职，而伯叔之间，自为师友。"（《陆九渊集》卷36《年谱》，中华书局，1980年版）

中国古代文人读书，绝大部分是以科举为目的，但是中进士举人的毕竟是少数。大多数文人为生计作想，只得去私塾村学教书，这对他们自己也许是一件无可奈何之举，但对私学教育的发展和文化知识的普及，却是一件大大的幸事。南城县的吕南公一首《教学叹》诗就反映出这些教书先生的愤激心情：

卑卑穷生无令图，偶开浊眼窥字书。村田子弟念笔札，邀请禀访同师儒。远防斗讼习诡讦，近就财利评侵渔。行身便事世所幸，先王教道徒迂疏。君不见，官家设庠校俊士，罗冠裾，亦工细丽苟荣禄，谁复高远稽坟谟。本期教学敦风俗，今如附子充饥腹。

吕南公也是一位未有功名的"穷生"，《四库总目》云："熙宁中，士方推崇马融、王肃、许慎之业，剽掠临摹。南公度不能逐时好，一试礼闱不偶，退筑室灌园，不复以进取为意。"所以他最能体会落魄文人的心情。他认为，那些在官家所设庠校中培养出来的俊士，在获取功名之后，只会罗冠裙，苟荣禄，谁会把圣贤之道放在眼里？还不如这些乡先生教乡村子弟识字断文，学些打官司与防止财产被侵夺的本领。由此我们可以看出，乡村学校不仅学习《三字经》《百家姓》之类启蒙教材，而且还学习一些法律知识与计算本领。沈括曾记述北宋仁宗时期江西村校普遍学习诉讼知识的情况：

世传江西人好讼，有一书名《邓思贤》，皆讼牒法也。其始教以舞文，舞文不可得，则欺诬以取之。欺诬不可得，则求其罪劫之。盖思贤，人名也。人传其术，遂以之名书。村校中往往以授生徒。（《梦溪笔谈》卷25，四库本）

邓思贤的生平今已不可考，《邓思贤》一书今亦不传，但邓思贤自沈括记载后，已成为讼师的代名词。元代陶崇仪就说："尝见人戏呼一哗讦者为邓思贤，初不可晓。后得《笔谈》，始得其说。"（《辍耕录》卷15，四库本）明代叶盛也说："今京师'小李'之类，'小李'云者，意其为昔时此贼之首，犹健讼者所云'邓思贤'耳。"（《水东日记》卷3，四库本）除《邓思贤》讼学教科书外，至南宋绍兴年间，江西讼师还编了一部《四言杂字》讼学教材，虽该书已不传，但从书名来看，是一部四言为一句的通俗教科书，江西讼师很懂得学习讼学知识要从娃娃抓起的道理，专门编撰了朗朗上口的通俗读物来教育儿童，故当时的"度支员外郎林大声言：江西州县百姓好讼，教儿童之言，有如《四字杂言》之类，皆词讼语，乞禁刑部，请不以赦，前后编管邻州。从之"。（宋·李心传《建炎以来系年要录》卷149），所谓编管邻州，就是移地流放监督。除此之外，据《宋会要辑稿》记载，对于教《四言杂字》者，初犯要杖一百，再犯者不以赦，编管邻州。对于从学者也要杖八十。处罚不谓不严，然而到了南宋末年，讼风更加炽盛，不仅出现了专门教人打官司的民间机构——"讼学业觜社"，同时还出现了庭辩预演的教学方法。宋末元初人周密说：

> 江西人好讼，是以有簪笔之讥，往往有开讼学以教人者，如金科之法，出甲乙对答及哗讦之语，盖专门于此从之者，常数百人。此亦可怪。又闻括之松阳有所谓业觜社者，亦专以辩捷给利口为能者，如昔日张愧应，亦社中之狰狰者焉。（《癸辛杂识续集》卷上，四库本）

文中所说的"金科之法"就是金科玉律，即法律法令的别称。其教学方式极为生动活泼，分甲乙双方，互相对答驳难，甚至还出现造势的哗讦之语，其实践性、目的性，完全是模仿实战中唇枪舌剑法庭辩论。同时一个乡村学校的学生就达数百人，说明江西民间，其中也包括临川区对打官司的爱好是极其广泛与普遍的。一向以文风彬彬之盛的抚州也是"顽烦事冗，粮重难治"（《江西通志》卷26，四库本）"以其文而工于讼"（黄幹《临川功渝文》，《勉斋集》卷24，四库本），建昌军虽"士君子敏而好学，文而有礼。其细民则未免健讼，喜争租赋。"（陈孔林《新城县署记》，《江西通志》卷124，四库本）甚至还出现一些极端例子，如抚州崇仁凶民陈平为了胜诉，竟将自己的弟弟灌醉断其一臂，反诬对方，酿成冤狱。同为崇仁人的吴曾曾感叹："盖崇仁之民，前此有避刑名，塞逋负，而辄残其肢体者，（陈）平之奸既逞，而效之者益众。"曾参与处理过此类案子的丰城人孙妙仲为此作《断臂行》诗，诗中云："吾闻两臂重于天下不可废，知之不必子华子。愚民气焚胸，一忿敢趋死。以死视四肢，截臂如去指。……"孙妙仲作此诗的目的，是告诉当时在位者，不要被血淋淋的诬告之风所迷惑。"然江西之民，习俗至今犹尔也。"（吴曾《能改斋漫录》卷11，上海古籍出版社，1948年）这都和临川区乡村教书夫子教儿童从小学习"远防斗讼习诡讦，近就财利评侵渔"的知识是分不开的。

当然，宋代临川文化区与各地一样，有一大批未中举的文人，多从事以传圣贤之道的乡村教育，有的开筑义馆，教育子侄。如南宋诗人李涛，字养源，自号蒙泉，临川人。大约生活于宁宗时期。撰有《蒙泉诗稿》，他在家乡就建了义馆，有《新年开义馆教族属子侄作诗勉之》可证：

  日与圣贤居，其中乐有余。但存三寸舌，读尽五车书。学问胜金璧，功名特土苴。先当分义利，毋作小人儒。（《江湖小集》卷83）

  其他见于史载的私学先生有：陈南仲，字郴卿，临川人，以六经授徒于乡。（《江西通志》卷80）南城人童蒙曾登政和年间进士，后官至知州，但他未中进士前，由于贫穷，就在他所居城北乡外一个叫搭步的地方，办起村学，"聚小儿学以自给"。乐安县的曾斗南，少孤，刻苦读书，虽以学识名动公卿，但两贡于乡皆不中，遂无意仕进，于是在乡办起了村学，"后学执经问字者无虚日，号翠屏先生"。崇仁人吴沆，字德远，号无莫居士，高宗绍兴十六年（1146）曾献书于朝，因误书帝讳被黜。遂不仕，撰有《论语发微》《老子解》《环溪集》《环溪诗话》等，其筑室环溪，教授学生，而其所撰《通言》一书，成为其教授学生的主要教材。吴沆卒后，其门人学生私谥其为"环溪居士文通先生"。乐安流坑的董德元在未中进士以前，家贫甚，乃去富人家教育子弟，以糊口养生。抚州有著名的"三艾先生"，即艾叔可，字无可，弟宪可，字元德，侄性，字天谓，他们三人虽未获功名，但以诗闻名于世，成为当地极有名望的乡先生，"阖门教授，执经者盈门"。南丰人宰相陈宗礼，字立之，少而丧父，贫而力学，曾屡试不第，以教书为业。同是南丰人的詹洪，字仲季，虽有文名，但累举不第，于是退而译百家之书，教授诸生，以文章自误。南城的吴伸、吴伦兄弟所创办的吴氏书楼，实际上也是一座具有私学性质的书楼，"储书数千卷，会友朋，教子弟"。南城文学家王无咎的父亲王瑜也是一位乡先生，其家甚为贫穷，食疏水饮，徒步蓝缕。生四子，名为无咎、无忌、无隐、无晦，尽其方以教之，后四子皆为进士。"于是乡人子弟皆归之。瑜随少长所能以教，又尽其力。"（清乾隆《新城县志》卷9）同是南城人的傅权之祖父"传术聚书教子弟，为邑里讲学，倡始才名，学子相望得科第"。（吕南公，《灌园集》卷19，《傅处士墓表》）也有的被荐举州县学当老师的，如王安石兄王安仁，进士不第，因学行卓然，江淮间争以为师，他不远千里以五经传授，所教学生，有成就者不可胜数。南城人傅野，字亨甫，数试进士不中，曾与王韶相友善。后王韶为建昌军司理，延至郡斋，以教诸生。金溪的陆九皋曾被鄱阳许氏聘请到桐岭教授子弟。当然也有文人终老于乡先生之业的，洪迈《夷坚志》曾记载南城人蒋良辅"业儒不成，老于乡校，淳熙十年病卒"。也有文人在获取功名后，人们闻其名，跟随其学习的，如邹次陈，字周弼，一字悦道，宜黄人。宋末中博学宏辞科，远近学者多从游。及卒，何太虚哀以诗云："门生定展王通学，旧友谁成郭泰碑。"所著有《遗安集》十八卷，《史钞》十卷。其讲学处称为遗安书院。(《江西通志》卷80，四库本)

上文我们介绍了宋代临川区官办的州学和县学，又记述了江西宋代私学和书院教育。过去研究宋代临川教育，都注重于书院教育，这无疑是正确的。因为宋代临川的书院确是一个风生水起，藏龙卧虎之地。它不仅培养出大批文化人才，更是文化传播、学术研究的神圣殿堂，宋代临川由于书院教育走在全省前列，故带动临川区其他文化事业蓬勃兴旺，但是并不因此而忽视了官办州县学和私学教育，它们也是培养人才的基地，特别是科举人士，很大一部分是州县学和私学中培养出来的。正因为临川区各级各类学校都很发达，形成了多层次办学，多形式兴教的儒风竞盛局面，才促使了宋代临川区文化的全面繁荣，这是毋庸置疑的。

第三节 李觏、陆九渊的教育思想

一、李觏的教育思想

自称"南城草民"的李觏，其实是极想在政治上大有作为的，但两次科第不遇，倒也使他鲲鹏展翅政治疆域的雄心减了几分。他有一首《未中归赋》的诗最能表达他此刻的心情："市里无人识古音，抱琴归去隐山林。一枝丹桂月中去，十里清溪门外深。缄口不言场屋事，闭门求取圣贤心，当时顾闵无科第，不事王侯直到今。"是啊，已是三十多岁的李觏，由于场屋失利，就不能侍奉王侯，施展抱负。于是他的那些"康国济民""愤吊世故""警宪邦国"的医国之书，如《潜书》《富国安民强兵策》等著作，却成了当时政治家范仲淹和后来的政治家王安石等政治实践的宝贵借鉴。于是李觏成了没有政治实践的政治家与思想家。他点燃政治思想火把，却由别人高举践行。

然而李觏却有一件事做得最实在、最有丰富的理论和实践经验，那就是教育，大概在庆历三年（1043）他第二次落第归来后，就在今抚州资溪县的龙马崖下创办了龙马书院，四库本的《江西通志》卷10载："龙马崖，在泸溪县（今抚州市资溪县，原属南城）六都。宋时其地有龙马山房，李觏聚徒讲《易》于此"。在同书卷40"龙马山房"条，也有类似说法。另据资溪县的《雾农李氏宗谱》中载有知县李即龙的《李泰伯先生龙马书院记》一文，中云："先生归自京师之明年，汇其文稿，缄寄祖君无择，后集生徒而讲《易》于此也。"又说："后徙盱郡城北，从学者日众，创立盱江书院。"由此看来，李觏在创办著名的盱江书院之前，还在龙马崖下的龙马山房中创立了龙马书院，此事历代鲜有提及，今抚州学者有所考证。（详见邱尚仁、邱笑宸《李觏》，百花洲文艺出版社，2004）

然而创办盱江书院是李觏教育事业的巅峰时期，从学者日众。"乡曲俊从，四方闻风而至从学常数十百人。"明代何乔新《李泰伯传》也说："倡立盱江书院，讲明正学，从而师之者，恒数十百人"。（《椒邱文集》卷30，四库本）明代状元罗伦《建昌府重修李泰伯先生墓记》一文甚至说："郡治北有凤凰冈，先生创书院其下，学者千余人。"（《江西通志》卷130，四库本）

李觏不愧是一个好老师，一向以兴学为己任的范仲淹知润州时，曾多次写信急盼他去润州主讲郡学："今润州初建郡学，可能屈节教授？又虑远来，难为将家。苏州掌教授胡瑗秘校见《明堂图》，亦甚奉仰，或能携家，必有经画，请先示音为幸（八月九日）。"范仲淹又在十月十九日信中说："府学中有三十余人，缺讲贯与监郡诸官，议无如请先生之来，必不奉误，诚于礼中大有请益处，至愿至愿。"（《盱江集·外集》卷2，四库本）。所以后来范仲淹与余靖推荐李觏入朝为官的理由都是说他博学多识，善为教育。如余靖《荐章》云："（李觏）博学通识，包括古今。潜心著书，研极治乱。江南儒士，共所法师"。（《盱江集·年谱》）范仲淹荐之说："乡曲俊异，从而师之。善讲论《六经》，辩驳明达，释然见圣人之旨。"（《盱江集·外集》卷1，四库本）所以他后来荐举为官，也是任教育之职，先是授太学助教，后又升为直讲。唯一与教育无关的职务是海门主簿，却不久又权同管勾太学，代替告病归假的胡瑗，全面主管太学教育。最后也是卒于教育之任上。由此而见，李觏短暂五十余岁的生命最为出彩的地方有二处，一是著述，二是教育，特别是后者，几乎是他后半生的主要事业。其光昌流丽之点是培养了数百成千的学生。其中就包括曾巩与邓润浦之名流，说他桃李满天下一点儿也不为过。而最为重要的是，李觏在长期的教育实践中，形成了自己系统和丰富的教育思想。

在李觏看来，世上悠悠万事，唯以教育为先，作为一个有丰富实践经验的教育家，他清楚地认识到教育的重要作用。他指出："建国君民，教学为先也"。（《安民策·第二》）"君子如欲化民成欲，其必由学。"也就是说，李觏将教育提高到治国定邦，安民化俗的高度。将它摆在优先地位，成为百业之首。之所以如此，是因为衡量一个国家的好坏，衡量一个君王优劣，关键在于两点：一是国家是否富强，二是百姓是否定安，而要达到这两点，都需要经过教育才能获得。国家富强靠的是贤才之人的支撑，这个贤才指的是有知识，有道德，有能力的人，他们也只有经过教育才能获得，所以李觏会说："何以得贤？教学为先，经世轨俗，能事以毕"。（《周礼致太平论》）百姓能否安定，不仅表现在有饭吃，有衣穿，更表现在他们思想行为上是否向"善"，这个"善"就是封建的伦理纲常，而要使伦理纲常输入百姓的头脑，成为他们自觉遵守的行为准则，靠的就是教育。因此他在《安民策·第一》中会说："古先哲王皆孳孳焉，以安民为务了。所谓安者，非徒饮之、食之、治之、令之而已也。必先于教化焉。"反之，如果不教育百姓，那么百姓就不会向"善",而是趋"恶"向"罪","人不教不善,不善则罪,罪则灾其亲,坠其祀,是身及家,以不教坏也"。(《庆历民言·复教》)"不教则易为恶,恶人得位,民之所以殃也",(《安民策·第三》)这样的话,乱世衰道就要降临了。可见李觏阐述教育重要性的理论,不仅是一位教育行家的本位之言,而是以一个政治家、思想家的敏锐眼光,透彻于事物本质的智性之言。

正是基于教育是国强民安的基础,所以李觏特别重视教师的作用,他说:"善之本在于教,教之本在于师。"这两个根本,也是李觏教育思想的立论根本。如果人之初,性本善,那就不需要教育了,正因为善不是天生的,是需要经过教育才能后天获得的,如此,方显出教育的作用与意义,亦唯如此,也方显出办好教育的作用与意义,亦唯如此,也方显出办好教育的根本在于教师,所以教师不是一般人所能承担的,他们必须具备两个基本条件,一是要有渊博的知识,"知至学之难易而知其美恶,然后能博喻,能博喻,然后能为师"。二是要具备高尚的品德,"师者虽非人君之位,必有人君之德也"。如果"士之不德,师非其师"。就必须调离老师岗位,"终身不齿其教之也"。所以"择师不可不慎"。(《盱江集·安民策第二》)

老师之所以要具备上述两个条件,是因为教育的内容也主要包括这两个方面:一是传授知识,如教学生以文辞,经义;二是培养学生的德行。两者相较,而尤以培养学生德行更为重要,所以李觏主张按先后顺序传授给学生"六德""六行"和"六艺"。所谓"六德"指的是知、仁、圣、义、忠、和。所谓"六行",指的是"孝、友、睦、姻、任、恤"。而"六艺"则是"礼、乐、射、御、书、数"。可见"六德"和"六行",明显属于社会伦理道德和政治思想品质范畴,也就是我们今天常说的德育。在李觏看来,教育首先是教学生如何做人,在这个基础上面再传授给学生知识与技能,即"六艺"。所以他尖锐批评当时的学校与老师只教书不教人的现象。他指出:"师以讲说为名,而不掌教育;士以文辞为业,而不举其德行;师不掌教育,则解经义之外,人之贤不贤,一不当知也。士不举德行,则执笔之余,身之善不善,一不足虑也。是则何补于事哉！"（《李觏集·安民策第二》）李觏清醒地认识到，如果让只教书不教人的这种教育不良现象任其泛滥，势必会培养出一群有才无德之士人，这些人形成群体，形成了大气候，那对社会国家与人民势必造成无量的祸害。他从芸芸众生的历史人物中，拈出王莽和董卓进行深刻的解剖，他认为董卓王莽有盖世之才，却是无德之恶人，莽篡卓弑，造成天下大乱。其危害性是触目惊心的，所以"无德而才，犹资盗以兵"，所以学校与老师都应当将德育放在首位。因此他主张。如果学校不能培养出德行与知识均全的贤才，就必须追究学官与教师的责任，"诚宜申命学官，以教育为职，时无贤才则其咎也"。（《盱江集·安民策第二》）

在教学方法上，李觏在继承荀子传统教学的基础上，逐渐形成自己的一整套方法。第一是强学力行，他认为学生学习主要包括闻、见、知、行四个方面，也就是说要多听、多看、重理解、重实践，那么老师的教学方法也要以这四个方面引导学生，尤其是知、行方面更是要下功夫，要让学生理解所学的知识，理解了的知识才是真正学到了的知识，但是理解了知识，又必须通过反复实践，才能巩固。第二是针对学习要虚、壹、静来开展教学。所谓虚、壹、静，即是虚心，专心、静心，这是针对学生在学习中容易犯的三种毛病而提出的教学主法，本来知识是无止境的，那么这学习也是无止境的，但学生有时学到一点知识就会骄傲，不能虚怀若谷地吸纳知识，所以老师必须教导学生端正学习态度。同样不专心、不静心，对学习的危害性也很大，所以也必须纠正。第三是学思兼顾，重在于思，李觏将教育分为两个认识阶段：一是耳目之感；二是心之思。他辩证地论述了二者的关系："夫心官于耳目，耳目狭而心广者，未之有也。耳目有得则感于心，感则思，思则无所不尽矣。"老师的教学也是围绕这两个方面来进行，主要是让学生多见多闻多学，"习之是，见之广，君子所以有成也"。但耳目之感毕竟是浮浅的，暂时的，只有深思熟虑地理解之后，才能巩固所学习的知识，"思则无所不尽矣"。第四是因材施教，不求一律。李觏从人性论出发，将人性分上智、中人、下愚三品，又将人分为圣人，贤人、迷惑、固陋、下愚五等，也就是他所说的"性之品三而人之类五"。正因为人的智力天赋有差别，人的性格与本质有不同，所以应因材施教，分等教育，才能取得效果。由上所述，李觏是一位博学通识的教育名家，他不拘泥于汉唐诸儒旧学，敢于抒发己见，善于创新教育之说，由此而成为一代儒宗。

二、陆九渊的教育思想

在临川文化区中，李觏是北宋时期教育家的代表。而南宋时期教育家的代表就非陆九渊莫属。陆九渊的家庭可谓是个教育世家。陆九渊的父亲陆贺虽主家事，精于农商，但也是个通晓儒术之人，他尤注重封建家教，着力培养了陆九渊兄弟六人。陆氏兄弟六人中，除二兄九叙（字子仪）为维持家计经营药铺之外，其余都从事教育事业。老大陆九思（字子强）曾参与乡举，授从政郎。虽主揽家务，无法分身教育，但其所著《家问》却是封建家族教育的重要文献。朱熹为之跋云："《家问》所以训饬子孙者，不以不得科第为病，而深以不识礼义为忧。其殷勤恳切，反复晓譬，说尽事理，无一毫勉强缘饰之意，而慈祥笃实之气蔼然，讽味数四，不能释手云。"（《陆九渊集》卷36《年谱》，中华书局，1980年版）三兄陆九皋（字子昭），授徒家塾，又教授于鄱阳许氏桐岭书院。四兄陆九韶（字子美），不事科举，并与兄弟共讲古学，又在青田老家的梭山筑室讲学，学者称其为梭山居士。五兄九龄（字子寿），自号复斋，虽曾中进士，所任多为教育官职，如兴国军教授，全州教授，其讲学独具一格。黄震称："复斋之学，就于天赋之形邑为躬形，皆以讲不传之学为己任，皆谓当今之世，舍我其谁，掀动一时，听者多靡。"（《黄氏日抄》卷42，四库本）陆九渊的长子陆持之（字伯微），少从陆九渊学，九渊曾多次派他与初来求学者交谈。九渊逝世后，他主持南昌东湖书院教育，任山长，又编定《陆九渊集》，并在该书院刻印发行，使东湖书院成为陆氏心学的传播基地。

当然在这个家学渊源深厚的陆氏教育世家中，最为杰出的是陆九渊，他是一位在中国古代教育史上堪称大师级的教育名家，他以独具一格的教学方法和教育思想，在当时和后世的教育界产生巨大影响。他一生都从事教育工作，其教学生涯大致可分为四个阶段。

第一个阶段是槐堂书屋讲学时期，陆九渊在乾道八年（1172）中进士后，在家候职三年，于是将他家的东偏房——槐堂，辟为讲习之所，名为槐堂书屋，开始了他的教学生涯，其心学教育理论及其心学学术流派群体，基本上就在这初次讲学活动中奠定而成。"一时名流踵门，问道者常不下百千辈"（道光三年《临川县志》卷42），其中较著名的槐堂弟子有傅梦泉、邓约礼、傅子云等65人。

第二个阶段是四方讲学时期。槐堂讲学三年后，陆九渊开始仕宦生涯，但基本上是在亦官亦教中度过，他曾任建宁府崇安县主簿，仕宦之余，读书讲学于崇安县滋蓝，后又任国子正，在中央最高学府讲《春秋》，"诸生叩请，孜孜启论，如家居教授，感发良多"。（杨简《象山先生行状》，《慈湖遗书》卷5，四库本）其间，陆九渊以主角的身份参加了在中国教育史和学术史都产生深远影响的两次活动。一次是淳熙二年（1175）著名的鹅湖之会。陆九渊与兄陆九龄率领众弟子与朱熹及其弟子，在学术思想和讲学治学方法上展开了一场空前大辩论。二是淳熙八年（1181）春二月，九渊率学生与朱熹在白鹿洞书院相会，并在书院讲坛上演讲《论语》"君子喻于义，小人喻于利"之章，引起强烈反响，许多学生都激动地流下眼泪，朱熹也将陆氏讲义刻之于石，以垂永久。陆九渊与朱熹两次相会，开创了自由学术论辩和书院讲学之风，江西教育史乃至中国教育史有了这两次历史性相会，而显得更加熠熠生辉。

第三个阶段是象山讲学时期。先后共五年。淳熙十三年（1186）冬，陆九渊离京归乡，先在故里讲学，由于学子太多，陆氏于次年至贵溪象山，开山林，建象山精舍，聚徒讲学。这是陆九渊教育生涯最为鼎盛的时期，当时名士云集，席无虚设。来学者超过数千人。经常安营扎寨听讲的学生也有二三百人。其心学教育思想和学术思想也在这里瓜熟蒂落，得到最后完善，形成独具一格的严密体系。象山讲学是陆九渊成为"百世大儒"的里程碑。

第四个阶段是荆门兴学时期。仅一年零三个月。绍熙二年（1191）秋，五十三岁的陆九渊赴荆门任知军，除加强武备，整顿吏治等政事外，他主要是从事兴学讲学教育活动。他在荆门修郡县学，讲授学徒，以教化正人心。杨简《象山先生行状》一文中说："朔望及暇日，诣学讲诲诸生。郡有故事，上元设斋醮黄堂，其说曰为民祈福。先生于是会吏民，讲《洪范》敛福锡民一章，以代醮事，发明人心之善，所以自求多福者，莫不晓然有感于中，或为之泣。"（《慈湖遗书》卷5，四库本）陆九渊以教学开讲《尚书·洪范》代替郡衙建醮设斋，这种移风易俗的教育，无疑是一项大胆的改革，听众不仅是士人学子，还有吏卒百姓，达五六百人，而且许多人听了还感动得流泪，你就不能不佩服作为一位父母官的大教育家，是如何将政事与教育配合得如此天衣无缝。难怪周必大会说："荆门之政，如古循吏，躬行之效至也。"（《陆九渊集》卷36《年谱》）但也只有陆九渊知道这种以教化正人心，修政事的方法是颇费苦心的。他自述道："朝夕潜究秘考，略无少暇，外人盖不知也。真所谓心独苦耳！"（陆九渊《与罗春伯》，《陆九渊集》卷15）正因为用心过苦，绍熙三年十二月十四日（1193年1月18日）在荆门任职一年零三月的陆九渊，突然病逝于任上。"吏民哭奠，充塞衢道""门人哭奔会葬者以千数"。荆门教育可谓是陆九渊教育生涯之绝唱。

陆九渊有丰富的教育实践经验，又有独具一格的心学哲学思想作为指导，二者结合，同样形成独具一格的教育理论体系，他试图从哲学的本体论和心性论的角度来建立这个体系的，他以"心即理"作为其教育思想的最基本内核，又以传统的儒家伦理道德思想作为砖瓦构建教育理论大厦，同时又批判地汲取佛老之说的理论成果和思辨形式，来激活这个理论肌体的血脉活力，由此而合和贯通地组建起以心学为标志的独具特色的教育思想体系。

陆九渊的哲学理论是从"心即理"这个非凡命题出发，去展呈和探讨思维路向的，同样，他的教育理论也是以此作为基点的，他认为宇宙之中万物皆是"理"的产生与表现，然而理与心是同一的，合二为一的："心，一心也；理，一理也；至当归一，精义无二。此心此理，实不容有二。"所以"学者之所以为学，欲明此理耳"。（《与赵咏道》（四）卷12）有了这个理论基石，他的教育目的论就具有"心学"的特色，变得异常的简明直接，明理就是明心，教学与为学就是以"明理""明心"为根本。由此揭标出心学教育的新的旗帜。

然而，明理明心不是空泛的教育术语，它直指的对象是人，落实的对象也是人，即尽人道，正人心。通俗地说就是"做人"，他说："心之在人，是人之所以为人，而与禽兽草木异焉者也。"（《学问求放心》，《陆九渊集》卷32）又说："人之所以为人者，惟此心而已。"（《与傅全美》（二）卷6）。那么如何"做人"，做什么样的人呢？陆九渊赞颂了两种人，一是做伦理道德的"完人"，即圣贤君子，完人即是发明了恻隐、羞恶、辞让、是非四端之仁义本心，维护与恪守伦理纲常的人。这种人完全把握了人道的精髓，并努力践履之的人。二是做独立的超人。所谓超人是体现"天地之心"的主宰者，他将"万物森然于方寸之间"，又明理立心，扩充自我，体现作为世界本体的"心"，能驾驭万物之上的超然之人。陆九渊几乎用诗一般的语言赞美这种超人：

思颜子之大勇，奋然自拔，荡涤摧伤湮没之意，不使有毫毛得宿留于庭宇。光芒所射岂止斗牛间！正当之气当塞宇宙。（《与傅全美》（二）卷6）

内无所畏，外无所累，自然自在，才有一些子意便沉重了。彻骨彻髓，见得超然，于是身自然轻清，自然灵。（《语录》下卷35）

如果说："完人"是继承了孔子以来儒家传统教育思想的话，那么做"超人"则反映了陆九渊教育目的鲜明个性的特色和浪漫情怀。之所以称浪漫情怀，是陆氏将做人的乐趣理想化、诗化了，表现出一个堂堂正正的大写的人的宏伟创造力和高尚的精神境界。"仰首攀南斗，翻身倚北辰，举头天外望，无我这般人。"（《语录》下，卷35）教育的目的就是"学为人而已"，就是培养学生懂得做人的道理，进而成为"完人"，甚至成为"超人"，这便是人生的意义和价值。陆九渊教育目的是为了做人的观点，在封建社会，是一个很了不起的理论，那时一般都强调和突出人的群体性。陆九渊却从人本主义观点出发，对人作为个体价值进行人文关怀，加重了人的责任感，把人当作自然和社会的核心。突出地强调了教育的主体性，人作为个体的历史责任感和做人的自我意识感。这便是陆九渊教育思想的基本精神。

既然教育的目的是教育学生如何做人。那么怎样将学生培养成为一个完人，甚至是"超人"呢？这就必定与教育方法有关。陆九渊从"自存本心"的哲学思想出发，主张"道不外索"。反对向外求知真理。他说："人孰吾心，道不外索。"这个观点应用到教育上，那就强调"学生对本心的体认，不能过分向外求知"。所以当他的学生问他："先生之学当来自何外入？"他回答说："不过切已自反，改过迁善。"即反省内求，去掉不善，发明本心固有之善。这就是他的教育方法的基本路径。也就是说陆九渊的教育方法，不是填鸭式的，而是启发式，他特别注重发挥学生本人的主观能动作用，让他们在反省内求中，使自己的主观精神被迅速激活，由此而灵光一闪，触机省悟，使学生达到大彻大悟的阶段。如他的得意弟子杨简曾问他"如何是本心"的问题，陆九渊用孟子"四端"之说启迪他，但他还是弄不清"本心"的真切含义，于是陆九渊又用杨简亲自经历判决的"扇讼"是非实例启发他，杨简才猛然醒悟，于是十分虔诚地拜入陆氏之门。

他的学生冯无质也说，陆九渊讲学"首诲以收敛精神，涵养德性，虚心听讲，诸生皆俯首拱听，非徒讲经，每启发人之本心也。"（《陆九渊集》卷36《年谱》）这是一种启迪智慧，陶冶人格的教育方法，在自作主宰，直指本心，切己自反的内心体验与主观扩张的过程中，启发学生用直觉而不是用理智，全身心去体悟人的生命本质。这种由启发而使学生自立自得的教学方法，当然比朱熹主张从事事物物体领天理，由博返约地博览圣贤之书，再循序渐进地把握天理等诸法，要来得简易直接，有一种震撼人心，启迪思想，激励意志的教育艺术效果。正如全祖望所说："倚天壁立，足以振起人之志气。"（《宋元学案·梭山复斋学案》）

所以我们暂且将陆九渊的这种启迪智慧的教学方法称为"点悟"式的教学法，但点悟式教学法必须与教学对象，即学生的顿悟式的领悟学习法相配合，才显得珠联璧合，才有着倚天壁立，振人志气的教育感染力。所谓顿悟当然是从佛教中借用来的。它和禅宗的机锋无不有着千丝万缕的联系。由于有了这个表象特征，于是就有了"天下皆说先生是禅说"的定评，当然陆氏教育思想并不都是禅说，但佛教的理论对他的教育思想是有着巨大影响的。比如顿悟法。当然这触机省悟的顿悟法，很难以严密的逻辑思维加以论证，但它却符合另一种规律——灵感思维的规律。正如人们所指出的那样，"所谓灵感思维，是指人类思维活动中一种富有创造性精神的突发性精神现象。当人对事物进行深入的思考时，由于有关事物的启发，茅塞顿开，引起认识上的质的飞跃，使所探索的主要环节突然得到明确或明朗的答案，所谓'凝神遐想，妙悟自然，物我两忘，离形去智'是也。"（高桂喜《对陆九渊"顿悟"教育理论的重新认识》，《东南文化》，2006）

这说明顿悟法是有一定科学基础的，并不是虚狂之言，我们平时所说的"灵感""恍然大悟"都是顿悟的表现。然而顿悟必须具备两个先决的条件，一是疑，所以陆九渊对学生再三强调："为学患无疑，疑则有进""小疑则小进，大疑则大进"。具有这种怀疑精神，才不会失去自我，"自立自重，不可跟人脚跟，学人言语。"假如此，尽盲从他人，何来新鲜感的顿悟？二是"思"，思是顿悟的基础，也是陆九渊的亲身体验。他四岁时，曾问"天地何所穷际"的问题，得不到解答，于是"深思至忘寝思"，后到十余岁偶看一书，才得到顿悟：

先生自三四岁时，思天地何所穷际不得，至于不食。宣教公呵之，遂故置，而胸之疑终在。后十余岁，因读古书至宇宙二字，解者："四方上下曰宇，往来古今曰宙。"忽大省曰："元来无穷，人与天地万物，皆在无穷之中者也。"乃援笔书曰："宇宙内事乃己分内事，己分事乃宇宙内事。"又曰："宇宙便是吾心，吾心即是宇宙。"（《陆九渊集》卷36）

一个在三四岁提出的哲学中有关时空观的问题，经过十余年的苦苦思考，一朝大省，得到解答，这就是顿悟的学习法，也是陆九渊在孩童时总结出来的方法，此后就成为他的终身学习法，也成为他教给学生的学习方法，所以他的讲学中的"点悟"教育法，就是培养学生的顿悟能力，以点悟之手拉起阻断顿悟能力的闸门，使智慧之思如泉水般涌现。他也是如此来教育学生的：

先生谓曰："学者能常闭目亦佳。"某（詹子南）因此无事则安坐瞑目，用力操存，夜以继日。如此者半月，一日下楼，忽觉此心已复澄莹中立。窃异之，遂见先生。先生日逆而视之曰："此理已显也。"（《语录》下，卷35）

（傅）梦泉向来只知有举业，观书不过资意见耳，后因困志知反，时陈正已自槐堂归，问先生所以教人者。正已曰："首尾一日，先生只言辩志。又言古人入学一年，早知离经辩志，今人有终其身而不知辩者，是可哀也。"梦泉当时虽未领略，终念念不置。一日，读《孟子·公孙丑》章，忽然心与相应，胸中豁然苏醒。叹曰："平生多少志念精力，却一切着在功力上，自是始辩其志。"（《陆九渊集》卷36《年谱》）

无论是詹子南"忽觉此心已复澄莹中立"，还是傅梦泉"豁然苏醒"，或是前面所述杨简通过扇讼而获的"大省"，都是一种非语言、非逻辑的难以晓喻的东西，它是通过教师点拨，通过自我思考，发生跳跃性的联想，突发性的一朝释然，从而达到顿悟境界。这种老师讲学的点悟法，学生学习的顿悟法，无疑是陆氏教育思想的重要组成部分，具有鲜明的独具特色的创新性，更是对数千年的封建传统教育方式的一种突破和改进。

【第七章】

宋代临川文化在科技方面的成就

科学技术是第一生产力，它不仅可以推动经济向前迅猛发展，也是文化走向全面繁荣的强大助力器,中国古代科技至宋代已走向巅峰时期，中国为人类文明做出杰出贡献的四大发明，其中指南针、活字印刷和火药三项发明，就出现在宋代。宋代江西的经济和文化是全国发展最为迅速的省份之一。其中一个主要原因是科学技术领域内取得了骄人的成就。而临川文化区的经济与文化，又是江西省发展最为繁荣的地区之一。于是在整个有宋一代在科技英华光照泽润下，临川区的科技与其他人文学科如哲学、史学、文学、艺术、教育一样，也取得了引人注目的成就。

第一节　临川区农业与水利技术

宋代临川区农业技术得到前所未有的发展，首先表现在大规模农田开发与建设方面。曾巩的祖父曾致尧《春日至云庄记》一文中，说他的家抚州南丰"盱江南北，地方千里，田如绮绣，树如烟，原隰高下，稍涉腴美，则鲜有旷土"。也就是说早在北宋初期，南丰地区稍涉腴美之地，即以开发成如绮绣的农田了。抚州临川人王安石也说他的家乡"抚之为州，山耕而水莳，牧牛马，用虎豹，为地千里，而民之男女以万数者五六十，地大人众"。（《抚州通判厅见山阁记》、《临川文集》卷10，四库本）也就是说，抚州一地，虽广为千里，不仅近水平坦之地，已开发成农田，而且向山地丘陵开垦，于是出现了可以养活五六十个数以万计的村镇。南城人李觏在《富国策第三》中说："愚以为东南之郡，山高者鲜不凿，土深者鲜不掘。"这虽说是东南地区情况，实际上也是他家乡南城的真实写照。其家旁极为险峻的麻姑山顶，也都开垦出良田。曾巩在《麻姑山送南城尉罗君》诗中说："麻姑之路摩青天，苍苔白石松风寒。峭壁直上无攀缘，悬磴十步九屈盘。上有锦绣百顷之平田，山中道人耕紫烟。"又《仙都观三门记》中说："建昌军南城县麻姑山仙都观，世传麻姑于此仙去，故立祠在焉。距城六七里，由绝岭而上，至其处，地反平宽衍沃，可宫可田，其获之多，与他壤倍，水旱之所不能灾。"（《元丰类稿》卷17）粮食产量超过一般农田一倍，而且无水旱之灾，这不能不说是奇迹。南宋宰相周必大曾登麻姑山，也说："两山之间，泉流不绝，良田迭出几万亩，未尝旱涝，皆观中常住也。"（《归庐陵日记》）南城人吕南公家中水田不多，又开垦山田，以补粮食不足，"种田亦耕山，投隙若避殴。辛勤望成熟，得慰饥歉口。"（《粟熟二首》）他的灌园也在山陂，"有田山陂间，年历六七过。买园丘墓侧，畎亩十丈大。"（《寄济道》）宋代建炎年间崇仁县仙游山顶，邑人吴氏亦在此开垦出山田35亩。（吴澄《崇仁县仙游昭清观记》，《吴文正集》卷47，四库本）南宋崇仁人何异也说，崇仁"一山高入云际，迥环嶙崒，其中良田广袤，浮图择占胜处，亦有居民数十畦生聚，自成一川"。（《宝唐堤记》，《江西通志》卷126，四库本）所以南宋时期，陆九渊任荆湖北路知军时，将此地与江东西农田开发情况进行了比较：

> 江东西田土较之此间相去甚远。江东西无旷土，此间旷土甚多。江东西田分早晚，早田者种占早禾，晚田种晚大禾。此间田不分早晚，但分水陆，陆亩者，只种麦豆麻粟，或莳蔬栽菜，不复种禾，水田乃种禾。此间陆田，若在江东西十八九为旱田矣。水田者，大率仰泉，在两山之间谓之浴田，实谷字俗书从水，江东西谓之源田，潴水处曰堰，仰溪流者亦谓之浴。盖为多在低下，其港陂亦谓之堰。江东西陂水多及高平处，此间则不能，盖其为陂，不能如江东西之多且善也。（《象山集》卷16，《与章德茂》三）

这虽说的"江东西"，更是其家乡金溪与临川区农田开发情况的真实写照。所以《宋史·食货》会说"江西良田，多占山冈"，山冈之田，无论是山耕、耕山，或是原隰高下，开垦的腴田，多是梯田。而开发梯田本身就是一项新型的农业技术，它涉及平整田地、夯筑田基、垒砌田塍、蓄水保肥等一系列技术问题，其复杂性与艰苦性，远超一般的平原水田耕作技术。所以元代王祯有咏梯田诗云："非水非陆何所分，危巅峻麓无田蹊。层磴横削高为梯，举手扪之足始跻。伛偻前向防颠挤。佃作有具仍兼携，随宜垦斸或东西。知时种早无噬脐，稚苗亟耨同高低。十九畏旱与云霓，凌冒风日面且黧。四体臒瘁肌若刲，冀有薄获胜稗稊。"（《王氏农书》卷11，四库本）可见，大量开发梯田是农业科技发展的表现。

如果说开发梯田是为了扩大土地使用面积提高粮食产量的话，那么选育优良的粮食品种，更是抵御病虫等自然灾害，提高单位面积产量的主要途径和先进农业技术。江西自古以来就是水稻主产区。在长期的劳动实践中，江西农民选择培育出适合本土自然环境的优良水稻品种。《元丰九域志》卷6说："（豫章）生禾香茂，为食精美。"香茂之禾之中，首先是占城稻品种的广泛栽培。在宋以前，江西等地水稻品种比较单一，特别是对土壤膏腴程度和水利灌溉要求程度较高，只能在平原、河谷以及地近水源的地方种植。大中祥符四年（1011）宋"真宗深念稼穑，闻占城稻耐旱，西天绿豆子多而粒大，各遣使以珍货求其种。占城得种二十石，至今在处播之。"（宋释文莹《湘山野录》卷下，四库本）次年五月，宋真宗"以江淮两浙路稍旱即水田不登，乃遣使就福建，取占城稻三万斛分给三路，令择民田之高仰者莳之，盖旱稻也。仍出种法付转运使，揭榜谕民。"（《续资治通鉴长编》卷77）占城稻即籼稻，据《王氏农书》讲，占城稻耐旱，高地缺水处亦可种之，又称旱占，为早稻，种甚佳。故一径引进，即在江西迅速推广。所以吴泳在《隆兴府劝农文》中说："豫章所种占米为多，有八十占、有百占、有百二十占，率数月以待获。"（《鹤林集》卷39，四库本）

临川区也培育出了自己的优良稻品，如南城县的红朱稻米，早在唐代，就是贡米，"红朱稻米，即今赤珠粳，色纯红而坚，唐时贡。"（《江西通志》卷27"土产"，四库本）到了宋代嘉祐年间，又培育出银珠稻，更是一个极优良的稻品，米色白而香，香软可口，人又称麻姑米。成为必备的贡品，被称为"嘉谷瑞粢"。稻米是江西粮食的主要产品。但是随着耕作技术不断提高，习惯于麦面之食北人不断南下，社会对麦类需求量大增，江西在主打稻作粮食生产同时，又大力种植麦子，这种稻麦二熟制，不仅提高了粮食产量，更丰富了粮食的品类，适应了现实的需要。临川区亦与江西各地一样，普遍种植小麦。如金溪县一带，"山樊纷皓葩，陇麦摇青颖。"（陆九渊《疏山道中》）"林薄打麦惟闻声""小麦登场雨熟麦"（陆游《小憩前平院戏书触目》《遣兴》，《剑南诗稿》卷20），说的都是金溪小麦丰收的景象。南城县在北宋时已开始种植小麦，有诗可证："昨者小麦熟，野人稍相宽。新粟今又黄，喜闻不青干。"（吕南公《粟熟二首》）刘仙伦《盱江道中》："麦热村村喧水碓"，是说南城、南丰二县小麦丰收，人们利用水碓加工小麦。抚州知州黄震也说："且说江西，其地十州皆种麦""抚州外县间亦种麦"，这就包括除抚州外的临川区各县均种麦。然而，抚州不仅种麦已落在全省之后，而且耕作技术也处于粗放经营状态。出身于浙江的黄震接连发表《劝种麦文》，张贴布告，循循善诱抚州农民，改变耕作方式，种植小麦。他说"今太守是浙间贫士人，生长田里，亲曾种田，备知艰苦，见抚州农民与浙间多有不同。……浙间无寸土不耕田，垄上又种桑种菜，今抚州多有荒野不耕，桑麻菜蔬之属皆少，不知何故？浙间才无雨便车水，全家大小日夜不歇。去年太守到郊外看水，见百姓有水处亦不车，……不知何故？浙间三遍耘田，次第转折，不曾停歇。抚州勤力者耘得一两遍，懒者全不耘。……不知何故？浙间终年备办粪土，春间夏间，常常浇壅。抚州勤力者，斫得些少柴草在田，懒者全然不管，不知何故？浙间秋收后便耕田，春二月又再耕，名曰耕田。抚州收稻了田便荒版，……不知何故？"由于官府极力催导，抚州农民也开始种植小麦，落后的农业耕作技术逐渐得到改观。随着小麦等北地作物南移，南北农作物进行了规模宏大的大交流，同样导致了江西的耕作技术的大改变，已明显地向精耕细作式的集约经营迈开了一大步。

当然，并不是临川区所有地方农耕技术都是落后的。早在宋初，南丰的曾氏家族以家法规定，曾氏子孙都必须带经而耕，授受垦田种树之法，作为谋生之术：

明年春，（曾）士尧告余曰："兄往年漕运吴越时，数示家法，俾诸儿侄带经而耕，因授垦田种树之法，儿侄辈不获师焉，而乡里师之。"盱江南北，地方千里，田如绮绣，树如烟云，原隰高下，稍涉腴美，鲜有旷土，皆兄教人谋生之术也。今土膏脉起，农人始耕，欲俟兄命驾观焉。（《江西通志》卷123，曾致尧《云庄记》，四库本）

正因为教授了垦田种树之法，所以才带来了南丰农业"田如绮绣，树如烟云"一派欣欣向荣的景象，而同为抚州地区的金溪县中，陆九渊家族更特别注重深耕细作技术，陆九渊认为，就是贫瘠田地，只要勤于深耕，就能获得丰收，他说："率多旱田，耕必三犁，秋乃可望常岁。"（《与张季海》，《陆九渊集》卷9）特别陆家治田方法，更是宋代江西农业先进技术的代表：

吾家治田，每用长大镢头，两次锄至二尺许，深一尺半许，外方容秧一头。久旱时，田肉深，独得不旱。以他处禾穗数之，每穗谷多者不过八九十粒，少者三五十粒而已。以此中禾穗数之，每穗少者尚百二十粒，多者至二百余粒，每一亩所数，比他处一亩不啻数倍。盖深耕易耨之法如此，凡事独不然乎？（《象山集》卷34，《语录》上）

陆家治田明显是深耕细作的技术，这种技术不仅提高粮食产量数倍，而且抗旱，能保证禾稻在旱灾时仍可丰收。为了达到深耕目的，陆家还改制了农具即大镢头，两锄下去就能至二尺，深一尺半的程度。这种深耕易耨的农具，能起到事半功倍的效果。

水利是农业命脉，水利的现状与水利技术的高低，是决定耕地面积与质量和粮食及农产品产量的最主要因素之一。临川区境内河道密布，有抚河、信江、赣江等三大水系，又北临波光浩渺的鄱阳湖，因此旱涝灾害仍频繁发生。南宋时，朱熹弟子黄榦曾知临川县，他熟悉临川区水利情况，他在代抚州姓陈太守上奏朝廷奏议中，论及抚州及江西陂塘修理情况时说："江西之田，瘠而多涸，非藉陂塘、井堰之利，则往往皆为旷土。比年以来，饥旱荐臻，大抵皆陂塘不修之故。莫若申严旧法，在州委通判，在县委县丞，先于每乡籍记陂塘之广狭深浅，方水泉涸缩之时，农事空闲之际，责都保聚民浚深其下，而培筑其上，积水既多，则虽有旱暵，而未始枯竭，巡行考察，课其勤惰，而为之赏罚。其始虽若劳，而其终乃所以利民，如此则天灾不能为害，丰登可以常保，而不至于上勤朝廷赈恤之劳矣。"也就是说，水利工程建设是临川区及整个江西抗击水旱之灾，保证农业丰收，人们安居乐业最主要的事业。所以，整个有宋一代，江西临川区人民在驯水驱旱的艰苦卓绝的实践中，取得了辉煌的成就。

宋代临川区水利建设主要以修筑千金陂为主。千金陂，又名千金堤，在临川市东南约三四里处。在靠近抚河中心小岛扁担洲之南面，有一条石砌长坝，即为千金陂，是一座具有一千二百年历史的古代著名水利工程。千金陂始建于唐高宗上元年间。后唐代刺史颜真卿、戴叔伦、李渤等先后修建，主要是控制临、汝二水，可溉田数千顷。入宋后，千金陂经过多次修复和扩建。嘉祐四年（1059）县令谢卿才修千金等九陂。熙宁年间知县谢洞又重修之。南宋绍兴年间，汝水东决，千金堤溃，临川人王积翁以家财千金，募工筑千金堤，复固。宋代最大一次修复千金陂是在南宋淳祐十一年（1251），由知州叶梦得主持修筑。"鸠工饬材，浚广旧渠，筑陂绝江，以灌其内。陂长三百丈，渠广二十丈。"（赵与𬤇《重修千金陂记》，《江西通志》卷126《艺文》，四库本）仅用一月时间就完工，人叹其神速。千金陂自唐宋至明清都为抚州农业生产提供了源源不断的水源。明代陈良傅作《千金陂论》，又作《千金陂棹歌》四首，其一云："长乐长宁几万家，不栽桃李种桑麻，使君挽得天河水，散与东风灌稻花。"（《江西通志》卷158《艺文》，四库本）说明了千金陂修筑给抚州农业带来了兴旺景象。

除千金陂外，抚州的文昌堰也是一个重要的水利工程，它几乎成了抚州临川的标志性建筑。由于临川崇尚文风，宋代就有"文昌堰合状元生"的谚语，文昌堰在临川城东杨家、聂家两洲之间，文昌堰合对水利事业来说，虽是一个难得现象，却不是一个好现象。正如抚州新城（今黎川）

也有一个相似谚语："龟湖冲破状元生。"南宋淳祐七年（1247）丁未岁，新城张渊微中状元，而是年龟湖水果冲破堤防引起水突。（宋·黄震《抚州堰合楼记》、《黄氏日抄》卷88，四库本）文昌堰合必然要阻断水道，引起水灾。由此亦见文昌堰是一座重要的水利建筑。淳祐八年，赵时焕知抚州，就修复了文昌堰，以利溉田。临川区崇仁县还有一座宝唐堤，是由宋嘉祐四年（1059）崇仁县令苏缄创建。至南宋嘉定二年（1209）县令潘方又重新改作石堤，使该堤抗洪能力得到极大提高。南宋崇仁人何异有《宝唐堤记》记其事：

适际庆元庚申，水与檐齐。稍东一带，前既濒溪，后又萦带池沼。他水捷出，腹背受敌，尺瓦寸椽，蔑有存者。堤岸大半摧毁，地盘浸亦沮洳，稍闇即疑有魑魅，夜莫敢行。邑政度非所甚急也，率曰奈何。县大夫会稽潘君方到官，一见喟然曰："此如美丈夫，眉目秀整，而满面疮痏，甚可惜也。"布政少定，计费于蠹耗之余，取材于他山之近，铢积寸累，念念不休。将半年而工役兴，又一年而形模具。时久不雨，水落岸出，穷其底而筑焉。基既坚，而一石四尺，横纵层砌于其上，今其高已五七尺矣。民始惊叹，亦多辇石负土，阴出力以为之助。岸分高下，则旧路也，有翟氏者，昔建桥，今甃路，高则民居，旧从官赁，今悉取以还官，辟为通衢，车可以方轨，马可以并驰，榉柳蔸以成行。余适归自都城，见闻生喜，随所留街路出力铺砌，桥牙中出，登岸少南。又以周马帅虎所作三字，横榜于亭楣之上。其后为小驿舍，南窗照水，钩帘晚香，来者得以休焉。亦景物之一助也。（《江西通志》卷126，四库本）

宝唐之水是崇仁县的主要水源，它发源于高山，一路奔腾而下，至宝唐，为低洼处，始为平坦缓流，两岸良田千亩，人烟稠密。原有横堤数百丈阻挡水患。庆元六年（1200）一次洪水，堤岸大半摧毁，水与屋齐，田已淹没，一片荒凉，几成鬼域。而历代执政视水患为难事，未有作为。直至潘方为崇仁县令，于嘉定二年（1209）重建，改土堤为石堤，即从水底砌石而上，层层累高，高出水面五至七尺。当地居民亦自觉辇石负土，助以堤成。由于堤宽且厚，可驰车马，成为通衢，又植树栽柳，成荫成行。于是宝唐堤不仅成为阻扼水患，灌溉良田的水利工程，而且还成为"南窗照水，钩帘晚香"的风景名胜区。这种将水利工程与生态环境完美结合的水利建设的高超技术，直至今天也不为过时。广昌县西南盱江与罗水合流处，有一座平西坝，是宋代淳祐间，县令黄应德与朱汝相相继筑之，以杀水势，以遏水患。后人们又在大坝上植树数千株，每至春夏，青荫覆地，绿水东流，成为游览胜地。南宋末年，黄震为抚州守，也多次兴修水利，据其所撰《抚州修造总记》说："于水利则修临川南湖述陂，复宜黄假乐陂。复崇仁永丰陂、万金陂，浚县市四十年已堙之圳，通二陂咽喉，凡豪黠侵陂者复其旧。"（《黄氏日抄》卷88，四库本）

尤值得称道的是，临川区农民还充分利用筒车来灌溉田地。宋赵与𬭸《重修千金陂记》中说："所率为筒车，以资灌溉。"所谓筒车是在一个大转轮上，安装若干竹筒，转轮受上流激湍水流冲击旋转，下部没入河流中的竹筒即能装满水，而旋转至上部岸边时，竹筒水在重力作用下，倾泻而出，沿着水沟，流进田里。如此旋转循环，装水倒水，下方河流里的水就源源不断地灌溉田地。王祯《王氏家书》说，筒车"谓之天池，以灌田稻，日夜不息，绝胜人力，智之事也"。也正如王安石《水车》诗云："取车当要津，膏润及远野，与天常斡旋，如雨自众泻。置心亦何有，在物偶相假。此理乃可言，安得圆机者。"

更值得人们自豪的是，宋代临川区出现了两位水利专家，虽然他们水利功绩并不在江西本土，但作为乡贤，我们不应该忘记他们在水利建设方面的贡献。特别奇特的是，这两位水利专家中有一位是女性，她就是临川吴氏，吴氏家族是临川旺族，与王安石、曾巩家族都有姻亲关系。临川吴氏是吴贲女，年二十四嫁给王令，未及一年王令卒。其兄逼其改嫁，誓不相从。后居黄池陂，陂坏地荒，政府号召兴修水利，但终因工程浩大，无人敢承接。于是吴氏"慨然众曰：'吾非徒自谋，陂兴实一州之利，当如是作，如是成。'乃辟污莱，均灌溉。身任其劳，筑环堤以潴水，疏斗门以池水。壤化为膏腴，民饭秔稻，而其家资亦累巨万。夫人一毫不私服用之俭，犹昔也。"（王云《节妇夫人吴氏墓碣铭》，王令《广陵集》附录，四库本）在整个修陂堤工程中，她独掌陂事，岁率农夫千余人修筑，俨然一位水利工地的女指挥长。

另一位水利专家是抚州宜黄人侯叔献。庆历六年进士，曾任都水监，负责全国的水利工作。他曾辟太湖，立新堤，开支流，引樊水和汴水淤田，治理京师汴河两岸盐碱地，使其成为四十万顷良田。他又主持引京、索二水，开挖河道，设置河闸，调节用水，既利灌溉，又利水运，减轻了东南六路漕运转输之苦。后又主持引汴入蔡工程，开河二千里，大面积改善了当地农田的灌溉条件。特别抗击洪水时采取分洪的方法，取得奇效，成为中国千古治水史上的典型范例。"熙宁中，濉阳界中发汴堤淤田，汴水暴至，堤防颇坏陷将毁。人力不可制。都水丞侯叔献时莅其役，相视其上数十里有古城，急发汴堤注入古城。中下流遂涸。急使人治堤陷。次日，古城中水盈，汴流复行，而堤陷已完矣。徐塞古城所决，内外之水平而不流，瞬息可寒。众皆伏其机敏。"（沈括《梦溪笔谈》卷13，四库本）由于长期奔波于水利事业，终因积劳成疾，卒于扬州光山寺治水任上。其"尽瘁勤民，至终其事"（黄震《书侯水监行状》）献身于水利事业的精神，得到人们的赞扬。

江西建昌军的主要水系为盱江，故建昌的水利事业主要以治理盱江为主。宋元祐六年（1091）张商英为江西转运使，凿盱江水以通航运之道，春夏之季舟楫可畅通无阻，秋冬枯水季节，也可通竹筏。建昌广昌县平西坝，在县西南二里许，宋淳祐年间县令黄应德新筑此坝，后至咸淳年间，县令朱汝贤又继修。建昌的南城县北十五里有湖，面阔半里余，众流所聚，旧名聚水湖。宋熙宁中经过维修，付陂长灌溉高枧庄官田，故改名高枧湖。

第二节　临川区手工业技术的发展

随着农业与水利技术飞跃发展，宋代临川区的手工业技术也取得长足进步。其中尤以陶瓷业、纺织业与冶炼业技术最值得人们称道。

第七章 宋代临川文化在科技方面的成就

临川区陶瓷制作技术有着悠久历史，临川县营门里的战国遗址出土了一件陶猪，体长11.3厘米，高6.5厘米，腿粗体肥，鼻子微翘，双耳竖起。通身刻画有流畅的曲折勾连纹，形态生动逼真，憨态可掬。可以说是一件上佳的陶制艺术品。（临川县文管所《江西临川县古文化遗址调查简报》，《江西文物》，1989年3期）到了唐代，临川县红桥镇就有一座著名的白浒窑，而宋代的江西南丰县的白舍窑，是与江西景德镇窑、吉安吉州窑、赣州七里镇窑并誉的临川区著名窑址，也是宋代一个较大的窑场。它位于南丰县27公里处白舍街附近的红土山岗上，据同治《南丰县志》卷15载："白舍，宋时置官监造瓷器，窑数十处，望之如山。"这与考古调查情况相符，江西考古工作者发现白舍窑有大小窑16座，绵延二公里长。地面散布的瓷片甚多，多为白瓷与影青瓷。其中白瓷质量胜于吉州永和窑，无论是白瓷或是影青瓷都是薄胎器，胎质洁白细腻，釉汁晶莹润泽。其瓷品多为生活常用之具，如碗、壶、瓶、杯、盘碟、灯台等。其产品质量几与景德镇窑相等，并与景德镇窑争夺市场，难怪蒋祁《陶记》会说："临川、建阳、南丰他产有所夺。"当代文物工作者在当时南丰地区发掘的众多墓址中，发现了大量的瓷俑、瓷器，多是南丰白舍窑的产品。如"建昌军南丰县天授乡麟角耆故假承务郎杨敏修"墓中，出土民两百多件栩栩如生的瓷俑，距离白舍窑一二十里南丰县桑田乡一石室墓中出土了90余件瓷俑，另有影青瓷盏2件等，由此而见南丰白舍窑兴盛状况。有的学者认为，白舍窑仅兴盛几百年，至元代就窑废火熄了。这个断论可能有误。清代蓝浦《景德镇陶录》卷7《古窑考》说：

南丰窑，出盱江之南丰县，元代烧造，土埴细，质稍厚，器多青花，有如土定等色。蒋记（指蒋祁《陶记》云：夫何昔之课，斯陶者日举，今则州家多挂欠，原其故有五：临川、建阳、南丰产所夺，三也。按：此是说镇陶之利为三邑陶所夺，可见临窑、南窑，在元时亦盛。

与南丰白舍窑同属今临川地区的宋代名窑，还有临川白浒窑与金溪小陂窑。唐代的白浒窑在宋代亦在生产，它位于临川县上顿渡西南 4 公里的白浒渡。其遗址主要包括毛家村、一甲村、二甲村三个村落，长达 2 公里，规模颇大。从出土的瓷器看，其产品多为碗、壶、罐、缸、钵等，尤以碗为主。器多为平底，底心稍内凹，也有部分圈足器。胎骨大多粗糙、厚重，胎土灰色。釉色呈青绿、酱褐，也有少量豆青色。器内施全釉，外施釉多不及底，釉面常开细冰裂纹，釉水不均匀呈泪痕状。纹饰多为葵花型，由此而见，其质量远不及景德镇与吉州窑。但烧造的年代极为久远，上溯可至南朝，下迄宋代，尤盛于唐宋二代。白浒窑不见于文献著录。仅在四库本《江西通志》卷 34《关津》有关临川县桥梁记载中，有"白浒窑津，俱在招贤乡十五都"的记述，又毛家村的《毛氏族谱》有一篇绍兴五年旧序，序中记载毛氏祖先于宋嘉祐年间从浙江迁于江西临川，一日来到白浒渡，问："斯何地也。"土人答曰："白浒渡，又名白浒窑也。"（《江西临川、南丰窑址调查》，《文物》，1976 年 11 期）这说明白浒窑在宋及宋以前已开始烧造瓷器了。这段记载与考古发现的遗存是相符合的。然而清代蓝浦《景德镇陶录》卷 7《古窑考》云："临川窑，元初烧造，即今抚州府之临川县，土埴细，质薄，色多白黄，有粗花者。"这是一段难得的史料，它说明了临川窑在元代尚在烧造，又记述了临川供烧窑的泥土，瓷器厚度、颜色与花纹的特点。这很可能指的是临川白浒窑。

宋代金溪县也是个陶瓷业极为兴旺的地区。南宋著名金溪籍学者陆九渊说："金溪陶户，大抵农民于农隙时为之，事体与番阳镇中甚相悬绝。今时农民率多贫困，农业利薄，其来久矣。当其隙时，藉他业以相补助者，殆不止比。"（《与张元鼎》，《象山集》卷 10，四库本）可见南宋时，当地农民将烧陶业作为自己的副业，这说明南宋金溪陶器业尚未从农业中脱离出来。金溪小陂窑的遗址在今金溪县对桥乡朱家村谭溪徐家一带。小陂窑遗址中发现了类似吉州窑和建成窑的黑釉，类似湖田窑的青白瓷，类似定窑的白釉，从残存的瓷片来看，各个品种的瓷器制作都很精美。小陂窑所发现的最早的瓷器为北宋时的青白瓷，至今尚未发现青花瓷，据专家初步断定，小陂窑烧窑的历史应为北宋至明代早期两百余年时间，

这与陆九渊关于金溪陶户的记载是相符合的。

由于陶瓷业发达，临川区还出现了专门贩卖陶瓷的商人。如南城人曾叔卿：

> 曾叔卿者，买陶器欲转易于北方，而不果行，有人从之并售者，叔卿与之，已纳价，犹问曰："今以是何之？"其人对："欲效公前谋耳。"叔卿曰："不可，吾缘北方新有灾荒，是故不以行，今岂宜不告以误君乎？"遂不复售。而叔卿家苦贫，妻子饥寒不恤也。（《容斋随笔》卷7，四库本）

曾叔卿不仅是一位贩卖陶瓷的专业户，而且是一位讲究职业道德的商人，他不计商利，甚至忍冻挨饿，也不损害以诚信为本的经营之道。所以曾叔卿以商人身份被南城著名文学家吕南公称为"盱江三贤"之一。

宋代临川区纺织业技术也得到很大的发展，首先是麻纺业走向兴盛的地步，在乐史《太平寰宇记》"土产"中，临川区的建昌军产有金丝布，抚州产苎布，《新唐书》卷41《地理志》也云："抚州临川郡上土贡金丝布、葛。"可知唐代抚州金丝布与葛已成为贡品。宋《元丰九域志》"土贡"中，抚州贡葛30匹，在当时江西八个州军中，与洪州所贡数量相同，并列第一。其他州军都在10至20匹之间。除麻、葛外，临川区丝织业也得到发展，据《元丰九域志》记载，早在北宋神宗时期，江西只有两地有丝织贡品，一个是临江军贡绢十匹，另一个就是临川区的建昌军，亦贡绢十匹，但是到了南宋时期数量大大增加，据正德《建昌府志》记载，绍兴初，建昌军夏科绸绢三万四千匹，丝绵二万八千余两。咸淳六年，抚州"岁解绢三万二千二百八匹，例解本色二万一千匹"。（黄震《乞照户部元行折绢钱抱解中省状》，《黄氏日抄》卷75）值得注意的是，南宋时期，临川还开始植棉织棉，有临川诗人艾性夫《木绵布歌》诗可征：

> 吴姬织绫双凤花，越女制绮五色霞。犀薰麝染脂粉气，落落不到山人家。蜀山檀老鹄衔子，种我南园趁春雨。浅金花细亚黄葵，绿玉苞肥

压青李。吐成秋蚕不用缲，回看春箔真徒劳。乌镠筹滑脱茸核，竹弓弦紧弹云涛。按挚玉箸光夺雪，纺络冰丝细如发。津津贫女得野蚕，轧轧寒机纬霜月。布成奴视白氍毯，价重唾取青铜钱。何须致我炉火上，便觉挟纩春风前。衣无美恶暖则一，木棉裘敌天孙织。饮散金山美玉箫，风流未逊扬州客。（《剩语》卷上）

这首诗不仅描述了种棉，棉花吐苞与脱籽的过程，还详细介绍了弹棉织棉布的情况。从"种我南园趁春雨"诗句理解，此棉花应种于诗人临川家乡。无独有偶，其兄艾可叔亦写了一首《木棉》诗，是写机器制棉布的情况，二兄弟同吟木棉，更是临川种棉织棉的铁证。

为使纺织产品广泛流通，临川区甚至出现了贩布商人与牙人，如南城人陈策，是一位经营多种物品的商人，他除了卖骡、卖银器外，还贩卖罗绮。（《容斋随笔》卷7）又如"抚州民陈泰，以贩布起家，每岁辄出捐本钱，贷崇仁、乐安、金溪诸债户，达于吉之属邑，各有驵主其事。至六月，自往钦索，率暮秋乃归，如是久矣。"（洪迈《夷坚志》支癸卷5《陈泰冤梦》）这也说明临川区的崇仁、乐安、金溪诸地，已出现了以纺织为生的专业户。北宋时在南城县，更有豪强之人以"养女"为名，收买众多年青女子作婢，日夜专门从事纺织："尝见一家养十二三女，请五十余分，而所养女日夜纺绩，与其家作婢耳。"（《李觏集》卷24，《潜书一》）

纺织业的兴盛，还表现在代表先进技术的纺织工具已普遍使用。如临川诗人谢薖说其家"家有传蚕室，机有凌行婆"。南宋时江西临川还出现木棉纺织机，临川人艾可叔《木棉》诗云："收来老蚕倍三春，匹似真棉白一分。车转轻雷秋纺雪，弓弯半月夜弹云。夜裘卒岁吟翁暖，机杼终年织妇勤。闻得上方存节俭，区区欲献野人芹。"（《全宋诗》卷3606，北京大学出版社，第68页）可见江西的纺织工具已使用了木棉纺机、小弓弹棉、丝绢织机和提花机等。唐代发明的脚踏纺车，在宋代已经普遍使用。特别是一种用水为动力的大纺车已在江西等麻苎之乡使用，它主要用于麻纺合线，构造颇为复杂。曾任江西永丰令的元代王祯说:"水转大纺车,……麻苎之乡,凡临流处所多置之。……此机械比用陆车愈便且省,庶同获其利。"(《王氏农书》卷18,四库本)可见此纺车能大量节省劳力,而且效率极高。宋代刘仙伦《盱江道中》诗中说:"麦热村村喧水碓,蚕成处处响缫车。"是说盱江旁南丰、南城县情况,所以宋代江西南城人李觏说,包括江西南城在内的东南诸郡"缫车之声连甍相闻"(《李觏集》卷16,《富国策第三》)并不是一种虚夸之言。

宋代临川区之所以成为纺织技术发达地区,一个重要原因是创造了众多丝麻纺织名品,得到国人喜爱而争相购买。如抚州临川与南城金线布,在唐代即已有名,并作为地方特产进贡朝廷。惜在清代已经失传。当然宋代临川最为著名的纺织名品是抚州的莲花纱与临川、上饶的醒骨纱。

> 抚州莲花纱,都人以为暑衣,甚珍重。莲花寺尼四院造此纱,捻织之妙,外人不可得,一岁每院才织近百端,市供尚局,并数当路计之。已不足用,寺外人家织者甚多,往往取以充数。都人买者,亦能自别。寺外纱,其价减寺内纱什二三。(朱彧《萍洲可谈》卷2)

莲花纱,据《中国丝绸通史》一书推测应是一种绉纱。绉纱是一种质较薄,表面呈绉缩状的丝织物。宋人项安世有一首《纱诗》云:"芙蕖供色更供丝,缉就沙溪水面漪。疏密整斜于雪似,香轻软细与风宜。集裳妙得灵均意,织藕新翻蜀客词。唤作似花还得否,只应花却似渠伊。"(《全宋诗》第44册,第27344页)诗中所说"芙蕖"就是莲花。"只应花却似渠伊"句,指的是莲花纱。"缉就沙溪水面漪"是说莲花纱犹如溪水波纹一样,由此亦证明莲花纱为绉纱。由于莲花纱轻薄微绉,因此成为京师达官贵人的最喜夏衣。又因为所织成品不多,成为宋人送给他人的珍贵礼品。朱熹在《按唐仲友第四状》一文中,曾三次提到台州唐仲友用"莲花纱一匹"贿赂官员。其中一次是用"白莲花纱一匹"作为礼物。南宋宰相周必大用"紫莲纱一匹",送给李屋。"聊缔侨札之好"(《文忠集》卷187,四库本),由此亦见莲花纱有各种颜色,花色品种繁多,当然更博得当时各类人的喜爱。由于莲花纱是上等的丝织精品,抚州莲花寺外的人们都纷纷仿织,但毕竟技术不如人,市人一看而知。这种真假莲花纱状况也说明抚州丝织业的兴盛。然而尼姑们"捻织"的绝技,终未外流而失传。这是非常可惜的事。同样临川、上饶的醒骨纱也是一种暑衣创新的纺织品。

临川、上饶之民以新智创作醒骨纱,用纯丝蕉骨相兼捻织,夏日衣之,轻凉适体。陈凤阁乔始以为外衫,号"太清氅"。又为四襟肉衫子,呼"小太清"。(宋·陶谷《清异录》卷下,四库本)

可惜的是,这种在南唐已经发明的醒骨纱制作技术,也同样没有流传下来。

临川区的矿冶铸造技术具有悠久历史。早在战国时期,临川先民已开始使用铁器工具。如临川县罗家寨遗址就出土了铁斧20件、铁口锄4件以及铁制蹄形鼎腿、铁釜和铁剑残片,就是鲜明例证。(详见徐润科《临川县罗家寨战国遗址复查》,《文物工作资料》,1975年5期)到了宋代,临川区的矿冶铸造技术更是得到飞速发展。当时抚州有一著名铁场,名叫东山场。据同治《临川县志》卷12《地理·物产》载:"宋乾道间,郡城东一百二十里产铁,置东山铁场,其炉凡四,曰罗首坪,曰小浆,曰赤岸,曰金峰。每岁额供趁办锅铁二十四万二千零四十六斤,解往饶州安仁县,转发信州铅山县。"这些锅铁转运铅山,主要为了胆铜铸造铜钱。抚州产铁除主要供给胆铜铸铜钱外,自己也铸冶铁钱。乾道八年(1172)九月,"是月定江西四监铁钱额,每岁共铸三十万贯,江州广宁监、兴国军富民监各一十万贯。临江军丰余监、抚州裕国监各五万贯。"(《宋史全文》卷25下,四库本)在江西四监中就有抚州的裕国监,铸冶铁钱需要很高的制作技术,一般要经过砂模制作、磨钱、排整和化铁四道工序。从出土和现存的江西宋代铁器文物也可以反映出当时高超的制铁技术。南丰县宝岩塔出土了宋代12条铁龙,采用的是分铸焊接法工艺。龙身用失蜡法浇铸，龙肢用铆钉焊接，可以灵活转动，12条龙姿态各异，体形丰满，躯体弯曲，呈腾飞奔跃状，铁龙身躯遍布阴刻鳞纹，龙体外表饰有红、白二色。龙的头、须、躯、肢、趾均棱角分明，眼、耳、口、鼻亦线条清晰。真是冶铁工匠的杰作。（向铁成等《江西冶金史研究》，1994.6）

宋代江西金银采掘、铸造与制作技术也很发达。据《文献通考》卷18载："宋兴金银铜铅锡之货，诸军产金有五：商、饶、歙、抚州、南安军。"在五大产金之地中，饶（州）、抚州、南安军都在江西。又云当时全国有五十一银场，其中"饶州之德兴、虔州之宝积、信州之宝丰、建昌之马茨湖、看都"和南安军稳下六大银场都在江西。可见江西金银矿业在全国占有重要地位。而临川区的临川、金溪、南丰诸地，又是江西省重要金银产地。《明一统志》卷54载："金，临川县出，宋置场，在县西四十里。"而金溪县所产金曾上贡朝廷。宋仁宗庆历四年（1044）五月，曾进贡朝廷"山金重三百廿四两"。《大清一统志》卷246载"金窟山，在金溪县东五里，高三百丈，周十五里，与银山相连，中有石窦，乃旧日采金之所。"金溪县亦多产银，四库本《江西通志》卷40载："银监，《太平寰宇记》：在宜黄县东南一百二十里，本临川之上莫镇，其山冈出银矿。唐朝尝为银监，基址犹存。至周显德五年，析临川近镇一乡，并取饶之余干白马一乡，立金溪场，俱置炉以烹银矿。"至宋代金溪场上升为金溪县。后金溪县银矿枯竭，金溪县有"二孝女庙"，就和银矿枯竭有关，此庙在金溪县东二里。唐有银场，吏葛祐典其事，银耗竭产不能偿。二女不忍其父荼毒，赴炉而死，父得释，银场遂罢，后人祀之。于是至宋代，又尤以南丰县产银最为著名，宋时在此设有太平、看都、马茨、蒙池四银场，年征收白银定额9179两。宋神宗元丰元年（1078），收白银5116两。于一县设四处采银之场，可见当时南丰银矿储藏量丰厚，亦见当时采银之盛况。为此在南丰境内，北宋政府还专门增设一个太平税务处，征收银矿开采税。

由于临川区金银储藏丰富，冶炼业发达，也促使金银铜铁制作工艺技术的发展。如1987年，在南昌市发现一面抚州制造的铜镜，直径

15.7厘米，呈六弧葵花型，镜身平薄，圆纽，铸有"抚州宝应寺岭上曾家青铜镜"铭文。这说明抚州已出现铜镜制作专业户。南丰桑田宋墓中出土了一件八瓣菱花"夏道人"铭文镜，南丰大圣塔地宫也出土了宋代两枚海兽葡萄镜。罗传奇《临川文化史》称，当时抚州铜匠，名声颇著，与隆兴（南昌）、桂林并列，是全国铜匠最多的三个地方，这在上述出土的宋代青铜镜得到印证。1985年，南丰县大圣舍利地宫中，曾发现大量的金、银、铜、铁等金属工艺品，如金棺、金佛像、银椁、银炉、铜镜、铁塔等。其中银塔特别精美，造型别具一格。塔身呈椭圆形，四面缕有云头形窗孔，内贯圆柱形，顶部为塔刹，下有受花，上承七圈相轮，顶为鎏金宝珠。塔身以一粗银丝从中贯穿固定，外面又有两精致银链连接座面，是不可多得的艺术品。同样，也是在1985年，临川温泉乡莫源李村，在南宋邵武知军朱济南的墓中，出土了大量的金、银、铜、锡工艺品。其中金饰件笄、钗等，不仅纯度较高，而且制作精美。如金笄，上部刻有一朵菊花，紧接着刻有葵花枝叶，下围四瓣蕉叶，并附以海波纹，纹饰紧密。

而最值得称道的是，1978年临川区乐安县出土的窑藏百余件银器，更是美轮美奂的艺术品。这一百余件银器重达13斤，其中有枚约重达一公斤的银锭。有38件双鱼尾银盘，刻工精美。有2件人物亭阁银盘，一件底盘刻有亭阁，署曰椿桂亭，亭内有六人，一老人于亭门依椅端坐，另五人着官服、官帽，手捧朝笏，作拜状，似乎为五子登科拜父图，不仅人物线条清晰，形象生动，而且寓意当时人们对科举进仕的希望；另一银盘，亦有亭阁一间，左右分刻柳、梅各一，蜡梅树旁，有楷书"林隐"二字，亭右三人作击鼓、吹笛状，亭前有花石与家犬，寓意应为辞官归隐，或致仕归隐。尤使人感到惊叹的是，银器中有2件文字银牌，宽5.3厘米，高5厘米，厚0.07厘米。但在这方寸间，一块刻有北宋文学家王禹偁所撰名篇《黄州竹楼记》，计340余字，一块刻有欧阳修《醉翁亭记》，计400余字，字迹清晰，行距均匀，布局疏朗，可以说是宋代临川区绝妙的微雕艺术品。

第三节　临川地区的造纸与刻书技术

图书，作为文化的载体，其刻印出版的多寡优劣，更是观照文化事业荣枯盛衰的典型征象。宋代江西是紧踵四川、福建、浙江之后的又一刻书中心。其中临川文化区，又是江西的刻书中心之一。刻印书籍主要原料是纸张，临川区造纸技术也相当发达，品种众多，质量上佳，成为刻印书籍的基础。

早在唐代，临川所造的滑薄纸，就是当时的纸张名品之一。唐李肇《唐国史补》卷下云："纸则有越之剡藤、苔笺，蜀之麻面、屑末、滑石、金花、长麻、鱼子十色笺，扬之六合笺，韶之竹笺，蒲之白薄、重抄，临川之滑薄。"直到宋代，临川滑薄纸也多为文人钟爱。宋代临川诗人谢薖有诗云："哦诗况乏惊人语，净铺滑薄待君来。"宋初时，乐史《太平寰宇记》记载，抚州特产有茶杉纸，曾作为贡品。崇仁县又出产牛舌纸，此纸以稻草作为原料，故制作与应用极为普遍。南宋时，抚州崇仁县又出产一种革（捶）钞纸，《大清一统志》卷247说："捶纸，崇仁出，宋人墨刻用捶纸者贵。今绝无矣。"清代叶德辉《书林清话》也说："南宋时则以抚州革钞纸为有名，廖群玉九经本最佳，以抚州革钞纸、油烟墨印造，……当时廖氏选纸之精，独重抚州革钞，可见此纸之胜于他产。"宋周密《癸辛杂识后集》中也说：廖群玉刻"九经本最佳，凡以数十种比校，百余人校正而后成。以抚州革抄纸油烟墨印造，其装褫至以泥金为籖。"可惜，至清代此纸制造方法已绝迹。临川区最著名的纸张，是金溪县出产的清江纸。清江纸产于金溪县的清江渡，故名。南宋宰相周必大回庐陵家乡，经过金溪，说："清江渡，甚狭，而水可造纸。"四库本《江西通志》卷10《抚州府》说得更明白："清江水在金溪县南三十里，其水清洌，宜沤楮，故土人造纸以清江著名。"可见清江水最适宜造纸。宋代祝穆的《方舆胜览》卷21也说，金溪土产有清江纸。并引用黄庭坚《谢陈适惠纸》诗,来形容清江纸"蛮溪切藤卷盈百,侧厘羞滑茧丝白。想当鸣杵砧面平,桄榔叶风溪水碧。"可见清江纸颜色洁白,书写顺滑。故清江纸成为文人最喜爱的纸品与相送礼物。元代方回《送赵无已之临川》诗中说:"若夫拟岘台登临而赋诗,不妨寄我清江纸一疋。"明潘之淙《书法离钩》卷9也说"白箓纸、清江纸、观音纸,出江西,赵松雪、巘子山、张伯雨、鲜于枢多用此纸。"清江纸还有一大特点,那就是极为厚韧,不仅是印书书写的好纸,而且还可以作为房屋、桌子的材料。杨万里为了防止风雨败花,曾以清江纸做花房之瓦,其《芍药花》诗云:"何以筑花宅,壁直松树子,何以盖花宅,雪白清江纸。纸将碧油透,松作画栋峙。铺纸便成瓦,瓦色水精似。"南宋吉安人罗大经说:"赵从善尹临安,宦寺欲窘之,一日内索朱红桌子三百只,限一日办。从善命于市中取茶桌一样三百只,糊以清江纸,用朱漆涂之,咄嗟而成。"(罗大经《鹤林玉露》卷12,四库本)可见清江纸以质量坚韧被宋人普遍应用于日常生活中。由于清江纸著名,还闹出一个笑话。四库本《江西通志》卷61记载:

  张磻,字渭老,福州人。嘉定四年进士。邻郡有清江渡产纸,部牒误为清江县,下郡日钞会纸三万,时磻知临江,申省辨之,乃得报罢。

  当时张磻曾知江西临江军,临江军辖有一清江县,上级官僚地认为,清江渡在清江县,于是命令临江军上贡清江纸,虽此为一误会笑话,但要日钞会纸三万,数量是惊人的,从此亦可知清江纸是多么有名。
  不仅清江纸坚韧厚实,同属临川文化区的建昌军所产的建昌纸,更加坚韧,可以做成纸被。宋代刘子翚《吕居仁惠建昌纸被》诗云:

  尝闻盱江藤,苍岩走虬屈。斩之霜露秋,沤以沧浪色。粉身从澼絖,蜕骨齐丽密。乃知莹然姿,故自渐陶出。治身犹贵精,治心岂宜逸平。生平感交游,耳剽非无得。精神随事分,内省殊未力。寸阴捐已多,老矣将何及。自从得此衾,梦觉常惕惕。

宋代李正民《建昌寄纸被》诗："捣楮为衾被，盱江远寄将。夜寒如挟纩，晨起讶凝霜。雅称维摩室，增辉杜老堂。心平可高卧，蝴蝶梦飞扬。"（《大隐集》卷7）元代刘诜《建昌纸衾》诗也云："盱溪水暖楮藤连，练作云衾与老便。补幅全胜羊续布，裹身疑是邓侯毡。温欺枲絮娱霜夜，洁与梅花共雪天。要识故人投赠意，可贪一暖但高眠。"从上述三首诗，我们得知，建昌纸是以山区古藤所造，故坚韧洁白异常。并略略可知，建昌纸的制作时间与方法，要在秋寒霜露时，砍下盱江山中古藤，再用盱江水沤成沧浪色，然后捣碎漂洗成絮状，由此再加工成纸。

造纸业的发达，同样带动了临川文化区刻书业的发展。南宋著名藏书家陈振孙曾藏有五万卷书籍，其中多有建昌（军）刻本与临川刻本记载。宋代抚州的刻书与江西其他地区相比，种类最多、质量最精，中以抚州公使库尤为著名。公使库是当地政府招待所，公使库刻书一是为了附庸风雅，更主要是为了营利。清人叶昌炽诗云："宋时诸州公使库，刻书常有羡余缗"，可谓一针见血。公使库由于巧取豪夺，经济富裕，故所刻书一般都很精良。淳熙四年（1177）抚州公使库招募两浙和本地高安国、高安道、于卞等30余名雕刻良工来刻印《六经三传》，这是江西较早一次雕印大工程，所刻书极为精审，被历代藏书家奉为至宝。清代江西藏书名家李盛铎说："虽残圭断璧，亦当图球视之。"近代藏书名家傅增湘也说：此书"为抚州原刻，无补版，初印精善，纸厚韧，墨色浓郁，至可宝也。"（傅增湘《藏园群书经眼录》第1册第65页）绍熙四年（1193）该书又经过重修刊印。后过了近百年，至咸淳九年（1273）黄震知抚州，又对淳熙四年公使库《六经三传》板片进行了整修，并添刊了《论语》《孟子》《孝经》，以足成《九经》之数，并刊刻行世。时至今日，抚州公使库所刻的诸经传，仅存《礼记》《周易》《公羊》《春秋经传集》等书的残帙了。淳熙四年（1177）抚州公使库还刊刻唐陆德明的《经典释文》三十卷，白口，四周双边，半页十行十九至二十字，今仅存《礼记》四卷，原藏于藏园。刊工有朱生、施赞、高安国、严思敬等。

宋代抚州所刻《李璧注王荆公诗》也是一部刻校精良之本。李璧是南宋著名史学家李焘第六子，曾官至礼部尚书兼枢密院事。宁宗开禧三年，被贬谪江西抚州，因平时喜爱王安石诗，今又贬至王安石的家乡，研究王安石诗又得地利之便，于是细细研读，每有会意，即疏注诗下，竟成五十卷，后其门生李西美将其注疏与王安石诗于嘉定七年（1214）一并雕版刻印行世，名为《李璧注王荆公诗》，此刻本今尚存，1992年台湾谢承炳先生将此宋椠本赠送台北故宫博物院，排版甚佳，为半页7行，行50字，笺注夹行，字数同，左右双栏，版心白口，上记大小字数，下记刻工严思敬、张思贤等43人，其中如严思敬、黎明、高荣、章文、黄辰、吕全、张思贤、詹才等，皆南宋中期抚州地区著名刻工。（详见钱贵诚《江西艺术志》上册，第390页）

宋代抚州刻书还有王安石《临川先生文集》一百卷，早在北宋就有抚州临川本。南宋绍兴十年（1140）詹太和又刻于临川郡斋。王安石的曾孙王珏，字德全，绍兴二十一年（1151）任两浙西路常平茶盐公事时，亦刻印过此集。王安石编《唐百家诗选》二十卷，亦有抚州刻本，白口，四周双边，刊工高智广、蔡侃，绍兴二十二年（1152）曾参与抚州本《谢幼槃文集刊刻》。刊工高安道、高文显、周昂、余安曾参与淳熙四年（1177）抚州公使库《六经三传》的刻书工作，由此可知，《唐百家诗选》亦刻于淳熙年间前后，为南宋抚州官刻本，半页十行，行十八字，抚州地区的刻工刘浩、吴士明等参加此书刊刻工作。今上海市图书馆藏有其残本，存卷一至九。王安石是抚州临川人，又是北宋宰相和文学家，抚州多刻其乡贤文献，以彰地方人文之富，这是历代刻书的一个重要缘起。绍兴二十二年（1152），赵士鹏知抚州，又刊刻了另一位乡贤——宋代诗人谢薖的《竹友集》十卷，为绍兴二十二年抚州军学刻本，半页十行二十八字，刻工有高智平、高智广、弓受、伍兴、吴世、蔡侃、刘成、曾立等。事过二十多年，至淳熙二年（1175）赵煌又对该板片进行重修刊行，后世间存所有钞本、刊本皆本于此重修本。金溪人陆九渊是临川区大儒，其著作亦在抚州刊刻，开禧三年（1207）九月，抚州守高商老刊陆九渊《文集》于抚州郡庠，高商老自作《跋》云："先生之书，如黄钟大吕，发达九地，真启洙、泗、邹、鲁之秘，其可以不传耶？商老尝从先生游,颇自奋励,今老矣。学不加进。为州郑卿愧于簿领之外,效如捕风,因刻之郡庠,以幸后学。"(《陆九渊集》卷36《年谱》)抚州崇仁人欧阳澈虽一生为布衣,却是宋代一位怀才不遇的学者和诗人。故嘉定十七年(1224)胡衍晋将其所著《欧阳修撰集》刻之于临川倅廨。

抚州所刻卷帙最多的书要算是杜祐《通典》200卷,由抚州临汝书院所刊。从该院山长李仁伯跋语"岁丁未抄,后湘李仁伯中恕谨识"(陆心源《百宋楼藏书续志》卷3)看,此书很可能刻于淳熙四年(丁未年,公元1187年)。宋抚州其他刻本还有,葛立方《侍郎葛公归愚集》20卷,约刻于淳熙年间,半页十二行二十二字,刊工有余实、高安国、高安道、余安、周昂、朱谅、安富等,他们中大多数曾参与抚州公使库所刻《周易》《公羊》《礼记》等书的刊刻,可知为抚州地区刻工。杨甲《大易象数钩隐图》《尚书轨范撮要图》《毛诗正变指南图》《周礼文物大全图》《礼记制度示掌图》《春秋笔削启微图》各一卷,由知抚州军州主管学事陈森刻于乾道三年(1167)。陈师道《后山居士文集》由刘孝韪刻于临川。薛季宣《艮斋先生薛常州浪语集》,由作者侄孙薛旦于宝庆二年(1226)知抚州时所刊。谢采伯《密斋笔记》六卷,由其子弈楸于宝祐四年(1256)知抚州时所刊。欧阳修《五代史记》75卷,也有淳熙间抚州刻本,半页十二行,行二十二字,刻工有王三立等人,是为该书现存第一刻本,良足珍贵。

北宋太平兴国四年(979)曾设立建昌军,治所为江西南城,所辖南城、南丰、广昌、新城等县地,今多属抚州地区辖地。建昌的刻书在当时也饱享令名。陈振孙《直斋书录解题》记载,建昌曾刻过唐著名诗人王维《王右丞文集》10卷和刘长卿《刘随州集》11卷,并刻过佛教著作《石本金刚经》1卷(乾道年间刘季高所刻)。又有《宏辞总类》41卷、后集35卷、三集10卷、四集9卷,陈振孙《直斋书录解题》卷15云:"起绍圣乙亥,迄嘉定戊辰,皆刻于建昌军学,相传绍兴中太守陆时雍所刻前集也,余皆后人续之。"宋代曾巩是建昌南丰人,又是散文大家,故其所著《元丰类稿》在其乡里一刻再刻,先是有南丰邑令黄斗斋刻本,后以兵毁。次有开禧元年(1205)建昌守赵汝厉刻本。另,建昌本尚有黄裳《演山先生文集》60卷，由其季子黄玠于乾道二年（1166）出守建昌时所刻的建昌军学刊本。晁公迈《历代纪年》10卷，绍熙三年（1192）刻本。《礼书》150卷，庆元五年（1199）陈歧以京本重刊于建昌。

书籍编纂好以后，就要雕版刻字，因此，刻字工匠就成为决定书籍质量的主要因素。南宋洪迈《夷坚志》曾记载周亮等刻工，在刻《太平惠方》医书时，嗜酒懒惰，急于求成，使此书错误百出。由于刻工处于社会底层，他们的名字很少流传下来。宋代江西最有名的刻工是九江李仲宁，他不顾禁令，继续雕刻苏轼、黄庭坚的著作，表现了不畏强权的可贵气节。还有高安道、高安国、刘浩等人，很可能是抚州本地刻工，他们刊刻了抚州公使《六经三传》等书，雕刻极为精良。而临川区南宋诗人艾性夫一首《与图书工罗翁》诗，使临川刻工罗师傅的事迹流传下来：

木天荒寒风雨黑，夜气无人验东壁。天球大玉生土花，虞歌鲁颂谁能刻。翁持铁笔不得用，小试印材蒸栗色。我今白首正逃名，运与黄杨俱受厄。藏锋少竢时或至，精艺终为人爱惜。固不必附名党锢碑，亦不必寄姓麻姑石。江湖诗板待翁来，传与鸡林读书客。（《剩语》卷上）

许怀林先生在《江西南宋史》一书中，是这样解释此诗的：在寒风雨黑的的夜晚，罗师傅仍手持刻刀——铁笔，在栗木、黄杨木等优质木板上刻字，他刊刻过"虞歌鲁颂"等古典作品，人们喜爱他精湛的技艺，所以江湖诗人的著作都希望他来刻板。他的名字不必附录于像九江刻工李仲宁刻元祐党人苏轼、黄庭坚诗集中，也不必附丽于颜真卿所刻的《麻姑仙坛记》上，罗师傅的名字与他们一样荣耀，亦能像白居易诗一样流传至国外。可见诗人对这位临川籍刻工有着很高的敬意。这也成为临川区刻书史罕见的史料文献。无独有偶，宋代文学家、崇仁人李刘也有《赠刻图书处士》诗二首："信手挥斤出古文，商盘秦鼎失精神。烦君惜取铸金手，留待人间周伯仁。我乏君家玉印材，强寻厄木倩君开。无盐恐有遭逢处，也道曾将刻画来。"

书籍刻板与印刷好后，就要进行装订与装潢，旧的古籍与书画作品在损坏后，更要进行修补，这都需要装潢工匠高超的技术。清代周嘉冑在《装潢志》称其为"补天之手"，而艾性夫又有一首《与裱轴工郑老》诗，大力赞美装潢工：

> 君不见世南人间行秘书，撑肠挂腹搜不枯。眼空千古不留物，更用芸香祛蠹鱼。又不见王家楼中五百车，锦套玉轴籤红牙。夜生光怪射东壁，神鬼错愕相惊嗟。无形之书不复见，有形之书今亦鲜。吴侬鞭马驰京尘，何曾著眼鸡林人。弓刀自带封侯相，黄金不博青藜杖。请翁少待三十年，怕有米家书画船。（《剩语》卷上）

我想上述刻书工、装潢工很可能都是临川文化区人。正因为有宋代造纸与刻印技术的初步兴盛，至明清时期，临川区迎来了图书刻印事业的鼎盛时期，当时金溪浒湾镇，书铺多达数百家，仅刻字工人就有六七百之多，刊刻难以数计的书籍。于是浒湾刻书与临川才子一样成为临川区最亮丽的文化特色，"临川才子金溪书"的俗语在民间盛传开来。

第四节 临川区中医学成就

一、盱江医学与建昌药帮在宋元时兴起

"盱江医学"，是近几年中医药界研究中医药史时提出的一个新的医学现象。盱江，古称盱水，为抚河上游，故亦可称抚河，盱江源出于广昌县之血木岭，流经江西省东部（江西省抚州地区），流域包括广昌、黎川、南丰、南城、金溪、资溪、宜黄、崇仁、乐安、临川、进贤等十几个县市。盱江流域，历代名医辈出，数以百计闻名于世的杰出医学家，在江西境内形成了一枝独秀的"盱江医学"群体，在中国医学史上占有重要地位，堪与安徽省的"新安医学"、江苏省的"孟河医学"、广东省的"岭南医学"相互媲美。据地方志及医学史记载，仅宋、元、明、清四代，盱江流域各县，有传略可考的医学家达四百余人，医学著

作一百余种。盱江医学的特点是：人物众多；医学理论渊博；实践经验丰富；著作涉及内经、伤寒、金匮、本草等医学基础理论，以及内、外、妇、儿、骨伤、五官等临床医学各个方面，卷帙浩繁，博大精深；传统中药炮制技术独具特色。盱江又是南城县的别称，如北宋著名哲学家李觏是南城人，人们又称之为"李盱江"，因此，所谓盱江医学，应该是以南城名医为中心，以抚河流域的临川文化区为基地，并辐射丰城、进贤、南昌部分地区。因此，临川文化区是盱江医学的发源地和主要活动区域，盱江医学群体亦主要是以临川文化区人士组成。仅以江西古代十大名医为例，其中七大名医就出自临川文化区：即宋代临川的陈自明，元代南丰的危亦林，明代的金溪的龚廷贤、南丰李梴、金溪的龚居中，清代宜黄的黄宫绣、南城的谢星焕。盱江医学的起源虽可追源于东晋时期，当时著名道家、医药家葛洪曾在南城县西郊麻姑山采药炼丹，著书立说。但他的兴起是在宋元时期，因为在这一时期，盱江名医与名著如一种爆发态势出现在历史舞台，令人目不暇接。所以盱江医学是宋代临川文化又一光辉篇章。

实际上，最早提出盱江医学群体的是宋末元初崇仁籍著名学者吴澄，他虽然高寿，活了八十五岁，但平时多病，经常接触医生，自己又喜爱钻研医方，并经常去盱江作客，他说："余戊寅岁初客盱，其后或中岁一至，或数岁不一至，盱之俗、盱之人，不悉闻悉见，大略可知也。"（《吴文正集》卷16《黄成性诗序》）于是他发现盱江名医众多，而且医术高超。他在《医说序》中说："名医黎民寿，尝著《论辑方》，至今盛行于世。医学教授严寿逸，亦盱江人，用药去疾，随试辄效。何盱江独多工巧之医？"（《吴文正集》卷23）

"盱江独多工巧之医"，正是元代盱江医学与盱江医学群体的最好注释。实际上，宋代盱江名医亦很多，如南城人傅常，曾任沣阳（今湖南沣县）医学教授。其医术极为高明，正如吴澄所说："用药去疾，随试辄效。"其余生平不详，他的主要成就是撰写了一部《产乳备要》之书。据宋代佚名所著《产育宝庆方》二卷中有赵莹序，中云："余友人得《产乳备要》，乃盱江傅君教授常刊于沣阳郡庠，因以家藏书本，稍加校正，增以杨子建亡说，并产论同为一集，锓木以广之。"(《产育宝庆方》卷首，四库本)可见傅常曾在沣阳郡学刊刻了《产乳备要》，后被赵莹收录到《产育宝庆方》书中，并作为该书的主要内容。而南城人黎民寿更是南宋一位名医，于景定年著有《简易方论》十一卷行世，吴澄《医说序》说："盱江名医黎民寿，尝着《论辑方》，至今盛行于世。"可知其医学著作在元代尚盛传于世。黎氏另著有《决脉精要》《断病提纲》《注广成先生五函经》等医书，但均已散佚。黎民寿不仅是一位名医，而且是一位仁医，元代李存说：

夫医工之最难者也。余尝谓其精粗姑未论，其心万万不可不仁也。相传盱江黎民寿氏虽高年多不宿于平居。若小罂，若生姜、大枣，若炭，必甚蓄。昏晨有扣门者，辄起而药之。察其贫则问："家有煮药罂乎？"或曰："无有。"辄与之罂。"有姜枣乎？"曰："无有。"辄与姜枣。"有炭乎？"曰："无有。"辄与炭。日未晡，则从一奴，负药一囊，遍步城中，病而贫不能谒医者，辄诊而药之，虽寒暑不辍也。（李存《赠王圣从序》，《俟庵集》卷19，四库本）

生姜与大枣是常见之物，也是中药药方中常用配剂之一。虽然黎民寿《简易方论》十一卷今已不存，从上文他以生姜大枣治病来看，想必应是该书主要药方之一。

吴澄所说元代盱江名医工巧众多，实际上他们大多数都是数代行医，也就是说在宋代，他们的父祖辈就是名医了。如盱江名医汤又新为三世行医。吴澄《寄赠盱江名医汤又新》诗云："一泓碧玉活人泉，三世修治功行圆。普为贫民苏死命，更令孝子寿亲年。麻姑昔日栽桑地，董奉今时种杏天。不借虚言作轻重，实能世世大名传。"（《吴文正集》卷94）盱江姚宜仲也是三世行医，吴澄在《诊脉指要序》中说："盱江姚宜仲，三世医，周秋阳、周嘉會儒流之最也。亟称其善脉，其进于工巧可知，增补断病提纲，殆与钱闻礼《伤寒百问歌》同功，《诊脉》一编，父经子诀者也。为医而于医之书，医之理博考精究如此，岂族医可同日语哉！"（《吴文正集》卷16）由此可知，元代姚宜仲为三世行医，其父祖三代尤工巧于诊脉医术，其《珍脉指要》一书，是由其父与他共同完成的。又如元代盱江人陈庚，号杏山，也为医三世的中医名家。其家设杏山药室，专为人诊病制药。元代程文海有《杏山药室记》记其事。

除盱江（南城县）一地外，临川文化区的临川、南丰、崇仁、金溪、乐安等县的中医，也属于盱江医学群体，元代这些地区的名医，数代行医的家族就更多了，同理，他们的父祖诸代，也就成为宋代的名医。最著名的例子就是元代南丰人危亦林，他是江西古代十大名医之一。其家为五代行医的家族，危亦林编撰的《世医得效方》，是一部著名医方之书，更是其家族行医经验的结晶，是积其高祖以下五世所集医方合而成书的。他在《世医得效方序》说得很明白：

仆幼而好学，弱冠而业医，重念先世授受之难，由鼻祖自抚而迁于南丰，高祖云企游，学东京，遇董奉廿五世，医方授以大方脉。还家而医道日行。伯祖子美复传妇人、正骨、金镞等科。大父碧崖得小方科于周氏伯熙载，进学眼科及疗瘵疾。至仆再参究疮肿、咽喉、口齿等科，及储积古方并近代名医诸方，由高祖至仆凡五世，其随试随效。然而方卷浩若沧海，卒有所索，目不能周。乃于天历初元，以十三科名目，依按古方参之家传，昕夕弗怠，刻苦凡十稔。编次甫成，为十有九卷，名曰《世医得效方》。

其他如元代崇仁县人杨用安，字存心，曾为武昌路医学教授，也是三世行医。吴澄为其作诗并序云："杨用安存心，吾邑左港大姓也。行医出外，已历三世矣。存心用药治病之外，善诊太素脉，预定前程休咎寿修短，其术尤异，因其过我，诗以赠焉。"诗云："医业已三世，药功能十全。脉精平旦诊，事测数年前。奇中嗟上巧，预知疑佛仙。期君还旧里，共启内经玄。"又如元代乐安名医蔡可名，也是传之五代的中医。吴澄有《送医士蔡可名序》云："予家夫容山之东南山之西北为乐安之境。蔡氏居焉，予之居与蔡之居虽有两县之分，而无二十里之远，是以声迹常相闻。蔡之先曰伯珍者，名医也，传其子光叔，光升再传其孙明德，明德又传其子可名，至于今五世。"元代乐安县王元直家，也是五代为医。吴澄《送王元直序》中说："乐安王氏之医五世矣。一世、二世，予不及识，其三世迪功君，端重如山，子为国学进士。迪功之弟子异甫，和煦如春，未尝见其戚愠之容。予异之。子诚翁造次，必于儒雅。诚翁之子三人，长曰元直，往年游京师，问药者踵门，随试辄效。太医院官与之相厚善，诸公贵人咸礼敬焉。"又如元代陈良友也是三代行医。吴澄有《赠医人陈良友序》，中云："临川良医陈良友，种德三世矣。医不择家之富，贫不计赀之有无。"的确是一位有仁心仁术的良医。

当然，在宋代，临川文化区名医更为众多，我们简略介绍如下：如李駉，南宋临川人，字子野，号晞范子，毕生从医，临床经验丰富。他鉴于古医书文字深奥，庸医曲改古医书，妄用药饵，误人性命，于是刻苦钻研《难经》《脉经》等古代医典，并对其进行详细注释，所撰《难经句解》《脉诀集解》《脉髓》《脉歌》等书，为深奥的古代医典普及化作出了贡献。其中又以《黄帝八十一难经纂图句解》七卷，另有《图》一卷最为著名并流传下来，此书又简称《难经句解》。《道藏·太玄部》已著录。约成书于咸淳五年（1269），《黄帝八十一难经》一书，相传是战国时名医扁鹊（秦越人）所撰，据近人考证，当为秦汉医家医典，最晚在东汉末已成书。该书分八十一难，假托黄帝解释医学疑难问题，书中保留诸多古人医学经验，尤侧重于论述经脉理论。三国时，吴太史令吕广始为此经作注。李駉又据前人注本重新加以详细注解。其注融合诸家之说，而断以己意。对荣卫部位、脏腑脉法、经络腧穴等论之尤详。是书末附《黄帝八十一难经注义图序论》一篇，综述大法，并指摘杨玄操注本之有害义理。关于李駉生平，诸书均载不详。朱彝尊《曝书亭集》卷55《书宋本晞范子脉诀集解后》一文可供参考："咸淳二年，临川李駉子野撰《脉诀集解》一十二卷，邑人何桂发序之谓得于诵诗读书之余，盖儒者也。窃谓人之赋形，修短强弱肥瘠之不同，则脉亦异焉。今之医者止凭切脉，而王叔和之诀，盖有不甚解者，庸医一岁之杀人，比于法司之决囚数且倍之矣。駉自号晞范子，其书引证周洽，当时板行必多传习者，而《宋艺文志》不载，何欤？"可见李駉为南宋咸淳年间人，另撰有《脉诀集解》一书，至明清间尚流传于世，惜今不见。而上述《黄帝八十一难经纂图句解》七卷《图》一卷，却因《道藏·太玄部》收录而流传下来。今有《道藏》本、《道藏举要第八类》本。今通行本有1997年人民卫生出版社出版由王立点校的《中医古籍整理丛书》本。临川人李浩（1116—1176），字德远，号橘园，其先江西南城，后迁居临川。绍兴十二年（1142）进士，任吏部侍郎等职。撰有《伤寒钤法》十卷。另一位临川人周与权，字仲立，也是一位内科名医，尝订正《难经》，作《难经辨证释疑》一书，另撰有《扁鹊八十一难辨证条例》一卷。

在历史文献中，记载较早的宋代临川名医是一位僧人，佛号可栖，他生活在李觏、曾巩庆历年间那个时代，他在抚州一块废地上想独力建造一座寺院，却无财资，于是他用自己高超的医术，给人看病，收受医资，竟然以十年之功，建起了一座名叫菜园院的寺院。连一向反佛的曾巩，也感叹他以医取资于人锲而不舍的毅力，专门写了一篇《菜园院佛殿记》赞赏可栖。无独有偶，盱江人李觏也同样写了一篇《抚州菜园院记》，中云："浮屠师曰可栖，居建昌之交阳山，善持其佛之法，而言行不妄，且长于医，故士大夫礼之。庆历三年秋八月来抵予，曰：栖，临川人。母固无恙，而异父弟亦学佛。"文中又说："凡医之所得者给之。说法者曰堂事，佛者曰殿馆。僧有位，具馔有所，大抵墙屋器用，皆栖之为也。工将毕矣，幸为栖志之。予曰：浮屠人尽心于塔庙，固其职耳。能不以祸福诱胁殚吾民之力者，盖未之见。今栖以医售其得财，乃自奉其法，而不掠于人。"（《盱江集》卷24）

同样是在庆历年间，抚州有一位道士名全自明，也在此地以高明医术治病救人。乡里人极为信赖他的医术，又担心他不能久留，于是众人出钱出力，为其在原招仙观旧址上重建起一座新招仙观，以安置挽留这位医术"仙人"。王安石特写了一篇《抚州招仙观记》，以记其杏林佳事：

> 招仙观在安仁郭西四十里，始作者与其岁月，予不知也。祥符中尝废，废四五十年，而道士全自明以医游其邑，邑之疾病者，赖以治而皆

忧其去。人相与言，州出材力因废基筑宫而留之。全与其从者一人，为留而观复兴。全识予舅氏，而因舅氏以乞予书其复兴之岁月。夫宫室器械衣服饮食，凡所以生之具须，人而后具，而人不须，吾以足。惟浮屠道士为，然而全之为道士，人须之而不可以去也。其所以养于人也，视其党，可以无愧矣。予为之书，其亦可以无愧焉。庆历七年七月复兴之岁月也。（《临川文集》卷83）

我国针灸学术思想以宋、金、元、明时期最为活跃。而随着宋王朝的南迁，以及明王朝的兴起，南方针灸学术盛极一时。流风所渐，历久不衰。为首的当为南宋临川县城一个世代相传的针灸学派，其鼻祖为席弘，席弘又称席横，字弘远，号桑梓君，其上世曾任职太医院，他本人更是一位著名的针灸学家。宋高宗南渡时，由北方迁居临川县席坊村。席氏家世精针灸术，创席派针术。撰有《席横家针灸书》《席弘赋》，其中《席弘赋》为朗朗上口的针灸口诀，主要阐述了各种病症的取穴和补泻手法，强调辨证施治，选穴精炼。席弘特别讲究刺法，精益求精，对感冒、中暑、风湿、麻痹、半身不遂及高烧不退诸症，辨穴施针，有立竿见影起死回生之效。赋中的针灸学术思想与治疗方法至今仍被针灸临床广泛应用。《席弘赋》也就流传至今。明代江西弋阳人徐风将其收载于《针灸大全》中，明代张介宾《类经》一书也收录《席弘赋》大部分内容，而他的《类经图翼》一书更保存了《席弘赋》全书内容，该书称赞："学者潜心宜熟读，席弘治病最名高。"（张介宾《类经附翼》卷4，四库本）可见席弘的针灸学对后世有巨大的影响。更令人惊讶的是，自宋至明，席弘针灸学派以罕见的家族传承力延续了十二代：席弘→席灵阳→席玄虚→席洞玄→席松隐→席云谷→席素轩→席雪轩（叔华）→席秋轩→席顺轩（仁卿）→席伯珍（顺轩第三孙）。席弘针灸学派除家传外，至明代，席弘十世孙席信卿还把针灸术外传，改家传为师传。于是传给了江西丰城人陈会（字善同，号宏纲）。后来，陈会又授徒二十四人，其中以刘瑾学业最优，此时当为明初，刘瑾受明太祖朱元璋第十七子朱权的重视，嘱改编其师著作编成《神应经》一书。此书对明代针灸影响甚广，且远传日本、朝鲜。所论用欠和针法，相承传习，形成流派。尤以左转、右转细分补泻，且两手转针，独具特色。刘瑾所编的《神应经》就胪列上述针灸派系图，席氏针灸流派之所以流传久远，其中一个主要原因是，在拜师授徒时，一定要进行极为严肃的仪式。《四库全书总目》说，席弘曾以《誓词》规定"谓传道者必盟天歃血立誓以传。"以盟天歃血立誓的仪式，约束席氏家族与门徒。故席氏针灸家族能薪火相传，而席氏门徒也众多，遍及江西各地，形成了盱江医学史上传世最长与最大的临川文化区的针灸派系。

盱江医学，不仅名医辈出，医术高超，更可贵的是他们多具有高尚的医德，以仁心为人治病，前面所述僧人医生可栖，盱江名医黎民寿等，都是一代仁医。在南宋江西鄱阳人洪迈所著的《夷坚志》一书中，也记载了两位抚州仁医的故事：

> 李医者，忘其名，抚州人。……崇仁县富民病，邀李治之，约以五百万为谢。疗旬日，不少差，乃求去，使别呼医，且曰："他医不宜用，独王生可耳。"时王、李名相甲乙，皆良医也。……归来半道，逢王医，王询李所在，告之故。王曰："兄犹不能治，吾伎出兄下远甚，今往无益，不如俱归。"李曰："不然。吾得其脉甚精，处药甚当，君但一往，吾所用药悉与君，以此治之必愈。"后王医尽用李药，三日治愈。富家以五百万为谢，王医分其半给李医，李医严辞。

洪迈感叹说，二医"服义重取予如此，士大夫或有所不若也。"（《夷坚志》卷第九《王李二医》，中华书局）

人们常说"医药相济"，特别是中国传统中医，他们在为人治病的同时，更亲力亲为采药、制药、配方。因此，盱江医学在宋代兴起的同时，制药业也随之兴旺起来，由此而形成了"建昌药帮"。所谓建昌是从南唐建武军而来，四库本《江西通志》说："宋曰建昌，从南唐旧名，改武为昌，以地连建州会南昌为名也。"元代至元十四年（1277），改为建昌路，明代又改为建昌府。宋代建昌军，元代的建昌路，明清的建昌府，治所均为南城县。建昌药帮发源地为南城县，因历代成为建昌治所，故名建昌药帮。建昌药业历史悠久，它与盱江医学一样起源得益于东晋时期医药学家葛洪在南城的医药活动。《道光南城县志》载曰："葛洪，字稚川，丹阳句容人也，自号抱扑子。究览典籍，尤好神仙道养之法。洪见天下已乱，避地南城麻姑山。有葛仙丹井相传，洪于此炼丹故名。"葛洪是我国历史上的大医药学家，是历史上中药化学制药的创始人，为我国中医药事业的发展做出了很大的贡献。葛洪撰有的《肘后救卒方》便记述着铅硬膏、干浸膏、蜡丸、浓缩丸、锭丸等多种剂型，以及沙虱病、天花、狂犬病的治疗，青蒿治疟，大豆汁、甘草、生姜解乌头、半夏、芫花之毒，也是首见于葛洪的应用和记载。葛洪在南城的医药活动有力地推动了当地人们对药物制备和应用的认识，这为后代建昌药业的兴旺起到开创性的历史作用。

建昌药业之兴盛也与建昌地理环境极有关系，此地气候温暖湿润，而且多山，山清水秀，植物繁茂，采制中药极为方便。如麻姑山就为百草荟萃之地，仅清代黄家驹所编的《麻姑山志》记载，其山著名药材就有灵芝、茯苓、枸杞、益母草、何首乌、忍冬等三十余种。而麻姑山绝岭西芙蓉峰，"其地产药甚多"，由于地势险要，"人懒于登陟，不识耳"。宋代南城诗人吕南公《宿仙都观》诗也说："道人锄药归，月色满畚锸。"又如南城之旁有一云林山，明代危素《云林图记》也说："云林山在金溪县东，山蹶大庾岭历赣、建昌之南境……其右曰厓山，山势起伏九十有九，其深谷产灵药异草。《本草》云：临川士人家婢食黄精能飞者，意其处也。"（《说学斋稿》卷2）如军山"高万余仞，翠压五岳，根盘万里，奇峰怪石，灵草异药，罔不在焉。"（曾致尧《齐云院碑》）在李时珍《本草纲目》中，治疗雀目夜盲症，要用建昌军螺儿蚌粉，治疗效果最佳。宋代陈自明《外科精要》也说，治疗痈疽毒疮，最好用建昌产的赤何首乌，因为它质量最优。正德《建昌府志》"地产"也记载当地有地黄、川芎、葛、香薷、车前、半夏、槐实、益母草、桑白皮、香附、白芷、赤芍、白芍、山药、五加皮、枳壳（实）、栀子、冬青、夹竹桃、百合、茵陈等几十种中药材。清代吴其濬的《植物名实图考》中，在收载众多植物中，明确地注明产地为建昌的就有六十余种，其中大多为药用植物，如大柴胡、见肿消、紫菀、天葵、山慈姑、姜黄、厚朴，等等，并且作者还对建昌的有些植物的用药情况作了细致的描述，如"姜黄，今江西南城里外种之成田，以贩他处染黄。姜黄出邵武仙亭山，建昌与闽接，故宜。""水麻生建昌。俚医捣浆，以新汲水冲服，疗痧疟。"上述所说的是明清两代建昌的药材，但植物生长环境一般是千古不变的。建昌又处于地理要冲之地，交通便利，四库本《江西通志》卷4引历代名人之言，说其"林奇谷秀，水绕川环"。（刁尚能《建武军罗城记》）"抗御七闽，牵制八粤，五岭咽喉，三吴襟带，盖江藩南镇关键也"。（郭子章《郡邑表说》）"盱水南通闽广，北抵荆湖"。（刘翊《南丰通济桥记》）正因此，盱江医学与外界之交流，建昌药材向四方之流通，变得异常便捷。

建昌药帮真正兴起，应该是在宋元时期。在宋代，其主要标志是在建昌建立起一座宏大的建昌军药局。宋代袁燮专门写了一篇《建昌军药局记》记其事，中云：

若古先民，念斯民受病之苦也，非药不去，而药之为性，有温、有热、有寒、有平，其品不一。于是乎名之曰君、曰臣、曰使、曰佐，而为制之方，精切密微，毫发不差，随其病而施之，或补或泻，抑其过，助其不及，而反之和平，此全济群生之大用也。而罔市利者，辄欲以琐琐私意而增损剂量之可乎？今建昌太守丰侯廉直，自将果于为善，以乃祖清敏公自律。其倅洪都也，属岁大疫，挟医巡问，周徧于委巷穷阎之间，察其致病之源，授以当用之药，药又甚精，全活者众。郡人甚德之。及来盱江，仁心恻怛，如在南昌时，慨念先大父为政此邦，如古循吏，追述厥志而敬行之。捐钱三百万，创两区，萃良药，惟真是求，不计其直，善士尸之，一遵方书，不参己意。具而后为，阙一则止，愈疾之效立见，人竞趋之，而不取赢焉。贻书属余，识所以设局不规利意，庸告后人。余以为视民如子，牧守职也。子疾父母疗之，真情之发，自不容己，岂曰利之云乎哉！……若夫计较纤悉，急于牟利，药不及精，与市肆所鬻无别，虽岁时民病，且莫能瘳，又岂能康尔心耶？

建昌军药局是当时建昌太守丰有俊所建。丰有俊，字宅之，四明人，丰稷四世孙。丰有俊为绍熙元年（1190）进士，嘉定中通判南昌时，就对医药事业特别关注，在大疫流行之时，他挟医巡问，走街串巷，给病人及时送去精制良药，使许多病人都活了下来。而后为建昌军太守。作为一方父母官，他更有能力并更关心建昌医药事业的发展，于是捐钱三百万，建起一座宏大的军药局。这个军药局真不简单，其所制之药不以营利为目的，而以服务病人为宗旨，故其所制之药有几大特点，一是真，即严格按照优良药方配制，不参己意，不计成本。二是全，药方所规定的各味药材在数量与质量上一分不差，缺一则止，绝不以琐琐私意而增损剂量。三是精，所制之药极为精良，病人服之，往往有立竿见影的效果。从《记》中所说："愈疾之效立见，人竞趋之"来看，当时建昌军药局异常忙碌，分外热闹，成为当地人最为欢迎之地。因此，建昌军药局的建立，无疑对建昌药业发展起了表率与推动作用，讲求药物质量和药业信誉，于是就成为建昌药帮发展遵循的信条。建昌军药局的建立，也无疑为制药炮制技术之普及与对药物原理的认识起到了极大的推动作用。这也为建昌药帮以后的繁荣奠定了基础。

建昌军药局可以说为官方所办，其制药不以谋利为目的，而是以救人为宗旨。无独有偶，在宋末元初，建昌南城县还有一个私人所办的杏山药室，这是一个以制药与治病二兼的药室。药室当时的主人是盱江（南城）陈庚，号杏山，虽为元代人，但其家三世行医，其父祖应该是宋代时人。那么这又是一个怎样的药室呢？元代著名文学家同为建昌路南城人的程文海所撰《杏山药室记》介绍得很清楚：

医家者流，率以董仙杏林为美谈，亦有以为称号者，求其有董仙之心，盖亦寡矣。夫医功莫大于济人，祸莫惨于欲利。持济人之术，而有欲利之心，然且不可。苟术之未精，利之是嗜，其祸可胜言哉！今夫庸医以病尝其术，故有峻其药以急功，多其药以幸中，能医以病舞其术。

故有左其药以厚劳，迁其药以盈取，以济人之术而祸人，皆欲利者之所为也。盱江陈庚杏山医三世矣。予观其为人，质而不浮；听其言，简而不眩；审其术，信而有功，怵然有急人之容泊，然无苟利之心，其庶乎有董仙之心者欤！年方弱冠时，乡之儒先秋潭周君尝以杏山表其室，于今二十年矣。医二十年而乡人信而用之如一日；留京师七年，出为江西官医提举司，都目人信用之，亦如一日。积三十年之间，名不少贬，而家不益饶者，得非心董仙之心然也。今年春，予苦末疾，杏山来京师，留远斋者益久，且益嘉其为人。故乐为之记，且以勗其志云。延祐二年秋七月既望广平程某书于远斋。（《雪楼集》卷13）

文中所说的董仙杏林，指的是晋时名医董奉，他在庐山为人治病，却不要报酬，重病治愈者，董奉要其种杏五棵，轻病治愈者种杏三棵。久之成为一大片杏林，杏子成熟时，董奉又将其换谷，以救济穷人。因此董奉也被人奉为仙人，入《神仙传》，杏林也就成了中医的代名词。盱江名医陈庚正是要以董奉为榜样，以杏林改为杏山而名其室，有济人之术，无苟利之心。其所制药，往往是对症而配方，绝不"左其药以厚劳，迁其药以盈取"，巧取豪夺病人钱财。故行医三十年来，家境还不富裕。可以说，在盱江名医陈庚身上，正好完美体现了盱江医学与建昌药帮济世救人的杏林精神。

与建昌军南城县相邻的金溪县是陆九渊的家乡，陆九渊与丰有俊相为友善，多有书信往来。陆九渊家从先世开始就开了一个药肆，其规模应该是很大的。陆九渊说其一家之衣食百用费用，尽由这药肆供给。而陆家仅有不盈十亩之地，"仅能供数月之粮"。"食指日众，其仰给药肆者日益重。"（《象山集》卷28，《陆修职墓表》）陆氏家族是历经十代全部生活在一起的，故被称为"义门陆氏"。算一算这个家族有多少人口，也就知道这个药肆规模有多大了。陆九渊说"食指以千数"，而最多时，"食指三千"，一人十指，千数就是一百多号人，三千就三百多号人，这一百至三百多人几乎全部费用都依赖陆氏药肆，可想而知，这药肆应该是规模很大的了。陆氏药肆，仅从陆九渊父亲陆贺开始，再传至九渊兄九叙经营，也有数十年之久，其成功秘诀在哪里呢，陆九渊说："子弟仆役分复其间者甚众，公（九叙）未尝屑屑于稽检伺察，而人莫有欺之者。商旅往来，咸得其欢心，不任权谲计数，而人各献其便利，以相裨益，故能以此足其家而无匮乏。"（《象山集》卷28，《陆修职墓表》）也就是说，陆氏药肆经营方针，是待人以诚心诚信为本，无论是陆氏子弟，还是打工的仆役，或是运输或购买药材的商人，均是一视同仁。虽然建昌南城与金溪分属两地，但两地相邻，同属临川文化区，多有往来，互为影响。其商业思想与建昌药帮是一脉相通的。

与建昌军药局、陆九渊药肆讲求诚信相反，因药业之兴盛，贩药有利可图，于是抚州一些不良商人贩卖假药。南宋抚州知州张孝祥见此情况，立刻出榜禁止。宋袁采《袁氏世范》卷中说："张安国舍人知抚州日，以有卖假药者，出榜戒约曰：'陶隐居、孙真人因《本草》《千金方》济物利生，多积阴德，名在列仙。自此以来，行医货药，诚心救人，获福报者甚众。……又曾眼见货卖假药者，其初积得些少家业，自谓得计，不知冥冥之中，自家合得禄料，都被减克，或自身多有横祸，或子孙非理破荡，致有遭天火，被雷震者。盖缘买药之人，多是疾病急切，将钱告求卖药之家，孝子顺孙，只望一服见效，却被假药误赚，非惟无益，反致损伤。"虽说贩卖假药是伤天害理之事，但从反面可证，当时临川区药业之兴旺。

我们说建昌药帮在宋元时兴起，在元代还有一标志性事件，那就是《瑞竹堂经验方》一书在建昌编撰并刊刻行世。无独有偶，像宋代丰有俊创设建昌军药局一样，《瑞竹堂经验方》也是由一位建昌太守主持编撰的，不过他是蒙古人，又有人称其为回族人，名叫萨谦斋（吴澄称萨得弥实，《四库全书》称沙图穆苏），元代泰定年间，这位建昌太守在为政之暇，醉心于药方之收集与药书之编纂。吴澄在本书《序》中称其"莅官余暇，犹注意于医药方书之事，每思究病之所由起，审药之所宜用。或王公贵人之家，或隐逸高人之手所授异方，率和剂三因易简等书之未载，遇有得，必谨藏之；遇有疾，必谨试之，屡试屡验，积久弥富。守盱之日，进一二医流，相与订正，题曰《瑞竹堂经验方》，爰锓诸木，以博其施一，皆爱人之仁所寓也。"这本书编纂完成之后，亦在建昌刊刻行世。全书十五卷，共收三百三十余方。对临床治疗的用药用方和药物加工制造技术，叙述得非常完善实用，为我国古代医药学史上一部有较高价值的著作。这本书收载的方药有内服汤剂，又有丸、散、膏、丹、敷贴剂及洗发剂、洗眼剂、热熨剂等多种剂型，特别详细介绍了炒、炮、煨、煅、炙、水飞等药材加工炮制方法，各药的制备质量与分量要求也非常严格，如薏苡去皮，当归去芦，麻黄去节，桂枝去皮等。我们仅举书中一药"丁香烂饭丸"为例：

丁香烂饭丸。治中脘胃痛消食快气。 丁香 京三棱（炮） 木香 广茂（各一钱，炮） 缩砂仁 益智仁 丁皮 甘松（去土，各三钱） 甘草（三钱，炙） 香附子（五钱，炒，去毛） 右为细末，蒸饼水浸去皮为丸，如梧桐子大，每服三五十丸，白汤送下。细嚼亦可，不拘时候。

《瑞竹堂经验方》三百多方药，基本都是上述这种格式，首列药名，次举治疗病状，三记各味药材名称、分量、制作方法，四写药型与服食方法。特别是书中各味药材的炮制方法最为珍贵，因为它反映出建昌药帮制药技术与制药方法，上述药就记述了炮、炙、炒三种药材加工技术以及去土、去毛、去皮精加工方法，又说明了各味药材所需分量，如一钱、三钱、五钱等。书中三百多方药都是建昌太守与各地名医，尤其是建昌本地诸名医仔细斟酌推敲所定，有些是自己屡试屡验的药方，有些是他人的药方，如上述"丁香烂饭丸"就是宋代杨士瀛《仁斋直指》药书中的方子。建昌太守亲自收集与试验各种民间与医书有效验方，说明当时医药事业在建昌的发展概况，而从《瑞竹堂经验方》的内容又可看到元代建昌人对药物的认识和应用已达很高水平。人们不仅能够制备出各种药物剂型，并且对每一味药的加工炮制和用药都细致规范。《瑞竹堂经验方》不仅是元代建昌人对前人用药经验的总结，更是对盱江医学与建昌药帮发展与繁荣深远和巨大的影响。

医书的编纂与撰写，实际上是为盱江医学与建昌药帮奠定了理论基础与遵循的范式。而在宋元时期，像《瑞竹堂经验方》一样盱江医学著作如雨后春笋般涌现出来，如南城人黎民寿的《简易方论》十一卷，盱江人傅常的《产乳备要》，祖籍盱江人李浩的《伤寒铃法》十卷，临川人李駧的《难经句解》《脉诀集解》《脉髓》《脉歌》，临川人周与权的《难经辨证释疑》《扁鹊八十一难辨证条例》，等等。而对医方用力最勤者，应是南宋崇仁人吴曾。吴曾字虎臣，绍兴年间以献书得官，任工部郎中、严州知州等职。吴曾学问博洽，撰有《能改斋漫录》一书，为南宋重要笔记史料。其于医方用力更勤，曾博采古今方药，无不录存，又推阐其制方之意，辨析畅达。编撰成《医学方书》五百卷，可谓卷帙浩繁，是当时全国载方最多的一部医书。而宋元时期，盱江最著名的医方著作有两部：一是宋代临川人陈自明的《妇人大全良方》，我们将在下文详细介绍；一是元代南丰人危亦林的《世医得效方》二十卷。

危亦林，字达斋，南丰县人，曾为本州医学教授，而南丰与南城一样同属建昌管辖。危亦林是江西十大名医之一，其家从其高祖开始至危亦林共五世行医，正如他自己所说，《世医得效方》是其高祖以下五世所集医方合而成书的。也就是说，此书是跨越宋元两个朝代危家行医经验的总结。其书最大的特点是，它不像一般药方医书一样，只记药方的配方与制作技术，而且还有药方理论与治疗理论的阐述与总结。如在"大方脉杂医科"中，就有《集脉说》《集病说》《集证说》《集治说》；"小方科"中有《活幼论》；"风科"中《论杂风状》《中风恶证》《中风要说》；"产科兼妇人杂病科"中的《济阴论》；"眼科"中的《总论》；"口齿兼咽喉科"的《总说》；"正骨兼金镞科"的《秘论》；"疮肿科"的《总说》等，都是针对各科症状、得病原因、治疗的方法、药方配制的原理方面进行理论阐述的专科论文。

当然，建昌药业繁荣鼎盛与建昌药帮真正形成兴盛时期应是明清与民国初年，此一时期，建昌药帮已逐渐形成中国南方一大药帮，与江西樟树药帮合称为"江西帮"，成为全国十三大药帮之一。其流传地域极广，在江西、福建、中国香港、中国澳门、中国台湾地区及海外一些国家中医药界有较深的影响，其中尤以中药饮片加工炮制方法和集散经营著称。于是，在中药业界有"药不过樟树不灵，药不过建昌不成"的谚语。

二、陈自明对中医药文化的贡献。

陈自明无疑是旴江医学最著名的中医之一，他也是宋代临川文化区乃至江西中医药学的杰出代表，他在妇科、外科实践与理论方面做出了巨大贡献，为祖国的中医药文化写下了光辉的一页。

陈自明（约1190—1270），字良甫（一作良父），晚年自号药隐老人，临川人。陈自明出身杏林世家，祖辈三代以行医为业，他自幼即承继家学渊源。14岁即通晓《内经》《神农本草经》《伤寒杂病论》等传统医学经典，后又不仅翻阅家藏数千卷医典等书，而且"遍行东南，所至必尽索方书以观。暇时闭关静室，翻阅涵泳，究极天人，采撷诸家之善。"（陈自明《妇人大全良方原序》，《妇人大全良方》卷首，四库本）他又将这些医疗方法与家学经验相结合，应用于临床治疗，取得了显著效果。于是医术精进，名震四方。成年后不久，即任建康府（今南京）明道书院医谕（相当现代医学教授）。

此时，陈自明深感我国中医妇产科无论从实践还是从理论上来说都处于草创阶段。宋以前的有关妇产科的治疗方法，只散见于各种医书中，"纲领散漫而无统，节目详略而未备"，没有形成独立医学科目，使当时的医学普遍存在"医之术难，医妇人尤难；医产中数证又险而难"现状。（陈自明《妇人大全良方原序》，《妇人大全良方》卷首，四库本）于是他下决心要改变现状。经过长期艰辛研究，终于在嘉熙元年（1237）编撰成一部内容丰富的妇科专著《妇人大全良方》。全书总计24卷，分调经、众疾、求嗣、胎教、妊娠、坐月、产难、产后八门。每门首有论述，后附方案，计260余论。前三门论妇科诸疾，后五门述产科医理，妇、产两科既有分别，又有联系，两科有机结合，形成浑然一体妇产医科的科学体系。其中每门每疾都做了详细的病理分析，提出了诸多的医治方案，不仅内容丰富，条目清晰，而且论述简赅，处方精妙。

陈自明《妇人大全良方》在中国医学史上占有重要地位。该书是中医妇产学科的奠基性的著作，它不仅是我国最早、最完整、内容最丰富的妇产科专著，而且是妇产科成为一门独立医学体系的标志性的学术著作。在此书之前，《黄帝内经》《金匮要略》等书对妇人病虽有涉及，但失之于简略，散乱又缺乏体系。后虽有《产宝》等产科诸书，但妇产分离，内容过于片面。只有陈自明将妇、产有机结合，将妇女诸病作为专门研究治疗对象，由此使妇产一科具有独立学术内涵的专门学科和学术门类。陈自明也因此成为中国医学史上最杰出的妇产科专家。由于《妇人大全良方》"采撷诸家，提纲挈领，于妇科论治，详悉无遗"。（《四库全书总目提要》）所以成为典范性的妇产科专著，其学术思想对后世影响至深。明代王肯堂编《女科准绳》、武之望编《济阴纲目》等书，均以此书为蓝本，就是明证。

对于妇女疾病的具体治疗，陈自明有自己独到的经验，他认为首先必须根据妇女的生理特征来进行辩证的治理，所以他将"调经"列为首位，说："凡医妇人，必先调经，故以为首。"可以说抓住了妇科病的治疗要领，突现出妇人以血为本的医学理论。尤为可贵的是，他认为妇女月经不正常，不仅仅是生理疾患，很大一部分是精神因素造成的，如"积想在心，思虑过度"都足以引起月经不调，这就为治疗妇科病拓展了广阔的思路。对于妇女这个独特的生理特征，陈氏最强调的是调养，除药物调摄，尤强调经期卫生，他说"若遇经期，最宜谨慎"。

在婚育观方面，《妇人大全良方》所反映的思想无疑是先进的。一是认为妇女不孕，并不能全部归责于女方，很可能有男方的原因，这种与传统思想相背离的观点无疑是正确的。所以陈氏在《求嗣门》中会说："凡欲求子，必先察夫妇有无劳瘤疾，而依方调治。"二是他是中国最早提倡计划生育者，他说："生育不止，……不欲受孕而欲断之者。"三是陈氏特别反对早婚早育，认为男子须三十而娶，女子必二十而嫁。只有达到这个年龄结婚，才算是"阴阳充实"，所生子女才能"坚壮长寿"。这和今天所提倡晚婚晚育与优生的思想是相一致的。

在产科方面，陈自明在书中详细列举了妇女妊娠期易犯的习惯性流产（古称数坠胎或滑胎）、胎动不安等30余种病症，以及产褥期和产后60余种病症，并提出了相应的治疗方法和药剂，不仅论证正确，而且治法稳妥。除此之外，他特别强调孕妇产前卫生，一是精神上要保持乐观情绪，情感不能偏激，即他所说"调喜怒"。二是要节制性生活，即他所说"寡嗜欲"。三是要注重口忌，这个口忌包括两个方面，一是食忌，如不能饱食，严禁饮酒等；二是药忌，特别是后者，更要特别注意。陈氏将70种禁忌药编成口诀，以便人们记忆。四是强调孕妇要适当参加所宜的劳动。他指出："今富贵之家，过于安逸，以致气滞，而胎不转动，……皆致难产。"认为贪图安逸是造成难产的一个主要原因。

现在人们的育儿观念，最注重胎教。《妇人大全良方》专列"胎教"一门，陈氏的胎教比现在胎教理论更加广泛，主要是论述胎儿生长情况。但他认为胎儿在母腹中是能够感知外界声音的。他说："夫至精才化，一气方凝，始受胞胎，渐成形质，子在腹中，随母听闻。"这种"随母听闻"的观点与现代胎教理论是一致的。陈氏又说："自妊娠之后，则须行坐端严，性情和悦，常静室，多听美言。令人讲读诗书，陈礼说乐，耳不闻非言，目不观恶事，如此则生男女寿厚、忠贤贤明。"我们去掉其唯心的成分，陈氏此说，无益对胎儿有益无害。现代科学证明，孕妇在安宁的环境中，常听轻松音乐，不仅使孕妇心平气和，也能让胎儿在腹中倍感安静。这也是今天胎教的一个主要内容。陈自明对妇产科极深厚的造诣，使他对许多疑难性病症，有许多创新性见解，如对妇人乳悬、乳疠、乳硬、带乳、乳位、吹乳诸症都有独到见解。特别是论述"乳岩"（癌）尤为精辟。此症当时尚未引起人们重视，他已详细加以论述，指出这种疾病，若早期治疗或可内消，若不予治疗，"乳岩崩破如熟瘤，或内溃深洞，血水滴沥"，这就达到乳癌晚期，难予治愈。这种研究早于各国，为世界首创。如《妇人大全良方》的"产后门"中，有"小便出粪"记载："一产妇小便出粪，名大小肠交，乃气血俱虚，失行常道，行用六君子汤二剂，又用五苓散二剂而瘥。"这种病症，现代医学名称为"直肠阴道瘘"，这是世界上最早研究治疗"直肠阴道瘘"的报道。

（以上未注明出处，均录自于陈自明《妇人大全良方》）

陈自明不仅成为中医妇产科的创始人，而且在中医外科方面也做出了杰出的贡献。中医外科，古称"疡科"，是关于治疗疮疡、肿疡、溃疗等痈疽病症的学科，但此学科名称复杂，尚未统一定名，后南宋伍起予撰《外科新书》，此外科名始为确立，但伍氏之书仅为一卷，内容不够全面。自陈自明撰《外科精要》3卷54篇后，中医外科才正式成为中医临床的一个重要分支——外科学。《外科精要》是以江西遂川外科名家李迅所著的《集验背疽方》1卷和伍起予的《外科新书》1卷等书为基础，并加上自己多年行医经验，汇编整理而成。该书对痈疽的病因、疾机、诊断、治疗等，都做了全面、精要的论述，尤其对痈疽的浅深、寒热、虚实、缓急、吉凶等辨析甚详，且有许多得到之处。陈氏对中医外科学的贡献主要表现在两个方面。

一是对痈疽病因诊断进行了全面科学的分析，初步建立起痈疽病源，"三因五脏"病源说。"三因"是：七情亏损，气血经络壅结而成者，属内因；六淫外侵、气血受伤，寒化而为痈者，属于上因；至于那些服丹石补药，膏粱酒面，房劳所致者，属于不内外因。所谓五脏病源者：发于喉舌者，心之毒也；发于皮毛者，肺之毒也；发于肌肉者，脾之毒也；发于骨髓者，肾之毒也。这种病因理论无疑具有辩证的意义。

二是正因为对痈疽病因有全面清晰的认识，陈自明开创了外科辩证施治的先河，他不是头痛医头，脚痛医脚，仅唯清热解毒而已，强调对外科疾病的辩证论治应从整体观念出发，主张外科之疾，要从内科之病因结合起来，这样外治与内治相结合，外科与内科双管齐下，才能治好痈疽。如他认为，大凡疮疽，当调脾胃，因为脾为仓廪之宫，胃为水谷之海，把重视脾胃的思想，推之于外科的治疗方法。这种内外兼治的外科思想和治疗方法，无疑是正确的，具有创新的独到见解。所以薛己在校注《外科精要》一书会赞扬道："虽以疡科名其书，而其治法固我合外内之道，如作渴、泄泻、灸法等论，诚有以发《内经》之微旨，殆亘古今所未尝道及者，可传之万世而无弊也。"（转录《江西医林人物志》）元代朱震亨的《外科精要》、汪机《外科理例》多取材于此书。

陈自明还撰有《备急管见大全良方》十卷，此书又称《管见大全良方》《管见良方》。《文渊阁书目》卷三已著录，作"《管见良方》一部二册"，未署作者名，《中国医籍考》已载录。此书成于南宋咸淳七年（1271），系"《局方撮要》"编成。卷首附《珍脉要诀》一卷，每卷一门，共分清风、伤寒、瘴疫、诸虚不足、积热、妇人请疾、妇人产后、小儿诸疾等十门。诸门并附痰饮、咳嗽、脚气、暑湿、疟疾、疮诊、霍乱、一切气、泄痢、痔漏、淋闭、瘤冷、咽喉口齿、眼目、疮肿伤折、诸毒五绝、求子等症，按症汇方，收载方证二百五十余则。此书已佚，其内容散见于《医方类聚》各证门中。另，宋代王衮所编《博济方》之卷一与卷四都收载"陈自明《管见良方》"中二药方。读者可查阅。

第五节 临川区天文地理学成就

宋代临川文化区在天文地理学方面也取得巨大成绩，在中国古代，天文地理学总是与风水说连在一起。所谓风水，古时人们称之为堪舆，又称地理学，是我国特有的一种文化现象，它起源于古老的占卜术，后来逐渐从术数脱离出来，成为一支独立的学说。宋代江西是风水文化重镇，形成了蔚为大观的江西风水流派。今江西赣州兴国县的三僚村，被称为"中国风水文化第一村"。风水学最主要的内容是，人们对其所居的住宅与四周环境进行择吉避凶的选择与处理，因古人迷信，认为人死后灵魂不灭，其葬所是生前住所的延伸，故对"阴宅"即坟墓的选择，也成为风水学的主要内容。除弃风水说的迷信内容，当时人们，无论是城邑建设，或是阴阳住宅的选择方面，都要请风水师根据天象来勘测地形。这就涉及天文地理学的内容了。宋代抚州金溪县有一位著名风水师杨文愿。《金溪县志》载，其人"治形家言，善相冢卜宅之术"。北宋淳化五年（994）抚州临川郡的金溪场升为县，亦名金溪，设县需建城，就请杨文愿勘验风水，他认为邑有瘟疫，山居之民宜犯疾病，于是砍七十二棵樟树，刻成七十二侯像，树以城四周，又凿水井二十四所，以调二十四气，营县治于锦绣之阳，"擘画规模，皆出其手"，县城建成而卒。因此他实际上是金溪县城的总设计者，县人为纪念他的功绩，立庙墓以祀，称杨愿使庙。南宋时的南城人孙明远也是一位风水大师。

王之道《赠孙明远序》中说："建昌孙明远，妙于地理，言吉凶祸福若相人然，期以岁月若神，今之管公明、郭景纯也。"（《相山集》卷23，四库本）宋代临川区民间更是重风水说，如临川县民罗彦章，酷信风水，其妻亡，请风水先生赖先知山人卜择葬地。（《夷坚志》壬卷第一）

当时临川区天文学发达的一个重要实证，是发现了瓷俑手持的旱罗盘，罗盘又称指南针，是中国人的伟大发明，我们知道罗盘是由汉代出现司南勺经过千年的变化发展，到宋代才产生并用于航海的。但当时多使用水罗盘，直到明末，西方制造的旱罗盘才传回中国，并逐渐代替了水罗盘。一时中国古代是否使用过旱罗盘成为难解之谜。1985年5月，临川县窑背山南宋庆元三年（1197）朱济墓被发现，墓葬中出土了70件瓷俑，其中两件瓷俑均手抱一个大罗盘，其中一俑底书"张仙人"三字，似乎是一位名叫张仙人的道士，手持一旱罗盘，罗盘周围有圈16分刻度，刻度分明，罗盘中心有一枚长菱形指针，针心有圆孔，这就是世界上出土最早的旱罗盘。罗盘的使用与天文地理学的发达关系极大。北宋朱彧说："舟师识地理，夜则观星，昼则观日，阴晦观指南针。"（《萍州可谈》卷2，四库本）旱罗盘在临川区发现，说明宋代临川区人已研究使用过旱罗盘。从俑底所题"张仙人"名来看，很可能宋代临川道士或风水先生用此来测定房屋与墓葬方位的。

南宋时期，临川区还出现了一位布衣天文学家，名叫应垕，他是宜黄人。通经史，尤精天文。南宋陈振孙《直斋书录解题》卷12载录云："宜黄布衣应垕撰，其书考究精详，论议新奇，而多穿凿付会，象垂于天，其曰：'某星主某事者，人实名之也。开辟之初，神圣在御，地天之通未绝，其必有得于仰观俯察之妙者。故曰天垂象，圣人则之。'夫天岂谆谆然命之乎？如必一切巧为之说，而以为天意实然，则几于矫诬矣。"四库本《江西通志》卷80其小传曰："著天象书，有图有说有赋，名曰《义府》，于象数之外，独得精义，又有《浑天左右全体星图》，黄勉斋为之立石。"可知此书是一部考究精详，议论新奇，有图有说有赋的天文学力作，在当时极有影响。惜其书与刻之于石的《浑天左右全体星图》均未流传下来。由于其终生为布衣，其生平亦只有寥寥几句，我们也无法加以评说。

与应屋相反，同是宜黄人的乐史所撰的地理学力作《太平寰宇记》却被完整地流传下来，而且有众多版本，乐史所著的《太平寰宇记》总计有煌煌二百卷之多，约130万字，是北宋初期一部最为著名的全国性地理总志，在历代地理志书中也占有极其重要地位。全书以太平兴国四年（979）北宋灭北汉的行政区域为主要依据，又修改补充了雍熙、端拱时期的政区建制，详细地记述了全国当时的地理沿革、风俗物产、人物古迹、艺文传说、山川形势等方面内容。书中从172卷至200卷又记载宋初周边各民族情况。这是一部内容极为丰富，体例多有创新的志书。

乐史编撰此书有着鲜明的目的，他是一位由南唐入宋跨越了两个朝代的文人。一方面他饱尝五代战乱之苦，另一方面又经历了宋初全国统一、万象更新的时代，乾坤鼎定带来的太平盛世之喜悦，激起他尽收万里山河于笔底的创作激情。因此，《太平寰宇记》的书名，不仅是表达该书创作于太平兴国年间，更是反映作者太平盛世修志，为宋王朝统一全国后如何治理国家提供借鉴与依据的创作初衷，正如他自己所说：

> 臣闻四海同风，九州共贯，若非圣人握机蹈杼，织成天下，何以逮此？……皇天骏命，开我宋朝。太祖以握斗步天，扫荆蛮而干吴蜀，陛下以呵雷叱电，荡闽越而缚并汾。自是五帝之封区，三皇之文轨，重归正朔，不亦盛乎！……臣今沿波讨源，穷本知末，不量浅学，撰成《太平寰宇记》二百卷。……万里河山，四方险阻，攻守利害，沿袭根源，伸纸未穷，森然在目。不下堂而知五土，不出户而观万邦，图籍机权，莫先于此。臣职居馆殿，志在坤舆，辄撰此书，冀闻天听。（《太平寰宇记自序》，《太平寰宇记》卷首，四库本）

正是基于上述目的，乐史在继承前代地理志传统的基础上，力求在编撰体例上进行创新。《太平寰宇记》之前的地理志书虽然众多，但体例尚不完备，内容未免狭窄，往往只载方域、山川风物、古迹等。《太平寰宇记》新增加风俗、姓氏、人物、土产、艺文、四夷等项内容。如古志书曾有记载人物之内容，唐代《元和郡县志》却把人物传全部删除了。虽然《太平寰宇记》在体例上多从《元和郡县志》，在这一点上却没有亦步亦趋，乐史不但恢复志书记载人物的传统，而且废除了古志书人物传侈谈神怪的毛病，使志书成为一代信史，具有严谨的治学态度。

《太平寰宇记》不但体例严谨，而且体例分明，详略得当，它以宋初全国疆域为叙述范围，以州府为纲，以县为目，纲举目张，层层记述，线索分明。府州之下，备载领县，土产及距东京开封府、西京河南府之里程，以及相邻之州的距离。县下又记录了距府州的方位与里数，户口数字、水道源流、水利设施，以及重要的城邑乡聚、关塞亭障、祠庙陵墓、名胜古迹等，篇帙浩繁而不乱，内容详赡而不杂。不但在内容上，更在体例上比唐代《元和郡县志》向前发展了一大步。所以《四库全书总目提要》说该书"于列朝人物一并登，至于题咏古迹，若张祜《金山诗》之类，亦皆并录。后来方志必列'人物''艺文'志者，其体皆本于（乐）史。盖地理之书记载，至是书而始详，体例亦至是而大变。"（《四库全书总目》卷68，中华书局，1983年）由此开创了地方志书一代新风，成"为州县志书滥觞"，是后世志书定型之巨作。

除体例上进行创新外，《太平寰宇记》另一个重要特点是在文献价值方面。乐史知识渊博，著述丰硕，据统计有一千卷之多。仅地理学的书还撰有《掌上华夷图》一卷、《坐知天下记》四十卷。因此，乐史在著述《太平寰宇记》时，充分发挥了娴熟文献、善于著述的特长，他博采群书，征引著作近200种，不仅广稽博采历代正史文献，而且还大量采摭各朝地志、图经、名人诗赋、表疏文集、碑文墓志、仙佛杂说、稗官野乘等，极其宏富。而且这些宋及宋以前的文献至今大多失传，皆赖是书的征引而得以保存下来，弥足珍贵。为我们研究宋及宋以前的文化历史、政治经济提供了宝贵的资料，所以《四库全书总目》称此书"采摭繁富，惟取赅博"。今仅举江西所佚方志为例：

刘宋时期南昌人雷次宗撰《豫章古今记》三卷，今已散佚。《太平寰宇记》卷106引录了该书洪州"风雨池""王乔坛""东湖""龙沙""椒丘城、昌邑城"许子将墓；卷110，吉州"陶侃母墓"；卷107，饶州"乐平县"；卷111，建昌军"建昌县"等共计佚文十条。又另一部不撰人《豫章记》，《太平寰宇记》卷106引录该书洪州"地方千里"灌婴所筑城、豫章六门、鹤岭、风雨山、故丰城等共计六条佚文。山谦之《寻阳记》，《太平寰宇记》卷109引录该书江州沿革、德化县黄金山、九江、都昌县石钟山等共计四条佚文。不撰人《（江）州图经》，《太平寰宇记》卷111引录该书江州，德化县落星山、甘泉山、宫亭庙、浪井，瑞昌县沿革等共计五条佚文。唐代不撰人《鄱阳记》，《太平寰宇记》卷106引录该书鄱阳县尧山、阁山、大雷冈、清洁湾、螺州、观鱼台、吴臣庙等共计二十三条佚文。刘宋荀伯子《临川记》六卷，《太平寰宇记》卷109引录该书临川县英巨山、石廪、王右军故宅，崇仁县丰材山等共计五条佚文。王烈之撰《安成记》，《太平寰宇记》卷109引录该书庐陵县落亭山，安福县安福城、浮墩、新茨山、司马道子墓，永新县复山等共计六条佚文。不撰人《南康记》，《太平寰宇记》卷108引录该书赣县赤石山、五石山、螺亭山、金鸡山等共计十七条佚文。以上所计八部四条以上佚文的江西所佚方志，如果加上四条以下佚的江西所佚方志，大概在二十部左右，一个江西省，《太平寰宇记》就保存了近二十部江西佚志的数量不等的文献，可见《太平寰宇记》一书的文献价值真是无可估量。

《太平寰宇记》第三个特点是考证精核，辨析清楚，曾纠正了前人在地理学上的许多错误。如三国赤壁之战的赤壁究竟在何处，历来众说纷纭。乐史引证鉴古，经过仔细考证，得出了赤壁位于巴陵、江夏二郡交界处的正确结论。洪亮吉对此予以高度评价说："地理书自吉甫藉以考镜古今，联缀前后者，实无逾此书，宜其传之久而必不能废矣。"（《万刺史廷兰重校太平寰宇记序》，《更生斋文集》卷）

《太平寰宇记》刊行以后流传很广，成为后代撰写地方志的范本，开创了地方志撰写规范化的先河，成为一部划时代巨著，在我国地理学发展史上，占有突出的地位。清代学者钱大昕说："有宋一代制舆地者，当以乐氏为巨擘。"（钱大昕《十驾斋养新语》卷14《太平寰宇记》，上海书店，1983年版）乐史以一己之力完成这部皇皇巨著，实在是一项卓越的贡献。

南宋崇仁人吴澥也是一位著名的地理学家。吴澥,字德深,吴沆弟,绍兴十六年(1146)因上书,得免解。隆兴元年(1163)登进士第,以荐召对,除太学录,改西外宗教授。撰有《历代疆域志》《宇内辨》两部地理学著作。《历代疆域志》十卷,《直斋书录解题》卷8已著录。《玉海》卷15《绍兴历代疆域志》云:(绍兴)"十六年九月六日,抚州布衣吴澥上《宇内辨》《历代疆域志》各十卷,诏免解。"此书今不见,估计已佚。

吴澥《宇内辨》十卷。此书据《玉海》卷15称,绍兴十六年(1146)九月十六日与《历代疆域志》一并上献朝廷,亦为十卷。明代杨慎《丹铅总录》卷2云:"《宇内辨》,临江(川)吴澥著,今本亦失其姓名,故表出之。"也就是说,至明代此书尚存,但流传不广,连作者姓名也不为人知。至今,此书已佚,我们从群书中爬剔,得其佚文五条,虽与全书十卷相比,散佚颇多,但亦珍贵,故辑录如下:

元人张铉《至大金陵新志》卷14云:"吴澥《宇内辨》云:'金陵居长江下流,据金陵而言,则江南居左,四渎之流,皆自西来,天下之形势,亦然。以中原而言,则江南之地居右,故前史两称之。'"

宋人章如愚编《群书考索续集》卷46《东南县邑民财》中说:"自晋南渡之后,东南渐重而西北渐轻。至于宋,东南愈重而西北愈轻。自晋元(之)南渡,东南文物渐盛,至于李唐,益加繁昌。安史之乱,江淮独全。历五季纷争,中原之地五易其姓,杀戮几尽,而东南之邦民有定主,七八(十)年间,咸获安业。逮宋龙兴,伐罪吊民,五国咸归,未尝妄杀一人。自后数十百年间,西北时有少警,而东南晏然,斯民弥得休息。以至元丰中,比往古极盛之时,县邑之增几至三倍,民户之增,几至十倍,财货之增几至数十百倍。至于庠序之兴,人才之盛,地气天灵,巍巍赫赫,往古中原极盛之时,有所不逮。天下之势,正犹持衡,此首重则彼尾轻,故自东南渐重,则西北渐轻,以至宋,东南愈重而西北愈轻。"(《宇内辨》)

宋人章如愚编《群书考索续集》卷46《荆州地利》云:"鄂乃荆州之地,

于古为瘠，自唐以来，乃以沃称。三国之季，吴主孙皓自建业溯流移都武昌，而土地埆瘠，民间苦之。当时谣曰：'宁饮建业水，不食武昌鱼；宁还建业死，不止武昌居。'诚以地薄而民穷也。据《禹贡》荆州厥土涂泥，厥田下中，而武昌乃荆州之壤，即宋朝之鄂州，则是鄂之瘠，振古则然矣。然而李唐长庆中，崔郾为观察，治陕以宽，继治鄂以严。或问其故，曰：陕土瘠而民劳，吾抚之不暇；鄂土沃而民剽，非用威莫治也。夫陕郡古雍州之界，厥土黄壤，厥田上上，而鄂土比之犹且为沃，则土腴可知矣。彼唐尧以来，至于三国之季，二千五百余年矣。鄂土之瘠自若也。孙皓而下，至于崔郾之时，才五百五十年耳，而土壤腴瘠若此，其不侔何哉？盖三代以前，东南荒凉为甚。春秋而下，又为吴楚之境，两汉之际，未经缉理。自吴主孙权以来，始倚武昌为重。更三国东晋南朝之时，常为重镇舟车所凑，人物萃焉。积壤流膏，耕凿滋利，岁时浸久，遂为沃壤，则亦宜然也。"（《宇内辨》）

宋人章如愚编《群书考索续集》卷46《扬州地利》云："扬州于古瘠薄，而近世乃为衍沃。按《禹贡》：扬州厥田下下，是南东之地，天下最瘠薄者也。而《隋志》乃称，江浙之间，川泽衍沃，有陆海之饶，与古相反如此，岂不以东晋南朝之时，人力有致于此耶？尝观汉武帝时，赵过能为代田，比它亩倍收，固非土地有腴瘠，而人力有勤怠也，特谋画有工拙耳。汉魏以还，天下有变，常首难于西北，则衣冠伎巧转而南渡，四方习俗取利举萃，东南农桑工贾，曲尽其便。人物之繁与京华无异，而土壤亦从而沃矣。加之乱离少弭，上下浸安，井里环聚，以粪其田，鸡豚畜之，牛羊牧之，荆棘芟而草莱辟，种植时而灌溉利，虽欲不为沃壤得乎哉？"（《宇内辨》）

又据朱熹《乞加封陶威公状》载云："又缴到近世抚州布衣吴澥所著《辩论》曰：'卓哉！陶士行之独立也。方魏晋之际，浮虚之俗摇荡，朝野，一时闻人达士、名卿才大夫莫不陷于末流，罔知攸济。唯士行深疾时弊，慨然有作，蓄其刚毅沈厚之气，秉其忠悫正固之节，以与流俗争衡。虽动而见尤，所向白眼，一入仕途，荆棘万状，而方寸耿耿者，未始少渝，终日运百甓于竹头木屑间，纤悉经营，虽一束之楚，劬劳不怠。当时名士观之，宜若老农俗吏，无足比数。而士行确然为之不屑也。卒能恢廓才猷，立功立事，以大庇斯民。当晋室横流之中，屹为底柱，自非明智独立，安能臻此哉？然览庾亮之传、应詹之书，则疑侃有跋扈之心；观温峤之举，毛宝之谋，则见侃有顾望之迹。比至洒血成文，登天折翼，动可疑怪。岂有是事也哉！此盖行高于人，众必非之。加以苏峻之诛，庾亮耻为之屈，既士行溘先朝露，后嗣零落，而庾氏世总朝权，其志一逞，遂从而诬谤之耳。秉史笔者，既有所畏，何所求而不得哉？是其旁见曲出，乃所以证成其罪也。然观士行义旗既建，一麾东下，子丧不临，直趋蔡洲，一时勤王之师蔑有先者。暨元勋克集，实主斯盟，而退然不有，旋师归藩，既坐拥八州，踞上流，已重泰山，晋轻鸿毛，移其宗社，曾不反掌，而臣节益修，未始擅作威福，以自封殖。朝廷惮其勋名，每加疑备，而士行泰然，曾不少芥胸次。及末年卧疾，封府库而登舟，举愆期而自代，视去方伯之重，不啻脱屣，其臣节终始夷险，无一可訾。穷晋二百年间，卓然独出，不忠之迹，果安在哉？今舍其灼然之实，而信其似是之虚，岂可谓善观史也哉！嗟乎！自古欲诬人而不得者，必污以闺房之事，以其难明故也。今《晋史》欲诬士行，而乃以梦寐之祥，是其难明殆又甚于闺房哉？然不知士行而实怀异志，则如此梦寐之祥，正合自知耳，人安得而知之？《晋史》以此待士行，其智果不得与小儿等，其说固不待攻而自破云。'"（《晦庵集》卷20）

朱熹所引吴澥《辨论》一文，应为《宇内辨》佚文。这是为江西晋代九江人陶侃辩诬翻案之雄文，亦可单独作为一篇文章，今《全宋诗》与《全宋文》均未收录吴澥诗文，此可作补阙。而章如愚所引吴澥《宇内辨》三条佚文，其中心意思是说，到了宋代，中国的经济、文化、政治中心，已由北方中原之地移至南方。这个著名论断，出自于南宋当时一位临川区布衣之口，可见吴澥视野是何等开阔，史见史识是何等高超。吴澥的《宇内辨》与上述乐史《太平寰宇记》相较是两部体裁完全不同的地理类著作，乐史之书，主要侧重于记述，而《宇内辨》从书名与所辑内容来看，更侧重辩论论述与考证，是一部不可多得、独具一格的地理论述性质的著作。

【第八章】宋代临川区域的风俗与特产

第一节　宋代临川文化区的风俗

临川文化区的风俗习惯，历代史书大都将其与南昌地区等同起来。《隋书》卷30《地理下》说："豫章之俗，颇同吴中，其君子善居室，小人勤耕稼。……俗少争讼而尚歌舞，一年蚕四五熟，勤于纺绩……鄱阳、九江、临川、庐陵、南康、宜春，其俗又颇同豫章。"《明一统志》卷54也说：临川"风俗，俗同豫章"。接着又指出临川与豫章风俗相同的几大特点："风流儒雅，民乐耕桑，冠冕一路，民秀而能文，刚而不屈"。《大清一统志》也持类似说法。连同是临川文化区的宋初宜黄人乐史也说：临川"风俗与洪州同"，而建昌军"风俗与抚州同"。（《太平寰宇记》卷110）这说明，从隋唐开始至清代，由于江西行政区域的确立，人们在同一区域内交流频繁，其风俗也逐步走向统一。然而与其他文化区一样，在宋代，临川文化区在与江西各地风俗大多相同情况下，仍然保持自己独特的个性，我们试举例如下。

一、麻姑诸神崇拜

首先是麻姑女神的崇拜。麻姑是中国人家喻户晓的道教女仙，也是中国神话传说中著名的女寿仙。中国有一个常用的成语"沧海桑田"，说的就是她的故事，据晋葛洪《神仙传》记载。麻姑曾对仙人王方平说：自从上旬相见以来，已经看到东海三次变为桑田，刚刚到了蓬莱，感觉海水只有以往一半，看来东海扬尘变为陆地的日子已不远了。沧海变为桑田要经过多少千万年，而麻姑却经历了三次沧桑巨变，她该有多长的寿命？但她还是像十八九岁的美丽的姑娘，这位年轻美丽的女神，在王母娘娘三月三日寿诞上，又以灵芝酒作为寿礼，这是有名的"麻姑献寿"的典故。因此，麻姑作为一个女寿仙是当之无愧的。

临川文化区的百姓信奉麻姑女仙与其地有座麻姑山有关系。麻姑山坐落于江西南城县数公里处，其原名叫丹霞山，因相传麻姑仙女在此修道成仙而改名麻姑山。唐代因倡奉道教，麻姑山深得朝廷的眷顾和信徒的青睐。玄宗开元二十三年（735），麻姑山道士邓紫阳奉诏赴京，请求建立麻姑庙，得到玄宗的恩准，历时四年而成。天宝五年（746）玄宗又命"增修仙宇，降赐麻姑真仪部从，塑立诸像，显耀祠宇"。（黄家驹《麻姑山志》《祀典》，江西人民出版社，1998年版）麻姑庙的建立，开了在道教中单独祀奉麻姑的先河，同时也标志着在皇权大力推动下，民间的麻姑信仰更是风生水起。大历六年（771）任抚州刺史的大书法家颜真卿为麻姑撰《麻姑仙坛记》，不仅引经据典详细介绍麻姑女神仙迹，而且形象地描绘当地道教祀典麻姑盛况。特别是该文还记载了"高石中犹有螺蚌壳，或以为桑田所变"。不仅印证了麻姑"沧海桑田"论断的正确性，而且闪耀着中国道教哲学思维的智慧灵光。道教以沧海桑田之变来阐述自然与人类不断变化演进的历史，无疑也是正确的。可以说是中国道教理论中具有思辨哲学的时间论与空间论。更主要的是，颜真卿的这一发现实际上是自然科学中地壳变迁的地学思想，比沈括在太行山发现螺蚌化石早300年，比欧洲文艺复兴时期达·芬奇有关论述早700年。

宋代是临川区麻姑女神信仰大普及时期，正如南城籍的大哲学家李觏所说，麻姑女仙之名，"言者溢口，书者满牍，天下灵境，兹不后焉"。（《麻姑山重修三清殿记》，《李觏集》卷23，中华书局，1981年版）宋历代帝王都大力扶持道教，自然对道教女仙麻姑封赐有加。先后有八位宋帝对其表示了特别关注，宋真宗于咸平二年（999）赐麻姑山庙为仙都观，以御书旌耀。宋仁宗皇祐三年（1051）以御书及明堂之门篆飞白，藏于麻姑山仙都观，宋神宗元丰六年（1083）封麻姑为"清真夫人"，并希望麻姑"神仙所宅，祐此一方。感赴应祈，庆禅屡下"。宋哲宗于元祐元年（1086）封麻姑为"妙寂真人"。宋徽宗是位佞道皇帝，他认为麻姑是位"炼体九和，超功十级"的女仙，因此封其为"真寂冲应元君"并将祭祀玉册和所书"真寂冲应元君"及"元通之殿"横幅，赐给麻姑仙都观。宋高宗也紧踵其后，赐御书法贴十轴于麻姑仙都观，宁宗又在徽宗所封的"真寂冲应元君"上面又加"仁祐"二字，理宗又加"妙济"二字，于是麻姑有了八字崇称"真寂冲应仁祐妙济"元君。宋朝廷还在麻姑山仙都观设提举官职，管理观内各种事务，宋代两位忠臣名相李纲与文天祥都担任过麻姑山仙都观提举。皇帝对麻姑的赐封，说明在宋代，麻姑女仙已从民间信仰上升为国家级的祀典，反过来，由于皇权的推波助澜，临川区民间就更加崇信麻姑女仙了。"所谓御灾捍患，盱民实利赖焉。"（黄家驹《麻姑山志》"纪·祀典"）

由于皇帝崇信麻姑，宋代地方官员和当地道士对麻姑仙迹都维护有加。如皇祐三年夏六月道士黄太和建御书阁，以藏皇帝御书，李觏撰《麻姑山仙都观御书阁后记》以赞其事。庆历六年（1046）仙都观道士凌齐业又建仙都观三门。曾巩作《仙都观三门记》对道士凌齐业珍爱麻姑仙迹的行为予以赞扬。宋高宗南渡时，由于兵乱，麻姑庙被焚毁，岳飞在平定兵乱后，又重新建庙于麻姑山。麻姑仙坛也就成了江西地方官吏必须祭拜的圣地。如赵希怿曾任江西地方长官，此时江西大旱，"公祷于麻姑山，焚香既退，盛服假寐，若见云气蜿蜒，如龙自神所而升，遂大雨，人谓精诚所召"。（真德秀《少保成国赵正惠公墓志铭》，《西山文集》卷45，四库本）发展到后来，每当七月七日，是传说中麻姑与王方平七夕会宴的日子，当地的县府官吏，都要上山祭拜麻姑，遂成为一种定制。于是"自唐而下，祀礼不绝"。（李觏《重修麻姑殿记》）

宋代临川区民间，也把对麻姑崇拜化为维修麻姑庙的具体行动，如南城乡绅陈策父子"乃发家财以重修麻姑山三清殿。工之巧者必至，材之长者必备，或改以新，或完其旧。"（李觏《麻姑山重修三殿记》，《李觏集》卷23，中华书局，1981年）后来他又决心重修麻姑殿，事未行而卒。其子陈谏与陈询也是麻姑信徒，于是继承先父遗志，"乃出赀以干其事。斩木而山空，伐石而云愁。役不逾时，营缮以毕"。（李觏《重修麻姑殿记》,《李觏集》卷23,中华书局,1981年版)南宋宰相周必大妻子"益国夫人王氏首施钱三十万于是"(周必大《麻姑山仙都观新殿记》)用以麻姑仙都观重建。

上面引用麻姑的文献多为李觏所著,作为麻姑山旁南城县的大儒,李觏对麻姑有一种特别复杂的感情,在宋代,他是写麻姑和麻姑山诗文最多的人。除上述外,尚有《麻姑山仙都观记》《麻姑山赋》《疑仙赋》,直接写麻姑与麻姑山的诗歌近二十首。一方面,作为具有唯物倾向的哲学家,作为宋初的大儒,他说:"儒者不言仙,盖患乎伤财舍生以学之者也。"(李觏《疑仙赋》)一方面自己亲历两件事,他对麻姑女仙的存在似乎又有点儿相信。一是他母亲初无子,后"祷于麻姑山,一夕梦二道士对弈户外,往观之,其一取局中一子授焉"(何乔新《李泰伯传》,《椒邱文集》卷20,四库本),于是其母遂娠,生下了李觏;二是他十余岁时梦见神仙授予一部《王状元文集》给他,自此后,李觏觉得"墨笔著辞虽未善,顾出自然,不多劳力,私心喜章"。(《疑仙赋》序),这两件事又使他相信麻姑等神仙的存在。于是在38岁时作《疑仙赋》,表达这种半疑半信的复杂感情,并说相信神仙,"苟异于彼,宜无害焉。"(《疑仙赋》序)如果说李觏如此博学多识,对麻姑崇拜似在有无间,那么他的母亲郑氏却是个彻底的麻姑崇拜者。李觏也说:"吾母初无子,凡有可祷,无不至。"(《疑仙赋》序)四库本《江西通志》卷163记载,宋代建昌民经常在麻姑山的麻姑庙中设醮,以求麻姑女仙的保佑,如宋真宗大中祥符六年八月,"建昌军部民家麻姑山仙都观设醮,己巳五鼓,有龙出玉皇殿西北,醮坛下升中天,回视长数尺金色,隐隐有雷声闻数里"。(《文献通考》卷33)南宋时洪迈《夷坚志》丙卷10还记载了麻姑法力无边的故事:

盱江刘氏,故族也。门有古柏二株,阴蔽数亩。刘氏一老者,梦有女官,自称姓麻,乞刘二柏葺舍。刘曰:"吾意非吝,直不易去耳。"女官曰:"公意许矣,去甚不难。"刘寤,异其事,然亦莫之信也。翌日,风雨震作,天晦如夜,人皆阖户潜隐。久之,开霁,失柏所在。潜遣入山中伺之，二柏已卧殿侧矣。

麻姑能通过法力将刘氏二柏运至山上麻姑殿侧，这是人力所不能达到的。此虽为一个不径之传说，却深刻反映了南宋时期，民间对女仙麻姑的无限崇拜。可见，宋代无论是皇帝，还是江西地方官吏，或是江西民间，都崇信麻姑女仙。正如李觏所说："自尔以来，言者溢口，书者满牍，天下灵境，兹不后焉。"（《麻姑山重修三清殿记》）发展到后来，建昌府各级官吏及其邻近的普通百姓怀着祈福祈寿祈子消灾避祸的目的，每天都有不少人前往麻姑仙坛朝拜。清康熙《南城县志》卷7《麻姑庙》称："兹山崇为祀典，岁七月七日，郡守守率属祀之以少牢。"特别是每逢节日，上山虔拜的信众更是摩肩接踵，络绎不绝，"日上千人朝拜，夜里万盏明灯"便是这种状况的真实记录，这说明宋代及宋代以后，临川区麻姑崇拜风气特别炽盛。

麻姑山还有一座麻源庙，在麻源三谷处，自唐代就是祷雨之所，颜真卿《麻姑仙坛记》所谓"谷口有神，祷雨辄应"指的就是此处。南宋时，黄震任抚州守，时抚州大旱，不计百里之遥，至麻源庙祈雨，其所撰《麻源真君祈雨》文说："惟神念吾抚州之民，亦犹前日之亲也。瓣香朝遣，雷雨夕至，变戚戚为忻忻也。"麻源庙中长有二石笋，当地乡民因塑为夫人像，受人奉拜。到了宋代，亦成了科举士子占卜考试得失的场所。南宋宰相《庐陵日记》中说："前有灵丰庙（即麻源庙），正临溪流，颜鲁公所谓源口有神，祈雨辄应者也。地出二石笋，就塑神及夫人像。遇科举岁，士人竞乞梦占得失，他祈祷亦验。崇宁中，封善应真人。"（《文忠集》卷165）可见，由于对麻姑的崇拜，使此山处处成为灵应之地。

临川区尚有紫姑女神崇拜。紫姑神，最早见于南宋刘敬叔《异苑》卷5，文云："世有紫姑神，古来相传，云是人家妾，为大妇所嫉，每以秽岁相次役，正月十五日感激而死。故世人以其日作其形，夜于厕间或猪栏边迎之。祝曰：'子胥不在，是其婿名也，曹姑亦归，曹即其大妇也，小姑可出戏。'捉者觉重，便是神来。奠设酒果，——能占众事，卜未来蚕桑。又善射钩，好则大舞，恶便仰眠。"（《文渊阁四库全书

影印本》，台北：商务印刷馆，1996年，第965册175页)

紫姑，因时代地域不同，称呼也不同，计有七姑、子姑、戚姑、坑三姑娘、厕姑、蚕娘、筲箕姑、筷仙姑娘等。从上面记载和紫姑不同的名称来看，紫姑是一位厕神，但其所司之责，并不仅仅是厕事，还包括预卜蚕桑，问休咎祸福，而且人们对其祭祀，不必像其他神一样抱着毕恭毕敬的虔诚态度，往往"作其形"而相戏，即用纸偶或木偶之类充作"紫姑"，模仿她的举止言行相戏耍，颇具游艺民俗成分。人们问卜紫姑的方法，主要是采用扶乩的巫术，所谓"扶乩"，亦称扶箕，扶鸾，江西人称作"插筲箕"，或称"请筲箕姑娘"。宋代，紫姑崇拜之风大盛，沈括在《梦溪笔谈》卷21中说："近岁迎紫姑者极多，大率多能文章诗歌，有极工者，予屡见之，多自称蓬莱谪仙，医卜无所不能，棋与国手为敌。"从中我们可以得知，祭祀紫姑，不仅有游戏娱乐成分，还有文学色彩。这表明，紫姑女神的信仰，不仅在民间百姓中流行，也受到文人士大夫的欢迎。

南宋鄱阳（今江西波阳县）文学家张世南曾记载他家乡所见请紫姑事："世南少时，尝见亲朋间，有请紫姑仙，以箸插筲箕，布灰桌上画之，有能作诗词者，初间必书姓名，皆近世文人，如于湖、石湖、止斋者。亦有能作时赋、时论、记跋之类者，往往敏而工，言祸福，却多不验。"（《游宦纪闻》卷21）

文中所说"以箸插筲箕"，是将平时煮饭时滤饭汤竹制品，用两个手指支起，筲箕上插一根筷子，然后由请紫姑者对筲箕焚香敬拜之后，进行卜问，再由童子在布灰（或布米）的桌随意画之，所出字形为"天书"，最后由主持扶乩者进行翻译天书工作，这个主持者学问可不简单，既懂天文地理，又知文学历史，所以一般以精通文墨者承担，而且还必须经过一段时间学习。如江西余干士人陈文叔"少习儒业，从里人许子推受迎致箕神之术，谈奇谲怪，殊骇听闻，凡来求文词者，落纸辄千言，所谈皆出人意表"。（《夷坚三志辛》卷10，中华书局，1981年版）此时临川区民间，也极为崇拜紫姑女神，洪迈曾记载了一位江西临川谢氏请紫姑的详细过程：

临川谢氏，家城西，筑圃艺花，子侄聚学其中，暇日迎紫姑神，作歌诗杂文。友生江楠过焉，意后生伪为之而托以惑众，弗信也。一日再至，见执箕者皆童奴，而词语高妙，颇生信心。于是默祷求诗，箕徐动曰："德林素不见信，曷为索诗？"漫赠绝句云："末豆应急用，屑榆岂充欲？嗜好肖赵张，苍皇救文叔。"众不晓所谓，复祷神，愿明以告我。又徐书云："第一句见《晋书·石崇传》，第四句见《后汉·冯异传》。"检视之，皆粥事也。盖是时，官妓蓝氏者，家世卖粥，人以蓝粥呼之。楠前方宿其馆，神因以此戏之云。德林，楠字也。（洪迈《夷坚丁志》卷18，《紫姑蓝粥诗》，中华书局）

这哪里是紫姑女神祭祀之典，明明是文人之间斗诗掉书袋。请神活动的文学化、知识化、游艺化，巫术与文学握手联姻，敬神变成娱神娱己，这正是紫姑信仰盛行的主要原因之一，所以也成为宋代临川区文人与百姓最崇仰的女仙。如抚州崇仁文学家吴曾，"以博闻强识知名江西"，但却"奉紫姑神甚谨，每言事多验"。（洪迈《夷坚志乙》卷5，《紫姑咏手》，中华书局）江西其他地区也是如此，如吉州（今吉安）人家邀紫姑作诗，适有美女在箕旁，因请紫姑咏美女于诗，果然能信笔而成，而且颇有雅致。（洪迈《夷坚志乙》卷5）宋代江西赣州，人称紫姑为七姑子，"遍城郭邑聚，多立祠宇，其状乃七妇人，颇能兴祸咎。"（洪迈《夷坚甲支》卷6，《七姑子》，中华书局）绍兴年间，文人徐琰在江州（今江西九江）观众客下紫姑神，并书韦苏州诗，以预测徐琰的官运（《夷坚乙志》卷18，《吕少霞》，中华书局）南康建昌县（今江西永修县）民家，"事紫姑神甚灵，每告以先事之利，或云下江茶贵可贩，或云某处乏米可载以往，必如其言获厚利。"（洪迈《夷坚甲志》卷16，《碧润堂》，中华书局，1981年版）可见紫姑神也成为宋代江西商人所供奉的女神。紫姑女神不但能预卜未来，而且能作诗破案，如庆元二年报江西新建县有一位屠夫曾杀死一位女子，县吏迟迟不能破案，后根据紫姑女神所作诗的意思，不但抓到了行凶者屠夫，而且找到了被

害女子的遗体。(《夷坚支庚》卷 2,《新建信屠》,中华书局,1981年版)

从上面宋代江西各地紫姑女神仙迹中,我们可以得知,紫姑已不仅仅是一位神,而是一位无所不能的女神了。

临川区还有五通神崇拜。五通神又称五显神,是江南地区,尤其是江西民间信仰中重要的神灵之一。其中,以江西婺源和德兴两地尤其盛行。笔者近年去婺源上晓起村开学术研讨会,在一个深山沟里十分简陋的神龛中,竟也看到祭祀五通神的香火与横幅,可知在当代,五通神信仰也一直在婺源流传。五通神起源特别复杂,但一般认为定型于唐代,以婺源五通神为正宗。据《三教源流搜神大全》卷 2 载,唐光启年间(885-888)婺源县民王瑜城北园林中,一夕红光冲天,有五位神人从天而降,自称是受天之命,当食此方,福祐斯人,说完又升天而去。于是王瑜与城中百姓修庙虔奉祈祷,无不灵应。宋代祝穆《方舆胜鉴》卷 16 也说:"(五通庙)在婺源县,乃祖庙,兄弟凡五人,本姓萧,每岁四月八日来朝者四方云集。"(四库全书本)这里的五通又变五位萧姓兄弟,但也把婺源五通庙作为祖庙。

到了宋代五通信仰大盛,得到众多皇帝如徽宗、高宗、孝宗、宁宗、理宗的褒封王侯,宣和五年正月封通贶、通祐、通泽、通惠、通济,即五通。淳熙元年又进封显应,显济、显祐、显灵、显宁公,故称五显神,所祀庙宇又称五显庙。由于受到帝王的褒封,江西民间五显神祭拜香火更加繁盛,婺源人朱熹曾说自己家乡"有所谓五通庙最灵怪,众人捧拥,祸福立见。居民才出门,便带纸片入庙,祈祝而后行。士人之过者,必以名纸称门人"。朱熹回乡时,也被宗人强迫至五通庙拜谒。(《朱子语类》卷 3,四库本)南宋婺源人王炎也说到其家乡信仰五通神的情况,并说此信仰从婺源传至四境之外。"凡郡县必有明神司祸福之柄,庇其一方。在吾邑则五显是也。阖境之人旦夕必祝之,岁时必俎豆之。……地方百余里,民近数万户,水旱有祷焉,而无凶饥;疢疠有祷焉,而无夭折,其庇多矣。余威遗德,溢于四境之外,达于淮甸闽浙无不信。"(王炎《五显灵应集序》,《双溪类稿》卷 25,四库本)南宋人鲁应龙在《闲窗括异志》中声称，临安的灵顺庙即出自于婺源五显神祠。宋陈耆卿《赤城志》也明言，当地五显灵官王行祠，即婺源神也。可见婺源是五通神的发源地。

然而除江西婺源外，与其相近之地的江西德兴县也被称为五显神的发迹之地。洪迈说："德兴五显庙，本其神发迹处，故赫灵示化，异于他方。"其中有一位弋阳人周关须得病，祈祷五显神，得灵药治愈。周氏乡人也依此法，"赖以愈疾者数百人"。后来五显神显灵之事还专门写成事状，呈报当时上级官府江东转运司，当时的上饶丞吴呈俊也作诗以纪其事，故"五神得加封"。（洪迈《夷坚三志》卷10，《周沅州神药》《吴呈俊》，中华书局，1981年版）

除婺源、德兴外，临川区也多有五显神信众，如南城县的邵氏事五显甚谨，临川水东小民吴二，"事五通神甚灵，凡财货之出入亏赢必先阴告"。（《夷坚丁志》卷15，《吴二孝感》，中华书局，1981年版）另一位临川人伍十八是一位纱帽裁缝，因信五通神，生意日见其好。（吴曾《能改斋漫录》卷18，上海古籍出版社，1984年版）南城人的李觏，本是有唯物倾向的大哲学家，在前面我们已说过，他因自身经历而信麻姑女神，同样他也因自身经历而信五通神，他专门为邵氏写了一篇《邵氏神祠记》，中云：

建昌治城北有民邵氏，世奉五通，祷祠之人日累什百。景祐元年冬，里中大疫，而吾家与焉，乃使人请命于五通，神不能言，决之以竹杯珓。时老母病不识人，妻子暨予相继困甚，唯五通谂以无害，疾之解去，皆约日时，虽宝龟泰筮弗是过已。噫！五通之为神，不名于旧文，不次于典祀，正人君子未之尝言，而有功于予，其可以废？岩岩者石，可伐可磨，惟德之报，焉知其他。（《李觏集》卷24，中华书局，1981年版）

从上文记述中我们可以看出，不仅南城的邵氏家族世代信奉五通神，连极有文化的哲学大家李觏一家因虔拜五通，老母重病一朝释去，因而发出五通"有功于予"，五通庙不可以废的感叹。从文中"祷祠之人日累计什百"来看，南城民间信奉五通神的人众多。再加上上述临川小民吴二、临川商人伍十八均信奉五通神事例，由此可证，五通神成了临川文化区一个受众广泛的神祇。

临川区的南丰县还盛行对军山山神的崇拜，军山，又称军峰山，为临川区的第一高峰，坐落在南丰县西北与宜黄宜东南交界处。海拔1760.9米，山势峭立，险峻雄伟，插入云霄，号称江南绝顶。宋代蔡柟有诗云："远岫回环碧四围，一峰岑绝万峰低。"山之气势磅礴，自然使人油然生起崇高感，山之变化莫测，更使人生起神秘感与畏惧感。所以古人，尤其是宋人认为高山峻岭一般有法力无边的山神主宰，因此对它们顶礼膜拜。宋人祭祀山神，已上升到国家级的祭祀大典。宋政府规定：立春日祭东岳泰山，立秋日祭西岳华山，立冬日祭北岳恒山，立夏日祭南岳衡山，土王日祭中岳嵩山。宋真宗更将此五岳加封帝号。并规定各地地方官对所辖地区的山峰也要进行祭拜。其礼制规定："凡天下名在地志，功及生民，宫观陵庙、名山大川能兴云雨者，并加崇祀，增入祀典。"

于是，作为临川区第一高峰的军山，自然成为当地人所祭拜的对象。其原因还有如下几条：一是其山势雄伟，变幻多端，清人黄应升《军峰山记》说："抚属之山称名胜者必曰华盖，曰军峰，二山并祀，而军峰尤耸峭诡特。……拔地擎空，登巅霁望，山微翠远，飘飘然不复人间也。其泉多飞瀑，其石突怒险峨，最奇者有定风石、鹅项石。其松生石罅，虬曲拙怪。云雾往往挂半壁，上下殊阴晴。"于是村老野希望福至者，"彼望仙拜谒"。二是其山附丽着许多人文故事与传说，"旧传（汉代）吴芮攻南粤，驻军山下，其将梅鋗祭马礼成，有云物如士骑麾甲之状"。遂名军山，后吴芮亦得道，称为赞古王，山上有赞古祠，祀吴芮。由此而见，军山自从命名开始，就成为祭祀之所，"邦人祀之，盖自此始"。三是军山与道教神仙有着紧密联系，四库本《江西通志》卷10说："三仙祠，在南丰军山绝顶，祀晋三应真君浮邱翁及其徒王褒、郭似尝游此山，宋时建祠祀之。" 宋末元初南丰人刘壎在《鬼神·目击三怪》中也说："丰之军山，险峻倚天，号江南绝顶，上有石室，祠浮丘、王、郭三真君,曰三仙。祷祀者归焉,时见云雾滃郁中,有光如日晕,大如车轮,乡人曰圆光,光中见三仙,冠服貌像,隐隐可辨,其飞行翕忽,或升或沈,顷刻不见。"于是军山又成为祭祀道教神仙之所。四是与人们抗旱祈雨的风俗有关。宋人每逢大旱,地裂禾枯之时,总是要举行隆重的求雨仪式。并由地方官吏撰写诵读祈雨文。如南丰人曾巩就有《泰山祈雨文》、金溪人陆九渊就有《石湾祈雨文》与《荆门祷雨文》。临川区的官吏更是如此。如黄震在抚州大旱时任抚州知州,就接连写了《辛未抚州祈雨》《麻源真君祈雨》《相山四仙祈雨》等祈雨文。而军山也是祈雨辄验之所,《太平寰宇记》卷110说:"军山在县西北二十五里,下有神祠,能兴云雨,岁旱祈祷皆应。"南丰人曾肇《军山庙碑》也说:"其傍飞瀑一泻千里,其下龙穴,投以铁石,雨辄随注。"由于有这么多神仙灵迹,又祈祷应验,宋代当地人在军山下建军山庙,奉军山为神,加以虔诚的膜拜。而宋代南丰人祭祀军山神最确实的证据,是曾肇所撰的《南丰军山庙碑》,中云:

军山,南丰之望也。考《图记》,其高十有九里余二百步,其上四峰崛起,望之苍然。其傍飞瀑一泻千里,其下龙穴,投以铁石,雨辄随注。其产竹箭材章,利及比壤。县固多大山,而兹山杰出,见于百里之外。其势雄气秀,若蹲虎兕而翔凤鸾,宜其能出云雨,见怪物,给民财用,以为此邦之望也。旧传汉吴芮尝攻南粤,驻军此山,其将梅鋗祭焉。礼成,若有士骑麇甲之状,弥覆山上,因号军山。邦人祀之,盖自兹始。唐开元中,复见灵迹,乃大建祠宇,承事益虔。后其庙屡迁,今在盱江之阳,距县七里者,南唐升元三年之遗址也。阖境祈禳,有请辄应,历千余年而封爵未加,民以为歉。部使者请于朝,久之不报。元符三年六月上日,今丞相曾公布,时知枢密院事,奏臣南丰人,知军山旧为邑望,部使者之言不诬,愿如其请,诏封神嘉惠侯,庙曰灵感军山庙。命书下临,邦人动色,相与嘉神之功,侈上之赐。乃合财力,广其庙而新之。庙成,丞相属其弟肇为之记。盖南丰、南城,旧皆临川属邑。南唐始分二县,置建武军,今号建昌,国初改也。军在大江极南,而南丰又其穷处,地迫两粤。然其风气和平,无瘴氛毒疠之虞,水土衍沃,飞蝗不至。故岁常顺成,而凶饥之灾少。民寡求而易足,故椎埋鼓铸、盗敛之奸,视诸其邻,有弗为也。自唐末丧乱,中原五易姓,而此邦恬然,兵火莫及。逮本朝,受命休养生息百四十年,户口蕃庶,室家丰乐,虽八圣德泽,涵濡覆露,亦神之幽赞,为福使然。揆实正名,既见褒宠,宜有文字,以垂无穷。故为书本末且,缀以诗,使邦人春秋歌以祀焉。

可见,军山奉为神,自汉代已开始,至唐开元年间,由于山神显灵,于是开始大建祠庙,乡人奉祠益加虔诚。南唐升平三年,又在六都考步建军山庙。至宋元符三年,由于南丰人曾布为相,军山得到皇帝赐封,军山神被赐封为嘉惠侯,山神庙也被封为灵感军山庙,成为国家规定祭祀的山神。南丰乡人又在南唐山神庙遗址重建新庙。而自唐末丧乱以来至宋朝数百年间,南丰少凶饥之灾,无兵火延及,户口蕃庶,室家丰乐,这一切,南丰人亦归功于军山神之庇佑,所以要每年春秋祭祀,"每岁夏秋之间,朝谒无虚日。好事者,或鼓吹上道,终夜有声"。(乾隆《建昌府志》卷5《山川》)而曾巩、曾肇、曾布南丰家族之兴旺,人们也认为是军山神的护佑。元吴澄《故延平路儒学教授南丰刘君墓表》说:"南丰之镇曰军山,峻削耸特,上逼霄汉。山灵所钟,宜产奇杰,而唐以前无闻,逮宋之盛,曾子固文章磅礴万古,真可为兹山配,神气厖鸿,意其郁发而无尽。" 元代何中诗也说:"军山山下旧监州,人物科场第一流。"(《知非堂稿》卷5)由此而见,军山神在南丰人的心目中,地位是何等的崇高,成为南丰"阖境祈禳"的山神。

二、正旦敬天之俗

除上述对诸神崇拜外,南宋时,抚州民间还盛行对天神的崇拜,每至正月一日五更,抚州家家户户都要点天灯,烧天香而祭拜天神。所谓天灯,据《钦定日下旧闻考》卷147《风俗》云:"元旦至晦日,家家竿标楼阁,松柏枝蔭之,夜灯之曰:天灯。"咸淳年间,抚州太守王震对此风俗大加赞赏,并专门写了两篇文章诠释此风俗。一是《咸淳八年正旦晓谕敬天说》，中云：抚州"每五鼓行轿，率见街市挂天灯，供天香，辄为欣喜。盖人知敬天，何事不善，此本州风俗最好处。"此后他详细解释了敬天的内容：一日月星辰风雷雨露皆是天；一朝廷是天；一父母是天；一自身亦是天。当然，这是一位封建官吏从封建伦理道德角度出发，去解释祭天之说，老百姓是否认可，这又当别论了。然而，这种"风俗日美"祭祀天神的活动，由于官吏赞赏与推动，肯定在抚州民间更加盛行起来。故第二年，王震又写了《咸淳九年正旦再谕敬天说》一文，更是对敬天神这一风俗所达到的美好效果，进行了热情洋溢地评说：

每见吾民，五更早起，点天灯，烧天香，不胜赞喜。去年正月初一日，因作《敬天说》，就行奉劝。近来风俗尤好，词讼顿稀，年谷丰登，疾病不作。此皆吾民敬天之效，可贺！可贺！！今年又见新正新者，作新之时，正者正始之日。天灯荧煌，天香纷郁，神明在上，此心肃然，邪念尽消，耳目聪明，四肢百骸，亦皆轻爽。此时此心，直与天一，岂不乐哉！吾愿吾民，而今而后，自正月初一日，至一年三百六十日，自天灯天香，至事父母，友兄弟，处宗族，接邻里，应千交，财买卖，诸事百为。此心常新，此心常正，此心常敬，天明明上，天随处照临，则吾民自作多福，长享太平，其乐亦无穷矣！

相反，王震对抚州他认为的一些不良的信仰风俗，却大加鞭挞，极力禁止，如迎神赛会，他说：

今世俗不以天神为神，反装塑泥像，有手有脚，不能举动，亦名曰神。此尚不得与人为比，岂得谓之神哉？且神者，生我者也，养我者也，此真神也。我赖其造化者也。有恩当报，故宜敬之。泥神者，待我捏成者也，待我供养者也，此泥块也，非神也，反出于我者也，何恩可报？乃反敬之。楚国语云："民匮于祀"，此言楚俗淫祀，因此匮乏。吾州旧亦楚地，其以泥块为神，至于罄竭家财，作会祭赛，盖积弊然也。（《咸淳九年正旦再谕敬天说》）

由此而见，迎神赛会也是当时抚州地区民间盛行的一种敬神风俗，只不过，黄震将其当作一种楚俗滛祀而极力禁止罢了。所以他对这种敬神风俗之人，处罚是极其严厉的，如有一位叫傅九二的小民，因"故违约束，鼓集恶少划船迎神，为生事害民之端，从轻勘杖一百，编管邻州"。（《烧划船公帖》）并将迎神船只与泥塑神像一起烧毁。后来，他在文昌桥上看到贴有《婺源庙注疏印榜》，意为要大家参加迎神赛会，黄震认为："此必有师巫庙祝之徒，来此骗胁吾民。"于是，他严令士卒将抚州大街小巷的所有贴有《注疏印榜》全部揭毁，并将所有参加者，不管是抚州的还是他州之人，全部杖一百，并将他州所犯事者处罚之后，赶出抚州。他认为这种"费财奉事泥块，必罚无恕！"（《逐婺源注疏人出界榜》）虽然如此，他也担心，自己去职后，继任者"把捉不牢"，让滛祀迎神之风死灰复燃，使敬天神之美俗不能发扬光大，因此才撰写上述诸文，"谆谆预此，再劝当职"，告诫后来继任者。

看来，黄震担心不是多余的，其后任者的确是"把捉不牢"，或是民间世俗力量太过于强大，官吏百禁不止。至于明清，迎神赛会愈演愈烈。而黄震所极力褒扬的点天灯、烧天香的风俗，却罕见流传。同治《临川县志》卷12有这样的记载：

每年秋迎神赛会，踵事增华，罗鼓喧闹。用十四五岁男女扮戏，名曰儿郎会；施放单眼神铳，名曰铳会；又称其神好骑马，名曰攀鞍会。所在开场赌博，私宰。因而贼盗群聚，各市镇人莫敢诘。此风俗之大蠹，赖地方官吏严禁之。

与临川县相近的金溪县更是如此，清康熙《金溪县志》卷1《风俗》云：

每岁五月至仲冬竞举神会社火迎赛，男女泥杂，一国若狂。……私宰赌博，搬演杂剧。多则一月，少亦兼旬。此村方罢，彼间代兴。伤财坠业，诲滛诲盗，莫此为甚。更可讶者，优人持府县营弁荐帖，责备党里，厚偿缠头，是扬其波而张其焰也。

连抚州府、金溪县官吏都积极参与此事，此风何以不烈。想必黄震看到此，定然会仰天长叹了。

三、抚州青蛙信仰

青蛙是临川文化区的独特信仰。今天，我们常开玩笑对抚州人说："抚州蛤蟆头"，抚州人定然会勃然大怒，认为是辱骂，以蛤蟆头讥笑抚州人至少在明末清初已经出现。清顺治十年（1653），明遗民方文乘舟过鄱阳湖，曾作《虾蟆石》："大孤塘上虾蟆石，独立长风巨浪间。堪笑舟人避此讳，问渠只唤狗头山。自注：抚州人相骂暇蟆。"其实抚州人大可不必动怒，这实际上是起源一种青蛙信仰。今天抚州的金溪县几座寺庙内都供奉蛤蟆菩萨，其中水门庙中不仅有一尊蛤蟆将军塑像，甚至供奉着有7个金星紫褐色活青蛙，每天接受香客们的顶礼膜拜。抚州的正觉寺也供奉着三尊蛤蟆将军像。抚州地区的傩舞中也多出现青蛙将军的形象，这说明青蛙信仰至今仍在抚州地区流传。

在临川城东南二十里江水边，还有一蛤蟆石。宋代临川知县张澂有一首《虾蟆石》，说此石"湫灵沸黑兮神物生"。并自注云"虾蟆石在溪旁，石饮于水，峭露萦淳，矶濑駚激，上多美竹茂林，炊烟淹惹，山花参错，疑非人世，余每容与忘归。"将虾蟆石当作神物，又将此石处当作非人世之仙境。另一位宋代诗人孙觌《蛤蟆石》诗："天公磔蛙死，坠地化为石。魁然此江郊，面带苍烟色。"认为这蛤蟆石是上苍赐死而坠地化为石的异物。明代于谦有一篇《祭虾蟆石文》曰："汝以顽然之石，弃于道傍。固无以异于凡物也。故老相传，以谓昔人有欲取汝以为用者，重不能致，遂以为神。且因其形状之似，而命以虾蟆之名，固不雅矣。然物不自灵，因人而灵，自是遂能作云雨，以利一方；出影响以受祭祀。物有神以凭之，能为祸福，理或然也。"（《明文海》卷139）虽然这不是指临川的蛤蟆石，但说明了"物不自灵，因人而灵"的道理。抚州的青蛙信仰自然也是当地人自己创造出来的。

抚州的青蛙信仰到底起源于何时，的确难以考证。清康熙年间董含《三冈识略》卷4云："抚州金溪县近郭有一蛙，状貌绝大狞狞可畏，据土人云：'自东晋时即见之，渐著灵异。商贾祭祷获利必倍，病者祀之立差，迩来仕宦此地亦必虔谒，因共号为青蛙使者。……乃能历千余年诞著诡异，至士大夫亦从而拜之，可怪也已。'"文中所说在东晋就开始有青蛙信仰，这只不过是当地土人街谈巷语，不能从信。据笔查考查，可以肯定说，抚州地区的青蛙信仰至少在宋代已经大行盛传了。

抚州的青蛙信仰和我们前述的宋代江西风水文化大有关系。宋代抚州金溪县有一位著名风水师杨文愿。《金溪县志》载，其人"治形家言，善相冢卜宅之术"。北宋淳化五年（994）抚州临川郡的金溪场升为县，亦名金溪，设县需建城，就请杨文愿勘验风水，他认为邑有瘟疫，山居之民宜犯疾病，于是砍七十二棵樟树，刻成七十二侯像，树以城四周，又凿水井二十四所，以调二十四气，营县治于锦绣之阳，"擘画规模，皆出其手"县城建成而卒。因此他实际上是金溪县城的总设计者，县人为纪念他的功绩，立庙墓以祀，称杨愿使庙，杨文愿与青蛙信仰发生关系，是他在筹建金溪县城时，又创建了三庙：

旧志载创县时，堪舆杨文愿立三庙以禳疫灾，北为天符，南为太紫，中为水门庙，庙有神物号"青蛙使者"，视凡蛙特异，其形色大小多寡出没不一，然颇著灵爽。邑不通水道，岁端午，即于陆地竞渡，以数十人负一舟，载木其上，其颠如履状，高者至十数尺，立人于木末为戏剧，无所攀援附丽，亭亭半空，观者为之股栗，而彼自若也。相沿亦谓文愿设以御灾，而使者实主其事。（康熙二十一年《金溪县志》卷13《杂志》）

也就是说，杨文愿为保金溪县一方平安，而创立了"青蛙使者"这个灵物。这个灵物也是在建县时从深土中所得。"金溪城中水门庙祀青蛙使者，形即蛙，青色，背上金星七，好事者以锡作盆，置金椅子于内，闭以锡盖，去来自如，有祈祷者启其盖，祀之坐椅上，与人无异，目光炯炯，若识人言语者。相传开县时，作宫舍，取土深数丈得之。神为人言云：掌色中五瘟使者，故祀于此。邑人祈求，其应如响。"（《江西通志》卷161，四库本）从上述文献可证，青蛙信仰在北宋淳化五年（994）抚州临川郡金溪县初建时已经形成，它是江西风水文化的产物。人们除了在庙宇中祭祀他，而且还衍化成端午节划旱龙舟、玩杂技的民风节日习俗。

当然上述有关抚州青蛙信仰的文献，毕竟是宋以后的记载，不足全以凭信，但南宋江西鄱阳著名文人洪迈有关青蛙信仰的几段文献，当然无疑是青蛙信仰在宋代临川文化区流传的铁证。他在《宜黄青蟆》中说：

宜黄县狱有庙，相传奉事萧相国，不知所起如何也。县人言神多化为青虾蟆而出，惟以小为贵。如体不逾寸，则邑宰必荐召。或以治最敕擢，胥吏安堵，不罹黜逐。如大至尺许，则反是。绍兴中，蟆屡出，至如扇、如盘、如大龟鳖，实不经岁辄非意而斥，或遭忧去，己卯年，忽遍于厅庑林园，无（虑）万数，仅若小钱，状类青蛙而狭匾，足差长，色白。身色如翠羽，每足有五爪，能缘壁升木至一二丈不坠。举邑欢忻，指为吉证，竟置酒肴，诣庙答谢阴贶而去；其享膰胙，以为庆喜。共白于宰李元佐，乞备享礼。元佐独不信，叱使去。明日皆隐不见，百里晏然，元佐以荐解组，驯至侍从。（洪迈《夷坚支乙》卷9，中华书局，1981年版）

宜黄县本属抚州临川县，自建县来一直归抚州管辖。上文有关宜黄青蛙的记载，包含青蛙信仰的大量信息。一是青蛙是祸福两兼的神化物，人们根据其体态大小之变而预示是吉证抑或是祸兆。二是宜黄青蛙的出现，特别能预示当地政府官员仕途的坦荡与降黜。三是表明抚州宜黄县青蛙信仰已成全城民间的普遍信仰，否则在吉证出现时，不会有举城欢庆热闹局面出现。因此，对于这段文献我们不应该当作志怪小说来看待，它鲜活地表明青蛙信仰在江西抚州地区真实地流行。当然在洪迈的《夷坚志》一书中，笔者还找到两个有关青蛙的故事，却是从反面验证宋代抚州青蛙信仰的真实性。一个是《周三蛙》的故事，说的是南城田夫周三，在农闲时专以捕鱼鳖鳅鳝为业，尤其是捕杀青蛙最多。到了老年得一怪病，"初觉腹中一物往来胸臆间，渐痛楚攻剧，饮食不复入口，家人引手摩扪之，隐隐若数蛙蠕动于内，久之登侵，宛转榻上，跳掷簸顿，呻吟哀鸣，与蛙受苦时不异，凡一岁乃死"。（洪迈《夷坚支甲》卷5，中华书局，1981年版）这里所指"南城"，在宋时属建昌军，但与抚州紧紧相邻，后亦归抚州管辖，这说明抚州青蛙信仰亦向邻近地蔓延。第二个故事叫《晁氏蟆异》，是说一位济北姓晁的书生，寓居于抚州五福寺，一天闲步，见一大如磨盘的青蛙，蛰伏于草中，他却把这青蛙杀了，我们前面说过，大如磨盘青蛙出现是凶兆，何况还杀掉了这青蛙，果然祸事连连，怪状百出。晁生"始悟蟆为祟"，于是"绘真武像，朝夕香火甚食，过数月乃已"。（洪迈《夷坚支甲》卷8，中华书局，1981年版）这两个故事都说明，作为有灵性的神化之物青蛙，是不能伤害的，否则会遭到恶报。这与我们今天所说青蛙是益虫，不要伤害它们，有异曲同工之妙，但其始发点却截然不同，一个是信仰，甚至是迷信，一个却是科学，依靠的是理性。当然，产生青蛙信仰，最根本的原因还是基于青蛙是益虫的认识。抚州地区在宋代就是江西粮食的主要产地。在没有农药的年代，禾苗生长经常发生虫害，从而使粮食减产，甚至是颗粒无收。自古以来，人们对虫害恐惧，就祈愿有神灵能及时地保护稻禾，驱除灾害。青蛙恰恰能吞食大量害虫，而其外貌的丑陋，更使人有一丝敬畏，自然就成了消灭害虫的稻禾的保护神，青蛙信仰也就由此产生了。

四、临川傩舞古风

宋代江西民间最盛行的还是傩舞。被誉为"中国舞蹈活化石"的傩舞，至今仍在江西民间盛行，仅临川文化区域内，就有七个县流行傩舞，有南丰傩、崇仁傩、宜黄傩、乐安傩之称，除临川文化区外，江西其他地区也盛行傩舞，有吉安傩、萍乡傩、婺源傩、宜春傩之称，所以江西可以称为"傩舞之乡"。

傩舞是一种戴着假面禳鬼驱疫的祭祀舞蹈。傩舞虽起源于周代中原地区，但随着北人南迁，傩文化也在江西扎根。南丰县金砂村《余氏族谱·傩神辩记》云："汉吴芮将军封军山王者，昔常从陈平讨贼，驻扎军山，对丰人语曰：'此地不数十年必有刀兵，盖由军峰耸峙，煞气所钟，凡尔乡民一带，介在山陬，须周公之制，传傩以靖妖氛。'"说明在汉初，驱傩仪式已传入江西。时至宋代傩舞、傩仪、傩祭已走向成熟，萍乡市东源石源村仙帝庙，就是宋代的傩庙，它始建于宋太平兴国年间，当时称将军庙，庙内神台供奉唐、葛、周三大将军青铜傩神面具，宋真宗时因大火被毁，三十八年后修复，改将军庙为傩地君庙。萍乡在傩祭舞中又建有傩庙是一大特色，自古就有"五里一将军，十里一傩神"的谚称，所谓"将军"指的是"傩神"，也是傩神庙的别称，至今萍乡地区尚有保存比较完整的傩庙17座。可见谚称不诬。

临川文化区的傩与傩舞大都相传始于宋代。如乐安傩舞以武技见长，相传是为了庆祝抗击金兵入侵的胜利，当地就跳起傩舞表达狂放心情。乐安的流坑傩俗称"玩喜"，相传是在北宋元祐年间，时任监察御史的流坑人董敦逸从西域和番路上带回来的，另一说是董敦逸解职归乡时，带有文傩武傩面具各半担，行至江中遇风浪，半担文傩面具漂流至南丰，所以南丰以文傩舞见长，带回家乡乐安的武傩面具，也促使乐安武傩舞的发展。但传说毕竟不能当作信史，宋代江西傩舞发展概况如何，我们还是看看文字记载：临川文化区的南丰县西溪乡黄沙村，旧称金砂村，其《金砂余氏重修族谱》有一篇傅大辉所著的《敕封清源妙道真君传》云：

远祖瑶公，唐进士，为湖广衡州太守，请随此神同迁饶州白塔树，至基祖赏公，自饶迁丰，亦随请此神迁金砂，由是显应四方，祈祷如市，立庙奉祀，岁时香火，遗其制曰：'驱傩。'率子弟千余人，蒙熊皮，饰朱衣朱裳，扬盾操戈，以被不详，是则余氏之世习有傩。

傅大辉是明末清初人。他的文章告诉我们，一是余氏家族所供奉傩神是清源妙道真君，自唐代余氏远祖开始，此傩神已传入江西，先是饶州，后才迁入南丰。二是余氏家族傩仪在南丰很是兴盛，不仅"祈祷如市，立庙奉祀，岁时香火"而且"显应四方"。三是作为一种祖宗遗制，"驱傩"成为余氏家族世代相习的一种必备的仪礼活动。四是余氏驱傩的舞蹈的内容,明显看出是中原傩舞的遗存,《周礼注疏》卷25云:"方祖氏掌蒙熊皮,黄金四目,玄衣朱裳,执戈扬盾,帅百隶为之,殴疫厉鬼也",余氏家族的傩舞几乎和《周礼》记载一致。

傅大辉另一篇《金砂余氏傩神辩记》却记载了南丰傩舞的两个源头:"今尔余氏之族相传世有傩神,至每岁孟春孟冬,集老幼咸嬉其所从来旧矣。予问其故,佥曰:'此乃本自我唐世远祖瑶公为衡州太守,从四川峨眉山迁来,得之清源妙道真君,世袭其教,历千载弗变。'然辉尝考宋时邑志,旧本载,汉代吴芮将军封军山王者,昔常从陈平讨贼,驻扎军山,对丰人语曰:此地不数十年,必有刀兵,盖由军峰耸峙,煞气所钟,凡尔乡民一带介在山陬,必须祖周公之制,传傩以靖妖氛。今据两说未知谁是?"

其实傅大辉疑问是多余的,他曾考宋代南丰旧志,均说南丰傩舞均来自汉初将军吴芮,说明南丰一地傩舞起源于汉初。宋代以来余氏家族迁入金砂,所供奉的傩神是清源妙道真君,这是余氏家族的傩神,余氏一族供奉的傩神,只能说明余氏家族与南丰一地所供奉的傩神不同,并不妨碍南丰傩舞起源汉初吴芮说的结论,相反为南丰傩舞增添了异域他地的丰富内容;从傅大辉考证南丰宋代旧志来看,南丰宋代傩舞已经很兴盛了,而且增加了新的傩神——清源;南丰傩舞所供奉的傩神尽管有所不同,但傩舞的语汇与内容却完全一样,都是承继"周公之制",目的也是一样:"传傩以靖妖氛"。

但傅大辉毕竟是明末清初人,他所写的有关南丰傩的两篇文章,也是听余氏后人的传述,虽然对宋代南丰傩舞有所涉及,但多语焉不详,什么时候能够发现宋代人描写江西傩舞的诗文呢?如果有,这才是江西傩舞在宋代兴盛的铁证,殊未知这样的诗文的确存在,这就是南宋末年南丰人刘镗的《观傩诗》。刘镗是南丰的一位布衣文人,其《观傩诗》和他的其他的诗文能够保存至今,要多亏了另一位南丰籍著名文人刘壎,刘镗是刘壎的叔父和老师,号秋麓。刘壎撰有《隐居通议》一书,其中多有刘镗生平和诗文介绍:其中卷27《学官灵星门制》一文中说:

> 余叔父秋麓先生博学多能，洞究古谊……。叔父尝以明经两试天子之廷，退而博考经史百史百家，多所论著，尤于孔门诸子之学，多所发明，著《圣门言行录》若干卷，盖勤苦考订凡数十年而后成。又自类所作曰《山鸡爱影集》，近得而读之，笔力超绝，虽老师宿儒不敢望其藩也。念昔垂髫从叔父学，辱承奖掖。今叔父八十有一，余亦六十有六矣。老冉冉将至，怀旧凄然。

从这段文字我们可看出，一是刘镗曾两试天子之廷，均未果，故未仕，为南丰布衣文人；二是刘镗精经史文学，撰有《圣门言行录》《山鸡爱影集》等书；三是可推算出刘镗生年，文中说："今叔父八十有一，余亦六十有六矣"，刘壎生于1240年，由此推断出刘镗生于1225年，即南宋理宗宝庆元年，故可确认刘镗为南宋末年人。刘壎在《隐居通议》卷8《秋麓山鸡爱影集》一文中又说：

> 余初著《通议》时，尝载吾叔父镗高年著作不倦，而余自觉江淹才尽不能逮，以为愧。今先生谢世攸复八期，追怀凄怆，学者曾元伯褒金刻其遗吟而以绝句为首。

可见刘镗的《山鸡爱影集》曾已刊行，惜未流传下来，而《观傩诗》就载在该集中，幸亏刘壎在《秋麓山鸡爱影集》一文中，全部抄留了该诗，我们才有幸阅读到《观傩》全诗，诗云：

> 寒云岑岑天四阴，画堂烛影红帘深；鼓声渊渊管声脆，鬼神变化供剧戏。
> 金洼玉注始泺潺，眼前倏已非人间；夜叉蓬头铁骨朵，赭衣蓝面眼迸火。
> 污蛲罔象初屏伶，跪羊立豕相嘎嘤，红裳姹女掩蕉扇，绿绶髯翁握蒲剑。
> 翻筋踢斗臂膊宽，张颐吐吞唇吻干。摇头四顾百距跃，敛身千态万

罣索。

　　青衫舞蹈忽屏营，彩云揭帐森麾旌；紫云金章独据案，马鬉牛奴两披判。

　　能言祸福不由天，躬履率越分愚贤，蒺藜奋威小白眼，罍扬声大髽哭。
　　白面使者竹筴枪，自夸搜捕无遗藏，牛冠钳卷试阅检，虎胄肩戟光映闪。

　　五方点队乱纷纭，何物老妪缏犹薰，终南进士破鞡䩺，嗜酒不语鬼看觑。

　　奋髯瞠目起婆娑，众邪一正将那何；披发将毕飞一诀，风卷云收鼓箫歇。

　　夜阑四坐惨不怡，主人送客客尽悲；归来桃茢坐深筒，翠鸮黄狐犹在眼。

　　自歌楚些大小招，坐久魂魄游逍遥；会稽山中禹非死，铸鼎息壤乃若此。

　　又闻鬼奸多冯人，人奸冯鬼奸入神；明日冠裳好妆束，白昼通都人面目。

　　刘镗这首《观傩诗》是目前留存最早、描写江西南丰傩舞最全面的文献，它以无可辩驳的事实证明了南宋末年江西傩舞水平已经发展到相当高的程度，虽然在此之前江西籍的诗人也有咏傩的诗句，如庐陵诗人王庭珪有"如傩带面具，应遭鬼笑玩"（《送陆庄提干》），文天祥《衡州上元记》："当是时，舞者如傩之奔狂之呼，不知其亵也。观者如立通都大衢，与俳优上下，不知其肆也。"但都不是针对赣傩而言，唯独刘镗《观傩诗》，是现存可信度最高的记录南丰傩舞的史料。这首24行366字的诗句几乎描写了傩舞的全过程：一是傩面舞者的角色异常纷繁丰富，真可以说牛鬼蛇神、群魔劲舞，既有蓬头蓝面双眼喷火的夜叉，也有躲在阴暗角落的鬼蜮与罔象（水妖）；既有高高在上的阎罗王，也有牛头马面的判官；当然也有面容姣好或可亲的人物形象，如红裳姹女、绿袖髯翁、彩云舞者等。二是详细生动地描述傩舞的舞蹈动作，如"翻筋踢斗""张颐吐舌""摇头四顾百距跃,敛身千态万礕索""奋髯瞋目起婆娑""披发将毕飞一诀",等等,这种张扬声势富有力度的夸张性舞蹈动作,自然将观者带入一种森严肃穆的神秘宗教境界。三是诗中所描写的傩舞是具有一定戏剧情节的傩舞剧,它表现的是一位重病者灵魂在鬼域世界所遭历种种煎熬的情景,最后由绿绶髯翁和捉鬼的钟馗将妖魔鬼怪全部赶跑,病者的魂魄又重归于人间的全过程。四是整个傩舞都是由箫与鼓两种乐器伴奏,并贯穿始终,因而傩舞具有鲜明的节奏感。五是通过观者观舞的感受,如"主人送客客尽悲""坐久魂魄游逍遥",来反衬傩舞的艺术效果。

从上述对《观傩诗》的分析来看,江西南丰傩舞具有自己的鲜明特色,即南丰傩舞在南宋正走向戏剧化的道路,正如诗中所说:"寒云苍苍天四阴,画堂烛影红帘深,鼓声渊渊管声脆,鬼神变化供剧戏"。也就是说南丰傩舞表演已经有了固定的舞台(画堂),灯光(烛影)与背景(红帘),有了音乐伴奏,有了繁多的戏剧角色和简单的戏剧情节。正如章军华先生所说:"演傩戏剧舞台性非常强,且傩面角色多,傩班演艺专业性强,其中的绿绶髯翁、白面使者(元使)、神兵神尉、五方鬼使等角色是宋代傩戏中新添的角色……这种表演的内容与形式,正是南丰傩文化在南宋时的典型特征,是宋代宫廷傩所不曾有的,在全国尚为罕见,它具备宋傩仪的一些特性,也有乡人傩的目的内容,还有宋杂剧的表演技巧,甚至还有唐代傩舞的一些痕迹。"(章军华《临川大傩文化》,江西高校出版社,2001年)这表明南丰的傩舞已摆脱庄严肃穆傩祭仪礼束缚,向娱神娱人的艺术方向发展。宋代南丰傩舞的艺术化、戏剧化和娱乐化的特征,正是刘镗《观傩诗》所提供给我们傩舞信息所得出的重要结论。

第二节 临川文化区的特产

一、稻麦米粉豆

临川文化区地处赣抚平原，土地肥沃，气候温润，四季分明，素有"赣抚粮仓"之称。抚州历来是稻米生产基地。南宋抚州知州黄震曾说："只是抚州田土好，出米多，常年吃白米饭惯了。"（《黄氏日抄》卷78，《咸淳七年中秋劝种麦文》，四库本）这说明抚州土地肥沃，才使稻米产量高。同样，也因气候原因，使临川区稻米经常获得丰收。北宋时，李觏曾记述其家乡南城稻米等农产品丰收情况："自五月尽至十月，早晚诸稻随时登收。一岁间附郭早稻或再收。茶或三收，苎或四收。牡丹、芍药开放，先中州一月，菊后一月。冬或久晴，桃梨花开，不为异。大抵暖多寒少，气泄鲜凝。"（《江西通志》卷1，《宋李觏论盱江气候》，四库本）由于南城气候温和，暖多寒少，一年之中有六月至十月计五个月，早晚稻米随时都可收割。稻米产量当然就非常丰盈了。

宋代临川区稻米生产不仅产量高，而且质量好，成为特产，有的稻米品种更为当时贡品，如南城县的红朱稻米，早在唐代，就是贡米，"红朱稻米，即今赤珠粳，色纯红而坚，唐时贡。"（《江西通志》卷27《土产》，四库本）到了宋代，又有银珠稻，更是一个极优良的稻品，米色白而香，香软可口，人又称麻姑米，成为必备的贡品。《钦定大清一统志》卷245《建昌府》云："银珠米，即今八月白，色白而香，宋时常献。""嘉祐三年，太守沈造进银珠稻米一百袋，次年杨仪亦如之，所谓锡贡，非岁额也。"（康熙《南城县志》卷3）欧阳修在《赐知建昌军沈造敕书》的制文中，也对沈造"进奉银珠稻米一十石"之事，进行嘉奖，又在《赐知建昌军杨仪进奉银珠米敕书》中说："劝力农而务本，惟汝之官；登嘉谷以告丰，乃时之瑞粲。"将杨仪所进奉朝廷的银珠稻称为"嘉谷"。

可见银珠稻品质不凡。（《文忠集》卷86、89）

稻米是江西粮食的主要产品。江西人欧阳修也称稻为"六谷名居首"。（《和刘原文从幸后苑观稻》、《文忠集》卷37）但是随着耕作技术不断提高，习惯于麦面之食的北人不断南下，社会对麦类需求量大增，江西在主打稻作粮食生产的同时，又大力种植麦作粮食，这种稻麦二熟制，不仅提高了粮食产量，更丰富了粮食的品类，适应了现实的需要。特别是南宋政府对南方种麦实行了奖励制度："建炎之后，江、浙、湖、湘、闽、广，西北流寓之人遍满。绍兴初，麦一斛至万二千钱，农获其利，倍于种稻，而佃户输租，只有秋课，而种麦之利独归客户。于是竞种春稼，极目不减淮北。"（庄绰《鸡肋编》卷上，四库本）嘉定八年（1215）宋宁宗又"诏两浙、两淮、江东西路，谕民杂种粟、麦、麻豆，有司毋收其赋，田主毋责其租"。（《宋史》卷39《食货》）所以江西的地方官吏也奉圣旨，力劝农民种麦。

但是当时的抚州，却落在全省之后，抚州人重稻饭贱麦饭。不愿种小麦，南宋咸淳年间，任抚州知州的黄震更是心焦，曾写过多篇劝种麦文，其中有一段是如此说的：

且说江西，其地十州皆种麦，何故抚州独不可种？抚州外县间亦种小麦，何故临川界并小麦不可种？或谓抚州近城，多是沙地，故不可种。太守亦窃谓不然。麦宜高燥山地，皆种山地，何尝无沙？且沙地只是渗水易，得水干，今绕城既已盛水种稻，何为不可乘高种麦？太守为尔再三思量，只是抚州田土好，出米多，常年吃白米饭惯了，厌贱麦饭，以为粗粝，既不肯吃，遂不肯种。祖父既不曾种，子孙遂不曾识，闻有碎米，尚付猪狗，况麦饭乎？（《黄氏日抄》卷78，《咸淳七年中秋劝种麦文》，四库本）

黄震是在抚州连年干旱时任知州的，水稻无水肯定颗粒无收，当时抚州已饿殍遍野，情况十分危急，因此他希望抚州农民种耐旱性强的小麦，以解决农民口粮问题。其急迫心情，在上文多重反问语句中得以显现。但要改变当地人祖祖辈辈喜吃白米饭的饮食习惯，绝非一纸劝种麦文就能行得通的,由此亦可知,虽然当时江西大部分地区已种植小麦,但万年不移的吃白米饭的习惯,使抚州人仍未丝毫改变。然而遇上灾荒,特别是旱灾,麦饭也成了救命粮,如饶州"民种荞麦,可充一两月粮,异时饥馑,得萝卜、杂菜,和米作糜,亦可度日。"(洪适《盘洲文集》卷46,《奏旱灾札子》)故黄震列举种麦好处,劝谕抚州地区的农民说:"近世有田者不种,种田者无田,尔民终岁辛苦,田主坐享花利。惟是种麦不用还租,种得一石是一石,又有麦秆,当初夏无人入山樵采之时,可代柴薪,是麦之所收甚多也。"(《咸淳七年中秋劝种麦文》《黄氏日抄》卷78,四库本)正因此,大大调动抚州农民种麦的积极性。抚州"收麦在四月,种禾在五月"(黄震《咸淳八年中秋劝种麦》,《黄氏日抄》卷78),抚州也开始种麦了。当然,黄震所说的不愿种麦的地区,是指抚州城附近一带,抚州所属的金溪县一带早就开始种麦,比黄震任抚州知州的咸淳七年(1271),要早近百年的淳熙六年(1179),陆游为官江西,来到抚州,见金溪县"林薄打麦惟闻声""小麦登场雨熟麦"(《小憩前平院戏书触目》《遣兴》,《剑南诗稿》卷20),说的都是金溪小麦丰收的景象。抚州所属的崇仁县,麦子有时成了救荒的主粮,元代崇仁县诗人危素在《暮冬》诗写道:"种稻南谷口,凶岁闲仓虚。晚值老农语,出口三嘻吁。幸有高亢田,种麦给群需。有麦且勿忧,无麦将焉如?"(《云林集》卷下,四库本)而临川文化区的南城县,早在北宋熙宁年间,小麦、粟米已成了青黄不接时充饥的主食。南城文学家吕南公诗云:"昨者小麦熟,野人稍相宽。新粟今又黄,喜闻不青干。补助复几许,久饥情所难。"(《粟熟二首》,《灌园集》卷1)由此而见,宋代临川区各地大都种植小麦。小麦本是北方旱地作物,要在南方的临川区普遍移种,获得丰收,这就是需要很高的种植技术,牵涉到田地的利用、施肥灌溉等技术方面了。

江西之精稻还可以制作米粉,米粉是江西特产,至今也是江西人最喜爱的食品。相传起于秦代,但宋代江西米粉名闻于世,是有文献可征的。米粉宋时称米线、米缆。宋代高似孙说:"服虔《通俗文》曰:煮米为(糁),《食经》曰:作糒法,近水则涩,江西有所谓米缆,岂此类也。"(《纬略》卷4，四库本）南宋江西诗人谢枋得有《谢人惠米线》一诗，诗中云："玉粒百谷王，有功满人寰。春磨作琼屑，飞雷落九关。翕张化瑶线，弦直又可弯，汤镬每沸腾，玉龙自相攀。银涛滚雪浪，出没几璇环。有味胜汤饼，饫歌不愁瘝。包裹数十里，莹洁无点斑。……"（《谢叠山全集校注》卷5，华东师范大学出版社，1995年）

今江西抚州地区，更是将米粉作为早餐的主要食品。其中南丰县的米粉最为有名，今又称水粉。同治《南丰县志》卷9云：米粉，南丰曰"米线，细如索粉，滑如蓴莼。……今则米线之外，无有知名者。"南丰米粉在宋代就极为有名。南宋大臣楼钥平时酷嗜北方的面条，即所谓汤饼，后来因病忌口，此时有朋友自江西南丰来，给他带来了南丰米粉，他非常高兴，特作《陈表道惠米缆》诗：

平生所嗜惟汤饼，下箸辄空眞隽永。年来风痹忌触口，厌闻来力敕正整。江西谁将米作缆，卷送银丝光可鉴。仙禾为饼亚来侔，细剪暴干供健啖。如来螺髻一毛拔，卷然如蚕都人发。新弦未上尚盘盘，独茧长缫犹轧轧。盱江珍品推南丰，荷君归来携来东。知君正直如羔羊，贻我素丝逾五总。仙禾本出从嘉谷，色味俱同无饼毒。鼎深熟煮葱豉香，大美元来加胾肉。有时饭素苦以虀，馋口属餍味更奇。束皙一赋不及此，为君却作补亡诗。（《攻媿集》卷4，四库本）

楼钥认为南丰米粉由于是嘉谷精稻制成，成为"盱江珍品"，因此其色味不像面条一样有"饼毒"，米粉煮熟后，再佐以豆豉、葱花等香料，再加一些熟肉块，吃起来"味更奇"。这种吃法与今天江西及临川区人吃米粉习俗大致相同。

豆腐也是宋代江西人喜食之品，南宋江西大诗人杨万里曾写了一篇散文《豆卢子柔传》，以拟人的笔法介绍了豆腐的身世："豆卢子柔者，名鲋，子柔其字也。……豆卢鲋洁白粹美，淡然于世味，有古太羹玄酒之风。"并说豆腐之味，胜似醍醐酥酪。（《诚斋集》卷117，四库本）由于江西人爱吃豆腐，吉州出现了专门制售豆腐的小商贩：

宋咸淳间，吉州龙泉县有卖豆腐王老者，年八十有六，平生朴素不识字，忽呼其子，告以欲归，令代书《豆腐诗》曰："朝朝只与磨为亲，推转无边大法轮。碾出一团真白玉，将归回向未来人。"言讫坐化，诗意亦有味也。（刘壎《隐居通议》卷10，四库本）

除吉州外，江西其他地区也有豆腐专业户，洪迈《夷坚支庚》卷2《浮梁二士》就载浮梁县有"村民售豆腐者"。江西婺源人朱熹《豆腐诗》说："种豆豆苗稀，力竭心已腐；早知淮南术，安坐获帛布。"说明制作贩卖豆腐是较易获利的行业与手段，同时也证明江西人嗜爱吃豆腐，才促使此行业飞速发展。

临川区的人们也爱吃豆腐。元代崇仁著名诗人虞集年老告病回临川山中，尤喜食豆腐。《虞邵庵书豆腐三德赞》总结豆腐有三德：

虞先生以老病谒告，还临川山中，故人父老宾客邻曲及族人昆弟子孙咸喜其归也。鸡豚之馈狎至，不敢不为之尽欢。而齿豁目昏，又性不喜杀生，食饮之际，未皆如其意。山中人有鬻豆腐以进者，欣然乐之。盖盘飧至前，目昏不能有所选择，随匕挟，所获精粗骨肉不能辨也。而豆腐盈豆如一，随取皆佳，一德也；齿豁，每食肉，辄填齿隙，非极漱剔不能去，间濡干皆费咀嚼，可取饱，无是苦，二德也；柔洁澹润，无杀生之恶，三德也。吾乡仁寿在万山中，地高不宜稻，而宜豆。乡中人食豆盖多于粟。成都人皆靳吾邑为食豆人。而乡语谓豆腐为菜，云：怀故乡风物之美，缘老年食物之便。作《豆腐三德赞》，赞曰："豆腐盈豆如一，随取皆佳，一德也；齿豁，每食肉，辄填齿隙，非极漱剔，不能去，间濡干皆费咀嚼，可取饱，无是苦，二德也；柔洁淡润，无杀生之恶，三德也。"并作《三德赞》："掇山腴，治仙浆。软于云，洁于霜，舌生肥，齿不伤。君子食之寿而康，时后服玉旧有方。传亡天下，非私吾乡。"（《赵氏铁网珊瑚》卷4，四库本）

虞集还介绍了其临川家乡，由于坐落在万山中，地高不宜种稻，只能种豆。所以其家乡人食豆和豆腐多于食粟,被成都等外地人称为"食豆人",当然食豆与豆腐的饮食习惯,不是在元代才养成的,早在宋代已成为当地人的习惯了。

二、蜜橘酒茗

宋代临川区除粮食作物丰盛外,也盛产众多经济作物。其中尤以柑橘、茶叶等最为著名。乾隆《建昌府志》云:"橘,大曰卢橘,小曰蜜橘,再小如弹丸,色如黄金,曰金橘。"同治《临川志》卷21也云:"(临川)橘有火橘,有蜜橘,有金橘,……按《宏治志》云:橘产城西二十里间,今城东南三十里灵谷山之阳嵩湖之滨,比城西为多。"这虽说的是临川区明清时事,但物种的培养需要漫长时间,何况在宋代已有大量文献可证,如宋张澂的《述陂橘》诗:

述陂元是一沧州,四绕澄江双水流。肥腴不但便黍麦,清瘦尤宜橘柚秋。秋风篱落青间黄,王孙金弹天雨霜。甘寒入齿冰浆冷,气馥吴姬翠袖香。我衰不辨作李衡,木奴千户供我耕。但爱洞庭春色好,细酿只许幽人倾。传柑酷忆风光里,怀橘真成泪如洗。陂旁倘种三百栽,商山之乐吾得矣。(清同治《临川县志》卷6,《地理》)

张澂(?—1143),字如莹,舒城人。徽宗大观元年(1107)知临川县,后寓居抚州卒。此诗应是其知临川时所作。据《钦定大清一统志》卷246云:"述陂城,在临川县西十五里。《府志》:唐武德五年刺史周法猛筑述陂,置陂上山田百余亩,为永久修陂之费。今与小港、华家、徐陂相连,并列为五陂。"由此可知,述陂原是一个水利工程,陂上有良田百余亩,四周绕水,土地肥沃,最适宜柑橘生长。从诗中"王孙金弹天雨霜"看,述陂橘疑是金橘。因为金橘体圆形小色金黄,宛如金弹。欧阳修《归田录》卷下说:"金橘产于江西……金橘香清味美,置之罇俎间,光彩灼烁如金弹丸,诚珍果也。都人初亦不甚贵,其后因温成皇后尤好食之，由是价重京师。"此虽说是吉州金橘，但吉州与抚州临川相近，土质气候亦相近。临川述陂栽种金橘，完全是有可能的。张澂还有一首《椑侯柿》诗，椑侯柿也是临川区果品特产：

家山谬说冷糖霜，未若椑侯远擅场。
甘似醍醐成蜜汁，寒于玛瑙贮冰浆。
学书博士空题叶，病渴文园却屡尝。
不识梁侯底处所，虎贲要是似中郎。

（《全宋诗》第 27 册，第 17930 页）

据《钦定大清一统志》卷247载："椑侯柿，金溪县出。潘岳《闲居赋》所称梁侯乌椑之柿，即此。"可知是金溪特产。

广昌的白莲也是临川区重要特产。早在唐代，广昌就试种出红莲与白莲，据四库本《江西通志》卷10载："白莲池在广昌县西南五十里，唐仪凤间居民曾延种红莲，数岁变为白莲。于花中得金范观音像，因舍宅为寺，后又变白为碧。"经过当地人数百年的培育，至南宋绍定元年（228），就有"莲乡"之美称。至明清时期，广昌白莲成了当地珍贵特产。

当然，临川区最著名的果品是南丰蜜橘。清代江西著名诗人陈三立有一首咏南丰蜜橘诗：

南丰号壮县，产橘世罕觏。
别种自流遗，落实美气候。
脆瓣缘素络，薄肤隐黄皱。
圜握灵珠蛇，细玩怖鸰鷇。
弟畜新会橙，奴视洞庭柚。
磊磊联璎珞，烂烂堆锦绣。
平生耽异味，亲友亦乐就。
土物荐晶盘，跳跟到童幼。
还持诱垂涎，邦宝讶天授。

（《鸡笼山上谢熊六文叔惠南丰橘》）

此诗详细描绘了南丰蜜橘从皮到肉的优美形状和清香甘的美味,并说南丰蜜橘之所以称果中珍品,完全得益于特殊的气候与地理,是天授南丰之佳物。当然也是南丰人长期培育的结果。南丰蜜橘栽培的历史可追溯到唐代开元以前,距今已有1300年,唐代,南丰已出产朱橘,明《大明一统志》载,"抚州各县出朱橘",明万历《南丰县志》虽纪事简略,但也有"果之属有橘、柚、橙、金橘"的记载。清四库本《江西通志》卷27关于建昌府的土产中,已出现"蜜橘"的记载,明正德《建昌府志》将火橘与蜜橘并列,而此二橘均出自于南丰。南丰今属抚州,宋属建昌军,明清归建昌府。可见,至少在明正德年间以前,南丰蜜橘已正式定名了。南丰蜜橘源自乳橘,也就是唐代洪州朝贡的乳柑。据宋代韩彦真《橘录》卷上称,乳柑又叫真柑,"在品类中最贵可珍。……结实颗皆圆正,肤理如泽蜡;……照座擘之,则香雾噀人。……其味似奶酪。"乳柑落户南丰后,由于本身品质优良,再加以独特的地利天时,经过长期培育,形成气味芳香,味甜如蜜的新品种,南丰蜜橘成为历代贡品,后来被斯大林称为"橘中之王"。另据日本高桥郁朗所著的《柑橘》《日本园艺大辞典》《日本果树园艺大事典》称,日本纪州蜜柑,中国称蜜橘、南丰蜜橘、金钱橘,在700年前引自中国乳柑(南丰蜜橘)。这说明,南丰蜜橘早在700年前已漂洋过海,在异域他邦移植结果了。

据称南丰籍宋代著名文学家曾巩的《橙子》一诗就是描写南丰蜜橘的:"家林香橙有两树,根缠铁细凌坡陀。鲜明百数见秋实,错缀众叶倾霜柯。翠羽流苏出天杖,黄金戏球相荡摩。入苞岂数橘柚贱,荐鼎始足盐梅和。江湖苦遭俗眼慢,禁御尚觉凡木多。谁能出口献天子,一致大树凌沧波。"(《曾巩集》,中华书局)于是有人据此而论证南丰蜜橘在北宋时期已作为进贡皇宫的佳品。这恐怕不是事实,这首诗只是说,南丰蜜橘具备了贡献给皇帝品尝的资格,但却遭到俗人之侵慢,谁又能使这个藏在深闺无人识的名品得到天子赏识呢。至于有人说南丰蜜橘曾成为唐代杨贵妃珍嗜之物,这可能也是不径之传说了。曾巩又有《抚橙》一首:"黄团日照色敷腴,味胜香清失木奴。谁胜金簪作瓜葛,圆脐霜蟹四胠。"也是说南丰蜜橘。同治《南丰县志》卷9《物产》云："（南丰）果则有橘，四方知名，秋末篱落，丹碧累累。闽广所产，逊其甘芳。近城水南杨梅村人，不事农功，专以为业。"可知，至少至清代，南丰已出现种植南丰蜜橘的专业户，由此可见，南丰蜜橘已成为人见人爱的果中珍品而名声远扬，由于需求量大，故整个村庄专事种植。

临川区也出产名酒。由于临川区稻米质量佳，水质亦好，所以酿制酒类亦优。其中南城人李觏不仅是一位大哲学家，亦自小唯嗜酒，有"少小唯贪酒"诗句可证。（《养疾》）他更是一位酿制好酒的高手，由此演义出一段"骂孟赏酒"的故事：

李觏，字泰伯，盱江人。贤而有文章，苏子瞻诸公极推重之。素不喜佛，不喜孟子，好饮酒，作古文弥佳。一日，有达官送酒数斗，泰伯家酿亦熟，然性介僻不与人往还。一士人知其富有酒，然无计得饮。乃作诗数首骂孟子。其一云："完廩捐阶未可知，孟轲深信亦还痴。岳翁方且为天子，女婿如何弟杀之。"李见诗大喜，留连数日，所与谈莫非骂孟子也。无何酒尽乃辞去。既而又有寄酒者，士人闻之，再往作仁义正论三篇，大率皆诋释氏。李览之笑云："公文采甚奇，但前次被公吃了，酒后极索寞。今次不敢相留，留此酒以自遣怀。"闻者大笑。（《古今说海》卷116，明陆楫编）

同为南城人的吕南公也喜喝自家所酿之酒，想必质量也不错，他有一首《初酿》诗，详细描写家酿制作过程："夜闻䬀沸韵，侧枕屡欣畅。朝来见浮蛆，喜气愈豪壮。槽端乍流沥，指面已淫漾。肴蔬故稀荒，被服稍质当。无宾与酬酢，引满自东向。须臾就醺酣，岂藉红粉唱。人生但能醉，此外何足望。"吕南公家之田地，有一半种糯米，为的是酿酒。其诗云："园公嗜欲浅，所好杯中物。有田在荒村，半以种秫秫。居然成酝酿，不复畏法律。客至启柴扉，瓷瓯等闲出。春蔬间菘韭，秋果杂梨栗。取次得宽怀，何曾计余日。山栖经五载，此兴殊不失。"（《以双井茶寄道先从以长句》）为了平息想念故人之情，他常以家酿浇愁，

"数盏旧藏真糯液，一盘初烂壮牛肩。故人忙迫城隍远，独息书床又醉眠。"(《寄酒伴唐彦君益》)

宋代抚州民间多喜饮一种红酒，这种红酒和造红酒之红曲还向诸邻四省发售，即使大灾之年，饿殍遍野，造酒者仍以米造酒。南宋咸淳年间，黄震任抚州知州，正遇大旱之年，于是贴出榜文下令禁酒，文中说：

抚州风俗，多饮红酒，不独酝酿秔米，又腌坏食米为红曲，此事最害民食，然间犹境内之用耳。临川、崇仁一带，如白虎窑，如上城、如马岭、如航步、如众湖等处，专有一等曲户坏食米为红曲，公然发贩与四方民旅，如衢州，龙游，遍卖诸邻路之状，是绝本州之性命，以资四远无赖之狂昏。其为不仁，莫此为甚，然在常年，吃了饱饭，不知天地，不顾罪福，犹可诿为习俗之常。今经大荒，饿死无数。今获存者，皆是更生，此时不痛革，又待何时？备榜五处，仰曲户上畏天诛，下畏官法，日下速行改业别去营生。(黄震《六月二十八日禁造红曲榜》，《黄氏日抄》卷78，四库本)

榜文一下，造曲造酒户非但不改业营生，竞群集官府闹事。黄震又下第二、第三榜，严令禁酒，如敢违反者，以长枷锢身，引押各地示众。由此而见，饮红酒在抚州一地已成为根深蒂固的习俗。另，明代高濂《遵生八笺》卷12有《建昌红酒》一题，专讲建昌红酒酿制方法："用好糯米一石，淘净倾缸内，中留一窝，内倾下水一石二斗，另取糯米二斗，煮饭摊冷，作一团，放窝内。……"不知是否讲的是临川文化区的建昌军或建昌府之红酒，只得存疑。

宋代临川区最著名之酒是建昌军的麻姑酒，也是流传至今的传统名酒，至今的麻姑酒是以麻姑米与麻姑山泉精制而成的黄酒。酒香芳郁，橙红清亮，味美甘甜，酒性柔和，是老少咸宜的美酒。麻姑酒起源于何时，史无确载。相传是麻姑仙女取麻姑山神功泉水酿成麻姑酒，献给蟠桃会上的西王母作为寿酒，故有麻姑献寿的传说。麻姑酒尤以酿制的泉水最佳。明人徐献忠《水品》说："麻姑山神功泉，其水清洌甘美，石中乳液也。土人取以酿酒，称麻姑者，非酿法，乃水味佳也。"清人施闰章在《盱江诸山游记》也说："神功泉出石底，土人取以酿，谓之麻姑酒。去此即仙都观，祀麻姑。榜曰丹霞小有洞。"

据文献记载，又说麻姑酒之所以好，是因为米好。宋田锡《曲本草》云："江西麻姑酒，以泉得名，今其泉亦少。其曲乃群药所造。浙江等处亦造此酒，不入水者味胜。麻姑以其米好也。"（《说郛》卷94下，四库本）此文说明了宋代麻姑酒已成为当时的名酒之一。麻姑酒之所以为名酒，一是泉佳，二是米精，但对其以群药为曲作酒，不能首肯。然而这和传说中麻姑酒用药材酿酒是相符的。相传唐时邓阳真人用麻姑山的神功泉水和银珠米，再配以芙蓉山的灵芝、何首乌等药材酿成寿酒，献于皇上，皇上称赞麻姑仙酒。北宋张商英《望仙曲》诗云："麻姑王蔡迹已往，望仙亭在孤峰山。……玉池且酌太和酒，一醉寿同天地久。"（《江西通志》卷150，四库本）元代吴当《和虞先生寿京师贾姑诗韵》云："麻姑酒是长生药，阿母桃应几度花。"（《学言编》卷5，四库本）可见宋元时代人们都将麻姑酒作为寿酒加以歌颂。

到了明清两代麻姑酒更享誉四方，明代王世贞说："麻姑酒出建章（昌），味多甘，以浓郁为主。"（《弇州四部稿》卷49，四库本）明代杜庠作《麻姑酒歌》诗中说，他要饮麻姑酒三百杯，而且认为此味佳美，世间无有。清代著名诗人施闰章也特作《麻姑酒歌》赞之云：

> 石梁之上龙湫口，野店三家卖仙酒。
> 蔗浆柔旨色黄菊，佳者泠泠如白玉。
> 我来桥上呼一杯，举杯对山山花开。
> 花雾冥冥人自醉，醉闻泉响失酣睡。
> 再沽一斗三百钱，不争酒好争神泉。
> 水浅蓬莱知几度，一勺犹传丹井处。
> 碧莲池改洞云边，君看谁解洞云去。

（《学余堂诗集》卷20，四库本）

1915年，麻姑酒在南洋国际赛酒会上获得银奖。1963年、1980年、1983年被评为江西省名酒和优质产品。如今这种具有千年历史的江西名酒远销北京、上海等十多个省市。

茶叶生产也是临川文化区经济作物之大宗。宋初乐史《太平寰宇记》就记载，抚州有土产茶。据许怀林先生《江西南宋史》一书对《宋会要辑稿·乾道会要》的统计，临川区的抚州（临川、崇仁、宜黄、金溪）茶产量为21726斤12两4钱，建昌军（南城、南丰、新城、广昌）9580斤，后又有增加，抚州增加3600斤，建昌军增加9400斤。然而由于当地需求和商贩运销的差异，买茶数与产茶数量并不一致，当时抚州买茶10万斤，比产茶额要高出许多。但不管怎样统计，临川区是当时主要产茶地之一。临川区主要以生产散茶为主，《宋会要辑稿》记载茶色等级名号之散茶系列中说，抚州、建昌军产有散茶。所谓散茶，是相较团茶片茶而言，宋代制茶主要为团茶片茶，是将茶捣碎压制成团成片，散茶即是未压制成团饼的蒸青茶，又称草茶，类似于今天的叶茶。马端临《文献通考·征榷五》载："凡茶有二类，曰片、曰散。"散茶主要产于江浙、安徽与江西等地，如江西黄庭坚家乡的双井茶，就是宋代称为"草茶第一"的散茶。南宋著名诗人陆游曾为官江西，在抚州写有《小憩前平院戏书触目》诗云："村炉卖茶已成市"，抚州乡村民间形成了卖茶市场。金溪县翠云山下，有一泉，泉水泡茶，清香可口，由此成为当地人们经常烹试茗茶之地，人称之为试茗泉，王安石、陆九韶都有《试茗泉》诗，宋代临川诗人谢逸有一首《望江南》词，说"临川好"，其好处之一是"旋煎白雪试新茶"。由于人们有品茗需求，亦带动了当时茶业的兴旺。

临川区名茶是麻姑茶，据罗传奇、张世俊《临川文化史》称，麻姑茶从东汉时就有种植，至今已有一千七百多年的栽培历史，历朝均成为"贡品"。但由于文献所限，我们一直未查到宋代有关麻姑茶的史料。新城（今黎川县）的箫曲峰产箫曲茶，清陆廷灿《续茶经》已作为名茶载录。明末诸生李世熊有《箫曲茶》诗，其序云："新城之山有异鸟，其音若箫，遂名曰箫曲山。山产佳茗，亦曰箫曲茶。茶于箫曲远矣。若与素瓷静夜中，嚼出驻云洛水之韵，是卢仝所谓通仙灵者也。请与试此茗矣。"（乾隆《建昌府志》卷62）箫曲茶亦与麻姑茶一样，宋代有关文献亦付之阙如。南丰县诸山亦多产茶，同治《南丰县志》卷9称："山多茶，香味略减于闽，必运于闽茶聚处售之。"而南丰县尤以旗鼓山所产茶最佳。四库本《江西通志》卷10说："旗鼓山在南丰县西南三十里，右如展旗，左如仆鼓，……山顶山腰皆有庵，产茶味佳。" 据原江西省蚕茶研究所吴英藩撰文介绍，在宋代临川前坪寺处还产一种竹叶青茶，宋时的前坪寺，在今临川县南乡一带，此处为高丘红壤山区，气候温暖，雨量充沛，土层深厚，适宜茶树生长。此处茶因外形酷似新竹叶，故美其名曰竹叶青茶。陆游《小憩前平院戏书触目》诗云："村炉卖茶已成市"，正是竹叶青茶兴盛的写照，后成为江西省传统名茶，此茶在清朝被列为贡品，1984年在抚州地区名茶评比会上，获传统名茶第三名，继又在江西省评比会，获优质名茶殊誉。（吴英藩、黄小梅《竹叶青茶》，《农业考古》，1996年2期）

参考文献

[1] 钱大昕. 十驾斋养新语 [M]. 上海：上海书店，1983.

[2] 章文焕. 万寿宫 [M]. 北京：华夏出版社，2004.

[3] （清）常维桢. 万载县志 [M]. 北京：中国书店，1992.

[4] 黄庭坚. 山谷集、外集、别集（文渊阁四库全书影印本）[M]. 台北：商务印书馆，1986.

[5] 大清一统志（文渊阁四库全书影印本）[M]. 台北：商务印书馆，1986.

[6] 周銮书. 千古一村（流坑历史文化考察）[M]. 南昌：江西人民出版社，2003.

[7] 廖以厚. 千古遗韵——抚州民俗风情概观 [M]. 南昌：百花洲文艺出版社，2004.

[8] 郑云云. 千年窑火 [M]. 南昌：江西人民出版社，2007.

[9] 周銮书等. 千年学府——白鹿洞书院 [M]. 南昌：江西人民出版社，2003.

[10] 罗伽禄，邓高平. 千年教育 [M]. 南昌：百花洲文艺出版社，2004.

[11] （清）黄虞稷. 千顷堂书目 [M]. 上海：上海古籍出版社，1990.

[12] （清）曾毓琼等. 广昌县志（清同治六年刻本）[M]. //《稀见中国地方志汇刊》中国科学院图书馆选编. 北京：中国书店，1992.

[13] （清）孙世昌. 广信郡志 [M]. 北京：中国书店，1992.

[14] （宋）晏几道. 小山词 [M]. 南昌：江西人民出版社，1987.

[15] （元）王祯. 王氏农书（文渊阁四库全书影印本）[M]. 台北：商

务印书馆，1986.

[16] 傅林辉. 王安石 [M]. 南昌：百花洲文艺出版社，2004.

[17] 张宗祥辑录，曹锦炎点校. 王安石《字说》辑 [M]. 福州：福建人民出版社，2005.

[18] 梁启超. 王安石传 [M]. 海口：海南出版社，1993.

[19]（清）蔡上翔. 王荆公年谱考略 [M]. 上海：上海人民出版社，1974.

[20] 周銮书. 天光云影（周銮书文集）[M]. 南昌：江西教育出版社，2002.

[21] 张继禹. 天师道史略 [M]. 北京：华文出版社，1990.

[22] 郭树森. 天师道 [M]. 上海：上海社会科学院出版社，1990.

[23]（宋）王存等. 元丰九域志 [M]. 北京：中华书局，1984.

[24]（宋）乐史. 太平寰宇记（文渊阁四库全书影印本）[M]. 台北：商务印书馆，1986.

[25] 冯天瑜等. 中华文化通史 [M]. 上海：上海人民出版社，1990.

[26] 邓广铭. 中国十一世纪的改革家——王安石 [M]. 北京：人民出版社，1975.

[27] 王河. 中国历代藏书家辞典 [M]. 上海：同济大学出版社，1991.

[28] 徐吉军等. 中国风俗通史（宋代卷）[M]. 上海：上海文艺出版社，2001.

[29] 秦榆. 中国文化性格 [M]. 北京：中国长安出版社，2006.

[30] 吴怀祺. 中国文化通史（两宋卷）[M]. 北京：中共中央党校出版社，2000.

[31] 谭正璧. 中国文学家大辞典 [M]. 上海：上海书店，1981.

[32] 袁行霈、侯忠义. 中国文言小说书目 [M]. 北京：北京大学出版社，1980.

[33] 宁稼雨. 中国文言小说总目提要 [M]. 济南：齐鲁书社，1996.

[34] 游彪等. 中国民俗史（宋辽金元卷）[M]. 北京：人民出版社，2008.

[35] 章柳泉. 中国书院史话 [M]. 北京：教育科学出版社，1981.

[36] 杨义. 中国古典小说史论 [M]. 北京：中国社会科学出版社，

2004.

[37] 杨义. 中国古典文学图志[M]. 北京：生活·读书·新知三联书店，2006.

[38] 张国刚等. 中国学术史[M]. 上海：东方出版中心，2002.

[39] 朱汉民等. 中国学术史（宋元卷）[M]. 南昌：江西教育出版社，2001.

[40] 张立文. 中国学术通史（宋元明卷）[M]. 北京：人民出版社，2004.

[41] 孙楷第. 中国通俗小说书目（外二种）[M]. 北京：中华书局，2012.

[42] 任继愈. 中国道教史[M]. 上海：上海人民出版社，1990.

[43] 杨荫浏. 中国音乐史稿[M]. 北京：人民音乐出版社，1981.

[44] 熊寥等. 中国陶瓷古籍集成[M]. 南昌：江西科学技术出版社，2000.

[45]（宋）欧阳修. 文忠集（文渊阁四库全书影印本）[M]. 台北：商务印书馆，1986.

[46]（宋）周必大. 文忠集（文渊阁四库全书影印本）[M]. 台北：商务印书馆，1986.

[47]（元）马端临. 文献通考——经籍考[M]. 台北：新文丰出版公司，1986.

[48]（宋）王应麟. 玉海（文渊阁四库全书影印本）[M]. 台北：商务印书馆，1986.

[49]（清）沈士秀. 东乡县志（八卷，清康熙四年刻本）[M]. 台北：成文出版社，1984.

[50]（清）李士棻等. 东乡县志（清同治八年刻本）[M]. 台北：成文出版社，1984.

[51] 胡龙生. 可爱的吉安[M]. 南昌：江西教育出版社，1999.

[52] 清永瑢等. 四库全书总目[M]. 北京：中华书局，1965.

[53] 本书编委会. 四库全书存目丛书[M]. 济南：齐鲁书社，1997.

[54] 胡玉缙，王欣夫. 四库全书总目提要补正[M]. 上海：上海书店出版社，1998.

[55] 栾贵明. 四库辑本别集拾遗 [M]. 北京：中华书局，1983.

[56] 本书编委会. 四库未收书辑刊 [M]. 北京：北京出版社，2000.

[57] 本书编委会. 四库未收书辑刊分类目录 [M]. 北京：北京出版社，2000.

[58] 本书编委会. 四库焚毁书丛刊 [M]. 北京：北京出版社，2000.

[59] 本书编委会. 四库焚毁书丛刊索引 [M]. 北京：北京出版社，2000.

[60] 余嘉锡. 四库提要辩证（全四册）[M]. 北京：中华书局，2007.

[61]（清）何士锦. 丰城县志 [M]. 北京：中国书店，1992.

[62] 孙家骅等. 手铲下的文明（江西重大考古发现）[M]. 南昌：江西人民出版社，2004.

[63] 陈文华. 长江流域茶文化 [M]. 武汉：湖北教育出版社，2004.

[64] 刘文源. 文天祥研究资料集 [M]. 北京：中国社会科学出版社，1991.

[65]（宋）文天祥. 文天祥全集 [M]. 熊飞等校注. 南昌：江西人民出版社，1987.

[66]（宋）欧阳修. 文忠集（文渊阁四库全书影印本）[M]. 台北：商务印书馆，1986.

[67]（宋）周必大. 文忠集（文渊阁四库全书影印本）[M]. 台北：商务印书馆，1986.

[68]（宋）汪应辰. 文定集（文渊阁四库全书影印本）[M]. 台北：商务印书馆，1986.

[69] 刘双琴. 六一词接受史研究 [M]. 广州：中山大学出版社，2011.

[70] 邓高平，李晓东. 古代学府 [M]. 南昌：百花洲文艺出版社，2004.

[71] 湛之. 古典文学资料汇编（杨万里、范成大卷）[M]. 北京：中华书局，1964.

[72] 李昆等. 古国名邑　中华药都 [M]. 南昌：江西人民出版社，2003.

[73] 汤江浩. 北宋临川王氏家族及文学考论——以王安石为中心 [M]. 北京：人民文学出版社，2005.

[74] 林岩. 北宋科举考试与文学 [M]. 上海：上海古籍出版社，2006.

[75] 马兴荣. 龙洲词校笺 [M]. 南昌：江西人民出版社，1999.

[76]（清）娄近垣. 龙虎山志 [M]. 张炜等校注. 南昌：江西人民出版社，1996.

[77] 李才栋. 白鹿洞书院史略 [M]. 北京：教育科学出版社，1989.

[78] 叶修武. 乐史 [M]. 南昌：百花洲文艺出版社，2004.

[79] 乐志芳. 乐史研究 [D]. 南昌大学，2007.

[80]（清）方湛等. 乐安县志（清康熙二十三年刻本）[M]. //《稀见中国地方志汇刊》中国科学院图书馆选编. 北京：中国书店，1992.

[81]（元）刘壎. 水云村稿（文渊阁四库全书影印本）[M]. 台北：商务印书馆，1986.

[82] 高立人. 吉州永和窑 [M]. 上海：文汇出版社，2002.

[83] 吉安地区文物研究所. 吉安风物 [D]. 内部资料.

[84]（明）余之桢. 吉安府志 [M]. 北京：中国书店，1992.

[85]（宋）陆游. 老学庵笔记（文渊阁四库全书影印本）[M]. 台北：商务印书馆，1986.

[86]（宋）黎靖德. 朱子语类 [M]. 北京：中华书局，1983.

[87] 刘述先. 朱子哲学思想的发展与完成 [M]. 台北：台湾学生书局，1984.

[88] 陈荣捷. 朱学论集 [M]. 台北：台湾学生书局，1982.

[89] 杨天石. 朱熹及其哲学 [M]. 北京：中华书局，1982.

[90] 胡迎建. 朱熹诗词研究 [M]. 广州：中山大学出版社，2011.

[91] 韩钟文. 朱熹教育思想研究 [M]. 南昌：江西教育出版社，1989.

[92] 高令印. 朱熹事迹考 [M]. 上海：上海人民出版社，1987.

[93] 北京大学古典文献研究所. 全宋诗 [M]. 北京：北京大学出版社，1988.

[94] 四川大学古籍整理研究所. 全宋文 [M]. 成都：巴蜀书社，1990.

[95] 陈新等. 全宋诗订补 [M]. 郑州：大象出版社，2005.

[96] 唐圭璋. 全宋词 [M]. 北京：中华书局，1988.

[97] 孔凡礼. 全宋词辑补 [M]. 北京：中华书局，1981.

[98]（清）彭定求等. 全唐诗（全二十五册）[M]. 北京：中华书局，

1960.

［99］王重民等.全唐诗外编（上下二册）[M].北京：中华书局，1982.

［100］（宋）刘辰翁.刘辰翁集[M].南昌：江西人民出版社，1987.

［101］（宋）周密.齐东野语[M].北京：中华书局 1983.

［102］王东林，余星初.江万里研究[M].南昌：江西人民出版社，1995.

［103］彭民权.江西文人群与宋代文学观念的演变[M].广州：中山大学出版社，2011.

［104］周文英等.江西文化[M].沈阳：辽宁教育出版社，1993.

［105］吴海，曾子鲁.江西文学史[M].南昌：江西人民出版社，2005.

［106］许怀林.江西史稿[M].南昌：江西高校出版社，1993.

［107］李科友.江西古代文明探索[M].南昌：江西科学技术出版社，1998.

［108］余悦.江西民俗文化叙论[M].北京：光明日报出版社，1995.

［109］陈荣华.江西通史[M].南昌：江西人民出版社，1999.

［110］许怀林.江西通史（北宋卷）[M].南昌：江西人民出版社，2008.

［111］许怀林.江西通史（南宋卷）[M].南昌：江西人民出版社，2009.

［112］陈荣华，余伯流等.江西经济史[M].南昌：江西人民出版社，2004.

［113］黎明中.江西禅宗文化[M].南昌：江西人民出版社，2006.

［114］李国强，吴文峰.江西是个好地方[M].南昌：江西人民出版社，2002.

［115］常世英，郑翔等.江西省科学技术大事记[M].南昌：江西科学技术出版社，1992.

［116］傅凤翔.江西交通古今大事记述[M].北京：人民交通出版社，1992.

［117］毛礼镁.江西傩及目连戏[M].北京：中国戏剧出版社，2004.

［118］龚国光.江西戏曲文化史[M].南昌：江西人民出版社，2003.

[119] 江西省社会科学院. 江西古代科学技术史 [J]. 农业考古, 1992 (1).

[120] 张德意, 李洪. 江西古今书目 [M]. 南昌: 江西人民出版社, 1996.

[121] 黎传纪, 易平. 江西古志考 [M]. 海口: 南海出版公司, 1989.

[122] 李才栋. 江西古代书院研究 [M]. 南昌: 江西教育出版社, 1993.

[123] 杨鑫辉, 李才栋. 江西古代教育家评传 [M]. 南昌: 江西教育出版社, 1995.

[124] 钱贵诚. 江西艺术史 [M]. 北京: 文化艺术出版社, 2008.

[125] 黄智权. 江西省经济开发现在与未来 [M]. 北京: 经济管理出版社, 1993.

[126] 江西博物馆. 江西考古资料汇编 [M]. 南昌: 江西博物馆, 1977.

[127] 沈兴敬. 江西内河航运史 [M]. 北京: 人民交通出版社, 1991.

[128] 蒋克己. 江西历代词论集 [M]. 南昌: 百花洲文艺出版社, 1995.

[129] 周銮书. 江西历代名人传 [M]. 南昌: 百花洲文艺出版社, 2002.

[130] 陈荣华, 陈柏泉, 何友良. 江西历代人物辞典 [M]. 南昌: 江西人民出版社, 1990.

[131] 江西文学艺术研究所. 江西历代文学艺术家大全 [M]. 南昌: 江西人民出版社, 1989.

[132] 杜信孚, 漆身起. 江西历代刻书 [M]. 南昌: 江西人民出版社, 1994.

[133] 陈柏泉. 江西出土墓志选 [M]. 南昌: 江西教育出版社, 1991.

[134] 杨卓寅等. 江西医林人物志 [M]. 南昌: 江西中医学院, 1988.

[135]《江西出版志》编委会. 江西省出版志 [M]. 南昌: 江西人民出版社, 1998.

[136] 龚平如. 江西出版纪事 [M]. 南昌: 江西人民出版社, 1996.

[137] 张伊主. 江西学府志 [M]. 北京: 中共中央党校出版社, 1993.

[138] 韩溥．江西佛教史［M］．北京：光明日报出版社，1995．

[139] 余悦．江西民俗［M］．兰州：甘肃人民出版社，2004．

[140] 李国强．江西英华［M］．南昌：江西高校出版社，1991．

[141] 真安基，王河．江西地方文献索引［M］．内部铅印本，1984．

[142] 陈希仁．江西教育人物［M］．南昌：江西教育出版社，1989．

[143] 韦海英．江西诗派诸家考论［M］．北京：北京大学出版社，2005．

[144] 龚鹏程．江西诗社宗派研究［M］．台北：台湾文史哲出版社，1983．

[145] 胡守仁，胡敦伦．江西诗派作品选［M］．南昌：江西人民出版社，1992．

[146]（清）谢旻等．江西通志（一百六十二卷，文渊阁四库全书影印本）［M］．台北：商务印书馆，1986．

[147] 陈星．江西通观［M］．北京：人民日报出版社，1987．

[148] 黄日星，姜钦云．江西编著人物传略［M］．南昌：江西人民出版社，1994．

[149]（清）方懋禄等．江西新城县志（十四卷首一卷），清乾隆刻本［M］．//《稀见中国地方志汇刊》中国科学院图书馆选编．北京：中国书店，1992．

[150]（清）陈宏绪．江城名迹（文渊阁四库全书影印本）［M］．台北：商务印书馆，1986．

[151]（宋）陈自明．妇人大全良方（文渊阁四库全书影印本）［M］．台北：商务印书馆，1986．

[152]（宋）苏轼．苏轼文集（孔凡礼点校本）［M］．北京：中华书局，1986．

[153]（宋）苏轼．苏轼诗集（孔凡礼点校本）［M］．北京：中华书局，1982．

[154] 邱尚仁，邱笑宸．李觏［M］．南昌：百花洲文艺出版社，2004．

[155] 谢善元．李觏之生平及思想［M］．北京：中华书局，1988．

[156]（宋）李觏．李觏集［M］．北京：中华书局，1981．

[157] 史仲文．两宋词史［M］．北京：中国社会出版社，2005．

[158]（宋）洪迈．夷坚志［M］．北京：中华书局，1981.

[159]（元）吴澄．吴文正集（文渊阁四库全书影印本）［M］．台北：商务印书馆，1986.

[160] 万建中．饮食与中国文化［M］．南昌：江西高校出版社，1994.

[161] 丁传靖．宋人轶事汇编［M］．北京：中华书局，1981.

[162] 程毅中．宋元小说研究［M］．南京：江苏古籍出版社，1999.

[163]（清）黄宗羲撰，全祖望补．宋元学案［M］．北京：中华书局，1986.

[164]（元）脱脱．宋史［M］．北京：中华书局，1985.

[165] 姚瀛艇．宋代文化史［M］．郑州：河南大学出版社，1999.

[166] 孙望，常国武．宋代文学史［M］．北京：人民文学出版社，1996.

[167] 夏汉宁，刘双琴，黎清．宋代文学家地图［M］．南昌：江西美术出版社，2014.

[168] 任日镐．宋代女词人评述［M］．台北：商务印书馆，1984.

[169] 虞文霞，王河．宋代江西文化史［M］．南昌：江西人民出版社，2012.

[170] 黎清．宋代江西文学家族研究［M］．广州：中山大学出版社，2013.

[171] 周腊生．宋代状元谱［M］．北京：紫禁城出版社，1990.

[172]（日本）斯波义信．宋代江南经济史研究［M］．方健，何忠礼，译．南京：江苏人民出版社，2001.

[173] 张邦炜．宋代政治文化史论［M］．北京：人民出版社，2005.

[174] 朱瑞熙等．宋辽西夏金社会生活史［M］．北京：中国社会科学出版社，1998.

[175]（清）徐松．宋会要辑稿［M］．北京：中华书局，1957.

[176] 侯外庐等．宋明理学史［M］．北京：人民出版社，1984.

[177] 郭齐勇．宋明儒学与长江文化［M］．武汉：湖北教育出版社，2004.

[178] 傅璇琮．宋登科记考（上下二册）［M］．南京：江苏教育出版社，2009.

[179]（宋）江少虞．宋朝事实类苑[M]．上海：上海古籍出版社，1981．

[180] 钱钟书．宋诗选注[M]．北京：人民文学出版社，1982．

[181]（清）厉鹗辑．宋诗纪事[M]．上海：上海古籍出版社，1983．

[182]（清）潘永因．宋稗类钞[M]．北京：书目文献出版社，1985．

[183] 周銮书．庐山史话[M]．南昌：江西人民出版社，1996．

[184] 吴宗慈，胡迎建．庐山志[M]．南昌：江西人民出版社，1996．

[185] 徐效钢．庐山典籍史[M]．南昌：江西高校出版社，2001．

[186] 刘文源．庐陵文章耀千古[M]．南昌：百花洲文艺出版社，1999．

[187] 吴文丁．陆九渊[M]．南昌：百花洲文艺出版社，2004．

[188] 郭齐家，顾春．陆九渊教育思想研究[M]．南昌：江西教育出版社，1996．

[189]（宋）陆九渊．陆九渊集[M]．北京：中华书局，1980．

[190]（宋）陆游．陆游集[M]．北京：中华书局，1976．

[191] 刘华．灵魂的居所[M]．南昌：百花文艺出版社，2006．

[192] 胡志方，黄文贤．盱江医学纵横[M]．北京：人民卫生出版社，2012．

[193]（宋）邓椿著，（元）庄肃补．画继·画继补遗[M]．北京：人民美术出版社，1963．

[194] 胡义．南昌文化二千二百年[M]．香港：天马图书有限公司，2001．

[195] 张琳，王咨臣，彭适凡．南昌史话[M]．南昌：江西人民出版社，1980．

[196]（明）范涞．（新修）南昌府志[M]．北京：中国书店，1992．

[197] 陈忻．南宋心学学派的文学研究[M]．北京：中国社会科学出版社，2006．

[198]（清）曹养恒．南城县志[M]．北京：中国书店，1992．

[199] 洪本健．欧阳修资料汇编[M]．北京：中华书局，2004．

[200] 蔡世明．欧阳修的生平与学术[M]．台北：文史哲出版社，1986．

[201]（明）李贤等．明一统志（文渊阁四库全书影印本）[M]．台北：商务印书馆，1986.

[202]（清）王有年．金溪县志[M]．北京：中国书店，1992.

[203]（清）程芳修，郑浴修等纂．金溪县志（清同治九年刻本）[M]．//《稀见中国地方志汇刊》中国科学院图书馆选编．北京：中国书店，1992.

[204]（宋）李心传．建炎以来系年要录[M]．北京：中华书局，1956.

[205]刘琳，沈治宏．现存宋人著述总录[M]．成都：巴蜀书社，1995.

[206]（宋）陈振孙．直斋书录解题[M]．上海：上海古籍出版社，1987.

[207]（宋）王庭珪．泸溪文集（文渊阁四库全书影印本）[M]．台北：商务印书馆，1986.

[208]（清）朱崧等．（乾隆）泸溪县志（清乾隆十六年刻本）[M]．//《稀见中国地方志汇刊》中国科学院图书馆选编．北京：中国书店，1992.

[209]卢明生．宜春文宗教文化谈[M]．北京：中华书局，1999.

[210]（清）张兴言等修，谢煌等纂．宜黄县志（清同治十年刻本）[M]．//《稀见中国地方志汇刊》中国科学院图书馆选编．北京：中国书店，1992.

[211]（元）陶宗仪．说郛（文渊阁四库全书影印本）[M]．台北：商务印书馆，1986.

[212]王守国．诚斋诗研究[M]．郑州：中州古籍出版社，1992.

[213]（宋）杨万里．诚斋集（文渊阁四库全书影印本）[M]．台北：商务印书馆，1986.

[214]（清）孟炤等．建昌府志（乾隆二十四年刻本）[M]．//《稀见中国地方志汇刊》中国科学院图书馆选编．北京：中国书店，1992.

[215]（宋）李心传．建炎以来系年要录[M]．北京：中华书局，1956.

[216]（宋）李心传．建炎以来朝野杂记[M]．北京：中华书局，2000.

[217] 邹自振. 临川才子论集 [M]. 南昌：百花洲文艺出版社，1996.

[218]（宋）王安石. 临川文集（文渊阁四库全书影印本）[M]. 台北：商务印书馆，1986.

[219] 罗传奇，张世俊. 临川文化史 [M]. 广州：广东高等教育出版社，1993.

[220] 王天晴. 临川文化名人研究指要 [M]. 南昌：江西高校出版社，2001.

[221] 涂木水. 临川文学史 [M]. 南昌：江西高校出版社，1998.

[222] 黄建荣. 临川近现代文化史 [M]. 南昌：江西高校出版社，1999.

[223] 江西省临川县县志编纂委员会. 临川县志 [M]. 北京：新华出版社，1993.

[224]（清）童范俨等修，陈庆龄等纂.（同治）临川县志（清同治九年刻本）[M]. //《稀见中国地方志汇刊》中国科学院图书馆选编. 北京：中国书店，1992.

[225] 章军华. 临川傩文化 [M]. 南昌：江西高校出版社，2001.

[226] 李国定. 晏殊 晏几道 [M]. 南昌：百花洲文艺出版社，2004.

[227] 李科友. 贵溪岩墓 [M]. 北京：文物出版社，1990.

[228]（清）柏春修，鲁琪光等纂. 南丰县志（清同治十年刻本）[M]. //《稀见中国地方志汇刊》中国科学院图书馆选编. 北京：中国书店，1992.

[229]（明）俞策. 阁皂山志 [M]. 南昌：江西人民出版社，1996.

[230]（宋）曾敏行. 独醒杂志 [M]. 上海：上海古籍出版社，1986.

[231] 赵晓岚. 姜夔与南宋文化 [M]. 北京：学苑出版社，2001.

[232] 夏承焘. 姜白石词编年笺注 [M]. 上海：上海古籍出版社，1981.

[233] 周克强等. 神秘之光——话说抚州宗教 [M]. 南昌：百花洲文艺出版社，2004.

[234]（宋）晁公武. 郡斋读书志 [M]. 上海：上海古籍出版社，1990.

[235] 邓高平，王伟跃. 教育名流 [M]. 南昌：百花洲文艺出版社，

2004.

[236]（宋）晏殊．珠玉词[M]．南昌：江西人民出版社，1986.

[237]祝鼎民，夏汉宁．唐宋八大家书系曾巩卷[M]．北京：中国工人出版社，1997.

[238]夏承焘．唐宋词人年谱[M]．上海：上海古籍出版社，1979.

[239]万曼．唐集叙录[M]．北京：中华书局，1980.

[240]（清）张文旦．高安县志[M]．北京：中国书店，1992.

[241]（清）王临元．浮梁县志[M]．北京：中国书店，1992.

[242]（宋）洪迈．容斋随笔[M]．长沙：岳麓书社，1994.

[243]（宋）吴曾．能改斋漫录[M]．上海：上海古籍出版社，1984.

[244]（宋）黄震．黄氏日抄（文渊阁四库全书影印本）[M]．台北：商务印书馆，1986.

[245]傅璇琮．黄庭坚和江西诗派资料汇编[M]．北京：中华书局，2006.

[246]刘维崇．黄庭坚评传[M]．台北：黎明文化事业公司，1981.

[247]肖树美．萍乡傩文化寻踪[M]．南昌：江西人民出版社，2001.

[248]（清）李之佑．雩都县志[M]．北京：中国书店，1992.

[249]（元）程文海．雪楼集（三十卷，文渊阁四库全书影印本）[M]．台北：商务印书馆，1986.

[250]（清）原步颜等．崇仁县志（道光元年刻本）《稀见中国地方志汇刊》中国科学院图书馆选编．北京：中国书店，1992.

[251]（清）黄家驹．麻姑山志[M]．南昌：江西人民出版社，1998.

[252]（宋）徐鹿卿．清正存稿（文渊阁四库全书影印本）[M]．台北：商务印书馆，1986.

[253]（宋）洪适．盘洲文集（文渊阁四库全书影印本）[M]．台北：商务印书馆，1986.

[256]（宋）陶谷．清异录（文渊阁四库全书影印本）[M]．台北：商务印书馆，1986.

[257]（宋）李焘．续资治通鉴长编[M]．北京：中华书局，1992.

[258]本书编委会．续修四库全书[M]．上海：上海古籍出版社出版，2013.

[259] 柯劭忞等．续修四库全书总目，稿本[M] 济南：齐鲁书社，1996.

[260] 王云王．续修四库全书提要[M]．台北：商务印书馆，1972.

[261]（宋）李焘．续资治通鉴长编[M]．北京：中华书局，1992.

[262] 周銮书．景德镇史话[M]．南昌：江西人民出版社，2004.

[263]（元）揭傒斯．揭傒斯全集[M]．上海：上海古籍出版社，1985.

[264] 中科院图书馆．稀见中国地方志汇刊（江西部分）[M]．北京：中国书店，1992.

[265]（宋）艾性夫．剩语（文渊阁四库全书影印本）[M]．台北：商务印书馆，1986.

[266] 陈德仁．象山心学之比较研究[M]．台北：学生书局，1965.

[267] 宋友贤．曾巩[M]．南昌：百花洲文艺出版社，2004.

[268] 夏汉宁．曾巩[M]．北京：中华书局，1993.

[269]（宋）曾巩．曾巩集[M]．北京：中华书局，1984.

[270]（元）虞集．道园学古录（文渊阁四库全书影印本）[M]．台北：商务印书馆，1986.

[271] 郭树森．道教文化钩沉[M]．北京：华夏翰林出版社，2005.

[272] 潘雨廷．道藏书目提要[M]．上海：上海古籍出版社，2003.

[273] 陈国符．道藏源流考（二册）[M]．北京：中华书局，1989.

[274]（宋）张世南．游宦纪闻（文渊阁四库全书影印本）[M]．台北：商务印书馆，1986.

[275] 俞兆鹏．谢枋得年谱[M]．南昌：江西教育出版社，1989.

[276] 俞兆鹏．谢叠山大传[M]．南昌：江西人民出版社，1996.

[277]（南宋）谢枋得著，熊飞等注．谢叠山全集校注[M]．上海：华东师范大学出版社，1995.

[278]（清）杨周宪．新建县志[M]．北京：中国书店，1992.

[279] 上官涛．《溪堂集》《竹友集》校勘[M]．广州：中山大学出版社，2011.

[280]（宋）曾丰．缘督集（文渊阁四库全书影印本）[M]．台北：商务印书馆，1986.

[281] 章均华等. 舞蹈化石——绵延千年的抚州傩舞[M]. 南昌: 百花洲文艺出版社, 2004.

[282] 鄱阳湖研究编委会. 鄱阳湖自然和社会经济历史资料选[M]. 南昌: 江西科技出版社, 1985.

[283] (宋) 叶梦得. 避暑录话(四库全书本)[M]. 台北: 商务印书馆, 1986.

[284] 程维. 豫章遗韵: 从老照片看南昌[M]. 南昌: 江西人民出版社, 2000.

[285] (宋) 罗大经. 鹤林玉露[M]. 北京: 中华书局, 1983.

[286] 李国强, 傅伯言. 赣文化通志[M]. 南昌: 江西教育出版社, 2004.

[287] 金宏. 赣鄱人杰(江西籍宰相状元录)[M]. 南昌: 江西人民出版社, 2005.

[288] 张翊华. 赣文化纵横说[M]. 北京: 中国文联出版社, 2000.

[289] (宋) 吕南公. 灌园集(文渊阁四库全书影印本)[M]. 台北: 商务印书馆, 1986.